鉴定式案例研习丛书编委会

主　任　于　飞　徐涤宇　金可可

委　员　（依姓名拼音排序）

葛云松　黄　卉　黄家镇　纪海龙　金可可

李　昊　孙维飞　田士永　许德风　徐涤宇

于　飞　张家勇　朱晓喆

鉴定式案例研习系列丛书

鉴定式案例研习

首届全国大赛优秀作品暨会议实录

主编◎于飞 执行主编◎吴香香

中国政法大学出版社

2021·北京

序 言

2020 年《中华人民共和国民法典》(以下简称《民法典》) 的制定与施行是中国民法发展与法治建设的里程碑。在全国积极热烈地学习民法的关键时刻,《鉴定式案例研习:首届全国大赛优秀作品暨会议实录》(以下简称"本书") 的出版,具有极为重大的意义。我们要感谢本书主编中国政法大学民商经济法学院于飞院长与执行主编吴香香副教授的精心策划,完成了艰巨的工作;并对所有推动鉴定式案例研习教学的学者,表示诚挚的敬意。此项大赛预定由中国政法大学民商经济法学院、中南财经政法大学法学院、华东政法大学法律学院轮流承办,每年举行,这将对中国法律教育的繁荣进步作出长远的贡献。为使读者能够更深认识本书所承担的使命及卓越成就,拟简要说明鉴定式案例研习的意义和功能。

法律的意义在于规范社会经济活动,法律的生命体现于法之适用,即将抽象的法律规定适用于具体的案例事实。此为所有法律人(包括法官、律师、公务员及所有从事法律工作的人) 的任务,直接攸关人民的权益及法治社会的发展。鉴定式案例研习的目的在于培养训练所有的法律人,使其都能具有正确合理适用法律的思维方法及论证能力。此种创造性的学习方法系建立在请求权基础及鉴定式体裁两个核心概念之上。

本书提出一个重要的见解:无请求权基础无请求权。请求权基础,指的是支持一方当事人向他方当事人有所主张的法律规范,体现于一个具体的法条。民法系由权利及请求权所构成,法之适用就是在具体案件中寻找、发现或在必要时创设保护人民权益的请求权基础。"无请求权基础无人民权益的保护。"在诉讼时法院常会问当事人:您的请求权基础为何? 兹为便于理解本书的贡献及十个得奖的优秀作品,特将以请求权基础为中心的法之适用的机制,图解如下 (较详细的论述，请参阅拙著，《民法思维——请求权基础理论体系》，北京大学出版社）：

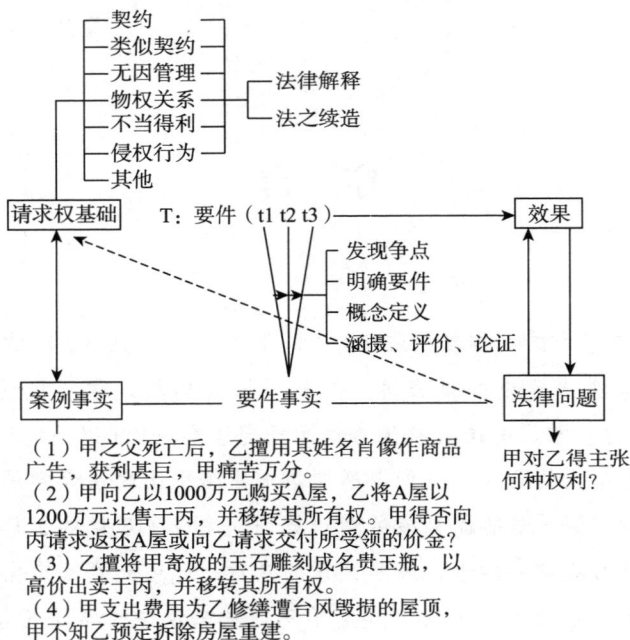

（1）甲之父死亡后，乙擅用其姓名肖像作商品广告，获利甚巨，甲痛苦万分。
（2）甲向乙以1000万元购买A屋，乙将A屋以1200万元让售于丙，并移转其所有权。甲得否向丙请求返还A屋或向乙请求交付所受领的价金？
（3）乙擅将甲寄放的玉石雕刻成名贵玉瓶，以高价出卖于丙，并移转其所有权。
（4）甲支出费用为乙修缮遭台风毁损的屋顶，甲不知乙预定拆除房屋重建。

关于前述以请求权基础所建立的法之适用的机制，须补充说明的有五方面：

第一，法律问题始于案例，必须彻底理解案例，要针对案例事实，提出明确的法律问题。

第二，来回于案例事实与法律规范之间，从案例事实寻找请求权基础，从请求权基础认定要件事实。原则上应依契约、类似契约、无因管理、物权关系、不当得利、侵权行为等的次序，全面检查认定请求权基础，并检讨请求权竞合关系。

第三，请求权基础系由构成要件（T）（要件因素，t1、t2、t3……）所构成，应就案例事实从事法之适用上的概念定义、涵摄、评价及论证，此涉及法律解释及法之续造方法论的问题。

第四，探究请求权与抗辩的对立关系，此在实务上甚为重要。所谓抗辩包括请求权不发生（如契约无效）、请求权已消灭（如债务业已清偿）、请求权的实现性（如罹于消灭时效）。

第五，从正义、公平及常识检视法之适用的妥当性。

案例研习的目的在于借着具体案例的演练来养成法之适用的思维方法及论证

能力，前已说明。关于法之适用的表达，有两种方式或体裁，可供采取：一为判决，一为鉴定。兹将判决与鉴定两种体裁的结构表示如下：

判决体裁	前：主文（结论）	后：理由	
鉴定体裁	前：前提命题	后：论证	尾：结论

判决体裁以法院裁判为典型。其特色系：①结论在前，理由在后，即先作成结论，再赋予理由。②在结论与理由之间所使用的链接语句系："因为（因）……所以（故）……"例如因甲为 A 车所有人，乙为无权占有，故甲得依《民法典》第235条的规定向乙请求返还。

鉴定体裁的目的在于验证一定的法律规范（请求权基础）的适用，它具有三个特征：①法律问题应先提出。②逐步检讨由假设命题到达结论的过程。③结论置于最后。其使用的语句系："若……则……"例如甲得依《民法典》第235条的规定向乙请求返还 A 车，须甲系所有人，乙系无权占有（大前提）。应就确定事实认定其是否该当（满足、符合构成要件（小前提））。经由大前提适用于小前提，作成肯定或否定所提出问题的结论，即甲得否依《民法典》第235条的规定向乙请求返还 A 车。

需要特别提出的是，首届全国鉴定式案例研习大赛系采用鉴定式的体裁，实值赞同肯定。传统法律教育注重教授学习法律知识，学生亦多阅读法院裁判，较多认识判决体裁。判决体裁亦属重要，但法律教育的重点不是训练学生写判决书，而是要锻炼培养学生的法律思维。基此认识，案例研习应采鉴定体裁，其理由有四：

第一，判决体裁以鉴定体裁为基础：即先有鉴定的思考过程，再将之转化为判决形式。法院在评议时，通常不会径即作成判决，而是先思考假定命题，例如在挖断电线的案件中，被害人就其不能营业的损失，得否依侵权行为规定请求损害赔偿？

第二，法律思维的原型：鉴定体裁体现法之适用的思维过程。法律人遇到法律问题时，系先就案例事实寻找法律规范（请求权基础），再检验是否具备构成要件而作成结论。律师、其他法务工作者及法官评议时均采此种思考方法，具有普遍适用性，乃法律思维的原型。

第三，法之适用的论证检验：鉴定体裁使法律人能够更精确地掌握案例事实，遵循一定的方法规则，逐步推理论证法律的适用过程，使法之适用得获控制，可供检验。

第四，德国经验：德国大学法律教育从大一开始就有民法、公法等基本科目的案例研习，均采鉴定体裁；国家考试的题目亦采鉴定方式。此为德国法律教育的根本，所有的法律人都接受此种训练，体现于法律人的能力、法学水平和法院裁判的质量。

本书的会议实录包括两个主题。第一个主题系由得奖作品的同学现身说法，展示他们作品的内容，说明参与竞赛的目的，如何思考、克服写作过程中所遇到的难题，以及参赛的心得。他们宝贵的经验必能帮助、鼓励同学认真学习鉴定式案例研习。第二个主题是由来自全国重点大学百余位师生共同分享鉴定式案例教学的本土经验，研讨课程设计、发现的困难问题与其应对之道；如何将鉴定式案例教学扩大及于商法、民事诉讼法、刑法、行政法等领域；尤其探究鉴定式案例未来的困境、出路及发展的方向。与会学者一致肯定鉴定式案例教学的功能与作用，提出了许多具有建设性的建议，深化鉴定式案例教学的方法及效果，建构了鉴定式案例教学的理论基础及实施方案，深具学术价值。

值得特别强调的是研习案例的设计。大赛案例涉及民法重要领域，案例内容结合实务与理论、判例与学说的重要争议问题，具有法学方法论的意义。案例的设计具有典范性，确可达成研习的目的，测试参赛者法之适用的能力，并引导未来学习的方向。出题者的学识、用心及想象力，令人敬佩。须说明的是，出题者若先自己作成解答，或能补充修正案例事实，发现对某争点问题，得有不同见解。在评定作品时应注意并非所有法律问题都有惟一正确的答案，应予重视的是思维方法与论证质量。案例的设计与解答是创造性的法学活动，是一种技术，也是一种科学，更是一种艺术。技术须勤加演练，熟能生巧；科学是一种客观论证的过程；艺术则在于公平妥当处理争议问题，实现个案正义。

最令人感动的是十个获奖作品。此次大赛共有七百多位来自全国多所大学的师生及实务人士参与，该十个获奖作品能够脱颖而出，确属难能可贵。在此难以对每一个作品加以点评，应予肯定的是所有的作品都能够确实运用实践鉴定式案例研习的方法：①精确理解案例事实，区别与解题有关或无关的事实，此种区辨能力是法律人的基本素养。②建构解题纲要，把握重点，明确争点。③采用请求权基础方法，全面依序检查请求权基础，加以取舍，探讨竞合关系。④采用请求权与抗辩方法，分析请求权的发生、消灭与可实现性。⑤充分显现法之适用上关于要件定义、涵摄，尤其是法学方法论的评价及论证能力。⑥解答文字简明，少有赘语，易于了解沟通。法之适用（尤其是以鉴定式体裁为基础的法院判决）是一种对当事人、对法院、对法学、对社会的沟通，法律文字应受重视。

这十个优秀的作品充分体现了鉴定式案例教学的成果，及对未来发展的期待。为进一步落实鉴定式案例研习的目标，谨提出五点意见：

第一，善用本书的得奖作品作为基本教材，使学生先自行作答，再与得奖作品加以比较，共同讨论，有所补充或改进，并请老师点评。认真写作完成一个案例研习，胜过读十个案例研习的作品。

第二，将鉴定式案例研习纳入法学院正式课程，并积极使其全国化。

第三，以民法案例研习作为基础，逐步将鉴定式案例研习方法推广到商法、刑法、行政法及诉讼法等领域。

第四，促请法律职业资格考试采用鉴定式案例的试题，使鉴定式案例研习能够落实于法律教育。

第五，案例研习的教育需要资源，尤其是点评学生的作品等相关作业，国家及学校应该提供必要的人力、物力的协助。

最后要再强调的是，本次大赛所倡导的鉴定式案例研习，对中国法律教育作出了历史性的贡献。案例研习的深化、普遍化及落实实践，必会使全国的法律人都能具有相同适用法律的思维方法及论证能力，易于沟通，彼此理解，形成共识。必会提升法之适用的品质，强化法律的公信力，增强法之适用的客观性及安定，促进实现众所期盼的一案同判的平等原则。

谨再对所有参与首届竞赛工作的学者及相关人士表示诚挚的敬意。让我们秉持同一的信念，共同为法律教育的成功及法治社会的进步发展而努力！

王泽鉴

台湾大学名誉教授

2021 年 2 月 21 日

编委会序言

鉴定式案例分析作为一种法律人的养成方法，在我国方兴未艾。目前，已有多所重点法学院校开设鉴定式案例研习的专门教学班或专门课程，鉴定式案例教学正日益走向本土化、完备化、常态化。

以此为契机，2020年，中国政法大学民商经济法学院、中南财经政法大学法学院、华东政法大学法律学院共同发起"全国鉴定式案例研习大赛"暨"全国鉴定式案例研习论坛"。此大赛与论坛计划每年举办一届，由三校轮流承办，历届大赛的优秀作品以及论坛与会者的思想火花，都将忠实地记录于本丛书当中。

出版"鉴定式案例研习：全国大赛优秀作品暨会议实录"丛书，主要目的有二。

一则为"学"。鉴定式案例教学在我国开展已有一段时间，但相关的教材建设才刚刚起步。除了王泽鉴先生《民法思维——请求权基础理论体系》这一奠基之作外，目前仍以移译德国案例研习教科书为主。对于学生读者而言，如何将视角由域外法切换至本国法，摆脱"直把他乡作故乡"的隔阂感，是一大难题。尤其是，我国刚刚进入《民法典》时代，法教义学体系尚不完善，域外法上解答较为清晰的案例，转入我国法后很有可能难度升级，上述问题就会更加突出。获奖作品虽难称"标准答案"，但从中可以看到作者们针对国内法的疑难问题，整理案件事实、列明解题提纲、检索请求权基础、展开法律论证、作出涵摄判断的全过程。在论坛实录部分，我们还能够窥见作者们分享的"台下功夫"，解题的心路历程、遭遇的困难和解决办法。如此种种，读者若细心领会，必有收获。

二则为"教"。历届大赛的优秀作品，是开展鉴定式案例教学难得的材料。除此之外，在论坛实录部分，来自全国多所重点法学院校、长期从事鉴定式案例教学的学者们关于鉴定式案例教学应如何开展的讨论，也颇具参考意义。这些讨论，不仅全景展示了各大法学院校因地制宜进行鉴定式案例教学课程设置、教学组织、师资建设的宝贵经验，而且对鉴定式案例教学可能的局限表现出清醒的认识，尝试揭示其进一步发展的道路与方向。为推进鉴定式案例研习课程在我国落地生根，这些阶段性成果，亦值得仔细揣摩。

鉴定式案例分析能够有效地训练学生运用法律思维、铺展法律论证的能力，这也正是法律人必备的两项核心竞争力。类比武侠小说，其相当于习武者的"招式"，只有"招式"熟练，才能使理论学习中形成的"内力"，在实战中发挥出效能。"招式"固然不能代替"内力"，但只有不断地练习"招式"，法律人的"内力"才能够日渐精纯，运用自如。诚如王泽鉴先生所言：经由深刻思考，亲身体验应用的条文，将成为法律人生命的法律细胞，终生难忘。

希望丛书的出版能够为我国新时代的法治建设与法学教育不断提供新鲜的素材与养分。

是为序。

鉴定式案例研习丛书编委会　谨识

2021 年 2 月 20 日

首届全国鉴定式案例研习大赛暨论坛说明

随着国内高校对鉴定式案例教学的日渐重视，鉴定式案例研习方法正在成为法科生的基本技能。同时，鉴定式案例研习方法也引起了实务界的高度关注与浓厚兴趣。有理由相信，鉴定式案例研习方法可能成为未来法律人共同体共享的法律技术。为促进鉴定式案例教学的沟通交流与本土化发展，中国政法大学民商经济法学院、中南财经政法大学法学院、华东政法大学法律学院共同发起"全国鉴定式案例研习大赛"，自 2020 年起每年举办一届，并在每届颁奖仪式的同时举办"全国鉴定式案例研习论坛"。首届比赛与论坛由中国政法大学民商经济法学院承办。

鉴定式案例教学在国内最早兴起于民法学科，在民法学科的发展也相对成熟，本届大赛即以民法案例为题。在民事领域，有"无请求权基础即无请求权"之说，寻找请求权基础构成私法领域找法作业之根本。鉴定式案例分析体现于民事领域，即为请求权基础思维的运用。因而，本次大赛要求参赛者运用请求权基础方法解析比赛题目。三所主办学院各邀请本院开设民法鉴定式案例研习课程的三位教师，共九人组成命题及评审委员会。这九位教师是：吴香香、缪宇、于程远、夏昊晗、陈大创、李金镂、姚明斌、赵文杰、王蒙。比赛题目如下：

张某、王某房屋买卖合同纠纷案

［案情改编自（2016）最高法民监 27 号民事裁定书］

2010 年 12 月，张某自江河公司租用某商业大楼一楼门面房一间用于经销自行车，租期至 2012 年底。

2012 年 9 月，江河公司因无法按期偿还湖海银行的贷款，被湖海银行诉至法院。在法院执行过程中，江河公司与湖海银行达成和解，以包括系争门面房在内的某商业大楼中属于江河公司的全部房产抵偿贷款。江河公司与湖海银行于 2012 年 12 月 26 日办理了过户登记，但均未告知张某。

2013 年，江河公司与张某继续签订为期一年的租赁合同，并收取租金。2014 年，该租赁合同到期后，江河公司与张某虽未再续签租赁合同，但江河公司仍按原合同约定向张某收取租金直至 2019 年 4 月。

2016 年 6 月，王某购买取得某商业大楼两间门面房所有权用于经营布庄，此两间门面房与张某经销自行车的门面房相邻。

2018 年 5 月，湖海银行与王某签订买卖合同，将系争门面房出卖于王某，并约定系争房屋若有占有人员则由王某清理。同年 11 月，湖海银行与王某办理了过户登记。

2019 年 4 月 8 日，王某以张某侵占房屋为由要求后者搬离并赔偿损失。此时，张某方才得知系争房屋已经两次易主，当即表示拒绝搬离。2019 年 4 月 25 日，张某主张行使优先购买权，并要求江河公司返还 2012 年 12 月 26 日以后收取的租金。

请问：

1. 张某得向何人主张何种权利？相应的规范基础是什么？
2. 王某得向何人主张何种权利？相应的规范基础是什么？
3. 湖海银行得向何人主张何种权利？相应的规范基础是什么？

要求：

1. 运用请求权基础方法以鉴定式体裁解题。
2. 以现行法和司法解释为解题的法条依据（格式如：《中华人民共和国合同法》（以下简称《合同法》）第 159 条第 1 句）；解释现行规定时，若认为有必要，可以《民法典》为说理依据。
3. 在案例报告的最后一部分单独说明，若以《民法典》为解题的法条依据，相应的规范基础是什么，以及论证思路是否有所不同。

2020 年 10 月 10 日，大赛公告通过"CUPL 民商经济法"公众号推送后，迅速引起热烈反响，累计阅读量达 3.1 万。在法学教育界、理论界与实务界的关注与支持下，本次大赛共收到来自全国各地的投稿 744 份。在此之后，经过两轮匿名初评，共有 15 名参赛者进入线上答辩。最终，10 名获奖选手脱颖而出。

2020 年 11 月 29 日，首届"全国鉴定式案例研习论坛"接续举行。论坛为大赛的获奖者颁奖，同时邀请获奖者现身说法，分享优秀作品及参赛经验。随后，与会近百位学者围绕鉴定式案例教学的本土经验、课程设计及其未来发展三大议题，展开了热烈讨论，论坛取得圆满成功。

为了展示我国法学教育界推广鉴定式案例教学近十年的成果，本书将大赛获奖作品与论坛会议实录结集出版，感谢各界对大赛与论坛的关注与支持，也希望能借此进一步推动鉴定式案例教学的本土化。

大赛组委会工作组

2021 年 2 月 20 日

大赛组委会工作组

（以姓名拼音排序）

目 录

第一部分

2020 年首届全国鉴定式案例研习大赛获奖作品

第二部分

2020 年首届全国鉴定式案例研习论坛会议实录

第一部分

2020 年首届全国鉴定式案例
研习大赛获奖作品

首届全国鉴定式案例研习大赛第一名作品

朱李圣

（华东政法大学 2019 级硕士研究生）

一、思路

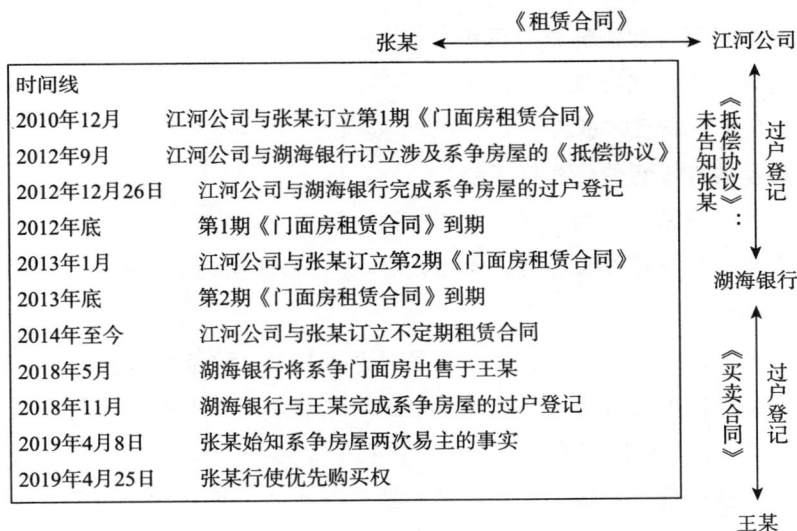

```
                                    《租赁合同》
                    张某  ◄─────────────────────►  江河公司
┌──────────────────────────────────────────────────┐
│ 时间线                                              │
│ 2010年12月      江河公司与张某订立第1期《门面房租赁合同》  │
│ 2012年9月       江河公司与湖海银行订立涉及系争房屋的《抵偿协议》│
│ 2012年12月26日  江河公司与湖海银行完成系争房屋的过户登记   │
│ 2012年底        第1期《门面房租赁合同》到期              │
│ 2013年1月       江河公司与张某订立第2期《门面房租赁合同》  │
│ 2013年底        第2期《门面房租赁合同》到期             │
│ 2014年至今      江河公司与张某订立不定期租赁合同          │
│ 2018年5月       湖海银行将系争门面房出售于王某           │
│ 2018年11月      湖海银行与王某完成系争房屋的过户登记      │
│ 2019年4月8日    张某始知系争房屋两次易主的事实           │
│ 2019年4月25日   张某行使优先购买权                     │
└──────────────────────────────────────────────────┘
```

《抵偿协议》未告知张某 过户登记

湖海银行

《买卖合同》 过户登记

王某

【解题结构】

（一）张某对江河公司享有的请求权

1. 基于合同而发生的请求权

（1）基于《合同法》第230条所定权利之行使效果结合第135条产生的原给付请求权

1）请求权是否已产生（＋）

①存在有效的租赁合同

②房屋已基于租赁合同被交付

③在租赁期内，出租人出卖租赁房屋

a. 出租人与第三人间存在完全生效的买卖合同

b. "房屋"的定性

④承租人以同等条件购买

a. "同等条件"的确定

b. 概括的"同等条件"

c. 未在租期内行使优先购买权

d. 未以书面形式行权

⑤不存在权利阻却事由

a. 房屋共有人行使优先购买权

b. 出租人将房屋出卖给近亲属

c. 出租人履行通知义务后，承租人在15日内未明确表示购买

（a）权利人已知？

（b）类推适用《中华人民共和国民法总则》第152条第2款？

（c）类推适用《最高人民法院关于适用〈中华人民共和国物权法〉若干问题的解释（一）》第11条第4项？

（d）类推适用《最高人民法院关于适用〈中华人民共和国公司法〉若干问题的规定（四）》第21条第1款？

d. 承租人无履约能力

e. 承租人放弃优先购买权

⑥中间结论

2）请求权是否未消灭（＋）

3）请求权是否可实现（－）

①承租人优先购买权是否具有对抗效力？

a. 备案制度的规范目的与效力位阶

b. 对抗效力与双重买卖之龃龉

c. 优先性之说明

②履行费用过高的抗辩权

4）小结

（2）基于《合同法》第107条产生的次给付请求权

1）请求权是否已产生（＋）

①存在有效的合同

②存在给付障碍

③因给付障碍而产生损害

a. 市场价的数额

b. 约定价的数额

（a）湖海银行或王某未向张某主张不当得利返还请求权时

（b）湖海银行或王某向张某主张不当得利返还请求权时

（aa）无权出租的认定

（bb）减价权

④债务人具有可归责性

⑤不存在权利阻却抗辩

2）请求权是否未消灭（＋）

3）请求权是否可实现（＋）

4）小结

（3）基于《合同法》第107条结合第230条之通知义务产生的次给付请求权

1）请求权是否已产生（＋）

①存在有效的合同

②存在给付障碍

③因给付障碍而产生损害

a. 买卖合同项下的履行利益

b. 房价差额

c. 迟延利息

d. 贷款利息

e. 多支出的租金？

④债务人具有可归责性

⑤不存在权利阻却抗辩

2）请求权是否未消灭、可实现（＋）

3）小结

（4）基于《合同法》第 107 条结合第 216 条产生的次给付请求权

1）请求权是否已产生（＋）

①存在有效的合同

②存在给付障碍

a. 湖海银行或王某未向张某主张不当得利返还请求权时

b. 湖海银行或王某向张某主张不当得利返还请求权时

③因给付障碍而产生损害

a. 湖海银行或王某未向张某主张不当得利返还请求权时

b. 湖海银行或王某向张某主张不当得利返还请求权时

④债务人具有可归责性

⑤不存在权利阻却抗辩

2）请求权是否未消灭、可实现（＋）

3）小结

2. 基于缔约过失而发生的请求权

（1）买卖合同订立过程中的缔约过失（－）

（2）租赁合同订立过程中的缔约过失（－）

3. 基于侵权行为而发生的请求权（－）

（二）张某对湖海银行享有的请求权（－）

（三）王某对张某享有的请求权

1. 基于合同而发生的请求权（－）

2. 基于物权而发生的请求权

（1）请求权是否已产生（+）

1）请求权人是以占有为权能的物权人

2）相对人是现时占有人

3）相对人无占有本权

（2）请求权是否未消灭、可实现（+）

（3）小结

3. 基于侵权行为而发生的请求权

（1）请求权是否已产生（+）

1）责任成立阶段

①法益或权利受损

②存在加害行为

③责任成立因果关系

④不法性

⑤可归责性

2）责任范围阶段

①存在损害

②责任范围上的因果关系

（2）请求权是否未消灭、可实现（+）

（3）小结

4. 基于不当得利而发生的请求权

（1）使用利益

1）请求权是否已产生（+）

①相对人受有利益

②相对人侵害应归属于他人的权益

③得利与权益侵害间有直接因果关系

④得利无法律上的原因

⑤不存在权利阻却抗辩

2）请求权是否未消灭（+）

3）请求权是否可实现（+）

4）小结

（2）占有

（四）王某对江河公司享有的请求权

1. 基于无因管理而发生的请求权

（1）请求权是否已产生（不法管理，+）

1）管理他人事务

2）有为他人管理事务之意思

3）无约定或法定义务

（2）请求权是否未消灭、可实现（+）

（3）小结

2. 基于物权而发生的请求权

（1）原物返还请求权

1）请求权是否已产生（+）

①请求权人是以占有为权能的物权人

②相对人是现时占有人

③相对人无占有本权

2）请求权是否未消灭、可实现（+）

3）小结

（2）孳息返还请求权

1）请求权是否已产生（+）

①原物返还请求权适状

②无权占有人获得孳息

2）请求权是否未消灭、可实现（+）

3）必要费用的范围

4）小结

3. 基于侵权行为而发生的请求权

（1）请求权是否已产生（＋）

1）责任成立阶段

①法益或权利受损

②存在加害行为

③责任成立因果关系

④不法性

⑤可归责性

2）责任范围阶段

①存在损害

②责任范围因果关系

（2）请求权是否未消灭、可实现（＋）

（3）连带责任

（4）小结

4. 基于不当得利而发生的请求权

（1）债务消灭

1）请求权是否已产生（＋）

①相对人受有利益

②相对人侵害应归属于他人的权益

③得利与权益侵害间有直接因果关系

④得利无法律上的原因

⑤不存在权利阻却抗辩

⑥返还范围

2）请求权是否未消灭、可实现（＋）

3）不当得利返还请求权的择一行使

4）不法管理与不当得利的关系

5）侵权责任与不当得利的关系

6）小结

（2）间接占有（＋）

（五）王某对湖海银行享有的请求权（－）

（六）湖海银行对张某享有的请求权

1. 基于侵权行为而发生的请求权（－）

2. 基于不当得利而发生的请求权

（1）请求权是否已产生、未消灭（＋）

（2）请求权是否可实现（－，＋）

（3）小结

（七）湖海银行对江河公司享有的请求权

1. 基于无因管理而发生的请求权

（1）请求权是否已产生、未消灭（不法管理，＋）

（2）请求权是否可实现（－，＋）

（3）小结

2. 基于物权而发生的请求权

（1）请求权是否已产生（＋）

1）原物返还请求权适状

2）无权占有人获得孳息

（2）请求权是否未消灭（＋）

（3）请求权是否可实现（－，＋）

（4）小结

3. 基于侵权行为而发生的请求权

（1）请求权是否已产生、未消灭（＋）

（2）请求权是否可实现（－，＋）

（3）小结

4. 基于不当得利而产生的请求权

（1）债权

1）请求权是否已产生（＋）

①相对人受有利益

②相对人侵害应归属于他人的权益

③得利与权益侵害间有直接因果关系

④得利无法律上的原因

⑤不存在权利阻却抗辩

2）请求权是否未消灭（＋）

3）请求权是否可实现（－）

4）小结

（2）债务消灭

1）请求权是否已产生、未消灭（＋）

2）请求权是否可实现（－，＋）

3）小结

二、解答[1]

本文按照以下顺序检索请求权基础：基于合同而发生的请求权、基于类合同而发生的请求权、基于无因管理而发生的请求权、基于物权或占有而发生的请求权、基于侵权行为而发生的请求权以及基于不当得利而发生的请求权。在检视各项请求权时，应满足三个要件，即请求权已产生（无权利阻却抗辩）、请求权未消灭（无权利消灭抗辩）与请求权可实现（无权利阻止抗辩，即抗辩权）。

就张某而言，其与江河公司之间存在租赁合同，需检视合同请求权。江河公司在租期内将系争房屋抵偿债务，故还需讨论承租人优先购买权的对抗效力与可侵害性问题。若其不具有对抗效力与可侵害性，则张某无法对湖海银行或王某有所主张。就王某而言，需检视其对湖海银行的合同请求权。另外，王某自2018年11月取得房屋所有权后，可能对江河公司或张某享有基于物权而发生的请求权。同时，因江河公司将房屋出租于张某并为履行，故王某对江河公

---

〔1〕 自京返沪后，笔者深感原稿之不足，因比赛业已结束，故笔者就一些问题求教了老师和同学。在此，感谢赵文杰老师、孙维飞老师，吴昊、陈道宽、陈天宇、郑志勇、周陈涨、蒋晨康、杨兴龙、高济民和刘亮等同学的宝贵意见！另外，感谢吴香香老师、王蒙老师、于程远老师在答辩和评审阶段提供的修改意见！当然，文责自负。

司或张某还可能享有无因管理、侵权与不当得利返还请求权。就湖海银行而言，其自 2012 年 12 月 26 日取得房屋所有权后，江河公司仍收取租金，且将房屋出租于张某并为履行，故湖海银行可能对江河公司或王某享有无因管理、孳息返还、侵权与不当得利返还请求权。

（一）张某对江河公司享有的请求权

1. 基于合同而发生的请求权

（1）基于《合同法》第 230 条所定权利之行使效果结合第 135 条产生的原给付请求权

张某若能依《合同法》第 230 条行使优先购买权，则依该权利之效果，将在其与江河公司之间订立买卖合同。[1] 根据《合同法》第 135 条的规定，张某可对江河公司主张原给付请求权。

1）请求权是否已产生

承租人优先购买权须满足如下要件：其一，存在有效的租赁合同；其二，房屋已基于租赁合同被交付；其三，在租赁期内，出租人出卖租赁房屋；其四，承租人以同等条件购买；其五，不存在权利阻却事由。

①存在有效的租赁合同

2010 年 12 月～2012 年 12 月，张某与江河公司间存在有效的租赁合同。

②房屋已基于租赁合同被交付（Überlassung）

该要件之证成如下：买卖不破租赁规则对承租人的保护至多限于租赁期内，而承租人优先购买权向承租人提供的是终局保护。承租人若未取得租赁房屋所有权，依《合同法》第 229 条的规定，虽有买卖不破租赁规则之适用，但因所有权与使用权之分离，居住状态与地缘关系究有被破坏之虞。原因是，承租人将面临因出租人在租期内行使终止权或于租期届满后不再续租而被驱逐之风险

---

〔1〕 优先购买权的共同效果是在权利人与义务人间创设买卖关系，其主要内容同于义务人与第三人所达成之买卖合同。Vgl. Medicus/Lorenz, *Schuldrecht* Ⅱ, *BT*, 18. Aufl., 2018, § 15 Rn. 27; Brox/Walker, *Besonderes Schuldrecht*, 44. Aufl., 2020, § 7 Rn. 53; Dirk Looschelders, *Schuldrecht*, *BT*, 15. Aufl., 2020, § 13 Rn. 14. 我国法上亦采相同见解，参见常鹏翱："论优先购买权的法律效力"，载《中外法学》2014 年第 2 期。该效果可谓优先购买权之形成效力，详见下文对承租人优先购买权性质的讨论。

(Verdrängungsgefahr)。[1]在形式上，法律规范的构成要件与法律效果应具备相当的强弱程度。买卖不破租赁是对债权相对性的突破，其适用需以交付为前提。[2]由此，较强法律效果的承租人优先购买权更应满足交付要件。在实质上，若承租人未实际控制房屋，则被驱逐之风险亦无从谈起。换言之，承租人必须处于按合同约定直接占有并能使用房屋的状态。[3]

因王某已在系争房屋内经销自行车，故可知房屋已基于租赁合同被交付。

③在租赁期内，出租人出卖租赁房屋

a. 出租人与第三人间存在完全生效的买卖合同（即先买权事由，Vorkaufs-fall）

若出租人与第三人尚在磋商阶段，承租人不享有优先购买权，因此时欠缺固

---

〔1〕 Vgl. Häublein, in: *Münchener Kommentar BGB*, 8. Aufl., 2020, § 577 Rn. 1; Blank/Börstinghaus, in: *Blank/Börstinghaus Kommentar BGB Miete*, 6. Aufl., 2020, § 577 Rn. 2. 对承租人优先购买权制度的规范意旨展开如下：若为不定期租赁，根据《合同法》第232条第2句的规定，出租人享有任意终止权；若为定期租赁，承租人在租赁期限届满后续租的可能性将因第三人取得房屋所有权而大幅降低，尤其是在第三人以使用为目的而购买房屋时。原因是：出租人出售房屋的行为已表明其将来并无自行使用该房屋的计划，若房屋无人购买，承租人通常仍可续租。另外，原出租人与承租人是基于意思自治订立的租赁合同，而新出租人与承租人是基于法律规定而维持租赁关系，互信基础薄弱，对原租赁合同更易发生纠纷，从而也会增加承租人被驱逐的风险。尚待解决的问题是，若承租人对免于被驱逐的合理信赖应只限于租期，则基于买卖不破租赁的保护即已足够，赋予其永久不被驱逐的可能似欠缺正当性。本文推测，这是东西方对租房功能的认知不同所致。在东方思维中，租房只是权宜之计，获得长期稳定生活的最佳方式是购房。在西方思维中，租房的功能就是获得长期稳定的生活，购房更多只是一种投资方式。就我国目前国情而言，由于房价急涨造成购房压力较大，传统的东方思维式微，租房而住渐受青睐。基于行使优先购买权，承租人虽仍要支付购房款，但至少有利于缓解其资金压力，从而使得在租期内就所居住房屋取得购买能力的承租人，相比于买卖不破租赁仅对居住状态与地缘关系的一时保护，承租人优先购买权制度赋予了其获得长期稳定的居住状态与地缘关系之可能。详言之，若无承租人优先购买权制度，当房屋在租期内被出卖后，在租期内就所居住的房屋取得购买能力的承租人至少将面临在租期届满后被驱逐的风险。一旦被驱逐，撇开承租人对其他房屋是否仍有购买能力不谈，其居住地通常会发生变动，而地缘关系的重新建立需付出成本，尤其是居住地的变迁可能对工作以及日常生活产生重大影响。若承租人不愿被驱逐，似不能以被驱逐后境遇可能更优为由赋予驱逐正当性。首先，未来之事难料，驱逐后承租人的境遇可能更劣。其次，基于理性人的假设，若承租人的选择是安定，则表明其已预料到被驱逐所产生的不利会大于因此而产生的利益。当承租人是商事主体时，经营地的变更对既有经营成果的影响更不可忽视（商事主体不同于民事主体，若经营地的变更显然对其没有影响，是否应限制其优先购买权似可斟酌）。若承认承租人优先购买权制度，则行权本身即可反映承租人是否选择安定以及居住地或经营地的变更对其影响是否重大，从而有利于在意思自治下维护居住状态与地缘关系，故该制度确有合理内核。

〔2〕 Vgl. Häublein, in: *Münchener Kommentar BGB*, 8. Aufl., 2020, § 566 Rn. 2; 我国司法实践也采该观点，参见胡康生主编：《中华人民共和国合同法释义》，法律出版社2013年版，第372页。该点主要体现于不动产交易，因其所有权变动以登记为准。可为佐证者，《民法典》第405条规定了抵押不破租赁规则，明确以承租人占有租赁物为前提。

〔3〕 Vgl. Lützenkirchen, in: *Erman Kommentar BGB*, 15. Aufl., 2017, § 577 Rn. 2.

定的同等条件。[1]若出租人虽出卖租赁房屋于第三人，但买卖合同存在效力瑕疵，如第三人为无权代理人，则在本人追认前，承租人亦不享有优先购买权。易言之，出租人与第三人间生效的买卖合同是承租人行使优先购买权之前提。[2]但这并不意味着，只要发生先买权事由，承租人优先购买权就定能行使。在此需区分两种情况。首先，若买卖合同约定的内容本身存在自我消灭的因素，则该因素的现实化将阻却优先购买权的行使。例如，出租人与第三人约定以某一事件的发生作为解除条件，则在该解除条件成就后，承租人无法行使优先购买权。其次，若买卖合同约定的内容本身并不存在自我毁灭的因素，但嗣后买卖合同还是被确定为无效，则需区分导致无效的原因是否影响出租人在合同订立时的售房意愿，若无影响，则承租人仍可行使优先购买权，反之则不可。例如，第三人因错误而撤销买卖合同，原则上不阻却优先购买权的产生。[3]需指出的是，嗣后售房意愿的消灭亦不会妨碍优先购买权的产生，如出租人与第三人嗣后通过合意解除买卖合同。原因是，既然优先购买权之行使以先买权事由的发生为前提，那么也应以此时的售房意愿为准。否则，为避免评价矛盾，出租人售房意愿的嗣后消灭也将影响承租人通过行权而产生的买卖合同，但承租人与出租人间的买卖合同只是内容上同于出租人与第三人订立的合同，本身仍具独立性。在此基础上，或有观点认为可对先买权事由进行目的性扩张，即也应涵盖出租人与第三人的买卖合同虽效力待定或附有延缓条件，但追认与否或该延缓条件成就与否不影响出租人终局

---

[1] 参见史浩明、张鹏："优先购买权制度的法律技术分析"，载《法学》2008年第9期。相同见解，参见常鹏翱："论优先购买权的行使要件"，载《当代法学》2013年第6期。可能有观点认为，嗣后第三人可通过提价的方式来改变同等条件，从而承租人先前的主张不再满足同等条件的要求，而需以新的同等条件再次主张。本文认为，因承租人在出租人与第三人的缔约阶段本就可与第三人竞价，故出租人与第三人的价格已是竞争后的结果，没有必要在合同订立后重复竞价。若承租人因不知出租人与第三人的磋商过程而未参与竞价，则出租人自应受其不利，因其本可在缔约阶段通知承租人，从而坐收竞价成果，赋予出租人嗣后通过同意第三人的提价来变更同等条件的权利并不合理。

[2] Vgl. Häublein, in: *Münchener Kommentar BGB*, 8. Aufl., 2020, § 577 Rn. 13. 这是所有优先购买权的共同要件。Vgl. Medicus/Lorenz, *Schuldrecht* Ⅱ, *BT*, 18. Aufl., 2018, § 15 Rn. 21；Brox/Walker, *Besonderes Schuldrecht*, 44. Aufl., 2020, § 7 Rn. 50；Dirk Looschelders, *Schuldrecht*, *BT*, 15. Aufl., 2020, § 13 Rn. 13. 《最高人民法院关于贯彻执行〈中华人民共和国民法通则〉若干问题的意见（试行）》（以下简称《民通意见》）第118条曾赋予承租人宣告出租人与第三人间买卖合同无效的权利，但该条因与《中华人民共和国物权法》（以下简称《物权法》）冲突而被废止，取而代之的《最高人民法院关于审理城镇房屋租赁合同纠纷案件具体应用法律若干问题的解释》（以下简称《城镇房屋租赁合同解释》）第21条认为此时买卖合同有效。立法沿革表明，出租人与第三人间的买卖合同不因承租人行使优先购买权而无效。我国司法实践中也已认可先买权事由的发生为优先购买权产生之前提，参见"漳州市宏实有色金属有限公司诉福建漳州农村商业银行股份有限公司租赁合同纠纷案"，最高人民法院（2020）最高法民申1684号再审民事裁定书。

[3] Vgl. Medicus/Lorenz, *Schuldrecht* Ⅱ, *BT*, 18. Aufl., 2018, § 15 Rn. 20.

售房意愿的情形,从而产生如下构造:出租人与第三人的买卖合同效力待定或附延缓条件而需待承租人追认或确认后生效。按此构造,因承租人拒绝追认或确认不会影响出租人以同等条件出售房屋的意愿,故承租人确可在拒绝追认或确认后行权。但在出租人与第三人无特别约定时,该观点会与后文证明的承租人优先购买权不具有对抗效力的结论产生冲突,即此时第三人已无法再请求出租人履行买卖合同的原给付义务,而这不啻于承认承租人优先购买权本身具有对抗效力。

本案中,作为出租人的江河公司与作为第三人的湖海银行并未订立买卖合同。江河公司为偿还湖海银行的贷款而与之订立《抵偿协议》,抵偿物包括系争房屋。就《抵偿协议》的性质,至少有三种解释:第一种,《抵偿协议》为代物清偿。若湖海银行受领了该大楼中属于江河公司的房产,则江河公司的原债务消灭。湖海银行即使发现抵偿物有瑕疵,也不得主张原债权。第二种,《抵偿协议》为债之更改。在该协议生效时,江河公司的原债务即变更为新债务。湖海银行即使发现抵偿物有瑕疵,也不得主张原债权。第三种,《抵偿协议》为间接给付。仅当江河公司完全履行新债务时,原债务才消灭。湖海银行若发现抵偿物有瑕疵,可继续主张原债权。[1]无论采何种解释路径,因在经济效果上可视为湖海银行以贷出之款项购买该大楼中属于江河公司的房产,故《抵偿协议》与买卖合同相近(Kaufähnliche Vertragsgestaltung),[2]将"出卖"进行扩大解释即可涵摄该情形。另外,《抵偿协议》也无效力瑕疵事由。

需注意,江河公司用于抵债的是其在大楼中的全部房产,非仅系争房屋。基于建筑物区分所有权,商业大楼在物理上可划分为数间独立的门面房,各门面房的所有权也可被分别登记,即新债务属可分之债。[3]因此,张某虽不得对其他门面房主张优先购买权,但仍可对所租房屋主张优先购买权。[4]

---

〔1〕 在有疑义时,应认定当事人达成的是间接给付协议。参见〔德〕迪尔克·罗歇尔德斯:《德国债法总论》,沈小军、张金海译,沈小军校,中国人民大学出版社2014年版,第408页。

〔2〕 若其他合同形式在经济效果上与买卖合同相同,则也属于先买权事由的外延。Vgl. Medicus/Lorenz, *Schuldrecht* II, *BT*, 18. Aufl. , 2018, § 15 Rn. 20.

〔3〕 参见戴孟勇:"房屋承租人如何行使优先购买权——以'合同法'第230条为中心的解释论",载《清华大学学报(哲学社会科学版)》2004年第4期。

〔4〕 Vgl. Häublein, in: *Münchener Kommentar BGB*, 8. Aufl. , 2020, § 577 Rn. 32. 就承租人是否可对其他部分主张优先购买权的问题,我国最高人民法院认为应以房屋使用功能及承租人承租的部分房屋是否占全部房屋一半以上来综合考虑,参见《最高人民法院关于承租部分房屋的承租人在出租人整体出卖房屋时是否享有优先购买权的复函》(〔2004〕民一他字第29号)。

因《抵偿协议》的订立时间为 2012 年 9 月，在 2010 年 12 月 ~ 2012 年 12 月的区间内，故也满足租期内出卖的要求。

b. "房屋"的定性

有观点认为，商业性用房的承租人不享有优先购买权，理由有二：其一，由于商业性用房价值较大，允许承租人坐享出租人与第三人的谈判成果，有失公平。其二，城市低收入者以租赁房屋为营业场所的，应由有关部门给予政策优惠，而不应牺牲所有权人的利益。[1]该观点有待商榷。就理由一而言，优先购买权的权利人享有义务人与第三人的谈判成果乃是优先购买权的应有之义。另外，既然商业性用房市场价较高，那么理性当事人自会相应提高约定价，失之公平似难成立。就理由二而言，因出租人终究会出售租赁房屋，故承租人行使优先购买权并不影响出租人单纯的出售意愿。[2]行使优先购买权之所以可能损及出租人利益，是因主张该权利会导致出租人面临两份具有相同内容的买卖合同，故其通常需向承租人或第三人负违约责任。[3]但这并不因所涉标的是否为商业性用房而有所不同。事实上，德国法上使用承租人之优先购买权（《德国民法典》第 577条）的标的为居住空间（Wohnräume），而非寓所（Wohnung）。商业性用房与居住空间显非互斥概念。通常，商业性用房亦可供人居住。尤为重要的是，《合同法》第 230 条的措辞为"房屋"。就文义解释而言，房屋包括商业性用房。[4]就目的解释而言，商业性用房的承租人也有被驱逐之风险，且由于商业性用房较普通住房更为紧俏，其被驱逐后，不仅可能面临较大的商业损失，适宜场地恐也一时难以寻得。综上，张某所租房屋虽用于经营活动，但仍可作为优先购买权之标的。

④承租人以同等条件购买

a. "同等条件"的确定

"同等条件"是平衡出租人与承租人利益的关键，交易对价应可被替代或复

---

〔1〕 参见钟涛："房屋承租人优先购买权若干争议之解决"，载《法律适用》2005 年第 10 期。

〔2〕 参见"肖玉梅诉徐理文等房屋买卖合同纠纷案"，最高人民法院（2001）民一抗字第 21 号民事判决书。

〔3〕 为避免该窘境，优先购买权义务人可与第三人约定以权利人行使作为义务人意定解除权的发生前提，或将不行权作为买卖合同的延缓条件，但为防止优先购买权被架空，这些约定不得对抗权利人。Vgl. Medicus/Lorenz, *Schuldrecht* II, *BT*, 18. Aufl., 2018, § 15 Rn. 22；Brox/Walker, *Besonderes Schuldrecht*, 44. Aufl., 2020, § 7 Rn. 54. 也可将优先购买权的行使作为买卖合同的解除条件。Vgl. Dirk Looschelders, *Schuldrecht*, *BT*, 15. Aufl., 2020, § 13 Rn. 14.

〔4〕 我国司法实践中，房屋内的营业场地也可作为房屋租赁的标的。参见戴孟勇："房屋承租人如何行使优先购买权——以《合同法》第 230 条为中心的解释论"，载《清华大学学报（哲学社会科学版）》2004 年第 4 期。

制，不应包含无法替代履行的给付，[1]以同等条件购买也是为不损及出租人的售房意愿。江河公司是以其在大楼中的全部房产抵债，各门面房虽价格不一，但总能确定单间门面房的价格在总债务中的比重。江河公司通过张某的给付或以系争房屋抵债在清偿的效果上并无实质区别，故本案中不存在无法替代履行的给付。

b. 概括的"同等条件"

由于张某直接主张优先购买权，经由意思表示解释，作为受领人的江河公司应理解为其有以同等条件购买的意思。有疑问者，承租人能否以概括意思优先购买。张某因仅知房屋易主之事实，而不知《抵偿协议》内容，故其究未指明同等条件为何。若认为承租人行权时须指明同等条件，则张某在2019年4月25日的主张至多解释为请求江河公司履行通知义务，而非行使优先购买权。

本文认为，承租人不必指明具体的同等条件。承租人请求出租人履行通知义务的权利系属请求权，受诉讼时效限制。若其罹于时效，则产生抗辩权。一旦出租人行使时效抗辩权，承租人将无法自其处获悉同等条件。按明示原则，若承租人亦无法自他处获悉同等条件，其将无法行使优先购买权。在一定程度上，这已将优先购买权的命运系于通知义务之履行。然而，通知并非优先购买权的行使前提。[2]即使承租人不知同等条件，其与出租人间的买卖合同也不会因常素缺失而不成立，因该合同的内容同于出租人与第三人所订立之买卖合同。因此，张某的主张不会因未明示同等条件而无效。

c. 未在租期内行使优先购买权

在租期届满后，就承租人能否行使优先购买权似有争议。[3]本文认为，出租人履行通知义务后，若租期届满时优先购买权的行使期间尚未届满，承租人仍可主张该权利。因对权利人权衡时间的缩短并不合理，为避免迟延通知对承租人产生影响，已存在的优先购买权仍可被行使。[4]换言之，承租人能否主张优先购买权与租期届满与否无涉，而仅系于权利之存在性。

〔1〕 参见"西藏新珠峰摩托车有限公司诉西藏珠峰资源股份有限公司（原西藏珠峰工业股份有限公司）合同纠纷案"，最高人民法院（2018）最高法民终130号民事判决书。
〔2〕 Vgl. Häublein, in: *Münchener Kommentar BGB*, 8. Aufl., 2020, § 577 Rn. 28.
〔3〕 有观点认为租赁合同终止后，优先购买权无从行使，参见胡仕浩："房屋承租人优先购买权的效力"，载黄松有主编：《中国民事审判前沿》（第1辑），法律出版社2005年版，第164~165页。该说法具有歧义，因优先购买权能否行使的关键似在于该权利本身是否存在，而非租赁合同是否终止。
〔4〕 Vgl. Häublein, in: *Münchener Kommentar BGB*, 8. Aufl., 2020, § 577 Rn. 31.

如后所述，张某的优先购买权在其行使时尚存，故 2010 年 ~ 2012 年的租赁合同虽已租期届满，但无碍于其优先购买权之主张。

d. 未以书面形式行权

根据《中华人民共和国城市房地产管理法》（以下简称《城市房地产管理法》）第 41 条的规定，房地产买卖合同为要式。因承租人行使优先购买权也会在承租人与出租人间产生房屋买卖合同，故需讨论承租人优先购买权的行使是否也应满足要式。对此，《德国民法典》第 577 条第 3 款作肯定回答。若认为以要式为行权方式，则需探究该要式的规范意旨。总体而言，要式的规范意旨有四类，即警示功能、咨询功能、证据功能与他益维护功能。[1]首先，承租人优先购买权的行使不涉及咨询功能与他益维护功能。其次，因出租人与第三人的房屋买卖合同需为要式，故也不涉及澄清买卖合同内容的证据功能。最后，就行权本身的证明而言，既然作为消极形成权的解除权无需要式，那么也无理由将作为积极形成权的承租人优先购买权规定为要式。是以可考虑的规范意旨只剩警示功能。本文认为该观点成立，因为在不动产领域，鉴于标的物价值通常较大，确有防止当事人操之过急的必要。为贯彻不动产买卖中的警示功能，《城市房地产管理法》第 41 条应为效力性强制规定。因而，承租人优先购买权之行使若未以书面形式为之，原则上不成立。

但这一点在本案中不适用。首先，江河公司作为出租人已与湖海银行订立《抵偿协议》，不必对其进行二次保护。其次，由于江河公司在张某行权时已陷入主观不能，所以纵使优先购买权之行使有操之过急之虞，张某亦可行使解除权以资救济。就本案而言，张某无需以书面形式行使优先购买权。

⑤不存在权利阻却事由

《城镇房屋租赁合同解释》第 24 条规定了优先购买权的阻却事由，但在逻辑上似难自恰。若认为"承租人主张优先购买房屋"所指涉者为行使优先购买权，则会与该条第 4 项产生冲突。因为该项处理的是对抗效力，而非行使前提。[2]若认为"承租人主张优先购买房屋"所指涉者是主张对抗效力，则会与该条前 3 项

---

〔1〕 参见［德］迪特尔·梅迪库斯：《德国民法总论》，邵建东译，法律出版社 2013 年版，第 461 ~ 462 页。
〔2〕 参见朱晓喆："论房屋承租人先买权的对抗力与损害赔偿——基于德国民法的比较视角"，载《中德私法研究》第 9 卷。

产生抵牾。因为这3项处理的是行使前提，而非对抗效力。[1]为贯彻优先购买权的规范意旨，只能将"承租人主张优先购买房屋"进行语义割裂，即针对前3项解为行使权利，针对第4项解为主张对抗效力。

针对第3项，有必要澄清承租人优先购买权的性质。若认为其属请求权，因该项的构成要件为期间经过，故该期间有诉讼时效之可能，从而期间届满并不消灭优先购买权，惟相对人可行使抗辩权。若认为其属形成权，则该期间必为除斥期间，期限届满优先购买权即告消灭。我国司法实践中有观点认为其为附强制缔约义务之请求权。[2]以此为基点，有两种解释，一是请求出租人发出要约，二是请求出租人发出承诺。若按解释一，将掏空15日的行使期间。原因是，在出租人履行通知义务后，承租人已有15日权衡期间，若再令其承诺，即使不考虑承诺期限，要约到达与承诺达到也总有时间差，承租人的实际权衡期间难免会超出15日，故解释一不足采。若按解释二，则在"同等"程度上会劣于形成权说。理由是，承租人的要约到达出租人处时，买卖合同尚未成立。但若在出租人的承诺到达承租人的期间，其向第三人所负的出卖人义务届期，则不履行通常会产生迟延责任。但因此刻承租人与出租人的买卖合同尚未成立，故承租人无主张迟延责任之空间，且在合同生效后也无法溯及主张。原因在于，若优先购买权行使时第三人的付款义务已陷入迟延，承租人的付款义务也应在行权后的适当时间才届期，[3]故出租人不应受到差别对待。另外，解释二也不利于承租人进行诉前保全。

在形成权模式下，亦有两种见解。其一，附条件的形成权，即承租人与出租

〔1〕 我国司法实践中认为该条前三项均属优先购买权的排除事由，但对第4项未置可否，只是说明此时承租人可基于侵权向出租人请求损害赔偿，同时并不排斥其他救济。参见最高人民法院民事审判第一庭编著：《最高人民法院关于审理城镇房屋租赁合同纠纷案件司法解释的理解与适用》，人民法院出版社2009年版，第290~291页。本文认为，就第1项而言，是基于两种优先购买权的构成要件不同而产生的当然推论。就第2项而言，是因欠缺同等条件。通常而言，交易相对人的身份不会对交易产生实质影响，但近亲属之间的买卖不同于一般的市场交易，其间隐含的宗族关系不具有可替代性。就第3项而言，是因除斥期间届满而导致的权利消灭。

〔2〕 参见最高人民法院民事审判第一庭编著：《最高人民法院关于审理城镇房屋租赁合同纠纷案件司法解释的理解与适用》，人民法院出版社2009年版，第286页。但近来最高人民法院的观点倾向于形成权说，参见最高人民法院民法典贯彻实施工作领导小组主编：《中华人民共和国民法典合同编理解与适用》（三），人民法院出版社2020年版，第1555页。

〔3〕 参见戴孟勇："房屋承租人如何行使优先购买权——以《合同法》第230条为中心的解释论"，载《清华大学学报（哲学社会科学版）》2004年第4期。

人间的买卖合同以出租人出卖租赁房屋为延缓条件。[1]其二，单纯的形成权。[2]在德国法上，对于优先购买权的定性争议主要集中在意定优先购买权上，即是将其视为以义务人与第三人订立买卖合同且权利人行权为双重条件的买卖合同（Doppelt bedingter Kaufvertrag）还是仅以前者为延缓条件的形成权。[3]在行使优先购买权之前，认为承租人与出租人的买卖合同已成立的观点似可推敲。[4]由于此时承租人只在订立租赁合同时作出过意思表示，若认为其中有指向买卖合同成立的意思表示，至少将产生价格不明的合同漏洞。根据《合同法》第62条第2项的规定，此时可按订立合同时履行地的市场价确定，但该方案将被嗣后出租人与第三人达成的买卖合同中的特定价格所否决。此处亦无适用由第三人确定的给付之余地，因嗣后的买受人并非作为值得信赖的专业人员，且其涉及价格的意思表示至少并未向承租人作出。另外，在法定优先购买权的场合，由于法律规定义务人与第三人订立买卖合同为优先购买权的构成要件，而作为法律行为附款的条件不包括所谓的法定条件，[5]故只需讨论行权行为是否能作为条件。若将行权行为作为优先购买权的延缓型任意条件，则将导致权利人行权前权利尚未生效，从而除斥期间无法起算，这无疑架空了除斥期间制度。因此，本文采单纯的形成权说。

综上，《城镇房屋租赁合同解释》第24条前3项均为承租人优先购买权当然的阻却事由。

a. 房屋共有人行使优先购买权

在达成《抵偿协议》时，湖海银行并非系争房屋的共有人。

b. 出租人将房屋出卖给近亲属

江河公司作为法人，并无近亲属存在之可能。

c. 出租人履行通知义务后，承租人在15日内未明确表示购买

因承租人须以同等条件优先购买，故出租人的通知内容不仅要包含与第三人订立买卖合同的事实，更要指明买卖合同的具体内容。[6]该通知性质上为观念通

---

〔1〕 参见王泽鉴：《民法学说与判例研究》（重排合订本），北京大学出版社2015年版，第1516页。

〔2〕 参见常鹏翱："论优先购买权的行使要件"，载《当代法学》2013年第6期。

〔3〕 Vgl. Dirk Looschelders, *Schuldrecht*, *BT*, 15. Aufl., 2020, § 13 Rn. 12.

〔4〕 Vgl. Medicus/Lorenz, *Schuldrecht* Ⅱ, *BT*, 18. Aufl., 2018, § 15 Rn. 13.

〔5〕 参见朱庆育：《民法总论》，北京大学出版社2016年版，第126页。

〔6〕 参见"崔建英诉内江市长富房地产开发有限公司房屋买卖合同纠纷案"，四川省内江市中级人民法院（2017）川10民925号民事判决书。

知。[1] 在德国法上，出租人对承租人的通知义务有两个方面：其一，通知买卖合同的具体内容（Mitteilung）；其二，告知优先购买权（Unterrichtung）。仅当出租人履行完这两方面的义务后，才起算优先购买权的行使期间。[2]

《合同法》第 230 条将出租人的通知义务限定在"出卖之前"，似属事前通知。但这会产生一个悖论，即在出租人与第三人订立买卖合同之前，并无固定的同等条件存在，承租人没有以同等条件购买的可能。在事前通知的模式下，承租人仅当出租人违反通知义务时，才能发挥优先购买权的形成效力，否则只是以通常的要约承诺方式与出租人订立买卖合同。[3] 将"出卖"理解为出让，虽可使同等条件确定，但在体系上有混淆负担行为与处分行为之虞，反而得不偿失。为使"同等条件"与"出卖之前"均有意义，可对该条文作如下拆解：首先，出租人在出卖前的合理期限负有指向优先购买权的告知义务，即告知承租人可在其与第三人订立买卖合同后行使该权利；其次，出租人在与第三人订立买卖合同后，负有向承租人通知买卖合同具体内容的义务。《城镇房屋租赁合同解释》第 24 条第 3 项的通知义务仅涉及后者。在该解释模式下，《合同法》第 230 条 3 个语句的逻辑排列不再是"语句 1→语句 2→语句 3"，而是"语句 1→语句 2"与"语句 1→语句 3"。

本文认为，尽管出租人未履行涉及优先购买权的告知义务，但只要承租人已知或应知买卖合同的具体内容，由于法律具有公示性，也应起算行使期间。[4] 就主观起算而言，因《中华人民共和国民法总则》（以下简称《民法总则》）第 199 条的效力位阶高于司法解释，故后者关于通知义务履行后才起算期间的规定被前者所修正，并无类推适用《最高人民法院关于适用〈中华人民共和国物权法〉若干问题的解释（一）》（以下简称《物权法解释一》）第 11 条第 3 项之必要。就优先购买权的告知而言，毋宁说出租人在与第三人订立买卖合同前告知承租人享有优先购买

〔1〕 Vgl. Blank/Börstinghaus, in: *Blank/Börstinghaus Kommentar BGB Miete*, 6. Aufl., 2020, § 577 Rn. 41.

〔2〕 Vgl. Blank/Börstinghaus, in: *Blank/Börstinghaus Kommentar BGB Miete*, 6. Aufl., 2020, § 577 Rn. 42; Lützenkirchen, in: *Erman Kommentar BGB*, 15. Aufl., 2017, § 577 Rn. 11.

〔3〕 参见戴孟勇："论优先购买权中的通知义务"，载《云南社会科学》2019 年第 4 期。相关案例，参见"刘宗荣诉刘允献房屋租赁合同纠纷案"，新疆维吾尔自治区高级人民法院（2014）伊州民二终字第 420 号民事判决书。

〔4〕 相同观点，参见黄健彰："房屋承租人先买权的承认与建构"，载黄立等：《租赁专题研究（二）：买卖不破租赁、先买权与房地分摊》，元照出版有限公司 2019 年版，第 78 页。我国司法实践中对股东优先购买权也持类似观点，参见"绵阳市红日实业有限公司、蒋洋诉绵阳高新区科创实业有限公司股东会决议效力及公司增资纠纷案"，最高人民法院（2010）民提字第 48 号民事判决书。

权是对自己的保护。一方面，因承租人从该告知中获悉出租人有售房意愿后，可能先于第三人与出租人达成买卖合同，从而降低出租人一房二卖的可能性。另一方面，虽然在规范层面上法律具有公示性，但毕竟承租人优先购买权制度不是公理性的规定，在实践中可能有承租人不知该权利存在的可能性。出租人在出卖前告知承租人享有该权利，有利于后者及早决定是否行使优先购买权。若其表示放弃权利，则出租人亦可避免一房二卖的窘境。出租人未将售房意愿告知承租人，自应受其不利，类似于违反不真正义务。《合同法》第230条中的"应当"只具建议性质。

（a）权利人已知？

本案中，江河公司的通知义务迄今未履行。张某在2019年4月8日只是获悉房屋易主的事实，尚未知悉《抵偿协议》的具体内容。优先购买权的行使不以履行通知义务为要件，但这并不意味着行使期间可自承租人明知或应知出租人出卖行为之日起算。因为承租人本可请求出租人履行通知义务后再决定是否行使优先购买权，此时行使期间就应自后者完全履行通知义务后才起算。以概括意思行权不应视为对出租人通知义务的溯及免除。承租人知悉买卖合同的具体内容即可导致行使期间的起算，但本案未满足之。故张某虽主张优先购买权时距4月8日已过15日，但并未逾期。

（b）类推适用《中华人民共和国民法总则》第152条第2款？

就现有规范而言，并未规定承租人优先购买权的客观期间。但《民法总则》第152条第2项规定了同为形成权的撤销权的客观期间为"自民事法律行为发生之日起5年"。若该规定能类推适用于承租人优先购买权，则张某的优先购买权将因客观期间届满而消灭。[1]

本文认为这有失偏颇。理由在于，该观点实际上是认为凡是形成权，皆应设置客观期间，而这只能立基于形成权客观期间本身的规范意旨，即稳定既存的法律关系。然而，形成权的起算本就无统一定式，[2]一概设置客观期间并不合理，因为并非所有形成权均会造成无法容忍的法秩序的不安定性。例如，解除权的行使

---

〔1〕 有学者类推适用《合同法》第55条，但将主观期间转变为客观期间并以瑞士立法例为佐证，参见戴孟勇："先买权的若干理论问题"，载《清华大学学报（哲学社会科学版）》2001年第1期。然而，根据《瑞士民法典》第681条的规定，其优先购买权的行使前提是不动产被强制出售且限于拍卖过程中。因此，瑞士设置客观期间可能是基于维护司法权威与拍卖市场的稳定的考量。

〔2〕 参见王泽鉴：《民法总则》，北京大学出版社2009年版，第494页。

导致返还清算关系的发生，但并不直接影响物权变动的结果，故解除权并无设置客观期间的必要，这可由《民法典》第564条佐证。相反，撤销权的行使可能直接影响物权变动的结果，对既存法律关系的冲击较大，故确有设置客观期间的必要。如后所述，承租人优先购买权因无对抗效力而无法直接影响物权变动的结果，且主观期间的起算完全可由出租人通过履行通知义务的方式掌控，故并无类推撤销权客观期间的必要，这也符合《民法总则》第199条客观期间需由法律规定之原则。

（c）类推适用《最高人民法院关于适用〈中华人民共和国物权法〉若干问题的解释（一）》第11条第4项？

该项规定按份共有人优先购买权的客观除斥期间为"共有份额权属转移之日起6个月"。根据《城镇房屋租赁合同解释》第24条第1项的规定，按份共有人优先购买权优先于承租人优先购买权。若由此推出，后者的除斥期间不得超过前者，从而应将该规定类推适用于承租人优先购买权，则张某的优先购买权亦因客观期间届满而消灭。

其实，这两种优先购买权的竞合为伪命题。原因在于，按份共有人优先购买权指向的是所有权份额，而非标的物本身。需讨论的是《物权法》第97条所规定的因多数决而处分共有物。若基于多数决共有物将被处分，而不同意处分者愿意购买同意处分者的份额，由于对后者而言，让渡份额与让渡共有物并无区别，故从禁止权利滥用的角度言之，应认为此时前者可购买后者的份额，承租人优先购买权并无适用余地。[1]质言之，共有人优先购买权优先于承租人优先购买权，不是基于两者规范意旨的比较，[2]而是构成要件的天然差异所致。

退而言之，即使认为两者可能发生竞合，本文也认为不能类推。原因在于，按份共有人优先购买权旨在简化共有关系，[3]与承租人优先购买权的规范意旨迥异，欠缺类推前提。若认为两者同为优先购买权，故应一体处理，即应仅考虑客观除斥期间的规范意旨——稳定既存的法律关系，从而承租人优先购买权也需类推适用该项规定，则需解释以下事实：股东优先购买权的客观除斥期间为何与共

---

〔1〕 参见周缘求："论共有人优先购买权与承租人优先购买权之竞合"，载《华东政法学院学报》2003年第1期。

〔2〕 事实上，这两者的规范意旨各有侧重，并无明显的高下之分。参见王泽鉴：《民法学说与判例研究》（重排合订本），北京大学出版社2015年版，第1528页。

〔3〕 参见谢在全：《民法物权论》（上册），中国政法大学出版社2011年版，第336页。

有人优先购买权的不同。可能的解释是，两者的规范意旨不同。基于此，可能的结论是：承租人优先购买权应适用客观除斥期间，但该期间的长度应由其本身的规范意旨决定。但是，仅从规范意旨的比较，很难得出精确的区间。认可承租人优先购买权应类推适用客观除斥期间的结果只能是让法官自由裁量期间长度，而这相比于不类推适用客观除斥期间，会对法的安定性造成更大的冲击。更根本的问题是，承租人优先购买权不适用客观除斥期间是否会造成法律秩序的不安定。对此，本文持否定态度。理由是，如后所述，承租人优先购买权本身不具有对抗效力，故其不会影响第三人及其后手的法律关系，能影响的只是承租人与出租人的法律关系。若无客观除斥期间，则权利人可通过违约责任获得履行利益。若有客观除斥期间，则权利人在客观除斥期间内行权可按买卖合同项下的违约责任获得赔偿，在之后按侵权请求权或租赁合同项下的违约请求权获得赔偿，在两者赔偿范围相当的情况下，类推其他优先购买权的客观除斥期间纯属文字游戏。若两者范围不相当，则难以解释除斥期间的经过为何会影响损害赔偿的范围。可能的反对观点是，客观除斥期间的经过会排斥损害赔偿请求权的产生。但该观点会与《最高人民法院关于适用〈中华人民共和国公司法〉若干问题的规定（四）》（以下简称《公司法解释四》）第21条第2款产生体系悖反。因为股东优先购买权的客观期间是现有的优先购买权中最长的，该期间的经过尚可能产生损害赔偿责任，其他优先购买权客观期间的经过没有不产生损害赔偿责任的理由。

（d）类推适用《最高人民法院关于适用〈中华人民共和国公司法〉若干问题的规定（四）》第21条第1款？

本文认为仍然不能类推。首先，就规范意旨而言，股东优先购买权在于维护有限责任公司的人合属性，此与承租人优先购买权的规范意旨相去甚远。其次，如前所述，承租人优先购买权并无设置客观除斥期间的必要。

d. 承租人无履约能力

在房屋所有权移转于第三人后，若承租人显然不具有买卖合同下履行付款义务的能力，其行使优先购买权的行为无效。[1]理由是，若出租人未将房屋过户给

---

〔1〕 Vgl. Blank/Börstinghaus, in: *Blank/Börstinghaus Kommentar BGB Miete*, 6. Aufl., 2020, § 577 Rn. 63. 我国司法实践中有相同观点，参见"王贵双诉鹤岗市第一制砖厂留守处租赁合同纠纷案"，黑龙江省高级人民法院2015黑民终字第84号民事判决书。在此，需区分无资力与无履行能力，前者是后者的必要不充分条件，因为承租人尚可借款融资。

第三人，其原本亦可基于解除合同而消灭自己的原给付义务，同时无需承担损害赔偿责任。本案中，张某作为商人，并无证据表明其显然不具有付款能力。

e. 承租人放弃优先购买权

本案中，张某并未放弃优先购买权。[1]

⑥中间结论

张某在 2019 年 4 月 25 日仍可对江河公司主张系争房屋的优先购买权。基于该权利的行使效果，在两者之间将产生一份买卖合同，其主要内容由《抵偿协议》确定。因本案中不存在其他权利阻却抗辩，故张某对江河公司享有交付系争房屋并移转所有权的原给付请求权。

2）请求权是否未消灭

本案中不存在权利消灭抗辩。

3）请求权是否可实现

2019 年 4 月 25 日江河公司已不再是系争房屋的所有权人，故需讨论张某的原给付请求权是否已因江河公司的主观不能而无法实现。

①承租人优先购买权是否具有对抗效力？

若张某的优先购买权具有对抗湖海银行的效力，则系争房屋的物权变动相对无效，即对张某而言，该房屋仍属江河公司所有。[2]对张某而言，湖海银行将房屋过户给王某系无权处分，由此将涉及王某能否依《物权法》第 106 条善意取得房屋所有权。若张某的优先购买权不具有对抗湖海银行的效力，则湖海银行将房屋过户给王某系有权处分，由此将涉及江河公司能否主张《合同法》第 110 条第 2 项规定的履行费用过高抗辩权。

有观点认为，优先购买权是否具有对抗效力，应依其是否已采适当方式予以公示而定，若已公示则具有对抗效力，反之则无。同时指出，在法定先买权，只

---

〔1〕 德国法上，在出租人与第三人订立买卖合同且履行通知义务后，承租人可放弃优先购买权。Vgl. Häublein, in：*Münchener Kommentar BGB*, 8. Aufl. ，2020，§ 577 Rn. 38. 本文认为，在出租人告知承租人优先购买权后，承租人即可预先放弃该权利。原因是，基于和德国法上相同的考虑，为达保护承租人之目的，承租人不应过早地放弃优先购买权。但本文认为该时点止于承租人知悉出租人的售房意愿时，因此时的弃权表示将切实地影响到出租人与第三人是否订立附解除条件（或类似方案）的买卖合同。若认为此时出租人仍不可信赖弃权表示为有效，无异于认为出租人为免于承担违约责任，只能与第三人订立附解除条件（或类似方案）的买卖合同，而这势必会阻却部分第三人的购房意愿，有碍交易效率。

〔2〕 在相对无效的场合，权利人可请求已获得所有权的第三人同意将其作为所有权人登记入不动产登记簿，参见〔德〕迪特尔·梅迪库斯：《德国民法总论》，邵建东译，法律出版社 2013 年版，第 375 ~ 376 页。

需将法律关系予以登记即可。[1]有学者进一步认为租赁合同若已登记备案，则承租人优先购买权具有对抗效力。[2]相反，德国法通说认为承租人优先购买权不具有对抗效力。[3]本文认为，无论是否备案，承租人优先购买权本身不具有对抗效力。

a. 备案制度的规范目的与效力位阶

备案制度的目的在于监管租赁市场与人口流动，[4]其与不动产登记的公示目的并不相同。若甲制度的规范目的为 A，乙制度的规范目的为 B，客观上甲制度可作为实现规范目的 B 的方式，但其仍不应具有为贯彻规范目的 B 而规定的法定方式（乙制度）所产生的效果，否则制度间的功能分配将陷入紊乱。备案制度的目的不包括公示优先购买权，故其不应赋予优先购买权以对抗效力。[5]退而言之，即使认为备案制度的目的包括公示优先购买权，其对抗效力亦付诸阙如。若以取得对抗效力为靶效果，则登记制度的目的并非仅为公示，公示仅为权利取得对抗效力的必要不充分条件。例如，破产债权虽经登记公示，但不具有对抗其他债权人之效力。本文认为，赋予权利对抗效力的登记尚旨在以向国家披露交易信息的方式获换取绝对的权利保护，－[6]为取得所欲之信息，国家以立法方式设置相应缔约渠道。在一定程度上，登记是此类合同的公示。登记作为一种合同的

---

〔1〕 参见戴孟勇："先买权的若干理论问题"，载《清华大学学报（哲学社会科学版）》2001 年第 1 期。

〔2〕 参见史浩明、张鹏："优先购买权制度的法律技术分析"，载《法学》2008 年第 9 期。

〔3〕 Vgl. Häublein, in: *Münchener Kommentar BGB*, 8. Aufl., 2020, § 577 Rn. 23；Lützenkirchen, in: *Erman Kommentar BGB*, 15. Aufl., 2017, § 577 Rn. 12. 我国法上亦有相同观点，参见朱晓喆："论房屋承租人先买权的对抗力与损害赔偿——基于德国民法的比较视角"，载《中德私法研究》第 9 卷。朱庆育教授在探讨《合同法》第 52 条第 5 项时，也附带指出我国法上并无物权性的承租人优先购买权，参见朱庆育："《合同法》第 52 条第 5 项评注"，载《法学家》2016 年第 3 期。

〔4〕 例如，《杭州市住房保障和房产管理局关于印发〈杭州市住房租赁合同网签备案管理办法〉的通知》（杭房局〔2019〕198 号）第 2 条就指明备案制度具有市场监测功能。另外，进行备案的承租人通常可获得申请居住证、申请随迁子女义务教育等优惠，参见《上海市住房城乡建设管理委关于印发〈上海市住房租赁合同网签备案试行办法〉的通知》（沪住建规范〔2018〕1 号）第 10 条、《合肥市住房保障和房产管理局、合肥市公安局、合肥市市场监督管理局、合肥市城市管理局关于进一步规范和加强住房租赁合同网签备案工作的通知》（合房〔2019〕46 号）第 3 条。行政机关为解决流民黑户问题，需以备案所能获得的优惠对相关人员产生备案的正向激励。由此可见，备案制度的目的还在于监管人口流动。从上述通知中似无法推出备案制度具有公示功能。

〔5〕 备案登记的对象只是租赁合同，故承租人可能已放弃了优先购买权，亦即备案信息并不必然能公示优先购买权。参见常鹏翱："论优先购买权的法律效力"，载《中外法学》2014 年第 2 期。

〔6〕 在竞争性市场中，市场失灵和外部性可能会导致市场欠缺经济效率。参见［美］罗伯特·S. 平狄克、丹尼尔·L. 鲁宾费尔德：《微观经济学》，李彬译，张军校，中国人民大学出版社 2020 年版，第 260 页。因此，国家获取个人交易信息的正当性即在于意思自治具有局限性。同时国家获取交易信息并不必然干涉意思自治，因为主观上的获悉并不等于客观上的干涉。

公示，之所以能产生对抗第三人的效力，是因不特定第三人已通过全国人民代表大会制度认可此类合同的效力可波及自身。换言之，对抗效力的产生是公民意思自治的结果。按意思表示的解释规则，此类合同的内容应以理性第三人的视角为准。因此，登记错误不得对抗善意第三人。以预告登记为例，就对抗效力的机理说明如下。首先，《物权法》第 20 条第 1 款开通了个人与国家的缔约渠道。其次，当事人通过告知债权的方式与国家缔约。登记错误的，其债权已具备对抗恶意第三人的效力。最后，国家通过正确登记的方式公示债权，使不特定第三人皆沦为恶意第三人，从而使债权具备完全的对抗效力。总而言之，此种缔约渠道的设立亦为权利取得对抗效力的必要条件。[1] 根据《物权法》第 5 条与第 6 条，不动产物权的种类、内容以及引起物权变动的登记依据均由法律规定，而非行政法规或地方性法规。既然法律未开放通过备案登记获取优先购买权对抗效力的缔约渠道，那么承租人优先购买权就不会因登记而取得对抗效力，[2] 否则将违背全体公民的意思自治。

b. 对抗效力与双重买卖之龃龉

通过备案登记赋予承租人优先购买权对抗效力，将瓦解物债二分体系。第三人通过备案获悉租赁关系与通过其他方式获悉并无不同。在法律规定备案登记的效力之前，若认为第三人明知租赁关系，优先购买权即可产生对抗效力，将与一般的双重买卖产生矛盾。

[**案例**] 甲将房屋出卖于以长期居住为目的乙并交付，但未完成过户。嗣后甲又将房屋出卖于丙并过户。

第一，证明以下命题：乙可主张类推适用承租人优先购买权。证明如下：因为承租人优先购买权的规范意旨是保护承租人的居住状态与地缘关系，乙是以居住为目的而购房且房屋已经交付，其居住状态和地缘关系与承租人并无实质差异。既然一般承租人都赋予被免于驱逐的可能而可主张优先购买权，那么买受人

---

〔1〕 最高人民法院也曾指出基于物权法定原则，承租人优先购买权不能纳入物权保护的范畴。参见关丽："最高人民法院《关于审理房屋租赁合同纠纷案件具体应用法律若干问题的解释》涉及的若干问题解析"，载《法律适用》2009 年第 10 期。

〔2〕 在德国法上，债权性的优先购买权具有登记能力，经物权合意并登记即可具备对抗第三人的效力。Vgl. Medicus/Lorenz, *Schuldrecht* Ⅱ, *BT*, 18. Aufl., 2018, § 15 Rn. 29; Brox/Walker, *Besonderes Schuldrecht*, 44. Aufl., 2020, § 7 Rn. 55.

乙就更有被保护的必要，从而应允许乙类推适用承租人优先购买权。因承租人优先购买权具有形成效力，故若乙主张类推适用该权利，则首先将在甲乙间形成如同甲丙间的买卖合同。[1]但因甲乙间本就有买卖合同，根据买受人不会就同一标的和出卖人订立两份买卖合同的常识，甲乙间买卖合同的内容变更为甲丙间的买卖合同内容。规范依据是《民法总则》第136条。对该条进行反面解释，若有法律规定，则可单方变更民事法律行为。乙单方变更合同的法律依据即为被类推适用的《合同法》第230条。需指出的是，承租人优先购买权的形成效力既不会不合比例地损害所有权，也不会架空过户登记制度，故由乙不能类推适用买卖不破租赁规则无法导出乙不能类推适用承租人优先购买权规则。

第二，证明以下命题：承租人优先购买权不可对抗已完成过户的第三人。有学者指出，若所涉标的为不可替代物，则乙可行使债权人撤销权而达否定甲与恶意之丙间物权变动的目的，此时无需以甲陷于无资力为要件。[2]但如此将无法考察承租人优先购买权是否具有对抗效力。因而，即使认为该观点较传统观点更为合理，从控制变量的思想出发，仍应将标的限定为可替代物，如普通商铺，从而否定乙的债权人撤销权。就普通的双重买卖而言，因乙对房屋享有的仅为债权而非物权，故其不可主张甲丙间的物权变动相对无效。由此，用于论证的前提有二。前提一，乙可类推适用承租人优先购买权。前提二，乙不可主张甲丙间的物权变动相对无效。以归谬法证明如下：假设承租人优先购买权具有对抗效力，那么乙可主张类推适用该权利（通常第二次的出售约定价更高，所以为满足同等条件，乙负有补齐差价的义务）而主张甲丙间的物权变动相对无效，这与前提二产生矛盾。因此，假设不成立，即承租人优先购买权不具有对抗效力。

第三，证明以下命题：在第三人完成过户前，即使承租人行权，其债权也不

---

　　〔1〕　该类推的附随效果是能使得资源配置最优化。详言之，若甲丙约定价高于甲乙约定价，则丙通常比乙更能发挥房屋的效用，经济上甲应向丙实际履行。赋予乙优购买权不会降低甲向丙实际履行的激励，因为在行权后，乙的履行利益损害赔偿反而会降低。但若甲丙约定价不高于甲乙约定价，则乙就房屋至少能与丙发挥相同的效用，经济上应向乙履行。赋予乙优先购买权会对甲向丙的实际履行意愿产生负面激励，因为乙在行权后能获得更高的履行利益损害赔偿。综上，置换履行利益不仅顾及了意思自治，还能使效用最大化。

　　〔2〕　参见简资修："一物二卖：有效率之不履约或债权之侵害"，载《人文及社会科学集刊》2001年第1期。简资修教授未区分是否为不可替代物，而主要采法经济分析，似一概承认特定物双重买卖中第一买受人的撤销权。在教义学上认为应区分替代物与不可替代物的观点，参见梅瑞琦："论特定物债权与债权人撤销权的行使"，载《浙江工商大学学报》2011年第4期。

优先于第三人对出卖人的债权。用于论证该命题的前提有二。前提一，乙可类推适用承租人优先购买权。前提二，债权具有平等性。以归谬法论证如下：假设承租人的债权优先于第三人的债权，那么乙可类推适用承租人优先购买权，而主张自己的债权天然具有预告登记的效果，从而优先于丙的债权，这与前提二产生矛盾。因此，假设不成立，即原命题成立。

c. 优先性之说明

有疑问者，若如此理解承租人优先购买权，则其优先性似无从体现。本文认为，此点可从两方面进行说明。在德国民法上，与优先购买对应的语词是"Vorkauf"，将其迻译为预先购买可能更为贴切，理由有二。理由一，该词的前缀"Vor"通常表示"在……之前"，而与"具有优先性的"对应的语词是"Vorrangig"，"Vorkauf"的文义更接近于预购。理由二，"Vorkauf"所体现的是附双重条件的合同理论，即在房屋租赁合同订立时，承租人与出租人的买卖合同业已成立，只是附有出租人与第三人订立买卖合同与承租人行权的条件而已，即"先"重在时间含义。如前所述，随着德国民法的发展，附双重条件的合同理论逐渐被形成权说所取代，但"Vorkauf"之名仍得以保留。以今日学说观概念之源流，无异于刻舟求剑，难免有误译之嫌。一般而言，德国民法上具有对抗效力的预先购买权以登记为必要条件。就我国法而言，《合同法》第230条在文义上既以"优先购买"表彰承租人之权利特征，至少难以将优先等同于预先，但在解释论上对"优先"二字仍有解决方案。首先，既然"优先"修饰的是"购买"而非"受让"，那么承租人优先购买权应仅针对负担行为。其次，根据《物权法》第20条第1款结合《不动产登记暂行条例》第3条与《不动产登记暂行条例实施细则》第85条可知，预告登记之办理以买受人与出卖人间具有相应约定为前提。[1]承租人在行使优先购买权后，基于买卖合同对出租人享有债权请求权，该请求权具备预告登记能力（Vormerkungsfähigkeit）。若经登记，即可对抗第三人。无论如何，预告登记以优先购买权的行使为基础，因为其以一个被保障的债权请求权的存在为前提。[2]本文认为，承租人优先购买权的优先性应解释

---

〔1〕 参见"李福文诉望奎县房产管理局房屋预告登记及行政赔偿案"，黑龙江省高级人民法院（2017）黑行再16号行政判决书。

〔2〕 Vgl. Blank/Börstinghaus, in：*Blank/Börstinghaus Kommentar BGB Miete*，6. Aufl.，2020，§ 577 Rn. 73.

为，承租人在行权后可直接请求出租人办理预告登记。另外，若出租人与第三人也有预告登记约定，则在同时申请时，承租人应优先于第三人办理预告登记。本案中，张某在行使优先购买权时，房屋所有权早已移转，故即使完成预告登记，也无法对抗湖海银行。

综上，即使湖海银行属于恶意，也不得对《城镇房屋租赁合同解释》第24条第4项作反面解释，从而张某的优先购买权仍不得对抗湖海银行。基于湖海银行的有权处分，系争房屋已属王某所有。

②履行费用过高的抗辩权

鉴于江河公司已不再是系争房屋的所有权人，故需考虑其是否可主张履行费用过高的抗辩权。若江河公司为给付所需花费的成本与张某经由给付所能获得的利益显失比例，则前者即可主张该抗辩权。需注意的是，若出卖人因可归责于己的事由导致给付障碍，则其对提供给付须尽更大的努力。[1]

江河公司虽对给付障碍的形成原因具有可归责性，但本案中王某获取系争房屋可能是为自己经营布庄，亦无迹象表明其有出售房屋之意愿。但系争房屋对王某而言并无特殊情感寄托，故此处王某并非完全确定的不愿出卖，而是要令其出卖需付出不成比例的对待给付。根据《合同法》第110条第2项，江河公司可对张某主张履行费用过高的抗辩权。

4）小结

张某对江河公司交付系争房屋并移转所有权的请求权虽已产生且未消灭，但因后者可行使履行费用过高的抗辩权，故原给付请求权无法实现。

（2）基于《合同法》第107条产生的次给付请求权

1）请求权是否已产生

该请求权须满足如下要件：其一，存在有效的合同；其二，存在给付障碍；其三，因给付障碍而产生损害；其四，债务人具有可归责性；[2]其五，不存在权利阻却抗辩。下文对该请求权的构成要件不再赘述。

---

〔1〕 参见［德］迪尔克·罗歇尔德斯：《德国债法总论》，沈小军、张金海译，沈小军校，中国人民大学出版社2014年版，边码第476页。

〔2〕 因原则上由法益拥有者承担法益所受之不利益，故将该不利移转于他人需具备归责事由。参见陈自强：《违约责任与契约解消》，元照出版公司2018年版，第6~7页。鉴于我国法上对《合同法》第107条的归责事由存有争议，故本文将从过错与担保两个角度分析。

①存在有效的合同

张某与江河公司之间的买卖合同并不因后者的自始主观不能而无效。

②存在给付障碍

江河公司交付房屋并移转所有权的义务陷于给付不能。

③因给付障碍而产生损害

张某可主张可得利益总额作为损害但仍需承担付款义务，亦可主张扣除履行成本后可得利益作为损害。[1]就最终的损害范围而言，通常认为是市场价与买卖合同约定价的差额（假定为正）。[2]显然，张某的可得利益损害与江河公司的给付不能有因果关系。

a. 市场价的数额

市场价的数额取决于江河公司的可预见性。根据《合同法》第 113 条第 1 款的规定，履行利益应以违约方在合同订立时可预见的损失为限。遂产生一个问题，可预见标准的判断时点为出租人与第三人买卖合同订立时抑或承租人行使优先购买权时。本文采前者。原因是，该标准的法理基础在于意思自治，即推定当事人在订立合同时有承接责任风险的意愿。[3]优先购买权为承租人享有的形成权，出租人无法以单方意思影响合同的订立。基于意思自治，难谓订立租赁合同时出租人有买卖合同项下的风险承接意愿。该风险承接意愿应只停留于其与第三人订立买卖合同时。本案中，江河公司的可预见性以订立《抵偿协议》时为准。

另外，即使第三人获得房屋时有买卖不破租赁规则的适用，房屋市场价也应以尚未被承租的房屋的市场价为判断标准，因为承租人若获得房屋则可将其出售。[4]易言之，若房屋过户给承租人，则承租人的债权将因混同而消灭，从而所获为市价房屋。

---

〔1〕 可得利益＝守约方主张的可得利益总额－违约方不可预见的损失－守约方未尽减损义务而扩大的损失－守约方因违约所获利益－守约方与有过失造成的损失－必要的交易成本。对此，参见姚明斌："《合同法》第 113 条第 1 款（违约损害的赔偿范围）评注"，载《法学家》2020 年第 3 期。本文认为，必要的交易成本不仅包括缔约成本，还包括履约成本，即对待给付。至于履约成本的扣除方式，个案中可借助于守约方的实际履行。实际上，这涉及的是双务合同计算替代给付的损害赔偿时所采取的不同方法，即交换说与差额说。参见〔德〕迪尔克·罗歇尔德斯：《德国债法总论》，沈小军、张金海译，沈小军校，中国人民大学出版社 2014 年版，边码第 667～668 页。

〔2〕 Vgl. Häublein, in: *Münchener Kommentar BGB*, 8. Aufl., 2020, § 577 Rn. 33; Blank/Börstinghaus, in: *Blank/Börstinghaus Kommentar BGB Miete*, 6. Aufl., 2020, § 577 Rn. 60.

〔3〕 参见姚明斌："《合同法》第 113 条第 1 款（违约损害的赔偿范围）评注"，载《法学家》2020 年第 3 期。

〔4〕 Vgl. Häublein, in: *Münchener Kommentar BGB*, 8. Aufl., 2020, § 577 Rn. 35.

b. 约定价的数额

（a）湖海银行或王某未向张某主张不当得利返还请求权时

此时，约定价等于《抵偿协议》中所体现的数额。

（b）湖海银行或王某向张某主张不当得利返还请求权时

若江河公司在 2013 年以后的出租行为是无权出租，则湖海银行或王某对张某享有权益侵害型不当得利返还请求权（对构成要件的检验见下文）。

（aa）无权出租的认定

所谓"无权出租"，非指租赁合同有任何效力瑕疵，而是出租人在履行合同时欠缺将使用利益归属于承租人的权限。本文认为，江河公司将房屋过户给湖海银行时，双方也有移转间接占有的合意，从而 2012 年 12 月 26 日后系争房屋的使用收益应归属于湖海银行，故江河公司在 2013 年后为无权出租。对此，本文论证如下：根据《合同法》第 229 条的规定，买受人概括继受原租赁合同的时点是所有权变动时。因此，买受人在取得租赁物所有权后，享有对承租人的租金请求权。结合《合同法》第 163 条的规定，孳息的归属应依交付为准。《合同法》第 229 条规范的是买受人与承租人的关系，而《合同法》第 163 条规范的是出卖人与买受人的关系。为避免两个规范产生冲突，应作如下解释：若买卖标的为租赁物，在当事人间无特别约定时，应认为双方在移转所有权的同时也达成间接占有的移转合意。本案中，《抵偿协议》并无特别约定，故应认为江河公司与湖海银行在 2012 年 12 月 26 日也已完成间接占有的移转。[1] 因此，自 2013 年起，江河公司对系争房屋既无所有权，也无任何形式的有权占有，亦无湖海银行或王某的授权，故欠缺将使用利益归属于张某的可能。

（bb）减价权

当张某需返还不当得利时，约定价由两部分组成。一是张某后续多负担的使用利益对价，二是剩余部分。产生该区分的原因是，约定价中相应的使用利益对价的区间覆盖张某多支出租金的期间（参见下文"多支出的租金？"部分）。当

---

〔1〕 本案原型参见"刘友亮、赵月玲诉徐子方房屋买卖合同纠纷案"，最高人民法院（2016）最高法民监 27 号民事裁定书。在该裁定书中，最高人民法院指出，"家电公司的行为属于无权处分，埇桥支行对家电公司的行为明确表示不予追认，故家电公司与刘友亮之间的租赁关系是无效的"。最高人民法院虽对出租行为的性质有所误会，但应可肯定家电公司后续履行租赁合同的行为是无权的。因本案中的江河公司相当于家电公司，故也应认为其后两期的租赁合同系无权出租。这也符合买卖型交易中使用收益权与所有权最终应归属于相对人的商业惯例。

湖海银行或王某请求返还不当得利时，张某并未完全获得约定价中所包含的使用利益。依《合同法》第228条第1款的规定，其可行使减价权以消灭相应债务。

假定2012年至2019年该地的租售比（Rent-Price Ratio）具有稳定性，那么房价与租金大致呈正比关系。再假定房屋约定价与约定租金也大致反映房屋市场价与市价租金的比例关系。因此，约定价中多负担的使用利益对价与相应期间的市价租金总额的关系近似为正比关系，且其比例定值等于房屋约定价与市场价之比，亦即可扣减额为该比例定值与相应期间的市价租金总额之积。

④债务人具有可归责性

若认为归责事由为过错，则江河公司在明知张某是承租人的情况下，径将房屋过户给湖海银行，即使其认为张某不会行使优先购买权，也存在过于自信的过失。

若认为归责事由为担保，则江河公司不履行义务即表明其可归责。

⑤不存在权利阻却抗辩

本案中不存在权利阻却抗辩。

2）请求权是否未消灭

本案中不存在权利消灭抗辩。

3）请求权是否可实现

张某虽对江河公司享有基于买卖合同的违约损害赔偿请求权，但其未履行付款义务，同时亦未解除合同。由《抵偿协议》可推知，湖海银行的债务需以江河公司交付房屋并移转所有权的方式得到清偿。这等价于湖海银行有免除江河公司债务的义务，但与江河公司交付房屋并移转所有权的义务呈同时履行关系。基于同等条件，张某的给付与江河公司的对待给付也呈同时履行关系。由于后者未因主观不能而消灭（只产生抗辩权），故需考虑江河公司是否可依《合同法》第66条主张同时履行抗辩权。

对债权人而言，阻却权利的客观不能与阻止权利的主观不能差别甚微，故两者在牵连性上应同等对待。我国法虽未明确规定双务合同中发生或存续上的牵连性，但从上述对损害计算的方式可知，《合同法》第113条第1款暗含了牵连性规则，因在不解除合同的情况下主张扣除成本后的可得利益必以承认牵连性为前提。若张某主张扣除履行成本后的可得利益，则等同于主张牵连性，[1] 从而不满足同时履行抗辩权"互负债务"的前提。本案中，江河公司不享有其他抗辩权，张某的违约损害赔偿请求权可实现。

4）小结

根据《合同法》第107条，张某对江河公司享有替代给付的损害赔偿请求权。若其主张牵连性，则可请求江河公司赔偿扣除履行成本后的可得利益，主要是江河公司在与第三人订立买卖合同时可预见的届清偿期时房屋市价与约定价的差额。若其不主张牵连性，则可请求江河公司赔偿上述市价，同时应履行付款义务。若湖海银行或王某向张某主张不当得利，则张某可依《合同法》第228条第1款向江河公司主张减价权，从而扣减约定价中的相应价额。

（3）基于《合同法》第107条结合第230条之通知义务产生的次给付请求权

1）请求权是否已产生

①存在有效的合同

江河公司在与湖海银行达成《抵偿协议》时，其与张某之间存在有效的房屋租赁合同。

②存在给付障碍

江河公司作为出租人，依《合同法》第230条，负有将同等条件通知张某的义务。通知义务应不迟延地（unverzüglich）履行。[2] 此为租赁合同的附随义务。[3]

---

〔1〕《德国民法典》第326条第1款第1句规定了双务合同的牵连性规则，但该句涉及的也只是债权人是否必须（müssen）提供对待给付。参见［德］迪尔克·罗歇尔德斯：《德国债法总论》，沈小军、张金海译，沈小军校，中国人民大学出版社2014年版，边码第672页。对牵连性规则的反思，参见赵文杰："《合同法》第94条（法定解除）评注"，载《法学家》2019年第4期。本文认为，牵连性规则可能是同时履行抗辩权的功能替代制度。申言之，当一方当事人的给付义务因客观不能而消灭，若认为另一方当事人的对待给付仍存在，则在其行使解除权前，因不再满足同时履行抗辩权中"互负债务"的要件，故可能承担迟延责任，而牵连性的主张可使对待给付义务溯及至给付义务消灭时随同消灭，因而可阻却迟延责任。

〔2〕 Vgl. Häublein, in: *Münchener Kommentar BGB*, 8. Aufl., 2020, § 577 Rn. 27.

〔3〕 Vgl. Häublein, in: *Münchener Kommentar BGB*, 8. Aufl., 2020, § 577 Rn. 29. 最高人民法院认为涉及承租人优先购买权的问题不受租赁关系调整，因法律直接规定了承租人享有该权利。参见"重庆解放碑茂业百货有限公司诉重庆鑫隆达房地产开发有限公司管辖权异议纠纷案"，载北大法宝网：https：//www.pkulaw.com/CLL C.185656，最后访问时间：2020年11月1日。本文认为该观点不足采。因为《合同法》第230条属任意性规范，体现的是租赁关系中的应有合意，当事人完全可另行约定。本文认为，该观点受到了《民通意见》第118条的体系辐射。根据该条，承租人优先购买权具有对抗效力。在上述案件中，出租人与承租人在租赁合同中约定有仲裁条款，若一方面肯定优先购买权的对抗效力，另一方面肯定优先购买权受租赁关系调整，则仲裁条款势必会对第三人产生影响。若承租人优先购买权不具有对抗效力，则该问题将不复存在。在该条废止后，我国司法实践中即有观点赞同将承租人优先购买权置于租赁关系中的讨论。参见"许某等诉戴某某优先购买权纠纷案"，浙江省高级人民法院（2008）浙民一终字第212号民事判决书。

本案中，对张某负有通知义务的是江河公司。即使认为江河公司与湖海银行约定由湖海银行履行通知义务，后者也只是前者的履行辅助人。[1]江河公司未履行通知义务，构成义务违反。

③因给付障碍而产生损害

因附随义务的违反而造成的损害并不以租赁合同项下的履行利益为限，[2]故无需讨论张某通过租赁合同可获得的履行利益。

a. 买卖合同项下的履行利益

基于通知义务的违反，是否可直接主张基于买卖合同的履行利益，有不同观点。德国联邦法院认为应以行使优先购买权为前提，而梅迪库斯认为这不必要。[3]本文认为，应以前者为是，[4]理由有二。理由一，在行使优先购买权前，承租人与出租人间并无买卖合同，与履行利益损害有因果关系的是买卖合同的给付不能，而非通知义务的违反。理由二，若认为通知义务违反即可引起履行利益的损害赔偿，会规避除斥期间制度。例如，当出租人虽未履行该义务而承租人明知买卖合同具体内容时，若承租人在 15 日内不行使优先购买权，则该权利归于消灭。但出租人此时仍有通知义务的违反，若承租人基于该义务违反即可主张履行利益的损害赔偿，而基于该义务违反的损害赔偿请求权适用主观诉讼时效 3 年，则在梅迪库斯观点下，15 日后承租人仍可请求履行利益，但这与行使优先购买权的结果无异。

b. 房价差额

若出租人及时履行了通知义务，则承租人可及早决定是否行使优先购买权。若其行使该权利，即使无法获得房屋所有权，还是可获得替代给付的损害赔偿。承租人可将该损害赔偿置换为类似房屋。[5]当此类房屋的市价在届清偿期后上涨时，其可获得两部分的利润：原市价与约定价之差和现市价与原市价之差。若出

〔1〕 Vgl. Häublein, in: *Münchener Kommentar BGB*, 8. Aufl., 2020, § 577 Rn. 28.
〔2〕 参见［德］迪尔克·罗歇尔德斯：《德国债法总论》，沈小军、张金海译，沈小军校，中国人民大学出版社2014年版，边码第 888 页。
〔3〕 Vgl. Medicus/Lorenz, *Schuldrecht* Ⅱ, *BT*, 18. Aufl., 2018, § 15 Rn. 25.
〔4〕 我国司法实践也采该观点，参见"但步云诉绿地集团银川商业运营管理有限公司房屋租赁合同纠纷案"，最高人民法院（2020）最高法民申 603 号民事裁定书。
〔5〕 本文认为，此时涉及的并非能否现实购置到类似房屋的问题，而是购置可能性的问题。正如买受人的履行利益通常包括市场价与约定价之差，但并不要求其现实地以市场价完成出售，而仅需有以市场价出售的可能性即可。商铺不同于古宅，具有较强的可替代性，通常满足购置可能性。另外，由于系争房屋是《抵偿协议》的标的之一，若江河公司及时履行通知义务，张某本可通过第三人代为清偿消灭江河公司对湖海银行的债务，从而获得房屋所有权。

租人违反通知义务，在买卖合同可预见性的制约下，承租人只能获得原市价与约定价之差的利润。根据差额说，承租人所受损害即为现市价与原市价之差。该差额的可预见性标准是一个区间，即承租人明知或应知买卖合同具体内容后 15 日内。若出租人一直不履行通知义务，则其应预期承租人可能随时获悉出卖事由，从而行使优先购买权，故房价变化总在出租人的可预见性之内。[1]

承租人主张房价差额尚有两项前提。前提一，承租人现时行使优先购买权。前提二，若出租人及时履行通知义务，承租人在彼时会行使优先购买权。前者是因承租人对取得房价差额的合理信赖应以支出约定价为基础。若承租人不行使优先购买权，将无法找到出租人可向承租人主张约定价的请求权基础。若认为此处适用损益相抵，即未获得房价差额导致约定价的节省，从而在计算损害赔偿时应予抵扣，则忽略了以下事实：若没有未获得房价差额的损害，即获得了房价差额，确实会导致约定价的支出，但获得房价差额的前提是获得房屋，从而在未获得房价差额的损害中可推出未获得房屋的损害。质言之，未获得房价差额只是未获得房屋的附带效果。若约定价的节省是获益，则与之对应的损害为未获得房屋，而将未获得房屋评价为损害的前提是优先购买权的行使。后者的实质是合法替代行为抗辩，即若承租人在彼时无法行权，则至少无法将替代给付的损害赔偿额置换为类似房屋，从而也就无法获得差额利益。承租人主张在彼时会行权是一种事后观点，客观上无法排除其利用信息差的可能性。为避免承租人的投机行为，在考察承租人在彼时会行权的主张时，不应只考虑其在彼时的履约能力，还应结合承租人在彼时的购房可能性等因素综合考虑。该抗辩不能针对优先购买权本身，因为通知义务的保护目的就是赋予承租人在权衡期限内的行权自由。[2]由

---

〔1〕 当通知义务因不可归责于出租人的事由被违反时，承租人可行使尚存的优先购买权，但不得请求赔偿房价差额。例如，出租人甲将租赁房屋出卖于第三人丙，甲及时发出了通知邮件，因适逢台风而导致电路混乱，结果甲的系统显示发送成功，但乙的系统未收到甲之邮件。15 日后，甲将房屋过户于丙，嗣后乙得知出卖事由并主张优先购买权。由于准法律行为在送达上可类推意思表示的规则，故甲应承担通知未送达的风险，从而乙在 15 日后仍可行使优先购买权。此时需区分两种情况：情况一，甲丙的买卖合同以乙行使优先购买权为解除条件（或类似方案），故甲仍可向乙履行。情况二，甲丙的买卖合同未附上述解除条件，则甲需以在该合同订立时可预见的损失为限，向乙承担违约损害赔偿责任。原因是，甲在与丙订立买卖合同时本就预见可能需向乙或丙承担违约损害赔偿责任，而送达风险由甲承担，故其在移转所有权于丙时，规范判断上仍应信赖乙可能会行使优先购买权，从而归为通常情形。但若嗣后房价上涨，乙不得请求甲赔偿房价差额，因甲对通知义务的违反不具可归责性。这也彰显了区分出卖人义务与通知义务的重要性。

〔2〕 在运用合法替代行为抗辩时，须顾及合同义务与法律规定的保护目的。Vgl. Brox/Walker, *Allgemeines Schuldrecht*, 44. Aufl., 2020, § 30 Rn. 13 – 14.

此可知，若能主张基于通知义务违反的损害赔偿，则一定能主张优先购买权行使后履行利益的损害赔偿，反之不一定成立，如承租人在彼时无法行使优先购买权。

本案中，若房价在优先购买权行使时较江河公司完成过户时有所上升，因此时的房价仍在江河公司的可预见范围内，故张某可请求江河公司赔偿房价差额，除非江河公司能证明张某在 2012 年 9 月无行使优先购买权之可能。

c. 迟延利息

若嗣后房价未上涨，则承租人并无现市价与原市价之差的损害可言。但若出租人及时履行了通知义务，承租人就可及早行使优先购买权，从而获得替代给付的损害赔偿。若出租人违反通知义务，承租人在行使优先购买权后，虽仍可请求出租人进行等额的损害赔偿，但基于货币具有时间价值的理念，承租人原本至少可获得基于该损害赔偿金额的利息。根据差额说，承租人所受损害即为该利息。最终数额将因承租人是否主张牵连性而异，这是因法律已借助"同等条件"将约定价的时间价值归属于承租人。[1]

类似地，迟延利息的主张也需满足现时行使优先购买权与彼时具有优先购买权的行使可能性。迟延利息与房价差额的主张为互斥关系，即承租人请求赔偿房价差额后不得再请求赔偿该利息。原因在于禁止矛盾行为，主张房价差额的前提是承租人会把金钱置换为房产，而房屋并无类似于货币的时间价值，只有随市场波动而产生的价格增减。

因而，若房价未上升，张某在行使优先购买权后，可主张若江河公司履行通知义务时，其通常可行使优先购买权的时间至今，源于替代给付的损害赔偿额而产生的利息，除非江河公司能证明张某在 2012 年 9 月无行使优先购买权之可能。

d. 贷款利息

若承租人因通知义务的违反导致其从有资力购买房屋变为无资力，则其损害尚包括为行使优先购买权而借款所产生的合理利息，[2]除非出租人证明承租人自

---

[1] 设房屋市场价为 a，约定价为 b，年利率为 n，因出租人违反通知义务而耽误行使优先购买权的年数为 m。若承租人主张牵连性，则初始的可得利益即为 $(a-b)$，故最终结果为 $(a-b)^m-b$。若承租人不主张牵连性，则初始的可得利益为总额 a，故最终结果为 $a \times (1+n)^m-b$。因此，不主张牵连性对承租人更为有利。产生这一现象的原因是，约定价的时间价值不归属于出租人，否则会突破同等条件。

[2] 相同见解，参见"黄东海诉贺洪奎等承租人优先购买权损害赔偿纠纷案"，辽宁省沈阳市中级人民法院（2017）辽 01 民再 74 号民事判决书。

始就为无资力状态。

若张某因江河公司通知义务的违反，从有资力状态退变为无资力状态，则其可请求江河公司赔偿为行使优先购买权而筹款所产生的合理利息。

e. 多支出的租金？

本案中，2012年12月26日为江河公司的债务清偿期。若江河公司及时履行通知义务，则在清偿期前其与张某的买卖合同将因优先购买权的行使而订立。即使江河公司在届清偿期时仍将房屋过户给湖海银行，张某也可在该时点主张替代给付的损害赔偿，进而可将所获金钱置换为类似房屋，从而不再支出租金（张某与江河公司的第1期租赁合同在2012年底租期届满）。江河公司违反通知义务，导致张某无法在2012年12月26日获得房屋或主张替代给付的损害赔偿，从而仍支付租金。因而，江河公司通知义务的违反与张某多支出租金间具有因果关系。但是，张某也因使用系争房屋而无需再租赁或购置其他商铺，即也有费用节省，故此处有损益相抵之适用。

然而，张某对江河公司享有的基于买卖合同的损害赔偿请求权中本已包含使用利益的对价，故损益相抵方案被下述思路取代：如前所述，替代给付损害赔偿的可预见性标准是出租人与第三人订立买卖合同时，江河公司需赔偿张某的是此时的房屋市价。市价必然已包含标的物后续可预期的使用价值，因以市价计算的是使用可能性无缺的房屋价值。由此推出，张某因多支出租金所造成的损害已被替代给付的损害赔偿所弥平。[1]但张某自2012年12月26日迄今确实作为承租

---

[1] Vgl. Häublein, in: *Münchener Kommentar BGB*, 8. Aufl., 2020, § 577 Rn. 34；Blank/Börstinghaus, in: *Blank/Börstinghaus Kommentar BGB Miete*, 6. Aufl., 2020, § 577 Rn. 49a. 该结论的前提应是可预期的使用利益对价与后续支出的租金相近，假定本案中该前提满足。实际上，在以租金贴现的方式确定房价时，这种观点会有偏差。按租金贴现公式，$p = \frac{R_{k+1}}{(1+r)} + \frac{R_{k+2}}{(1+r)^2} + \cdots + \frac{R_T}{(1+r)^{T-k}}$，其中 p 为房价，r 为租金贴现率（金融投资平均收益率），T 为房屋可使用年限，即新房经 T 年后残值近似为零，k 表示房屋已使用年数，R_j（$j = k+1$，$k+2$，$\cdots T$）表示房屋第 j 年的期末租金，即由于货币的时间价值，某时点的房价是其后租金的现值。上述公式参见张金清、亓玉洁："利率、租金与房价合理程度的测定"，载《统计与决策》2007年第12期。在本案中，若为年末支付租金，则约定的租期多约为6年，假设期间租金市价无明显波动为 R，则市价中对应的部分应为 $\frac{R}{(1+r)} + \cdots + \frac{R}{(1+r)^6}$，该值实际上与 $6R$ 并不相等。前式中分母虽呈指数变化，但因 r 值较小且幂次较低，故两者在不严格的情况下可约等。对此，张某在期前支付租金的情形并无实质差异。可能的疑问是，若张某先前并未支付租金，则其同样可获得替代给付的损害赔偿，因此返还多支出的租金应独立于该损害赔偿。然而，该疑问忽略了一个前提：在张某行使优先购买权之前，其取得使用利益的合理信赖必以对待给付的支出为基础。换言之，若张某在2012年12月26日后拖欠租金至2019年并主张优先购买权，则江河公司替代给付的损害赔偿中应扣除该时段内约定租金的总和。我国司法实践中认为房价尚包括交换价值（产权证），参见"陈小平诉浙江原达房地产开发有限公司中国轻房产分公司等房屋租赁合同纠纷案"，浙江省高级人民法院2019浙民再36号民事判决书。

人一直在使用该房屋，所以其仍需支付使用权的对价（相当于损益相抵方案中的获益扣减）。约定价既然是对所有权的主观估值，那么其中就必然包含对使用价值的计算。因而，该对价已包含在约定价中。需指出的是，由于与房屋市价关联的使用利益价值也具有市场性，故以出租人与第三人订立买卖合同时的租金市价为基准，若约定租金高于该市价，则对于超出部分，承租人仍可请求出租人赔偿。若约定租金低于该市价，对于不足部分不得从替代给付的损害赔偿额中扣减，因基于买卖合同，履行利益确实是承租人的可得利益损失。因此，张某不得在主张替代给付的损害赔偿后，再主张多支出的租金。

④债务人具有可归责性

无论基于过错还是担保，均可认定江河公司对未履行通知义务具有可归责性。

⑤不存在权利阻却抗辩

本案中不存在权利阻却抗辩。

2）请求权是否未消灭、可实现

本案中不存在权利消灭抗辩或权利阻止抗辩。

3）小结

根据《合同法》第107条结合第230条，张某对江河公司享有基于违反通知义务的损害赔偿请求权。在行使优先购买权后，其可请求江河公司赔偿房价差额或基于损害赔偿额的迟延利息，除非江河公司能证明张某在2012年9月无行使优先购买权之可能。若因通知义务违反导致张某从有资力变为无资力，则其尚可请求江河公司赔偿为行权而筹款所产生的合理利息。对于2012年12月26日后多支出的租金，若其数额高于此时的租金市价，张某仍可就超出部分请求江河公司赔偿。

（4）基于《合同法》第107条结合第216条产生的次给付请求权

1）请求权是否已产生

①存在有效的合同

江河公司与张某共订立了3期租赁合同，即2010年12月～2012年12月、2013年1月～2014年1月与2014年1月至今。

需说明者，张某请求江河公司返还多支出的租金的行为不能解释为终止不定期租赁合同。在2019年4月25日前，湖海银行或王某均未向张某主张使用利益的不当得利返还。仅当湖海银行或王某向张某主张不当得利后，江河公司对张某的债务才确定地构成给付不能。而继续性合同的终止效果只面向将来，故清算性质的请求并非其法效射程，自不得以行使终止权解释之，但这不影响过去因义务违反所生之损害赔偿请求权。[1] 若认为江河公司隐瞒自己已非所有权人而与张某订立租赁合同属于恶意欺诈，因张某的请求返还范围包括 2013 年 1 月以后的租金，故有解释为行使撤销权之可能。但由于 2019 年 4 月 25 日与 2013 年 1 月或 2014 年 1 月均已间隔逾 5 年，即距租赁合同订立之日已逾 5 年。根据《民法总则》第 152 条第 2 款的规定，张某的撤销权已因除斥期间届满而消灭。

②存在给付障碍

a. 湖海银行或王某未向张某主张不当得利返还请求权时

根据《合同法》第 216 条的规定，出租人对承租人所负的主给付义务是按期交付租赁物并在租期内保持租赁物符合约定的用途，亦即让承租人获得租赁物在约定用途下的使用利益。就第 1 期而言，江河公司没有违反主给付义务。就第 2 期而言，虽然租赁物的所有权人为湖海银行，但是出租人本就无需与所有权人相同，故江河公司也无主给付义务的违反。就第 3 期而言，由于张某在租期届满后继续使用房屋，而江河公司未提出异议，依《合同法》第 236 条，双方之间所订立的为不定期租赁合同。在 2019 年 4 月 8 日，因王某作为所有权人请求张某返还房屋占有，故张某无法再继续使用该房屋（对构成要件的检验见下文）。此时江河公司与张某的不定期租赁关系仍存在，而张某无法再获得约定用途下的房屋使用利益，故江河公司陷于嗣后主观不能。

b. 湖海银行或王某向张某主张不当得利返还请求权时

此时，江河公司除上述义务违反外，因张某尚需向权利人返还房屋使用利益的价值，故其还因无法使张某保有房屋的使用利益而构成义务违反。

③因给付障碍而产生损害

a. 湖海银行或王某未向张某主张不当得利返还请求权时

因江河公司的给付不能，张某将产生搬离、寻租费用与停业损失。但由于此时江河公司与张某为不定期租赁关系，依《合同法》第 232 条第 2 句，江河公司本就可以随时终止租赁合同。问题在于，任意终止权是否会引起损害赔偿请求

---

〔1〕 参见史尚宽：《债法总论》，中国政法大学出版社 2000 年版，第 574 页。

权。本文认为，出租人行使任意终止权本身不会产生损害赔偿请求权。理由是，依《合同法》第232条第2句，不定期租赁关系中的出租人应在终止合同前的合理期限内通知承租人。若出租人直接为终止表示，应为无效，但可转化为在合理期限后终止的通知。当出租人通知承租人后，不定期租赁变为经过合理期限后到期的定期租赁。在变为定期租赁后张某仍会支出的费用，江河公司可主张合法替代行为抗辩，进而阻却因果关系。

本案中，搬离费用不可纳入损害赔偿范围，因在变为定期租赁后张某还是会支出该费用，且该费用在合理期限内通常不会有大幅增加。停业损失可纳入损害赔偿范围，因张某本可在合理期限内及时寻得商铺而持续营业，除非江河公司有相反证据予以推翻。寻租费用可部分纳入损害赔偿范围，即现在所需的寻租费用与在合理期限内所需的寻租费用之差。

b. 湖海银行或王某向张某主张不当得利返还请求权时

除上述损害外，张某因江河公司的义务违反尚须向湖海银行或王某返还不当得利，其数额即为所受损失。但需注意，若张某已根据《合同法》第228条第1款行使减价权，则所扣减的金额应从该所受损失中去除。若湖海银行或王某向江河公司主张不当得利，则张某不得对江河公司主张减价权。若湖海银行或王某向张某主张不当得利，则张某可将损失转嫁于江河公司，实质上等同于江河公司向湖海银行或王某承担赔偿责任，江河公司不应为成为不当得利请求权的相对人而受有不利。另外，由于张某已行使优先购买权，故该减价权的内容应按租售比计算，而不应以所支付的租金约定价为基准进行扣减。

④债务人具有可归责性

若认为归责事由为过错，即使认为江河公司对给付障碍的产生无过错，也不应否定其可归责性。因江河公司在将房屋过户给湖海银行后的出租行为属于出租他人之物，故可认为其具有承担性过错。易言之，就后两期租赁合同而言，江河公司明知自己并无让渡使用利益的权限但仍与张某订立租赁合同，且亦未告知张某真实情况，故其在成为出租人时即具有过错。

若认为归责事由为担保，则江河公司具有可归责性。

⑤不存在权利阻却抗辩

本案中不存在权利阻却抗辩。

2）请求权是否未消灭、可实现

本案中不存在权利消灭抗辩或权利阻止抗辩。

3）小结

根据《合同法》第 107 条结合第 216 条，张某对江河公司享有基于租赁合同的违约损害赔偿请求权。赔偿范围为停业损失与部分寻租费用，即现在所需的寻租费用与在合理期限内所需的寻租费用之差。若湖海银行或王某向张某主张不当得利，则其尚可基于违约责任请求江河公司赔偿所返还的金额。若张某已行使减价权，则应在该金额中去除已扣减的数额。

2. 基于缔约过失而发生的请求权

该请求权须满足如下要件：其一，存在缔约阶段的义务违反；其二，因义务违反而产生损害；其三，债务人违背诚信原则；其四，不存在权利阻却抗辩。可见，其成立以当事人进入缔约阶段为前提。

（1）买卖合同订立过程中的缔约过失

出租人与第三人订立租赁房屋买卖合同前，承租人和出租人与买卖合同无涉。然而，一旦出租人与第三人订立买卖合同，承租人就可通过行使优先购买权的方式使其与出租人之间成立具有相同内容的买卖合同。遂有一疑问，即在出租人与第三人订立买卖合同后，承租人与出租人是否进入买卖合同的缔约阶段，从而当后者违反通知义务时，是否需依《合同法》第 42 条承担缔约过失责任。

本文认为，此时不存在缔约阶段的义务违反，理由有三：理由一，若出租人未履行通知义务，则承租人通常无法知悉租赁房屋被出售的事实，此时让承租人无意识地进入缔约阶段而负较高的注意义务，[1]有违意思自治。理由二，在缔约磋商阶段，双方当事人一般均有消极缔约的自由。但当承租人行使优先购买权后，出租人并无不与承租人订立买卖合同的可能，故其不符合缔约阶段的特征。[2]理由三，虽然优先购买权为形成权，而基于预约产生的是请求权，但两者在强制缔约的效果上并无差异。此外，违反通知义务会导致承租人无法及时行使优先购买权，违

---

〔1〕 缔约者将从非合同性法律交往时的纯粹消极义务进入积极的合同领域，即积极的照顾义务领域。参见〔德〕鲁道夫·冯·耶林：《论缔约过失》，沈建峰译，商务印书馆 2016 年版，第 57 页。

〔2〕 就预约而言，仅当违反"必须磋商"义务的预约时才属缔约过失的问题，参见孙维飞："《合同法》第 42 条（缔约过失责任）评注"，载《法学家》2018 年第 1 期。由此推知，缔约阶段的重要特征在于订约的可能性而非必然性。

反基于预约产生的缔约义务也会导致合同无法及时订立。根据《最高人民法院关于审理买卖合同纠纷案件适用法律问题的解释》（以下简称《买卖合同司法解释》）第2条的规定，违反预约承担违约责任而非缔约过失责任。按体系解释，通知义务也不应置于买卖合同的先合同义务中讨论，而应仅为租赁合同的附随义务。

因此，张某不得向江河公司主张买卖合同订立过程中的缔约过失责任。

（2）租赁合同订立过程中的缔约过失

在后两期租赁合同中，江河公司并未告知张某自己并非所有权人，故存在《合同法》第42条第2项的情况，但张某不得基于缔约过失请求江河公司赔偿损失。原因在于，张某无法对房屋进行使用收益与江河公司在租赁合同缔约过程中的义务违反并无因果关系，与之有因果关系的是江河公司在履约过程中的义务违反。[1]换言之，江河公司在权利人向张某主张权利前具有补正自己权限瑕疵的可能性。因此，张某不得向江河公司主张租赁合同订立过程中的缔约过失责任。

3. 基于侵权行为而发生的请求权

该请求权成立须区分责任成立阶段与责任范围阶段。就前者而言，需满足如下要件：其一，法益或权利受损；其二，存在加害行为；其三，责任成立因果关系；其四，不法性；其五，可归责性。就后者而言，需满足如下要件：其一，存在损害；其二，责任范围因果关系。下文对该请求权的构成要件不再赘述。

本文认为，承租人优先购买权作为一项权利，原则上不可能受损。首先，该权利属于既得权而非期待权，故不存在侵害期待权的问题。在出租人与第三人订立买卖合同前，承租人对取得优先购买权只具有无法律效力的希冀。在出租人与第三人订立买卖合同后，承租人即取得完整的权利。其次，该既得权属于形成权，而形成权原则上不会被侵害。原因在于，该权利仅依权利人单方面的行为即可行使，其他人实际上无法触及这样的权利。[2]即使出租人将租赁房屋过户给第三人，也不影响承租人行使优先购买权；出租人亦无法通过不履行通知义务而消灭承租人优先购买权，因该权利并无客观除斥期间。当然，并不排除以悖于善良

---

〔1〕 参见孙维飞："《合同法》第42条（缔约过失责任）评注"，载《法学家》2018年第1期。

〔2〕 ［德］卡尔·拉伦茨、曼弗瑞德·沃尔夫："德国民法中的形成权"，孙宪忠译注，载《环球法律评论》2006年第4期。

风俗的方式侵害优先购买权的可能：甲将商铺出租给乙，在租期内出卖于丙。甲及时向乙履行了通知义务，但丙为阻止乙行使优先购买权，遂欺骗乙该地段内的房屋不久将被拆迁。当乙知道真相时，已罹于 15 日的除斥期间，此时乙不得再向甲行使优先购买权。[1]丙的行为虽可认为是侵害乙自决权的行为，但自决权属人身权益，其规范保护目的似难涵盖商铺市价。因此，将丙的行为认定为侵害乙的优先购买权较为妥当。[2]

本案中，承租人优先购买权未受损，张某不得请求江河公司承担侵权责任。

（二）张某对湖海银行享有的请求权

若张某与湖海银行之间有租赁合同，则张某可能对湖海银行也可主张优先购买权，从而形成类似于其和江河公司的法律关系。本文认为，张某与湖海银行间不存在租赁合同。首先，江河公司虽在 2012 年 12 月 26 日将系争房屋所有权移转于湖海银行，但其与张某之间的第 1 期租赁合同在 2012 年底就会到期，基于买卖不破租赁，湖海银行也只概括继受租赁合同至 2012 年底。自 2013 年起，张某与湖海银行之间就没有继有的租赁合同。在 2013 年，江河公司又以自己的名义与张某重新订立第 2 期租赁合同，张某此时并未意识到湖海银行已是房屋所有权人，故其关于租赁合同的要约或承诺不可能是对湖海银行作出的，亦即张某与湖海银行间并无自有的租赁合同。简言之，自 2013 年起，张某与湖海银行之间没有租赁合同。退而言之，即使在 2013 年后张某与湖海银行间存在租赁合同，张某也不得对湖海银行主张优先购买权。论证出发点不是王某可能为按份共有人，而是承租人优先购买权仅限于第一次出售。[3]

---

[1] 通常，单纯的沉默并非意思表示，故乙无撤销沉默的可能。即使认为除斥期间内的沉默可视为乙作出了放弃优先购买权的意思表示，而该意思表示受到了丙的欺诈，乙也不得向善意的甲撤销，因为此处的构造为第三人欺诈。在丙仅因过失而为不实陈述时，乙更是丧失撤销的可能。

[2] 史尚宽先生也认为在特定情况下存在侵害形成权的可能。参见史尚宽：《债法总论》，中国政法大学出版社 2000 年版，第 145 页。在赔偿时仍适用市场价格比较法，因为优先购买权不具有可转让性，本身并非可评估价值的财产，参见"襄阳涌鑫鼎洁洗涤有限公司诉汇达资产托管有限公司侵权责任纠纷案"，湖北省高级人民法院（2018）鄂民终 566 号民事判决书。

[3] Vgl. Häublein, in: *Münchener Kommentar BGB*, 8. Aufl., 2020, § 577 Rn. 21; Blank/Börstinghaus, in: *Blank/Börstinghaus Kommentar BGB Miete*, 6. Aufl., 2020, § 577 Rn. 53. 原因是，与第一次出售相比，承租人被驱逐的风险在后续出售中并未显著提升。因承租人优先购买权本身只具有债权效力，故即使认为其在第二次出售中仍可行使，承租人最终还是可能只获得金钱赔偿，仍旧被驱逐。除非免于驱逐的规范意旨本身能赋予该权利对抗效力，但如此会与双重买卖产生冲突。就本案而言，即使认为张某能对湖海银行主张优先购买权，因房屋已登记于王某，故张某至多只是更换了履行利益，其还是会被王某驱逐。

（三）王某对张某享有的请求权

1. 基于合同而发生的请求权

既然在张某与湖海银行之间不存在租赁合同，那么在张某与王某之间就更不可能存在租赁合同，因为张某嗣后亦未意识到王某是房屋的所有权人。因此，王某对张某并无合同上的请求权。

2. 基于物权而发生的请求权

（1）请求权是否已产生

该请求权须满足如下要件：其一，请求权人是以占有为权能的物权人；其二，相对人是现时占有人；其三，相对人无占有本权。下文对该请求权的构成要件不再赘述。

1）请求权人是以占有为权能的物权人

江河公司作为系争房屋的原所有权人，在 2012 年 12 月 26 日将该房屋过户于湖海银行。张某作为承租人的优先购买权不得对抗湖海银行，故湖海银行成为房屋所有权人。2018 年 11 月，湖海银行又将该房屋过户于王某，所以王某成为该房屋的现所有权人。

2）相对人是现时占有人

张某始终对该房屋有事实上之管领力，是现时占有人。

3）相对人无占有本权

因江河公司未从王某处获得相应权限，故张某不得以对江河公司的租赁权对抗王某。因此，张某欠缺自有的占有本权。另外，张某也欠缺继有的占有本权。

（2）请求权是否未消灭、可实现

本案中不存在权利消灭抗辩或权利阻止抗辩。

（3）小结

根据《物权法》第 34 条，王某可请求张某返还系争房屋。

3. 基于侵权行为而发生的请求权

（1）请求权是否已产生

1）责任成立阶段

①法益或权利受损

王某的房屋所有权受损。

②存在加害行为

张某客观上侵占王某房屋，存在侵害所有权的行为。

③责任成立因果关系

若无张某侵占房屋的行为，王某的所有权不会受损。

④不法性

张某的加害行为并无违法性阻却事由。

⑤可归责性

在 2019 年 4 月 8 日前，张某虽误认为自己为有权占有，但对此并无过错。在 2019 年 4 月 8 日后，因王某的告知，张某已知悉自己侵占王某房屋的事实，嗣后拒绝搬离的行为主观上为故意，且其具有责任能力，满足可归责性。

2）责任范围阶段

①存在损害

王某无法占有使用房屋，可能产生经营损失。

②责任范围上的因果关系

若王某的所有权未受损，则其可使用房屋，故不会有经营损失。若王某无法使用房屋，通常会产生经营损失。

（2）请求权是否未消灭、可实现

本案中不存在权利消灭抗辩或权利阻止抗辩。

（3）小结

根据《中华人民共和国侵权责任法》（以下简称《侵权责任法》）第 6 条第 1 款，王某可请求张某返还房屋。若其在 2019 年 4 月 8 日后因张某占有房屋而产生经营损失，可一并主张。

4. 基于不当得利而发生的请求权

王某与张某间并无给付行为，故只需讨论非给付型不当得利。由于张某使用王某的房屋，故可限缩为权益侵害型不当得利。

（1）使用利益

1）请求权是否已产生

该请求权须满足如下要件：其一，相对人受有利益；其二，相对人侵害应归属于他人的权益；其三，得利与权益侵害间有直接因果关系；其四，得利无法律上的原因；其五，不存在权利阻却抗辩。下文对该请求权的构成要件不再赘述。

①相对人受有利益

张某在王某取得房屋所有权后，仍使用该房屋经销自行车，受有使用利益。因使用利益无法原状返还，故张某的得利可认为是所节省的使用利益对价，即租金市价。

②相对人侵害应归属于他人的权益

系争房屋属王某所有，张某的使用行为侵害王某的所有权。

③得利与权益侵害间有直接因果关系

张某得利与王某所有权被侵害基于同一原因事实，即张某使用该房屋。

④得利无法律上的原因

江河公司系无权出租，基于合同相对性，张某的得利对王某而言，欠缺法律上的原因。但根据《物权法》第 243 条的文义，权利人可向无权占有人主张的标的不包括使用利益。若将该条的作用等同于《德国民法典》第 993 条（正当占有人义务），则将阻断权益侵害型不当得利，[1]即善意的主观状态即可成为保有得利之原因。然而，《物权法》第 243 条在原物与孳息的返还问题上并未区分占有人的主观状态，从而在使用利益的返还上亦无区别对待的文义解释空间。在恶意占有人无法保有使用利益的情况下，难以从法条中推知善意占有人得以保有使用利益。再者，《德国民法典》第 993 条所返还的孳息是过度孳息（Übermaβfrüchte），[2]此点在《物权法》第 243 条中亦无从体现。由是观之，我国法上的所有权人—占有人关系并未囊括《德国民法典》第 993 条，故张某无法以善意作为保有得利之原因。

问题在于，如果认为买卖不破租赁规则已赋予租赁权一定的物权性质，那么租赁权就有类推适用善意取得的可能。本文认为，善意取得的前提是存在法定的公示方式，租赁权作为债权并无法定公示方式，所以并无被善意取得的余地。物权的法定公示方式无外乎占有与登记两种。无论类推何种公示方式，均无法表征出租人有将使用利益归属于承租人的权限，因为即使承租人通过公示方式合理信赖出租人是真正的所有权人，也无法对所有权人有将使用利益归属于自己的权限

---

〔1〕 Vgl. Marina Wellenhofer, *Sachenrecht*, 35. Aufl., 2020, § 22 Rn. 45.
〔2〕 Vgl. Marina Wellenhofer, *Sachenrecht*, 35. Aufl., 2020, § 22 Rn. 21.

有合理信赖。原因是，所有权人可随时将使用利益赋予他人，而这种赋予无法通过占有或登记予以体现，且租赁合同的备案也非租赁合同的特别生效要件。但若承租人合理信赖出租人享有所有权（如登记错误），且出租人已完成交付，则此处是否可类推适用《城镇房屋租赁合同解释》第6条第1项，从而肯定承租人可善意取得租赁权。本文认为仍不可类推，理由是该项的前提是承租人合法占有租赁房屋，而在无权出租的情况下，若要使承租人的"合法占有"能对抗所有权人，则前提是租赁权已被善意取得。通过类推该项规定来论证租赁权的善意取得似有循环论证之嫌。

⑤不存在权利阻却抗辩

若相对人的得利是基于他人的给付行为，则其无需再负任何非给付型不当得利责任。法理基础在于，保护合同当事人间的抗辩利益并使其免受他人破产风险或合同无效的影响。[1]本案中不适用该抗辩，理由有二，理由一，王某在取得房屋所有权后，本就可随时请求张某返还房屋，进而获得后续的使用利益，张某不得以非给付型不当得利的辅助性原则对抗原物返还请求权。王某的沉默不能理解为对张某使用房屋的同意，而只应导致不当得利返还请求权的诉讼时效正在进行的不利。理由二，该原则的适用要受制于善意取得制度的价值判断。[2]张某虽属善意，但无法善意取得租赁权。本案中该抗辩不成立，也不存在其他权利阻却抗辩。

2) 请求权是否未消灭

张某虽受有使用利益，但若嗣后得利已丧失，因其属于善意得利人，为使其财产状态不致因发生不当得利而受不利影响，故其得主张得利丧失抗辩。[3]然而，张某不得以已向江河公司支付租金为由，主张得利丧失抗辩。理由是，基于张某与江河公司间的租赁合同，张某支付租金是为消灭自己的债务。若认为支付租金导致得利丧失，则债务消灭就是得利的继续存在形式。因此，可考虑的得利丧失只能是张某对江河公司负担了支付租金的债务。但是，该理由仍不成立。原因是，得利丧失抗辩的逻辑是先获有利益后丧失该利益。张某租金债务产生的时

---

〔1〕 参见刘昭辰：《不当得利》，五南图书出版股份有限公司2018年版，第106页。
〔2〕 Vgl. Brox/Walker, *Besonderes Schuldrecht*, 44. Aufl., 2020, § 42, Rn. 2.
〔3〕 参见王泽鉴：《不当得利》，北京大学出版社2015年版，第257页。

点是租赁合同生效，而只有在租赁合同生效后，张某才能请求江河公司容许自己使用该房屋。因而，张某使用利益的获得在负担租金债务之后。更何况，张某的使用利益表现为不必另寻房屋，即租金市价的节省。若认为负担租金债务是租金市价的丧失方式，则前者将以后者为限。如此，就难以解释租金债务高于租金市价的情形。再者，若王某主张原物返还请求权，张某也不得以已负担租金债务为由予以抗辩，从而张某本就不得对王某主张保有使用利益。[1]本案中得利丧失抗辩不成立。问题是，此处能否类推适用《物权法》第107条，进而王某需偿还张某所支付的租金。本文认为不能类推，因为《物权法》第107条中的标的物除脱离物的性质外，有被善意取得的资格，而租赁权欠缺该资格，如所有权人可请求非法转租中的善意次承租人返还原物。本案中也不存在其他权利消灭抗辩。

3）请求权是否可实现

本案中不存在权利阻止抗辩。

4）小结

根据《民法总则》第122条，王某可请求张某返还2018年11月起因使用房屋而节省的租金市价。若其已向江河公司主张不当得利，则不得再向张某为此请求（参见下文"不当得利返还请求权的择一行使"部分）。

（2）占有

具有本权的占有可作为权益侵害型不当得利的客体。[2]王某作为所有权人，对系争房屋享有占有权能。根据《民法总则》第122条，王某可请求张某返还房屋的占有。论证过程类似于上述"使用利益"部分，此处从略。

（四）王某对江河公司享有的请求权

1. 基于无因管理而发生的请求权

该请求权须满足如下要件：其一，管理他人事务；其二，有为他人管理事务之意思；其三，无约定或法定义务。下文对该请求权的构成要件不再赘述。

---

〔1〕 脱离物的买受人将标的物加工后，不得以负担价款款债务为由向原所有权人主张得利丧失抗辩。因为在加工前，原所有权人本就可不受阻碍地请求其返还原物。因此，在不当得利请求权作为原物返还请求权的延续时，相对人一般不得以负担债务为由予以抗辩。Vgl. Medicus/Lorenz, *Schuldrecht* Ⅱ, *BT*, 18. Aufl. , 2018, § 64 Rn. 12. 同理，在无权出租案中，若将使用利益具象化为实体，则其归属于所有权人，而使用利益向实际用益的转化类似于加工。因此，使用人不得以使用利益已转化为实际用益，且已负担租金债务为由主张得利丧失抗辩。

〔2〕 占有本身欠缺权益归属内容，并非权益侵害型不当得利的客体。参见王泽鉴：《不当得利》，北京大学出版社2015年版，第176页。

（1）请求权是否已产生

1）管理他人事务

2018年11月后，江河公司出租王某所有的房屋，客观上属于管理他人事务。

2）有为他人管理事务之意思

江河公司明知出租房屋属于王某事务，仍作为自己事务管理，主观上欠缺管理意思，本质为侵权。但当管理利益超过王某的损害或高于租金市价时，江河公司将有盈利。若王某请求江河公司返还管理利益，为惩罚、震慑故意侵权，类推适用无因管理具有正当性。[1]

3）无约定或法定义务

本案中，江河公司对王某并无约定或法定管理系争房屋的义务。

（2）请求权是否未消灭、可实现

本案中不存在权利消灭抗辩或权利阻止抗辩。

（3）小结

2018年11月后，江河公司出租房屋的行为对王某不成立真正的无因管理。但王某可主张不法管理请求权，从而类推适用《民法总则》第121条，请求江河公司返还租金收益，但同时需在得利范围内偿还江河公司必要费用。

2. 基于物权而发生的请求权

（1）原物返还请求权

1）请求权是否已产生

①请求权人是以占有为权能的物权人

王某是系争房屋的所有权人。

②相对人是现时占有人

首先，基于租赁合同，江河公司与张某间存在占有媒介关系。其次，根据租赁合同，江河公司对张某享有房屋返还请求权。最后，张某是他主占有人。因此，江河公司是系争房屋的现时间接占有人。

③相对人无占有本权

江河公司对王某既无自有的占有本权，亦无继有的占有本权。

---

[1] 参见金可可："《民法典》无因管理规定的解释论方案"，载《法学》2020年第8期。

2）请求权是否未消灭、可实现

本案中不存在权利消灭抗辩或权利阻止抗辩。

3）小结

根据《物权法》第34条，王某可请求江河公司让与其对张某的返还请求权。

（2）孳息返还请求权

根据《物权法》第243条，权利人可请求无权占有人返还孳息。该规范属于所有物返还请求权的从属请求权，其行使以原物返还请求权适状（Vindikationslage）为前提。[1] 故该请求权须满足如下要件：其一，原物返还请求权适状；其二，无权占有人获得孳息。下文对该请求权的构成要件不再赘述。

1）请求权是否已产生

①原物返还请求权适状

如前所述，王某对江河公司享有原物返还请求权。

②无权占有人获得孳息

自2018年11月起，江河公司有法定孳息的取得，即张某所支付的租金。

2）请求权是否未消灭、可实现

本案中不存在权利消灭抗辩或权利阻止抗辩。

3）必要费用的范围

根据《物权法》第243条的规定，权利人应支付善意占有人支出的必要费用。其反面解释似为权利人无需支付恶意占有人支出的必要费用。问题在于，恶意占有人通常同时构成不法管理，而不法管理中的本人若主张管理利益，则需返还管理人必要费用。本文认为，对《物权法》第243条作上述反面解释的疏漏之处在于其前置性的将善意占有人与恶意占有人的必要费用等而观之。在解释论上尚有以下可能：恶意占有人所支出的必要费用须符合权利人的意愿，而对善意占有人则无此限制。[2] 再由盈利性推定可得，必要费用通常小于原物与孳息之增值，即其在得利范围之内。质言之，恶意占有人的必要费用范围等同于不法管理

---

[1] Vgl. Marina Wellenhofer, *Sachenrecht*, 35. Aufl., 2020, § 22 Rn. 3.

[2] Vgl. Marina Wellenhofer, *Sachenrecht*, 35. Aufl., 2020, § 23 Rn. 9. 例如，甲占有乙之危房且支出了加固费用，乙请求甲返还房屋。若甲为恶意占有人，且该费用的支出并不符合乙之意愿，即使认为该费用对维系危房之存在实属必要，甲也不得请求乙返还该费用。反之，若甲为善意占有人，则可请求乙返还该费用。

人的必要费用范围。故就必要费用的返还而言，王某主张不法管理请求权与孳息返还请求权并无不同。

4）小结

根据《物权法》第 243 条，王某可请求江河公司返还自 2018 年 11 月起收取的租金，但应支付江河公司必要费用。

3. 基于侵权行为而发生的请求权

（1）请求权是否已产生

1）责任成立阶段

①法益或权利受损

王某的所有权受损。

②存在加害行为

无权出租人有两项行为，即订立租赁合同的负担行为与交付租赁物并容许承租人使用的履行行为。前者并未褫夺所有权人的使用利益，仅后者构成侵害所有权的不法行为。[1]

2018 年 11 月后，江河公司继续容许张某使用房屋的履行行为侵害王某的所有权。

③责任成立因果关系

若无江河公司履行租赁合同的行为，王某的所有权不会受损。

④不法性

江河公司的加害行为并无违法性阻却事由。

⑤可归责性

即使江河公司未认识到该房屋属于王某所有，但其明知是他人房屋，主观上也应为故意，且其具有责任能力，故满足可归责性。

2）责任范围阶段

①存在损害

2018 年 11 月后，王某可能因无法使用房屋而产生经营损失。

---

〔1〕 无权出租人承担侵权责任而善意承租人不承担侵权责任的司法实例，参见"曾庆洪诉深圳市瑞丰工贸有限公司等房屋侵权纠纷案"，广东省深圳市中级人民法院（2013）深中法房终字第 1410 号民事判决书。

②责任范围因果关系

若王某的所有权未受损，则其可使用房屋，故不会有经营损失。若王某无法使用房屋，通常会产生经营损失。

（2）请求权是否未消灭、可实现

本案中不存在权利消灭抗辩或权利阻止抗辩。

（3）连带责任

2019年4月8日后，张某也需对王某承担侵权责任。作为出租人的江河公司与作为承租人的张某对侵害王某所有权的共同故意体现在维持不定期租赁关系上。根据《侵权责任法》第8条，两者应对王某承担连带责任。

（4）小结

2018年11月后，根据《侵权责任法》第6条，王某可请求江河公司赔偿因无法使用房屋而造成的经营损失。2019年4月8日后，根据《侵权责任法》第8条，王某可请求江河公司与张某对此后因无法使用该房屋而造成的经营损失承担连带赔偿责任。

4. 基于不当得利而发生的请求权

（1）债务消灭

1）请求权是否已产生

①相对人受有利益

若王某未对张某主张不当得利，则江河公司的得利为因履行而导致的债务消灭。

②相对人侵害应归属于他人的权益

江河公司无权出租王某房屋，通过容许张某使用的方式侵害王某所有权。

③得利与权益侵害间有直接因果关系

江河公司因履行而导致的债务消灭与王某所有权被侵害均基于容许张某使用房屋。换言之，江河公司本应交付另一套类似门面房供张某经销自行车。需注意，江河公司享有租金债权与王某所有权被侵害间并非基于同一原因事实。因江河公司享有租金债权是基于其与张某之间的租赁合同，而订立租赁合同并未侵害王某所有权。类似地，江河公司获得租金所有权与王某所有权被侵害也不是基于同一原因事实。因江河公司获得租金是基于张某的处分行为（物权行为无因性）

或租赁合同及张某的处分行为（物权行为有因性）。

④得利无法律上的原因

江河公司的债务消灭是基于租赁合同，基于合同相对性，其不得对王某主张。

⑤不存在权利阻却抗辩

本案中不存在权利阻却抗辩。

⑥ 返还范围

债务消灭依其性质无法原状返还，故应偿还价额，即江河公司所节省的费用。若江河公司未提供该房屋，其为履行债务，需寻得类似房屋交付于张某并容许其使用，故应偿还含有转租权限的租金市价。

当所获租金高于市价时，基于不当得利，无权出租人是否需返还全部租金存有争议。若类推德国法上关于无权处分型不当得利的通说，则应返还全部租金。[1]本文认为，超出部分是无权出租人基于交易技巧（Geschäftsgeschick）所得，相对人不得以不当得利请求其返还该部分。[2]但这不意味着无权出租人能一概保有该部分。在此需区分情况，若出租人对无权出租行为属善意，则仅需返还租金市价；若其对无权出租行为属恶意，则可类推适用无因管理而需返还全部租金。[3]

2）请求权是否未消灭、可实现

本案中不存在权利消灭抗辩或权利阻止抗辩。

3）不当得利返还请求权的择一行使

若王某对江河公司主张不当得利，则暗含着对江河公司履行行为的确认。[4]原因是，若王某此时再对张某主张不当得利，则江河公司对张某基于租赁合同的债务就未因履行行为而消灭，从而江河公司根本未得利。因此，王某对江河公司主张不当得利后，不得再向张某主张。同理，若王某向张某主张不当得利后，亦

---

〔1〕 Vgl. Medicus/Lorenz, *Schuldrecht* Ⅱ, *BT*, 18. Aufl., 2018, § 64 Rn. 10.

〔2〕 相同观点，参见王泽鉴：《民法学说与判例研究》（重排合订本），北京大学出版社 2015 年版，第 977 页。

〔3〕 Vgl. Medicus/Lorenz, *Schuldrecht* Ⅱ, *BT*, 18. Aufl., 2018, § 64 Rn. 11. 结合梅迪库斯在《请求权基础》中的论述，可知此处不应是符合不当得利的构成要件而类推适用无因管理的法律效果，而应是在构成要件上就类推适用无因管理，即无涉不当得利。参见〔德〕迪特尔·梅迪库斯：《请求权基础》，陈卫佐等译，法律出版社 2012 年版，边码第 231 页。

〔4〕 此处可类比无权处分型不当得利。关于无权处分型不当得利的隐含追认，vgl. Dirk Looschelders, *Schuldrecht*, *BT*, 15. Aufl., 2020, § 55 Rn. 23.

不得再向江河公司主张。

4）不法管理与不当得利的关系

若王某对江河公司主张不法管理，则对其而言，江河公司对张某的债务消灭就具有法律上的原因，故其不得再主张不当得利请求权。

5）侵权责任与不当得利的关系

侵权责任旨在弥平损害，而不当得利旨在去除得利，故两者可能发生请求权聚合。[1]本案中，王某向江河公司主张不当得利后，仍可基于侵权责任请求损害赔偿。理由是，若江河公司未出租房屋而为单纯的占有，则其需承担侵权责任而造成自身财产的减少。若因其返还得利后即无需承担侵权责任，则其自身财产反而未减少，由此产生评价矛盾。

6）小结

根据《民法总则》第122条，王某可请求江河公司返还自2018年11月起的租金市价。若王某已向张某主张不当得利或已向江河公司主张不法管理，则不得再向江河公司为不当得利请求权。王某可向江河公司一并主张不当得利与侵权责任。

（2）间接占有

根据《民法总则》第122条，王某可请求江河公司让与其对张某的间接占有。论证过程类似于王某对张某的不当得利请求权（占有），此处从略。

（五）王某对湖海银行享有的请求权

王某与湖海银行之间存在关于系争房屋的买卖合同，今王某无法取得该房屋的占有使用，故王某可能对湖海银行享有违约损害赔偿请求权。但本案中，湖海银行不存在给付障碍。依湖海银行与王某之约定，前者不负有将直接占有移转于后者的义务。当湖海银行将房屋过户于王某并移转可能的间接占有时，其义务已履行完毕。因此，王某对湖海银行不享有违约损害赔偿请求权。

（六）湖海银行对张某享有的请求权

1. 基于侵权行为而发生的请求权

本案中，张某在2013年1月～2018年11月间不知且不应知该房屋属湖海银

---

〔1〕 参见刘昭辰：《不当得利》，五南图书出版股份有限公司2018年版，第7～9页。

行所有，不具有可归责性，不成立侵权责任。

2. 基于不当得利而发生的请求权

（1）请求权是否已产生、未消灭

湖海银行对张某享有不当得利请求权，返还内容为 2013 年 1 月 ~2018 年 11 月的租金市价。论证过程与王某对张某的不当得利返还请求权（使用利益）相同，此处从略。

（2）请求权是否可实现

由案情可知，湖海银行自 2013 年 1 月起即明知有人使用系争房屋，否则难以解释"均未告知张某"的语义与"占有人员由王某清理"的约定。因此，其自 2013 年 1 月就可行使不当得利返还请求权。根据《中华人民共和国民法通则》（以下简称《民法通则》）第 135 条、《民法总则》第 188 条结合《最高人民法院关于适用〈中华人民共和国民法总则〉诉讼时效制度若干问题的解释》第 1~3 条可得，2016 年 4 月 25 日前产生的不当得利请求权已罹于时效，张某可行使抗辩权。

（3）小结

根据《民法总则》第 122 条，湖海银行可请求张某返还 2013 年 1 月 ~2018 年 11 月的租金市价，但张某可对 2016 年 4 月 25 日前产生的不当得利请求权行使时效抗辩权。

（七）湖海银行对江河公司享有的请求权

1. 基于无因管理而发生的请求权

（1）请求权是否已产生、未消灭

湖海银行对江河公司享有不法管理请求权，可主张其返还 2013 年 1 月 ~2015 年 11 月的管理利益，即全部租金。论证过程与王某对江河公司的不法管理请求权相同，此处从略。

（2）请求权是否可实现

江河公司可对 2016 年 4 月 25 日前产生的不法管理请求权行使时效抗辩权。

（3）小结

2013 年 1 月 ~2018 年 11 月，江河公司出租房屋的行为对湖海银行不成立真正的无因管理。但湖海银行可主张不法管理，从而类推适用《民法总则》第 121 条，请求江河公司返还全部租金，同时应在得利范围内偿还江河公司必要费用。江河公司可对 2016 年 4 月 25 日前产生的不法管理请求权行使时效抗辩权。

2. 基于物权而发生的请求权

（1）请求权是否已产生

1）原物返还请求权适状

由于湖海银行在 2012 年 12 月 26 日～2018 年 11 月间为系争房屋所有权人，对江河公司享有原物返还请求权，而《物权法》第 243 条中原物返还请求权适状只需在取得孳息时即可，[1] 因此仍满足原物返还请求权适状。

2）无权占有人获得孳息

2012 年 12 月 26 日～2018 年 11 月，江河公司受有张某给付的租金。

（2）请求权是否未消灭

本案中不存在权利消灭抗辩。

（3）请求权是否可实现

该请求权虽基于物权请求权，但本身不受物权的不断滋生影响，故仍受诉讼时效的影响。江河公司可对 2016 年 4 月 25 日前产生的该请求权行使时效抗辩权。

（4）小结

根据《物权法》第 243 条，湖海银行可请求江河公司返还自 2012 年 12 月 26 日～2018 年 11 月所收取的租金，但应支付江河公司必要费用。江河公司可对 2016 年 4 月 25 日前产生的孳息返还请求权行使时效抗辩权。

3. 基于侵权行为而发生的请求权

（1）请求权是否已产生、未消灭

湖海银行对江河公司享有侵权请求权。论证过程与王某对江河公司的侵权请求权相同，此处从略。

（2）请求权是否可实现

江河公司可对 2016 年 4 月 25 日前产生的侵权请求权行使时效抗辩权。

（3）小结

根据《侵权责任法》第 6 条，湖海银行可请求江河公司赔偿 2013 年 1 月～

---

[1] Vgl. Marina Wellenhofer, *Sachenrecht*, 35. Aufl., 2020, § 22 Rn. 4.

2018 年 11 月因无法使用该房屋而产生的经营损失，但江河公司可对 2016 年 4 月 25 日前产生的侵权请求权行使时效抗辩权。

4. 基于不当得利而产生的请求权

（1）债权

1）请求权是否已产生

①相对人受有利益

江河公司受有张某 2012 年 12 月 26 日～2012 年底的租金。

②相对人侵害应归属于他人的权益

根据《合同法》第 229 条，湖海银行于 2012 年 12 月 26 日成为房屋所有权人后，概括继受原租赁合同，因此享有对张某 2012 年 12 月 26 日～2012 年底的租金债权。若张某对江河公司的清偿导致该债权的消灭，则江河公司通过受领给付的方式侵害应归属于湖海银行的债权。虽然《合同法》第 229 条属于法定的概括移转，但为维护承租人的合理信赖，不妨类推适用《合同法》第 80 条第 1 款。根据该款，债权人转让权利而未通知债务人的，该转让对债务人不发生效力。因此，当承租人向原出租人交付租金时即已清偿债务。根据《合同法》第 82 条，承租人可对买受人主张权利消灭抗辩。

本案中，江河公司未通知张某房屋转让的事实，而张某已清偿 2012 年 12 月 26 日～2012 年底的租金债务，故可对湖海银行主张债务消灭抗辩，亦即江河公司侵害了湖海银行对张某的债权。

③得利与权益侵害间有直接因果关系

江河公司取得租金与湖海银行的租金债权消灭均基于江河公司的受领行为。

④得利无法律上的原因

江河公司获取租金对湖海银行欠缺法律上的原因。

⑤不存在权利阻却抗辩

本案中不存在权利阻却抗辩。

2）请求权是否未消灭

本案中不存在权利消灭抗辩。

3）请求权是否可实现

江河公司可对湖海银行主张时效抗辩权。

4）小结

根据《民法总则》第122条，湖海银行可请求江河公司返还2012年12月26日~2012年底向张某收取的租金，但江河公司可行使时效抗辩权。

（2）债务消灭

1）请求权是否已产生、未消灭

若湖海银行未对张某主张不当得利，则其享有对江河公司因债务消灭而产生的不当得利请求权。论证过程与王某对江河公司的不当得利请求权（债务消灭）相同，此处从略。

2）请求权是否可实现

江河公司可对2016年4月25日前产生的不当得利请求权行使时效抗辩权。

3）小结

根据《民法总则》第122条，湖海银行可请求江河公司返还2013年1月~2018年11月的租金市价，但江河公司可对2016年4月25日前产生的不当得利请求权行使时效抗辩权。若湖海银行已向张某主张不当得利或向江河公司主张不法管理，则不得再向江河公司为不当得利请求权。湖海银行可对江河公司一并主张不当得利与侵权责任。

三、结论

（一）以现行法及司法解释为解题依据

1）张某享有的请求权

根据《合同法》第107条结合第230条的行使效果，张某可在向江河公司行使优先购买权后，请求其赔偿违约损害。若张某主张牵连性，则可请求江河公司赔偿房屋市场价与约定价的差额。若张某不主张牵连性，则可请求江河公司赔偿房屋市价，同时应履行付款义务。若湖海银行或王某向张某主张不当得利，则张某可依《合同法》第228条第1款向江河公司主张减价权，进而获得更高的履行利益。

根据《合同法》第107条结合第230条规定的通知义务，张某在行使优先购买权后，可请求江河公司赔偿房价在当下与2012年12月26日之间产生的差额或基于2012年12月26日房价的迟延利息，除非江河公司能证明张某在2012年9月无行使优先购买权之可能。若因通知义务违反导致张某嗣后陷入无资力状态，则其尚可请求江河公司赔偿为行使优先购买权而筹款所产生的合理利息。就2012年12月26日后多支出的租金，若其数额高于此时的租金市价，张某仍可就超出部分请求江河公司赔偿。

根据《合同法》第107条结合第216条，张某可请求江河公司赔偿因无法继续使用房屋的损失，包括停业损失与部分寻租费用，即现在所需的寻租费用与在合理期限内所需的寻租费用之差。若湖海银行或王某向张某主张不当得利，则张某尚可请求江河公司赔偿所返还的金额。若张某已行使减价权，则应在该金额中去除已扣减的数额。

2）王某享有的请求权

根据《物权法》第34条，王某可请求张某返还系争房屋或请求江河公司让与其对张某的返还请求权。

王某可主张《物权法》第243条或类推适用《民法总则》第121条，请求江河公司返还2018年11月后的租金收益，但需在得利范围内偿还其必要费用。

根据《侵权责任法》第6条第1款，王某可请求江河公司赔偿2018年11月后因无法使用房屋而产生的经营损失或请求张某返还房屋并赔偿2019年4月8日后因无法使用房屋而产生的经营损失。根据《侵权责任法》第8条，张某与江河公司对2019年4月8日后产生的经营损失承担连带赔偿责任。

根据《民法总则》第122条，王某可请求张某返还房屋的占有或请求江河公司让与其对张某的间接占有。王某可请求张某或江河公司返还自2018年11月起的租金市价，但只能择一主张。若王某已向江河公司主张不法管理，则不得再以不当得利请求江河公司或张某返还租金市价。不当得利返还请求权或不法管理请求权的行使不影响侵权请求权。

3）湖海银行享有的请求权

湖海银行可主张《物权法》第243条或类推适用《民法总则》第121条，请求江河公司返还2013年1月至2018年11月所获得的租金收益，但需在得利范围内向江河公司偿还必要费用。江河公司可对2016年4月25日前产生的此类请求权行使时效抗辩权。

根据《侵权责任法》第6条第1款，湖海银行可请求江河公司赔偿2013年1月~2018年11月因无法使用房屋而产生的经营损失，但江河公司可对2016年4

月 25 日前产生的侵权请求权行使时效抗辩权。

根据《民法总则》第 122 条，湖海银行可请求江河公司返还 2012 年 12 月 26 日~2012 年底向张某收取的租金，但江河公司可行使时效抗辩权。湖海银行可请求张某或江河公司返还 2013 年 1 月~2018 年 11 月之间的租金市价，但只能择一主张。张某或江河公司可对 2016 年 4 月 25 日前产生的不当得利返还请求权行使时效抗辩权。若湖海银行已向江河公司主张不法管理，则不得再以不当得利请求江河公司或张某返还租金市价。不当得利返还请求权或不法管理请求权的行使不影响侵权请求权。

（二）以《民法典》为解题依据

若以《民法典》为依据，则需探究法条规范的变化对承租人优先购买权造成的影响。承租人优先购买权规定于《民法典》第 726 条，该条继受自《合同法》第 230 条与《城镇房屋租赁合同解释》第 24 条前 3 项，惟独未提及该解释的同条第 4 项。该变化有三种解释：解释一，因该项否定了承租人优先购买权对已过户登记的善意第三人的对抗效力，故其删除可解释为承租人优先购买权应具有完全的对抗效力。解释二，由于该项的反面解释为承租人优先购买权可对抗恶意第三人或虽善意但未取得房屋所有权的第三人，因此删去该项意味着否定该反面解释，即该优先购买权完全不具有对抗效力。解释三，因该项涉及对抗效力，而前三项关涉行使前提，故不宜规定于一处，即《民法典》对承租人优先购买权的对抗效力问题未置可否。本文认为，解释三较为合理。就解释一而言，将对不动产登记制度产生极大的冲击，因这将导致买受人无法通过信赖登记簿来终局取得所有权，尚需实际考察是否有承租人存在。同时，这也构成对不动产双重买卖的体系悖反。就解释二而言，存在逻辑谬误。若将原命题表述为若 p 则 q，则反面解释为其否命题，即若非 p 则非 q。解释二的逻辑是，否定原命题等价于否定其否命题。但原命题的否定形式为若 p 则非 q，其否命题的否定形式为若非 p 则 q，两者为互否命题，由前者无法推出后者。采解释三只是从《民法典》第 726 条本身出发得出的结论，并不意味着在解释论上无其他可能。鉴于《民法典》关于租赁合同的规定未脱离《合同法》与《城镇房屋租赁合同解释》的范畴，故根据上文对承租人优先购买权对抗效力的讨论，本文仍认为其不具有对抗效力。

《民法典》第 726 条分列两款的原因，本文认为主要有两个。其一，第 1 款但书部分的权利阻却事由与第 2 款的相比，不涉及对承租人意愿的推定性拟制。其二，分列两款有利于反映出两款中所涉通知义务内容的不同。至于不将第 2 款另列一条的原因可能是该款与第 1 款的但书功能相同，均为承租人优先购买权的权利阻却事由，故不宜分列两条。

因此，以《民法典》为解题依据对结论并无实质影响。现将各请求权对应的《民法典》条文整理如下，请求权的具体内容及其相互间的关系保持不变。

1）张某享有的请求权

根据《民法典》第 577 条结合第 726 条第 1 款的行使效果而对江河公司享有的次给付请求权。在损害范围的计算上，若湖海银行或王某向张某主张不当得利，则张某可依《民法典》第 723 条第 1 款行使减价权。

根据《民法典》第 577 条结合第 726 条第 1 款的通知义务而对江河公司享有的次给付请求权。

根据《民法典》第 577 条结合第 708 条而对江河公司享有的次给付请求权。

2）王某享有的请求权

根据《民法典》第 235 条而对张某或江河公司享有的原物返还请求权。

根据《民法典》第 460 条而对江河公司享有的孳息返还请求权。

根据《民法典》第 983 条结合第 980 条而对江河公司享有的不法管理请求权。

根据《民法典》第 1165 条第 1 款而对江河公司或张某享有的侵权请求权。在 2019 年 4 月 8 日后，根据《民法典》第 1168 条，江河公司与张某承担连带责任。

根据《民法典》第 985 条而对张某或江河公司享有的不当得利返还请求权。

3）湖海银行享有的请求权

根据《民法典》第 983 条结合第 980 条而对江河公司享有的不法管理请求权，但江河公司可对 2016 年 4 月 25 日前产生的该请求权行使时效抗辩权。

根据《民法典》第 460 条而对江河公司享有的孳息返还请求权，但江河公司可对 2016 年 4 月 25 日前产生的该请求权行使时效抗辩权。

根据《民法典》第 1165 条第 1 款而对江河公司享有的侵权请求权，但江河公司可对 2016 年 4 月 25 日前产生的该请求权行使时效抗辩权。

根据《民法典》第 985 条而对张某或江河公司享有的不当得利返还请求权，但张某或江河公司可对 2016 年 4 月 25 日前产生的该请求权行使时效抗辩权。

首届全国鉴定式案例研习大赛第二名作品

高西雅

（南京大学 2019 级硕士研究生）

【解题结构】

第一部分 张某可以主张的权利

一、张某可否主张行使优先购买权，请求移转门面房所有权？

（一）某可否依据《合同法》第 135 条、第 230 条请求江河公司向其移转系争门面房所有权（－）

（二）可否依据《合同法》第 135 条、第 230 条请求湖海银行向其移转系争门面房所有权

二、张某可否请求江河公司赔偿损失

（一）案情简析

（二）请求权基础预选

（三）《合同法》第 228 条的权利瑕疵担保请求权（＋）

（四）《合同法》第 107 条、第 135 条、第 216 条的违约损害赔偿请求权（＋）

（五）可否依据《城镇房屋租赁合同司法解释》第 21 条请求江河公司承担违约损害赔偿责任（＋）

（六）《侵权责任法》第 6 条第 1 款、第 15 条第 1 款第 6 项的侵权损害赔偿请求权（＋）

三、张某可否请求江河公司返还 2012 年 12 月 26 日～2019 年 4 月的租金

（一）请求权基础预选

（二）《合同法》第 97 条、第 94 条第 5 项、第 232 条的合同请求权（＋）

（三）《合同法》第 58 条的不当得利返还请求权（＋）

四、结论

<h2 style="text-align:center">第二部分　王某可以主张的权利</h2>

一、王某可否依据《合同法》第 150 条请求湖海银行承担权利瑕疵担保责任（－）

（一）请求权是否成立

（二）无需检视请求权是否消灭和可行使

二、王某可否请求张某返还对案涉租赁房屋的占有

（一）案情简析

（二）请求权基础预选

（三）《物权法》第 243 条前半句的孳息返还请求权（－）

（四）《物权法》第 34 条的原物返还请求权（－）

（五）《民法总则》第 122 条的不当得利返还请求权（－）

（六）《侵权责任法》第 6 条第 1 款、第 15 条第 5 项的返还请求权（－）

三、王某可否请求江河公司返还 2018 年 11 月～2019 年 4 月的租金

（一）请求权基础预选

（二）《物权法》第 243 条前半句的孳息返还请求权（＋）

（三）《民法总则》第 122 条的不当得利返还请求权（＋）

（四）《侵权责任法》第 6 条第 1 款、第 15 条第 1 款第 6 项的损害赔偿请求权（＋）

四、结论

第一部分　张某可以主张的权利

本案中，张某的诉请主要有三：其一，向出租人主张行使优先购买权；其二，就经济损失请求赔偿；其三，请求江河公司返还 2012 年 12 月 26 日之后的租金。下文将围绕这三项张某可以主张的权利及所依据的规范基础逐一进行检索和分析。

一、张某可否主张行使优先购买权，请求移转门面房所有权？

（一）张某可否依据《合同法》第 135 条、第 230 条请求江河公司向其移转系争门面房所有权

1. 请求权是否成立

张某若要享有《合同法》第 135 条规定的买受人的合同履行请求权，则需要买卖合同成立且有效。合同自承诺生效时成立（《合同法》第 25 条），原则上自成立时生效（《合同法》第 44 条第 1 款）。因此下文需要进行检视的是：买卖合同是否成立生效、有效、未消灭。

（1）买卖合同是否成立

根据《合同法》第 130 条的规定，买卖合同是出卖人转移标的物的所有权于买受人，买受人支付价款的合同。本案中，张某为案涉门面房的承租人，江河公司为出租人，并非《合同法》第 130 条所规定的以转移标的物的所有权为核心的买卖法律关系。唯一可能在出租人和承租人之间产生买卖合同法律关系的情形是，承租人行使《合同法》第 230 条规定的优先购买权。因此，问题的关键在于以下两个方面：

1）成立买卖合同是否为优先购买权行使的法律效果

《合同法》第 230 条规定了承租人的先买权。通说认为在承租人和出租人之间成立房屋买卖合同为优先购买权的法律效果，买卖合同的内容同出租人和第三人订立的房屋买卖合同，由此产生双重买卖的情形。[1]下文将首先探讨承租人优先购买权的性质，进而认定买卖合同成立的路径；其次，探讨承租人优先购买权的对抗效力。

①承租人优先购买权的性质争议

承租人优先购买权的性质关系到买卖合同成立的路径，学说对承租人先买权的性质争议如下：**形成权说**认为，买卖合同的成立以优先购买权人单方的对出租人的意思表示来完成，无须义务人的承诺。[2]**附条件的形成权说**认为，承租人的优先购买权是附条件的形成权，所附的条件是，出租人出卖租赁物于第三人。[3]**附强制缔约义务的请求权说**认为，承租人对出租人享有订立买卖合同的请求权，买卖合同的成立需要出卖人的承诺。同时，出卖人负有作出缔约承诺的义务，出租人违反该义务时，承租人可诉请公权力介入，强制出卖人对其作出承诺的意思表示。[4]

本文认为形成权说更可取。首先，附条件的形成权说并不可取，请求权使相

---

〔1〕 参见常鹏翱："论优先购买权的法律效力"，载《中外法学》2014 年第 2 期。

〔2〕 参见冉克平："论房屋承租人的优先购买权——兼评最高人民法院《房屋租赁合同司法解释》第 21～24 条"，载《法学评论》2010 年第 4 期。

〔3〕 参见郑永宽："论按份共有人优先购买权的法律属性"，载《法律科学》2008 年第 2 期。

〔4〕 参见张朝阳："论承租人优先购买权纠纷中第三人的保护"，载《法律适用》2011 年第 2 期。

对人负担义务，而形成权则不会导致相对人产生义务，二者无法相融。[1]其次，形成权相较于附强制缔约义务的请求权说，具有理论优势和实践优势。若认为优先购买权性质为附强制缔约义务的请求权，则属于强制缔约机制，应适用要约承诺的规则，无优先购买权独立存在的意义；同时，影响买卖合同成立的方式、时点以及请求权基础、诉讼类型和诉讼成本。[2]在合同成立的方式和时点方面，形成权说更有利于保护承租人的利益，对于请求权基础而言，《合同法》第230条可以为"形成权说"提供请求权基础，所涉诉讼应为确认之诉；若认为优先购买权是附强制缔约义务的请求权，则还需要约承诺等其他规范辅助《合同法》第230条，方能提供完全根据。最后，参照按份共有人的先买权、有限责任公司股东的先买权、合伙人对其他合伙人转让份额的先买权，均无法适用"强制缔约请求权说"，形成权说更具普遍适用性。

因此，认为承租人的优先购买权为形成权，较为妥当。本案中，自张某2019年4月25日，主张行使优先购买权，江河公司收到应诉通知书之日起，张某与江河公司之间订立以案涉门面房为标的物的买卖合同。

②可否根据《城镇房屋租赁合同司法解释》第24条第4项的反面解释，对抗"非善意"的买受人？

a. 何为"善意"？

从规范表述上看，《城镇房屋租赁合同司法解释》第24条第4项借鉴了《物权法》第106条的善意取得制度，"善意"以第三人是否信赖登记簿为标准。根据《商品房租赁管理办法》以及《住房和城乡建设部关于加快培育和发展住房租赁市场的指导意见》规定的房屋租赁合同网上登记备案制度，第三人在交易时可以知晓承租人优先购买权的存在。最高人民法院认为，第三人"善意"应当指的是"不知且不应知"他人享有先买权的情形。[3]但租赁合同的登记备案仅仅表明租赁关系的存在，承租人并不必然享有先买权，因为权利人可单方放弃或双方约定排除先买权，因此不宜把租赁合同登记备案作为承租人先买权存续的唯一

---

〔1〕 参见［德］迪特尔·施瓦布：《民法导论》，郑冲译，法律出版社2006年版，第143~144页。
〔2〕 参见常鹏翱："论优先购买权的法律效力"，载《中外法学》2014年第2期。
〔3〕 参见最高人民法院民事审判第一庭编著：《最高人民法院关于审理城镇房屋租赁合同纠纷案件司法解释的理解与适用》，人民法院出版社2009年版，第333页。

标志。

b. 可否根据《城镇房屋租赁合同司法解释》第 24 条第 4 项的反面解释，认为承租人的优先购买权可以对抗已进行登记的不动产所有权人？

对抗力一般是指绝对性的民事权利所具有的法律效力，而优先购买权为形成权，形成权与请求权同属相对权，除非源于物权登记，或源于特殊的法政策考量，否则并无对抗第三人的效力。[1]我国目前主流学说认为对于承租人享有的优先购买权是否具有物权效力，存有争议。有观点认为，优先购买权均具有物权效力；[2]也有反对观点认为，对抗力是物权绝对性效力的一个方面，须以公示原则为前提，若认为承租人的先买权具有对抗力，会与对抗力产生的原理以及物权公示的制度价值相悖。[3]其次，承租人的优先购买权亦无强有力的法政策予以支撑，[4]实践中承租人的地位并不总是弱于出租人，尤其是在商业租赁中。因此，难以认为承租人的优先购买权具有对抗效力，《民法典》第 726 条也删去了该规定中的善意第三人事由。因此，承租人的优先购买权也不能对抗"非善意"的第三人。

2）张某对江河公司是否享有优先购买权

承租人行使优先购买权可以产生成立买卖合同的法律效果，根据《合同法》第 230 条的规定，若张某对江河公司享有优先购买权以成立买卖合同，须满足以下前提：

①有效的租赁关系

根据《合同法》第 212 条，江河公司作为出租人、张某作为承租人，双方总共在租期分别为 2010 年 12 月～2012 年底（以 2012 年 12 月 31 日为准）、2013 年～2014 年、2014 年～2019 年 4 月存在租赁关系。基于优先购买权的成立要件"租赁合同期间内，出租人出卖租赁物"的考量，江河公司作为出租人只在 2012 年 12 月 26 日为湖海银行办理了门面房所有权的过户登记，因此，张某对江河公

---

〔1〕 参见朱晓喆："论房屋承租人先买权的对抗力与损害赔偿——基于德国民法的比较视角"，载《中德私法研究》第 9 卷。

〔2〕 参见王利明：《物权法研究》（上），中国人民大学出版社 2007 年版，第 743～744 页。

〔3〕 朱晓喆："论房屋承租人先买权的对抗力与损害赔偿——基于德国民法的比较视角"，载《中德私法研究》第 9 卷。

〔4〕 参见张双根："谈'买卖不破租赁'规则的客体适用范围问题"，载《中德私法研究》第 1 卷。

司是否享有优先购买权的问题，只与第一个阶段的租赁关系相关。根据案情，租期为 2010 年 12 月 ~2012 年底的租赁合同不存在其他效力障碍事由，租赁合同有效，该项要件满足。

②在租赁合同期间内，承租人是否出卖租赁物

该项要件具体可细化为以下六项亚要件：

a. 出租人具有转让租赁物的行为

判断该要件是否满足的关键在于，江河公司和湖海银行于 2012 年 9 月在执行和解过程中达成的"以房抵债协议"是否属于《合同法》第 230 条意义上的"出卖"行为。

典型的出卖行为属于买卖合同的内容，但是否仅限于出租人和第三人签订房屋买卖合同进而移转房屋所有权这一种情形，有待商榷。最高人民法院认为"出卖"仅指《合同法》第 130 条规定的买卖合同法律关系下的移转租赁物所有权的情形。在赠与、互易以及公用征收等法律关系中不得行使。[1]但从文义上看，"出卖"突出了基础事实的有偿性和双务性。[2]从体系上来看，《合同法》第 174 条、第 175 条，《买卖合同司法解释》第 45 条均表明买卖规范属于有偿转让的一般规范。因此，承租人优先购买权可以适用于有偿、双务、以转移标的物所有权为内容的法律关系。

执行和解协议达成的"以房抵债协议"，旨在通过转移房屋所有权来代替金钱给付，符合有偿、双务、以移转标的物所有权为内容的要求，属于《合同法》第 230 条的"出卖"。

b. 该出卖行为发生在租赁合同期间内

"以物抵债协议"这一负担行为成立于 2012 年 9 月；办理所有权移转登记，移转所有权这一处分行为发生于 2012 年 12 月 26 日。张某和江河公司之间的租赁合同中租赁期间为 2010 年 12 月 ~2012 年 12 月 31 日，无论《合同法》第 230 条的"出卖"行为是指负担行为还是处分行为，均发生在张某和江河公司之间的租赁期限内，该要件满足。

---

[1] 参见最高人民法院民事审判第一庭编著：《最高人民法院关于审理城镇房屋租赁合同纠纷案件司法解释的理解与适用》，人民法院出版社 2009 年版，第 289 页。

[2] 参见常鹏翱："论优先购买权的行使要件"，载《当代法学》2013 年第 6 期。

c. 出租人基于意思自治出卖租赁物

该要件是否满足的关键是执行和解协议的性质是否为当事人意思自治的产物，是否受私法规则调整。在司法实践中，只要能够产生避免纠纷效果的协议，都可广义地称之为"和解协议"，但在教义学上，和解协议的前提在于存在"争议"或法律关系处于"不确定"的状态。[1]我国《合同法》第 128 条规定了和解作为解决合同争议的方式，可以认为和解协议实际上构成了一种特殊的有名合同；《中华人民共和国民事诉讼法》第 211 条亦承认了和解协议的效力及作为起诉的依据。在学理层面，一般认为和解虽然不同于一般的民事合同，但在有关订立、履行、变更、解除以及合同无效等方面，仍可适用合同法的一般规定。[2]本案中，江河公司和湖海银行作出的以房抵债协议，涉及江河公司责任范围的争议解决，属于和解协议，属于当事人意思自治的范畴，应受私法规则的调整。

d. 出卖行为有效成立

首先，江河公司和湖海银行在原债务履行期届满后、执行和解过程中，基于意思自治达成以房抵债协议，本身不违反效力性强制规定及公序良俗，也不存在恶意串通损害第三人利益的情形，因此，未经清算直接进行所有权移转登记，并不会造成双方利益失衡，该协议本身并不无效。其次，根据《城镇房屋租赁合同司法解释》第 21 条第 2 句的规定，负担行为也并不因为出租人未履行对承租人的通知义务而无效。最后，根据《民事诉讼法司法解释》第 491 条的规定，已经完成所有权变更登记的，若存在损害第三人利益的情形，则第三人可以参照《物权法》第 195 条第 1 款的规定，在知道或应当知道撤销之日起 1 年内请求撤销该代物清偿协议。[3]所谓债权人撤销权是债权人对于债务人所为的危害债权行为，可请求法院予以撤销以维持债务人责任财产的权利。[4]其前提要件在于须存在被保全的债权。对于承租人而言，其对出租人的债权为，请求出租人履行适租义务，而本案中的承租人优先购买权是形成权，而非债权，不属于债权人撤销权所保全的范畴；同时，出租人"出卖"租赁房屋，未通知承租人，基于《合同法》

---

〔1〕 参见肖俊："和解合同的私法传统与规范适用"，载《现代法学》2016 年第 5 期。

〔2〕 参见郑玉波：《民法债编各论》（下），台北三民书局 1981 年版，第 803 页。

〔3〕 最高人民法院民事审判第二庭编著：《〈全国法院民商事审判工作会议纪要〉理解与适用》，人民法院出版社 2019 年版，第 303 页。

〔4〕 参见韩世远：《合同法总论》，法律出版社 2018 年版，第 453 页。

第 229 条规定的"买卖不破租赁规则"（后文详述），其租赁债权也不会因此受到不利益，无从行使债权人撤销权；承租人的债权为相对性，不具有对世性，且也未登记，不具有公示效力，因此，在价值判断上也无需牺牲交易安全，来过分保护承租人的优先购买权。因此，现江河公司已为湖海银行办理了过户登记，所有权移转行为亦有效，湖海银行为所有权人。

因此，本案中江河公司和湖海银行在执行和解过程中的以物抵债行为有效。

e. 出租人转让行为中的对待给付可被替代

本案中，出租人转让房屋所有权行为是为了清偿贷款，该对待给付行为不具有人身性，具有可被替代性，该要件满足。

f. 出租人的转让行为以终局移转财产权为目的，该要件显然满足，无需检视

因此，在租赁合同期间内，承租人出卖租赁物这一构成要件满足。

③张某是否在合理期间内行使该优先购买权

该项要件若要满足，需要具备以下三项前提：

a. 合理期间

由于承租人的优先购买权性质为形成权，依据承租人单方的意思表示即可干涉他人权利义务领域，应对形成权的行使予以限制。《城镇房屋租赁合同司法解释》第 24 条第 3 项规定了出租人履行通知义务后 15 日的主观除斥期间，对于客观期间未予提及。应当认为，如若承租人明知或应知出租人转让租赁物所有权事宜及具体内容，无论是根据禁止权利滥用原则，还是基于维护交易秩序安定性的考量，应当对承租人先买权的行使予以适当约束。对于主观期间，出租人未履行通知义务时，承租人优先购买权的除斥期间应自承租人明知或应知租赁房屋转让事宜以及出租人和第三人订立的合同内容开始计算。对于客观期间，可参考《物权法解释一》第 11 条第 4 项按份共有人先买权的规定以及《公司法解释四》第 21 条第 1 款股东优先购买权的规定，具体期限应至少为 6 个月。

本案中，张某于 2019 年 4 月 8 日知晓房屋转让事宜，并于 2019 年 4 月 8 日当场表示拒绝搬离，但由于先买权的行使对象只能是出租人江河公司，因此这一行为并不能认为是行使优先购买权的体现。因此，张某行使优先购买权的时间应为 2019 年 4 月 25 日，此时已经过 17 天，是否经过除斥期间，有待讨论。本文认为，张某在 2019 年 4 月 8 日是否知晓江河公司和湖海银行之间以物抵债协议

的内容尚不确定，从案件事实也难以得知。虽然江河公司所欠湖海银行的贷款可通过公开的裁判文书查询得知，但基于执行和解协议的性质，系双方各自让步作出妥协，第三人难以知晓房屋所抵偿的具体数额；况且，张某主张行使优先购买权时只比法定的除斥期间多2天，基于比例原则的考量以及对上述按份共有人优先购买权6个月客观期间的参照适用，可以认为张某行使优先购买权未经过除斥期间。

b. 张某作出以"同等条件"购买租赁物的意思表示（《合同法》第230条）

本案中，该要件满足的关键在于承租部分房屋的承租人在出租人整体转让房屋时先买权行使的对象是所租赁的门面房还是整栋大楼？《最高人民法院关于承租部分房屋的承租人在出租人整体出卖房屋时是否享有优先购买权的复函》认为可以综合房屋使用功能和承租的部分房屋占全部房屋的比例这两项因素进行考量。本案中，张某所租赁的门面房与该商业大楼其他门面房具有功能上的独立性，所占的比例也仅为商业大楼一楼门面房中的一间。因此，无论是在租赁房屋功能方面还是房屋所占全部房屋的比例方面，承租人仅对承租的门面房享有优先购买权。

c. 张某上述意思表示到达意思表示相对人（《合同法》第136条第1款、《民法总则》第137条第1款）

本案中，张某于2019年4月25日主张行使优先购买权，江河公司自收到张某的通知或法院的应诉通知书之日起便满足该要件。

综上，张某和江河公司之间成立以案涉门面房为标的物的买卖合同。

（2）买卖合同有效，无需检视

因此，张某基于该买卖合同享有的合同履行请求权成立。

2. 请求权是否消灭

权利消灭抗辩通常包括清偿、提存、抵销、免除及给付不能等事由。[1]本案中，承租人主张行使优先购买权进而与江河公司订立买卖合同时，出租人已将案涉门面房所有权移转给湖海银行，则出租人对张某移转标的物所有权属于自始主观不能。即债务人因欠缺必要的劳力、能力、处分权及支付能力，致在合同订立之时，债务人便无法提供给付。依据《合同法》第110条第1项的规定，对于法

---

[1] 参见王泽鉴：《民法思维：请求权基础理论体系》，北京大学出版社2009年版，第136页。

律上或事实上不能履行的非金钱债务，债权人不得请求履行，即债务人的该给付义务消灭。因此，张某对江河公司的请求其移转房屋所有权的请求权消灭。

3. 由于请求权消灭，无需检视请求权是否可行使

因此，张某不得依据《合同法》第135条、第230条请求江河公司向其移转系争门面房所有权。

（二）可否依据《合同法》第135条、第230条请求湖海银行向其移转系争门面房所有权

1. 请求权是否成立

已如前述，张某享有该请求权的前提是买卖合同成立生效且有效，因此下文将分别予以检视。

（1）买卖合同是否成立

张某作为案涉租赁物的承租人，湖海银行在2012年12月26日经过户登记成为案涉门面房的所有权人（《物权法》第14条）。双方唯一可能成立买卖合同的情形是张某行使《合同法》第230条的优先购买权，对此，需满足以下要件：

1）张某和江河公司之间是否成立有效的租赁关系

对于张某和湖海银行之间是否存在租赁关系以及何时存在租赁关系，需要采用历史检视的方法。

①2012年12月26日～2012年12月31日是否存在租赁关系

在该期间内，湖海银行于2012年12月26日经过户登记取得了商业大楼的所有权（《物权法》第14条），包括张某所承租的一楼门面房一间的所有权，此时张某与江河公司尚存在有效的房屋租赁关系（租赁期限为2010年～2012年12月31日）。根据《合同法》第229条的"买卖不破租赁"规则，承租人的地位不受影响，其构成要件如下：[1]

出卖人和承租人之间存在租赁关系，该要件显然满足。

租赁物已交付于承租人，该要件显然满足。

出租人在租赁期间内将租赁物所有权让与第三人，该要件显然满足。

不需要具备当事人（买受人和承租人）知晓转让事宜要件？原因在于法定

---

〔1〕 参见王泽鉴：《民法学说与判例研究》（重排合订本），北京大学出版社2015年版，第1085页。

契约承担制度本身即产生对世效力，[1]因此，张某虽然并不知晓租赁物已经转让，亦不影响"买卖不破租赁"规则的适用。

综上，湖海银行与张某存在租赁关系。

②2013 年～2014 年是否存在租赁关系

根据租赁合同是否有租赁期限，可分为定期租赁和不定期租赁。本案中湖海银行所概括承受的租赁合同为定期租赁合同，于 2012 年 12 月 31 日租期届满，随后江河公司在 2013 年与张某续订了为期一年的租赁合同，并收取租金，直至 2014 年该租期届满，所有权人湖海银行未对张某的承租提出反对。这一"续订"行为产生的租赁关系是否对湖海银行产生拘束力，需要检视。

一方面，江河公司的"续订"行为是否构成《合同法》第 926 条规定的间接代理？间接代理作为显名原则的例外，是"代理人"以自己的名义为他人利益而实施的行为。[2]其构成的前提在于，委托人和受托人之间要存在真实的代理关系。但在本案中，无从得知江河公司是受湖海银行的委托，与张某续订租赁合同。此外，张某支付的 2013 年～2014 年的租金也是由江河公司收取，江河公司并未将该租金转交给湖海银行，无法认为江河公司与张某签订租赁合同是为了湖海银行的利益。因此，江河公司的"续订"行为不构成《合同法》第 926 条的间接代理，与张某续订的租赁合同不能约束湖海银行。

另一方面，湖海银行的消极不作为，是否构成湖海银行与张某之间的租赁合同的法定变更？《合同法》第 236 条通过法律规定将沉默拟制为意思表示。如果被拟制意思表示的当事人彼此互不知晓对方的存在，则无法适用意思表示的拟制规则。本案中由于江河公司未通知张某租赁房屋转让事宜，张某并不知晓租赁房屋的所有权人已经变更为湖海银行。因此，不满足《合同法》第 236 条适用的前提，其他要件无需检视。

综上，2013 年～2014 年，湖海银行和张某之间并不存在租赁合同关系。

③2014 年～2018 年 11 月是否存在租赁关系

同理，2014 年～2018 年 11 月，由于张某并不知晓湖海银行为案涉租赁房屋

---

〔1〕 苏永钦：《走入新世纪的私法自治》，中国政法大学出版社 2002 年版，第 344～345 页。
〔2〕 参见朱庆育：《民法总论》，北京大学出版社 2013 年版，第 336 页。

的所有权人，无法适用《合同法》第 236 条，张某和湖海银行在此期间并不存在租赁关系。

综上，张某和湖海银行只在 2012 年 12 月 26 日～2012 年 12 月 31 日存在租赁关系。

2）在租赁合同期间内，承租人是否出卖租赁物

张某和湖海银行的租赁合同关系在 2012 年 12 月 31 日即已届期，而湖海银行与王某签订案涉租赁房屋的买卖合同是在 2018 年 5 月，不满足《合同法》第 230 条 "租赁期间内" 的规定。其余构成要件也无需检视。

2. 由于请求权未成立，无需检视请求权是否消灭、可行使

因此，张某不得依据《合同法》第 135 条、第 230 条请求湖海银行向其移转系争门面房所有权。

二、张某可否请求江河公司赔偿损失

（一）案情简析

为方便后文分析张某对江河公司返还 2012 年 12 月 26 日之后租金的请求权，有必要先对该部分所涉及的案件事实予以梳理：

1. 2014 年～2019 年 4 月，张某和江河公司成立有效的不定期租赁关系

根据《合同法》第 13 条的规定，当事人可采取 "要约—承诺" 的方式订立合同。本案中，张某占有使用房屋并向江河公司支付租金的行为，为订立租赁合同的要约，江河公司收取租金的行为可被认为是承诺，即接受要约的意思表示，且该承诺的生效不以通知要约人为必要（《合同法》第 22 条）。因此，张某和江河公司在 2014 年～2019 年 4 月存在有效的租赁关系。此外，根据《合同法》第 215 条的规定，张某和江河公司因未签订书面租赁合同，成立不定期租赁关系。

2. 对于 2012 年 12 月 26 日～2012 年 12 月 31 日的租金，张某不得请求江河公司予以返还

湖海银行在 2012 年 12 月 26 日因《合同法》第 229 条 "买卖不破租赁" 规则法定承受了原出租人江河公司的出租人地位，未通知承租人张某，此时可类推适用债权让与未通知债务人的规则（《合同法》第 80 条），即该债之主体变更对债务人不发生效力，债务人基于清偿债务的目的，向原出租人支付的租金，为有

效的履行行为。

（二）请求权基础预选

1. 合同请求权

对于 2013 年～2019 年 4 月的租赁合同，或可依据《合同法》第 228 条，请求江河公司承担相应的权利瑕疵担保责任。对于租赁合同租期为 2010 年 12 月～2012 年年底的合同，在转让房屋所有权时未对承租人履行通知义务（《合同法》第 230 条），江河公司或可对此承担债务不履行责任。对于 2013 年～2019 年 4 月的租赁合同，江河公司似应承担对张某的无法提供租赁物的使用和保持适租状态的债务不履行责任。此外，江河公司对张某的移转案涉门面房所有权的义务，构成自始主观履行不能。因此张某或可依据《合同法》第 107 条、第 135 条请求江河公司承担自始履行不能的违约损害赔偿责任。

2. 侵权损害赔偿请求权

本文认为形成权不可被侵害，张某不享有侵害先买权的侵权损害赔偿请求权。首先，对侵害先买权的救济应该是使得该权利可以行使时的效果发生，即与出租人订立买卖合同，而订立买卖合同依据承租人单独的意思表示即可发生，该损害无从发生；如果未能获得所有权，则该损害与形成权被侵害没有因果关系，因为所有权移转的法律基础在于买卖合同关系，形成权的产生和行使的法律基础在于租赁关系，二者属于不同的法律关系，谈不上具有因果关系，因此认为形成权可被侵害没有实际意义。

（三）《合同法》第 228 条的权利瑕疵担保请求权

1. 请求权是否成立

根据《合同法》第 228 条的规定，出租人江河公司对承租人张某负有权利瑕疵担保责任，如若请求权成立，则须满足以下要件：

（1）第三人向承租人主张权利

在 2013 年～2018 年 11 月，张某和江河公司之间的租赁关系对所有权人湖海银行不生效力。在 2018 年 11 月～2019 年 4 月，张某和江河公司之间的租赁关系对案涉租赁物所有权人王某亦不生效力。对于承租人张某而言，所有权人即为其与江河公司之间租赁关系的权利瑕疵，该要件满足。

（2）第三人主张权利妨碍承租人对租赁物的使用和收益

虽然湖海银行在其作为租赁物所有权人期间并未向承租人张某主张权利，但对于承租人而言，具有主张权利的现实和法律上的可能性。此外，湖海银行将租赁物转让给王某之后，王某作为新所有权人于 2019 年 4 月 8 日，向张某主张权利，请求其返还占有，现实地妨碍了承租人对租赁物的使用和收益。可以认为张某在 2013 年~2019 年 4 月所支付给"无权出租人"江河公司的租金均未受妨碍产生的损失，根据《合同法》第 228 条的规定，可以免于对江河公司支付 2013 年~2019 年 4 月的租金。因此，该要件满足。

（3）承租人在订立合同时不知有权利瑕疵

承租人张某是在 2018 年 4 月 8 日之时知晓房屋两次易主之事，因此承租人张某在与江河公司成立租赁关系时并不知晓房屋所有权这一权利瑕疵，该要件满足。

因此，张某基于《合同法》第 228 条主张的权利瑕疵担保请求权成立。

2. 请求权未消灭、可行使，无需检视

综上，张某可以基于《合同法》第 228 条规定的权利瑕疵担保请求权，请求江河公司赔偿其 2013 年~2019 年 4 月的租金损失。

（四）《合同法》第 107 条、第 135 条、第 216 条的违约损害赔偿请求权

1. 请求权是否成立

《合同法》第 107 条是违约责任的一般条款，构成要件如下：

（1）债务人负有原给付义务

对于张某和江河公司的租赁关系，根据《合同法》第 216 条的规定，出租人负有按照约定将租赁物交付给承租人，并在租赁期间保持租赁物符合约定用途的义务。对于张某和江河公司的买卖关系，根据《合同法》第 135 条的规定，江河公司对张某负有移转标的物所有权的义务。

（2）债务人构成自始主观履行不能

对于租赁关系，江河公司对案涉租赁物无所有权，也无对外出租的权利，自合同订立时起便无法对张某履行交付租赁物和保持租赁物处于适租状态的义务，构成自始主观履行不能。对于买卖合同关系，江河公司无法履行移转案涉门面房所有权给张某的义务，构成自始履行不能。

（3）债权人因债务人自始履行不能而受损失

根据《合同法》第 110 条的规定，出租人作为债务人履行不能，其非金钱债务消灭，基于给付的牵连性原理，其对待给付义务，即支付租金的义务也消灭。本案中，债权人张某因债务人无法提供交付和履行适租义务，而仍然向债务人支付租金，构成非债清偿，遭受损失，可请求"替代给付赔偿"。损害赔偿的对象是债权人的履行利益或积极利益，数额的确定方法为"差额说"。在具体计算承租人作为买受人因出卖人给付不能而发生的损害时，应考虑所受损害与所失利益两个方面，前者是指因损害事故的发生，权利人现有财产减少的额数；后者是指因损害事故的发生，权利人财产应增加而未增加的额数。[1]本案中，不存在所受损害，因为从本案案情无从得知张某本就具有购买门面房的计划，故而张某遭受的损失应为所失利益，即门面房在买卖合同中的价格和主张损害赔偿请求权时的市场价格之间的差额。

因此，本案中，张某应损失包括 2013 年～2019 年 4 月的租金和未取得门面房所有权的市场价值差额。

（4）不存在不可抗力等权利阻却事由

本案中，江河公司向张某提供租赁物和移转门面房所有权义务的履行不能事由，并非因不可抗力等原因导致，该要件显然满足。

综上，张某基于《合同法》第 107 条主张的违约损害赔偿请求权成立。

2. 请求权未消灭、可行使，无需检视

因此，张某可依据《合同法》第 107 条、第 135 条、第 216 条请求江河公司承担 2013 年～2019 年 4 月的租金损失以及门面房在 2012 年 12 月 26 日～2019 年 4 月之间的市场价值差额损失。

（五）可否依据《城镇房屋租赁合同司法解释》第 21 条请求江河公司承担违约损害赔偿责任

1. 请求权是否成立

（1）存在义务违反行为，该要件显然满足，无需检视

（2）债权人因债务人的义务违反行为而受损失

---

[1] 参见韩世远：《合同法总论》，法律出版社 2018 年版，第 785 页。

承租人可主张房屋出卖给第三人后价格上涨的差价损失（即市场价格和合同价格之间的差额），该项所失利益，应为买卖合同项下的履行利益损失，而非租赁合同附随义务违反的直接后果。《合同法》第230条的通知义务目的为确保先买权的行使，房屋差价损失的赔偿已超出其保护范围。[1]因此，通知义务违反造成的损害不应包括买卖合同的履行利益，但包括因行使先买权产生的调查、诉讼等费用，或者无法购买承租房屋而另行购买或搬迁所支出的其他费用等。

（3）不存在不可抗力等权利阻却事由，该要件显然满足，无需检视。

因此，请求权成立。

2. 请求权未消灭、可行使，无需检视

综上，张某可以依据《城镇房屋租赁合同司法解释》第21条请求江河公司赔偿除履行利益之外的其他费用及固有利益的损失。

（六）《侵权责任法》第6条第1款、第15条第1款第6项的侵权损害赔偿请求权

《侵权责任法》第6条第1款是过错侵权责任的一般条款，在采取侵权法法益"权利"和"利益"相区分的体例下，可将该一般条款细化为三个小概括条款：狭义侵权、违法侵权和故意背俗侵权。以下将结合本案，进行检视：

1. 侵权责任是否成立

（1）损害：纯粹经济损失

本案中，张某所受侵害的法益是2013年～2019年的租金损失这一纯粹经济损失，即非因绝对权受侵害而发生的财产上的损害（不利益）。[2]理论上通常认为纯粹经济损失原则上不受保护，除非构成故意背俗侵权。对于故意背俗侵权的构成要件，除了要求有损害结果的发生之外，还要求行为人在客观上违反了善良风俗，主观上为故意。[3]

（2）违反善良风俗

目前多数学说认为善良风俗是法律交往中相互行为的法律规则的形成基础，

---

〔1〕 参见朱晓喆："论房屋承租人先买权的对抗力与损害赔偿——基于德国民法的比较视角"，载《中德私法研究》第9卷。

〔2〕 参见葛云松："纯粹经济损失的赔偿与一般侵权行为条款"，载《中外法学》2009年第5期。

〔3〕 参见〔德〕马克西米利安·福克斯：《侵权行为法》，齐晓琨译，法律出版社2004年版，第163页。

核心标准在于保护交往参加者的合理行为预期。[1]本案中，江河公司故意隐瞒案涉房屋易主之事长达 4 年之久，张某在此期间内因信赖江河公司为案涉房屋所有权人，并逾期订立房屋租赁合同具有合理性，符合一般社会交往参加者在成立租赁关系时的合理预期。因此，江河公司无权出租他人之物的行为，违背善良风俗。

（3）行为人主观为故意，该要件显然满足

（4）本案中不存在违法阻却事由，无需检视

2. 侵权责任范围

张某在 2013 年～2019 年 4 月向江河公司支付的租金。

3. 侵权损害赔偿请求权未消灭、可行使，无需检视

综上，张某可以依据《侵权责任法》第 6 条第 1 款、第 15 条第 1 款第 6 项，请求江河公司赔偿 2013 年～2019 年 4 月的租金损失。

三、张某可否请求江河公司返还 2012 年 12 月 26 日～2019 年 4 月的租金

（一）请求权基础预选

张某或可依据租赁合同给付目的无法实现，主张解除 2013 年～2014 年的定期租赁合同（《合同法》第 94 条第 5 项）以及 2014 年～2019 年 4 月的租赁合同（《合同法》第 232 条），进而根据《合同法》第 97 条请求返还已经支付的租金。

张某或可主张租赁合同无效或基于重大误解、欺诈，撤销上述租赁合同，进而依据《合同法》第 58 条请求江河公司返还已经支付的租金。

江河公司在明知自己自始履行不能的情形下，仍与张某成立租赁关系，收取租金，造成张某的租金损失，或许可构成侵权行为。

（二）《合同法》第 97 条、第 94 条第 5 项、第 232 条的合同请求权

1. 请求权是否成立

本案中，出租人江河公司对于租赁期限为 2013 年～2014 年的定期租赁合同以及 2014 年～2019 年 4 月的不定期租赁合同，对承租人张某均构成自始主观履行不能，给付义务丧失（《合同法》第 110 条），承租人支付租金的对待给付义

---

〔1〕 参见于飞："违背善良风俗故意致人损害与纯粹经济损失保护"，载《法学研究》2012 年第 4 期。

务也消灭，具有解除的功能。[1]如果债权人已经提供了对待给付，可以选择有关解除的规定，请求返还已经提供的对待给付。对此，需要满足以下要件：

（1）被解除的合同有效未消灭

张某和江河公司成立的租期为 2013 年～2014 年的定期租赁合同、期限为 2014 年～2019 年 4 月的不定期租赁合同均为有效未消灭，该要件满足。

（2）请求权人享有解除权

1）对于租期为 2013 年～2014 年的定期租赁合同，张某享有法定解除权（《合同法》第 94 条第 5 项）

对于租期为 2013 年～2014 年的定期租赁合同，张某因出租人江河公司自始主观履行不能，致使其租赁合同目的无法实现，可依据《合同法》第 94 条第 5 项之规定，债务人构成根本违约致使合同目的无法实现之事由，享有法定解除权。

2）对于租期为 2014 年～2019 年 4 月的不定期租赁合同，张某享有任意解除权（《合同法》第 232 条）

因此，请求权人张某享有合同解除权。

（3）请求权人向相对人作出解除的通知（《合同法》第 96 条）

解除权为形成权，自解除之单方意思表示到达相对人时，该单方法律行为生效（《民法总则》第 137 条）。可以认为张某在 2019 年 4 月 25 日向江河公司主张行使优先购买权时作出该意思表示，江河公司收到该通知，知晓其内容或收到法院的应诉通知书时，该解除的意思表示生效。因此，该要件满足。

（4）须有恢复原状的必要和可能性

关于解除的效果，理论上有直接效果说、间接效果说、折中说和债务关系转换说。[2]我国主流学说赞同折中说，即对于尚未履行的债务自解除时归于消灭，对于已经履行的债务并不消灭，而是发生新的返还债务。[3]根据《合同法》第 97 条的规定，所谓"根据履行状况"指的是合同是否履行，根据"合同性质"

---

〔1〕 参见［德］迪尔克·罗歇尔德斯：《德国债法总论》，沈小军、张金海译，中国人民大学出版社 2014 年版，第 267 页。

〔2〕 参见韩世远：《合同法总论》，法律出版社 2018 年版，第 669～671 页。

〔3〕 参见韩世远：《合同法总论》，法律出版社 2018 年版，第 671 页。

是指要区分一时的合同和继续性合同。一时的合同解除，具有恢复原状的可能性，可发生恢复原状的义务；继续性合同被解除的，或无恢复原状的可能性，或不宜恢复原状，故通常不发生恢复原状的义务。本案中，由于张某的支付租金的对待给付义务消灭，无需向江河公司支付租金。因此，张某于2013年~2019年4月向江河公司支付租金的行为属于非债清偿，不是合同的履行行为，因此不适用传统的继续性合同不产生恢复原状义务的情形，张某可以请求江河公司返还已经支付的租金，恢复原状。因此，该要件满足。

因此，张某基于合同解除之后的返还请求权成立。

2. 请求权未消灭、可行使，无需检视

综上，张某可依据《合同法》第97条、第94条第5项、第232条，请求江河公司返还租金。

（三）《合同法》第58条的不当得利返还请求权

1. 请求权是否成立

请求权成立的关键在于租赁关系是否存在无效事由和可撤销事由：

（1）租赁合同是否无效

本案中，租赁合同不因出租人江河公司欠缺对租赁物的处分权而无效。因为出租他人之物，成立租赁法律关系本身是负担行为，负担行为不涉及权利的设定和变动，不要求处分权。同时，合同亦不具备其他无效事由。张某和江河公司之间的租赁合同不存在无民事行为能力人实施的法律行为（《民法总则》第144条）、通谋的虚伪表示（《民法总则》第146条第1款）、违反强制性规定和违背公序良俗（《民法总则》第153条）、恶意串通的法律行为（《民法总则》第154条）等情形。

因此，张某和江河公司的租赁合同并不无效。

（2）租赁合同是否被撤销？

如若基于合同被撤销请求返还租金，须满足以下要件：

1）存在合同可撤销的事由

《民法总则》第147~151条规定了重大误解、欺诈、第三人欺诈、胁迫和显失公平等撤销事由。本案中，江河公司在与张某订立租赁合同、成立租赁关系时明知自己对租赁物没有处分权，仍与不知情的张某订立租赁合同、成立租赁关系，可以适用的可撤销事由为重大误解和欺诈，以下将分别进行检视：

①张某可否依据《民法总则》第 147 条规定的重大误解主张撤销租赁合同

a. 张某对江河公司身份的认识错误是否属于错误

重大误解在学说上又被称为"错误"。本案中，张某误认为江河公司为租赁物的所有权人，属于对"人的性质"的认识错误，属于表意人在意思表示形成过程中的错误，即"动机错误"。[1]

b. 该动机错误是否"具有交易上的重大性"

动机错误原则上与法律行为的效力无关，但例外情形是：该关于人的性质的认识错误，具有交易上的重大性。交易上的重大性应当依据行为的典型经济目的而定，且若仅对表意人具有重要性而无客观重要性，不得主张撤销。本案中，租赁合同的成立生效、有效均不以出租人有处分权为前提要件。而且，权利瑕疵担保责任以及债务不履行责任均可为承租人提供救济，因此，没有必要赋予承租人撤销权。

因此，张某的动机错误不满足"具有交易上的重大性"要件。张某不得依据《民法总则》第 147 条规定的重大误解主张撤销租赁合同。

②张某可否依据《民法总则》第 148 条规定的欺诈主张撤销租赁合同？

其前提在于是否满足欺诈的以下构成要件：

a. 欺诈行为

欺诈行为是旨在引起、强化或维持对方不正确看法的行为，具体表现形式包括积极的作为，即告知对方虚假情况；以及消极的不作为，即隐瞒真实情况，其前提是，当事人负有告知义务。[2]江河公司在 2012 年 12 月 26 日将案涉租赁物所有权转移给湖海银行时，负有将转让事宜通知张某的义务，但江河公司未履行向张某告知租赁物易主的事宜，违反了告知义务，并基于此，与张某签了两份租赁合同。江河公司的消极不作为构成欺诈行为。

b. 因果关系

欺诈中的因果关系需要具备双重因果关系：即相对人基于欺诈而陷入错误，并且受欺诈人基于错误而作出意思表示。[3]就前者而言，本案中由于出租人江河

---

〔1〕 参见朱庆育：《民法总论》，北京大学出版社 2013 年版，第 270 页。

〔2〕 参见朱庆育：《民法总论》，北京大学出版社 2013 年版，第 279~280 页。

〔3〕 参见朱庆育：《民法总论》，北京大学出版社 2013 年版，第 280 页。

公司故意隐瞒租赁物所有权变更事项，导致承租人张某误认为江河公司为租赁物的所有权人，产生自始主观履行不能的情形。因此，该要件满足。就后者而言，张某基于上述错误误认为江河公司为租赁物的所有权人，与江河公司签订了租期为 2013 年～2014 年的定期租赁合同，成立了租期为 2014 年～2019 年 4 月的不定期租赁关系。因此，该要件满足。

c. 主观为故意

欺诈须基于故意，包括实施欺诈行为故意，以及令相对人因此陷入错误并基于错误作出意思表示的故意。[1]本案中，江河公司明知自己无所有权，仍与张某成立租赁关系，并收取租金长达 6 年之久。江河公司显然具备恶意要件。

因此，江河公司与张某成立租赁关系的行为构成《民法总则》第 148 条意义上的欺诈。

2）是否在合理期限内行使撤销权（《民法总则》第 152 条第 1 款第 1 项）

从案情可以合理推知该要件显然满足，无需检视

综上，张某可基于《民法总则》第 148 条的欺诈，主张撤销合同。因此，张某基于《合同法》第 58 条，请求江河公司返还 2013 年～2019 年 4 月的租金的请求权成立。

2. 请求权未消灭、可行使，无需检视

因此，张某可基于《合同法》第 58 条、《民法总则》第 148 条，请求江河公司返还 2013 年至 2019 年 4 月的租金。

四、结论

张某可基于债务不履行责任，请求江河公司赔偿在 2012 年 12 月 26 日～2019 年 4 月之间案涉门面房的市场价值差额损失。同时也可向江河公司主张因违反通知义务造成的因行使先买权产生的调查、诉讼等费用，或者无法购买承租房屋而另行购买或搬迁所支出的其他费用。此外，张某可择一行使权利瑕疵担保请求权、合同解除后的返还请求权、合同撤销后的不当得利返还请求权以及侵权损害赔偿请求权，请求江河公司赔偿 2013 年～2019 年 4 月的租金。上述损害赔偿

---

〔1〕 参见朱庆育：《民法总论》，北京大学出版社 2013 年版，第 281 页。

和租金损失可以同时主张。

第二部分　王某可以主张的权利

王某的诉请主要有三：一是基于与湖海银行之间的买卖合同，请求湖海银行承担权利瑕疵担保责任；二是请求张某返还对案涉门面房的占有；三是请求张某或江河公司赔偿2018年11月~2019年4月的租金损失，以下将分别检讨。

一、王某可否依据《合同法》第150条请求湖海银行承担权利瑕疵担保责任

（一）请求权是否成立

《合同法》第150条规定了买卖合同中买受人的瑕疵担保请求权。若第三人向买受人就标的物主张权利，则出卖人须对买受人承担权利瑕疵担保责任。其构成要件如下：

1. 权利瑕疵合同成立时已存在

本案中承租人张某基于与湖海银行的租赁合同享有的租赁债权，对于买受人王某而言，构成权利瑕疵，该要件满足。

2. 相对人不知有权利瑕疵的存在

根据《合同法》第151条，请求权人如若在明知权利瑕疵的情形下仍订立合同，可认为其接受了该瑕疵，则基于禁反言原则，不能再基于《合同法》第150条就权利瑕疵请求赔偿。在本案中，买受人王某自2016年6月至2018年11月取得案涉门面房所有权，一直在与案涉门面房相邻的两间门面房经营布庄，对案涉租赁物上有租赁关系明知；此外，湖海银行和王某在买卖合同中也约定由王某清理系争房屋的占有人员，显然，王某对系争房屋上成立有租赁关系是明知的。因此，该要件不满足。

3. 其余要件无需检视

因此，请求权未成立。

（二）无需检视请求权是否消灭和可行使

因此，王某不得依据《合同法》第150条请求湖海银行承担权利瑕疵担保责任。

二、王某可否请求张某返还对案涉租赁房屋的占有

（一）案情简析

王某自 2018 年 11 月经所有权变更登记取得了案涉门面房的所有权（《物权法》第 14 条）。但张某对于此事并不知情，因此，即使在 2018 年 11 月～2019 年 4 月之间，张某一直在占有、使用该租赁房屋，且王某也未对此提出异议，但仍不能根据《合同法》第 232 条规范化沉默的规定，拟制张某与王某之间存在有效的不定期租赁契约。因此，张某和王某之间并不存在有效的合同关系。

（二）请求权基础预选

由于张某和王某之间不存在合同关系，因此，无需检视合同请求权。在 2018 年 11 月～2019 年 4 月，王某作为案涉租赁房屋的所有权人，或许可以依据《物权法》第 243 条前半句的占有返还请求权、《物权法》第 34 条规定的物权返还请求权，请求张某返还对案涉租赁房屋的占有。由于《物权法》第 243 条前半句规定的"权利人"并不限于物权人，相较于《物权法》第 34 条规定的物权返还请求权，要求请求权人须为物权人，构成要件上并不要求权利的归属内容，因此，下文将优先检视《物权法》第 243 条前半句规定的占有返还请求权。

（三）《物权法》第 243 条前半句的孳息返还请求权

1. 请求权是否成立

《物权法》第 243 条前半句规定了权利人可以请求物的占有人返还原物及孳息。所谓孳息是指"原物"的对称，由物或权利而产生的收益。[1]本案中，张某作为承租人并不收取租金，且已经将占有使用房屋的对价支付给江河公司，并不享有孳息利益。因此王某只可能请求张某返还占有，无法请求返还孳息。若该请求权成立，须满足以下要件：

（1）请求权人为权利人

该规范中的"权利人"虽并不限于物权人，但在本案中，2018 年 11 月～2019 年 4 月，王某为案涉租赁房屋的所有权人，满足该要件。

---

〔1〕 胡康生主编：《中华人民共和国合同法释义》，法律出版社 2013 年版，第 272 页。

（2）相对人为物的直接占有人

直接占有是指对于物有事实上的管领力。[1]本案中，张某为案涉租赁房屋的实际占有使用人，显然满足该要件。

（3）相对人为无权占有人

所谓无权占有是指没有占有本权的占有。本案中，张某和王某不存在合同关系，亦不存在其他法律关系。张某和江河公司之间虽然存在有效的租赁关系，但由于江河公司对案涉租赁房屋不享有任何权利，该租赁关系并不能约束所有权人王某。因此，张某相对于王某为无权占有人。

（4）是否存在权利阻却抗辩

稍有疑问的是，张某对自己为案涉租赁房屋的无权占有人并不知情且不可归责于张某。于是，或可类推适用《合同法》第80条第1款的规定保护不知情的张某。类推适用的基础在于二者在构成要件上，即与法律评价有关的重要观点上，彼此类似，因此，二者应作相同评价。[2]因此，问题的关键便在于，承租人优先购买权情形下未受通知的承租人和债权转让情形下未受通知的债务人，在法律评价的重要观点上是否彼此类似，具体可从规范意旨以及交易结构（债权人和债务人）两个方面来考察。

1）类推适用《合同法》第80条第1款的正当性

首先，从通知的规范意旨来看，承租人和债务人均为转让交易外的第三人，要求出租人和债权人在出卖租赁物以及转让债权时，均要通知承租人、债务人，有平衡"继受自由"和"继受保护"的考量，即任何财产均可以自由移转，但非属于移转当事人的第三人利益不受到继受自由的伤害。[3]其次，出租人出卖租赁物，买受人基于《合同法》第229条的"买卖不破租赁"规则，法定承受了出租人的地位，不仅继受了权利还继受了义务；在债权转让中，虽然受让人只继受了债权，但对于承租人和债务人来说，债权主体的变更，均会对其债务履行产生影响。因此，二者都包括债权主体的变更，出租人和债权转让中的债权人，地位具有相似性。最后，承租人和债权转让中债务人地位的相似性。债权转让中，

---

[1] 参见王泽鉴：《民法物权》，北京大学出版社2010年版，第433页。

[2] 参见［德］卡尔·拉伦茨：《法学方法论》，陈爱娥译，商务印书馆2004年版，第258页。

[3] 参见朱虎："债权转让中对债务人的延续性保护"，载《中国法学》2020年第5期。

债务人在履行债务时并不负有调查债权主体是否变更的义务。与此相对应，承租人续签时不具有调查房屋所有权登记状况的义务。承租人债权的实现关键在于对租赁物本身的占有和使用、收益，只要租赁物保持在适租状态，承租人具体为谁，是否对租赁物享有所有权，在所不问。另一方面，已如前述，租赁合同并不要求出租人对租赁物享有所有权或处分权。此外，出于行政管理的要求，买受人受让房屋时，具有调查房屋承租状况的义务。基于《合同法》第 229 条"买卖不破租赁"规则，不论承租权附随于所有权之上，或租赁关系附随于所有权之上，都会直接造成所有权的负担，造成所有权权限的"减少"。[1]

2）类推适用《合同法》第 80 条第 1 款的法律效果

根据《合同法》第 80 条的文义，未通知债务人所产生的法律效果是债务人对债权受让人享有对抗力。在租赁关系中，**《合同法》第 230 条的承租人先买权不适用对抗效力**。因为承租人的先买权为形成权，属于相对权，本身不具有物权公示性，且亦无强大的法政策支撑。另一方面，《合同法》第 229 条的"买卖不破租赁"规则适用对抗效力。买受人基于法定契约地位承受，继受出租人的地位，和债权转让中债权受让人继受债权人地位，并无二致，因此，可适用《合同法》第 80 条第 1 款关于对抗效力的规定。但值得注意的是，由于张某对王某为案涉租赁房屋的所有权人并不知情，无法进一步认为在王某和张某之间存在租赁合同。因此，类推适用《合同法》第 80 条第 1 款的效果，只会产生消极的对抗效力。本案中，王某自 2016 年 6 月至 2018 年 11 月取得案涉门面房所有权，一直在与案涉门面房相邻的两间门面房经营布庄，对案涉租赁物上有租赁关系明知；并且，在毗邻经营的 2 年内，买受人王某有充分的机会可以得知张某是否放弃了承租人的先买权。因此，王某未尽调查承租状况的义务，应当类推适用《合同法》第 80 条第 1 款，使王某受租赁关系的约束。

因此，王某基于《物权法》第 243 条前半句，主张张某返还占有的请求权不成立。

2. 请求权未成立，无需检索请求权是否消灭、可行使

因此，王某不得依据《物权法》第 243 条前半句，请求张某返还对案涉租赁

---

〔1〕 参见苏永钦：《走入新世纪的私法自治》，中国政法大学出版社 2002 年版，第 345 页。

房屋的占有。

（四）《物权法》第 34 条的原物返还请求权

1. 请求权是否成立

根据《物权法》第 34 条的规定，其构成要件如下：

（1）请求权人为物权人

王某在 2018 年 11 月～2019 年 4 月均为案涉租赁房屋的所有权人，该要件满足。

（2）被请求人是物的占有人

张某为案涉租赁房屋的直接占有人，该要件满足。

（3）被请求人无占有权源

张某与王某之间不存在任何法律关系，已如前述，该要件满足。

（4）是否存在权利阻却抗辩

如前所述，类推适用《合同法》第 80 条第 1 款，王某要受租赁关系的限制，产生法定契约地位承受的效果，因此，王某基于《物权法》第 34 条享有的物权返还请求权未产生。

因此，王某基于《物权法》第 34 条享有的物权返还请求权不成立。

2. 由于请求权未成立，无需检视请求权是否消灭、可行使

综上，王某不得依据《物权法》第 34 条，请求张某返还案涉租赁房屋的占有。

（五）《民法总则》第 122 条的不当得利返还请求权

对于不当得利返还请求权，通说认为应当根据"无法律上原因"类型的不同，采取给付型不当得利和非给付型不当得利相区分的"非统一说"。后者包括权益侵害型不当得利、支出费用型不当得利以及求偿型不当得利。[1] 由于给付是有意识的、有目的地增加他人财产,[2] 受领"给付"之所得不可能同时以"其他"方式取得，因而给付关系排除非给付不当得利。对于给付型不当得利的检视优于非给付型不当得利，即仅在相对人的得利并非基于"给付"所得时，才考

---

〔1〕 参见王泽鉴:《不当得利》，北京大学出版社 2015 年版，第 38 页。
〔2〕 参见王泽鉴:《不当得利》，北京大学出版社 2015 年版，第 55 页。

虑非给付不当得利。而且，只要存在给付关系，无论是否成立非给付不当得利，均得排除非给付不当得利。[1]理论上认为，占有并非权利，仅是一种单纯的事实状态。占有受法律保护，属于一种利益，所以无法律上的原因而侵夺他人之占有者，应构成不当得利，有权占有人可请求无权占有人返还占有。[2]因此，问题的关键便在于，张某对案涉租赁房屋的占有是否具有法律上的原因。

如前所述，根据《合同法》第80条第1款的类推适用，王某在实际法律效果上要受租赁关系的约束，因此，对于王某而言，张某对租赁房屋的占有、使用和收益具有法律上的原因。因此，王某不得基于《民法总则》第122条请求张某返还案涉租赁房屋的占有。

（六）《侵权责任法》第6条第1款、第15条第5项的返还请求权

《侵权责任法》第15条第5项规定了"恢复原状"的责任承担方式，根据"恢复原状"的文义，其可以包括被侵权人未被侵害时所处的事实状态。在此之前，需要讨论占有是否为《侵权责任法》所保护的法益：

1. 占有是否为侵权责任法所保护的法益？

我国《侵权责任法》第2条采取了"民事权益"这一描述，不仅包括绝对权，也包括非属于权利的利益。理论上有观点认为，占有虽然并非绝对权，但占有因一项占有权而获强化时，在一般侵权条款的意义上，占有可至少视为一项绝对权。[3]在我国台湾地区和德国法上，由于小侵权责任条款的设置，会有请求权基础的争议，即属于权益侵害型还是违反法律保护型。本文认为，张某基于类推适用《合同法》第80条第1款，对王某享有承租人的地位，"租赁债权＋占有"可强化其债权性质，可将其归入侵权权利的狭义侵权类型。因此，其构成要件应为狭义侵权的构造。

2. 侵权责任是否成立

判断侵权责任是否成立，需要满足以下要件：

（1）行为

张某为案涉租赁房屋的直接占有人，该要件满足。

---

〔1〕 吴香香："多级转租房屋之占有返还"，载《中德私法研究》第14卷。

〔2〕 王泽鉴：《民法学说与判例研究》（重排合订本），北京大学出版社2015年版，第544页。

〔3〕 〔德〕鲍尔、施蒂尔纳：《德国物权法》（上册），张双根译，法律出版社2004年版，第167页。

（2）占有被侵害

因张某对案涉租赁房屋的占有使用，使得王某无法对案涉租赁房屋具有事实上的管领力，侵害了王某的占有，该要件满足。

（3）因果关系显然具备，无需检视

（4）主观上有过错

过错包括故意和过失。本案中，张某未经出租人江河公司通知，无从得知案涉租赁物已经易主，且续签租赁合同时，不具有调查房屋所有权登记状况的义务，无法预见侵害了王某的占有，不具有可预见性和结果避免可能性。因此，张某不满足过错要件。

3. 由于请求权未成立，无需检视请求权是否消灭、可行使

因此，王某不得基于《侵权责任法》第 6 条第 1 款、第 15 条第 5 项，请求张某返还占有。

三、王某可否请求江河公司返还 2018 年 11 月~2019 年 4 月的租金

（一）请求权基础预选

王某或可依据《物权法》第 243 条前半句的孳息返还请求权、《民法总则》第 122 条的权益侵害型不当得利返还请求权以及《侵权责任法》第 6 条第 1 款结合第 15 条第 1 款第 6 项，请求获得以 2018 年 11 月~2019 年 4 月租金为内容的损害赔偿。

（二）《物权法》第 243 条前半句的孳息返还请求权

1. 请求权是否成立

如若该请求权成立，需要满足以下要件：

（1）请求权人为权利人

王某为案涉租赁物的所有权人，该要件满足。

（2）相对人为无权占有人

1）江河公司是该租赁物的间接占有人

所谓间接占有，是指自己不直接占有物，只是基于一定的法律关系对于直接占有其物之人有返还请求权，因而对物有间接管领力。[1]成立间接占有，需要满

---

〔1〕 参见王泽鉴：《民法物权》，北京大学出版社 2010 年版，第 433 页。

足以下三个要件：占有媒介关系、他主占有的意思和返还请求权。本案中，该租赁物的直接占有人为张某，江河公司通过与张某之间的租赁关系这一媒介关系，对张某享有返还请求权（《合同法》第 235 条），该要件满足。

2）江河公司相对于王某为无权占有

江河公司对租赁房屋不享有任何权利，因此，江河公司的间接占有不存在占有本权，该要件显然满足。

（3）占有人取得孳息

本案中，江河公司在 2018 年 11 月～2019 年 4 月收取的租金是法定孳息，该要件满足。

因此，请求权成立。

2. 请求权未消灭、可行使

综上，王某可依据《物权法》第 243 条前半句请求江河公司返还 2018 年 11 月～2019 年 4 月的租金。

（三）《民法总则》第 122 条的不当得利返还请求

本案中，由于王某和江河公司之间不存在给付关系，因此有必要检视的请求权是权益侵害型不当得利请求权。

1. 请求权是否成立

该请求权成立，需要满足以下要件：

（1）受有利益

对于出租他人之物取得租金，无权占有他人之物时，其所受的"利益"究竟为"占有使用"本身，抑或为"相当于租金的利益"，王泽鉴先生认为此虽有争论，但应以"占有使用"本身为所受的利益。[1]但是依照其性质不能返还原物的，应偿还其价额。因此，对于江河公司而言，其所获得的利益应为相当于租金的利益。

（2）因侵害他人权益（非给付）而受利益，致他人受损害

对物的占有、使用、处分为所有权的归属内容，因此，占有、使用或无权处分他人之物时，即构成侵害权益而受利益。因此，江河公司收取的租金作为法定

---

〔1〕 参见王泽鉴：《不当得利》，北京大学出版社 2015 年版，第 142 页。

孳息，本应归属于所有权人王某，现被江河公司取得，构成侵害王某的权益。

（3）无法律上的原因

侵害应归属于他人的权益内容而受有利益，致他人受损害（直接性），欠缺保有该项利益的正当性（契约关系或法律依据），应构成无法律上的原因。[1]本案中，该要件显然满足。

（4）小结

权益侵害型不当得利请求权成立。

2. 请求权未消灭、可行使

综上，王某可依据《民法总则》第 122 条请求江河公司返还 2018 年 11 月～2019 年 4 月的租金。

（四）《侵权责任法》第 6 条第 1 款、第 15 条第 1 款第 6 项的损害赔偿请求权

如前所述，《侵权责任法》第 6 条第 1 款是过错侵权责任的一般条款，在采取侵权法法益"权利"和"利益"相区分的体例下，可将该一般条款细化为三个小概括条款：狭义侵权、违法侵权和故意背俗侵权。本案中，王某请求的是租金损失，非为绝对权受侵害而产生的财产损害，属于纯粹经济损失。基于此，应适用故意背俗侵权损害赔偿的请求权检索。

1. 侵权责任是否成立

（1）损害：纯粹经济损失

张某于 2018 年 11 月～2019 年 4 月占有、使用案涉租赁房屋，妨碍了所有权的占有权能，但所有权人王某却没有因此收到对应租金，因此，可以认为王某遭受了 2018 年 11 月～2019 年 4 月的租金损失，该要件满足。

（2）违反善良风俗

本案中，江河公司明知自己对案涉租赁房屋没有所有权，仍与张某签订租赁合同，收取租金，不符合一般社会交往参加者在成立租赁关系时的合理预期。因此，江河公司无权出租他人之物的行为，违背了善良风俗，该要件满足。

---

〔1〕 参见王泽鉴：《不当得利》，北京大学出版社 2015 年版，第 144 页。

（3）主观为故意

该要件显然满足，无需检视。

2. 侵权责任范围

本案中，侵权责任的范围应为王某 2018 年 11 月~2019 年 4 月的租金损失。

3. 侵权损害赔偿请求权未消灭、可行使，无需检视

综上，王某可依据《侵权责任法》第 6 条第 1 款、第 15 条第 1 款 6 项，请求江河公司赔偿 2018 年 11 月~2019 年 4 月的租金。

四、结论

王某可择一行使孳息返还请求权、不当得利返还请求权及侵权损害赔偿请求权，请求江河公司返还 2018 年 11 月~2019 年 4 月的租金。

第三部分　湖海银行可以主张的权利

湖海银行的主要诉请有二：请求张某针对房屋的占有、使用、收益支付相应的租金；请求无权收取租金的江河公司返还其相应的租金。以下将一一检视其诉请可否得到支持。

一、湖海银行可否请求张某支付 2012 年 12 月 26 日~2018 年 11 月的租金

已如前述，通过类推适用《合同法》第 80 条第 1 款，湖海银行不得请求返还 2012 年 12 月 26 日~2012 年 12 月 31 日的租金，只能请求返还 2013 年~2018 年 11 月的租金。湖海银行对张某具有法定契约地位承受的出租人地位。

根据《合同法》第 174 条、第 155 条，江河公司对湖海银行负有权利瑕疵担保责任，但由于湖海银行明知张某的租赁权的存在，湖海银行不能请求江河公司承担权利瑕疵担保责任。湖海银行并非租赁物的权利人，不能基于《物权法》第 243 条前半句的孳息返还请求权，请求直接占有人张某返还租金损失。除此之外，因为张某续签租赁合同时，对房屋的所有权登记状况不负有调查义务，且对租赁物所有权人变更之事并不知情，故湖海银行也无法依据侵权请求权主张赔

偿。对于王某而言，张某对租赁房屋的占有、使用和收益具有法律上的原因，不得基于《民法总则》第122条请求张某返还案涉租赁房屋的占有。

因此，湖海银行不得请求张某返还2012年12月26日~2018年11月的租金。

二、湖海银行可否请求江河公司返还2012年12月26日~2018年11月的租金

（一）《物权法》第243条前半句的孳息返还请求权

1. 请求权是否成立

如若该请求权成立，需要满足以下要件：

（1）请求权人为权利人

在2012年12月26日~2018年11月，湖海银行为案涉标的物的所有权人，该要件满足。

（2）相对人为无权占有人

本案中江河公司通过与张某之间的租赁关系这一媒介关系，对张某享有返还请求权，是该租赁物的间接占有人，且江河公司对于租赁物无权占有。

（3）占有人取得孳息

本案中，江河公司收取的2012年12月26日~2018年11月的租金是法定孳息，该要件满足。

因此，孳息返还请求权成立。

2. 请求权未消灭，可行使，无需检视

综上，湖海银行可依据《物权法》第243条前半句请求江河公司返还2012年12月26日~2018年11月的租金。

（二）《民法总则》第122条的不当得利返还请求权

本案中，由于湖海银行与江河公司之间不存在给付关系，因此有必要检视的请求权是权益侵害型不当得利请求权。

1. 权益侵害型不当得利请求权是否成立

该请求权成立，需要满足以下要件：

（1）受有利益

对于江河公司而言，其所获得的利益应为相当于2012年12月26日～2018

年 11 月的租金的利益。

（2）因侵害他人权益（非给付）而受利益，致他人受损害，且无法律上的原因，该要件显然满足，无需检视

因此，权益侵害型不当得利请求权成立。

2. 请求权未消灭，可行使，无需检视

综上，湖海银行可依据《民法总则》第 122 条请求江河公司返还 2012 年 12 月 26 日~2018 年 11 月的租金。

（三）《侵权责任法》第 6 条第 1 款、第 15 条第 1 款第 6 项的损害赔偿请求权

本案中，湖海银行请求的是租金损失，非为绝对权受侵害而产生的财产损害，属于纯粹经济损失。基于此，应适用故意背俗侵权损害赔偿的请求权检索。

1. 侵权责任是否成立

（1）损害：纯粹经济损失

张某于 2012 年 12 月 26 日~2018 年 11 月占有、使用案涉租赁房屋，妨碍了所有权的占有权能，但所有权人湖海银行却没有因此收到对应租金，因此，可以认为湖海银行遭受了该期间的租金损失，该要件满足。

（2）违反善良风俗

本案中，江河公司明知自己对案涉租赁房屋没有所有权，仍与张某签订租赁合同，收取租金，不符合一般社会交往参加者在成立租赁关系时的合理预期。因此，江河公司无权出租他人之物的行为，违背了善良风俗，该要件满足。

（3）行为人主观为故意

根据《合同法》第 230 条，江河公司在 2012 年 12 月 26 日，将案涉租赁房屋通过以房抵债协议抵偿给湖海银行时，仍与张某订立租赁合同，收取租金，侵害了湖海银行对案涉租赁房屋所有权的实现，主观上为故意，至为显然。因此，该要件满足。

（4）是否存在权利阻却事由

本案中亦不存在违法阻却事由，该要件满足。

2. 侵权责任范围

本案中，侵权责任的范围应为湖海银行 2012 年 12 月 26 日~2018 年 11 月的租金损失。

3. 侵权损害赔偿请求权未消灭、可行使，无需检视

因此，湖海银行可依据《侵权责任法》第 6 条第 1 款、第 15 条第 1 款 6 项，请求江河公司赔偿租金。

三、结论

湖海银行可择一行使孳息返还请求权、不当得利返还请求权以及侵权损害赔偿请求权，请求江河公司返还 2012 年 12 月 26 日~2018 年 11 月的租金。

第四部分　以《民法典》为解题依据的规范基础及论证思路

一、张某可以主张的权利

或可依据《民法典》第 598 条、第 726 条请求江河公司或湖海银行向其移转系争门面房所有权。或可依据《民法典》第 723 条第 1 款；《民法典》第 577 条、598 条、708 条；《民法典》第 1165 条第 1 款、第 179 条第 1 款第 8 项赔偿损失。或可依据《民法典》第 566 条第 1 款、第 563 条第 1 款第 5 项、第 730 条；或可《民法典》第 157 条请求江河公司返还租金。

二、王某可以主张的权利

或可依据《民法典》第 612 条请求湖海银行承担权利瑕疵担保责任。

或可依据《民法典》第 460 条前半句；《民法典》第 235 条；《民法典》第 122 条；《民法典》第 1165 条第 1 款请求张某返还占有。

或可依据《民法典》第 460 条前半句；《民法典》第 122 条；《民法典》第 1165 条第 1 款、《民法典》第 179 条第 1 款第 5 项请求江河公司返还 2018 年 11 月~2019 年 4 月的租金。

三、湖海银行可以主张的权利

或可依据《民法典》第 122 条；或《民法典》第 460 条前半句；或《民法典》第 1165 条第 1 款、《民法典》第 179 条第 1 款第 8 项请求张某支付 2013 年 ~2018 年 11 月的租金。

首届全国鉴定式案例研习大赛第三名作品

高济民

（华东师范大学 2020 级硕士研究生）

解题大纲

一、张某得主张的权利

（一）请求权基础预选

（二）张某对江河公司的转移房屋所有权的请求权

1. 请求权是否成立

（1）成立有效的买卖合同

1）优先购买权是否成立

①出租人是否已经与他人订立买卖合同

②买卖合同是否有无效、被撤销或确定不发生效力的情形

2）优先购买权是否行使

3）优先购买权是否可以行使

①是否作出相反约定

②是否有善意第三人购买租赁房屋并已经办理登记手续（《城镇房屋租赁合同司法解释》第 24 条第 4 项）

③是否超出行使期限

a. 主观期间

b. 客观期间

④是否有其他抗辩事由（《城镇房屋租赁合同司法解释》第 24 条第 1 项和第 2 项）

（2）买卖合同是否无效、被撤销或确定发生效力

2. 请求权是否未消灭且可行使

3. 中间结论

（三）张某对湖海银行的转移房屋所有权请求权

1. 请求权是否成立

（1）是否成立有效的买卖合同

1）优先购买权是否成立（《合同法》第 230 条）

①出租人是否已经与他人订立关于租赁房屋的买卖合同

a. 湖海银行是否为出租人

b. 是否类推适用《合同法》第 230 条

②买卖合同是否有无效、被撤销或确定不发生效力的情形

2）优先购买权是否行使

3）优先购买权是否可以行使

（2）买卖合同是否无效、被撤销或确定发生效力

2. 请求权是否未消灭且可行使

3. 中间结论

（四）张某基于违反通知义务对江河公司的违约损害赔偿请求权

1. 请求权基础的再选择

（1）侵权损害赔偿请求权

（2）违约损害赔偿请求权

（3）违约责任与侵权责任的法条竞合

2. 请求权是否成立

（1）是否有违约行为

（2）是否有损害

（3）是否有因果关系

1）责任成立因果关系

2）责任范围因果关系

3. 请求权是否未消灭且可行使

4. 中间结论

（五）张某对江河公司的缔约过失损害赔偿请求权（《合同法》第42条第2项第1种情形）

1. 请求权是否成立

（1）是否有先合同义务违反

（2）是否可归责

（3）是否有损害

2. 请求权是否未消灭且可行使

3. 中间结论

（六）张某对江河公司的租金返还请求权（《合同法》第97条后段）

1. 请求权是否成立

（1）是否享有解除权

（2）是否行使解除权

（3）是否有排除事由

2. 请求权是否未消灭且可行使

3. 中间结论

（七）张某对江河公司的租金不当得利返还请求权（《民法总则》第122条）

1. 请求权是否成立

（1）是否受有利益

（2）是否因给付而受有利益

（3）是否有法律上的原因

1）是否成立租赁合同

2）是否可基于重大误解撤销租赁合同（《民法总则》第147条）

2. 请求权是否未消灭且可行使

3. 中间结论

（八）结论

二、王某得主张的权利

（一）请求权基础预选

（二）王某得向张某主张所有物返还请求权

1. 请求权是否成立

（1）请求权人是否为所有权人

（2）被请求人是否为无权占有人

1）张某是否因与王某之间存在租赁合同而取得有权占有？

2）张某是否因与江河公司之间存在租赁合同而基于《合同法》第229条取得有权占有？

3）张某是否因与江河公司之间存在租赁合同而基于占有连锁取得有权占有？

2. 请求权是否未消灭且可行使

3. 中间结论

（三）王某对张某的使用收益返还请求权

1. 请求权是否成立

（1）《物权法》第243条前段与使用利益的返还

（2）《物权法》第243条前段立法政策的检讨与补救

2. 请求权是否未消灭且可行使

3. 中间结论

（四）王某对江河公司的使用收益返还请求权

1. 请求权是否成立

2. 请求权是否未消灭且可行使

3. 中间结论

（五）结论

三、湖海银行得主张的权利

（一）请求权基础预选

（二）湖海银行对江河公司的使用收益返还请求权

1. 请求权是否成立

2. 请求权是否未消灭且可行使

3. 中间结论

（三）湖海银行对张某的使用收益返还请求权

1. 请求权是否成立

（1）张某是否构成无权占有

（2）湖海银行是否应享有孳息

（3）张某的善意

2. 请求权是否未消灭且可行使

（1）是否存在时效抗辩

（2）是否有对《合同法》第80条第1款的类推适用

3. 中间结论

（四）结论

四、适用《民法典》可能导致的论证思路变化

（一）关于张某《合同法》第230条之优先购买权的行使效果

（二）关于《物权法》第243条前段"孳息"的目的性限缩解释

一、张某得主张的权利

（一）请求权基础预选

第一，根据案情，张某的第一个主张是行使优先购买权（《合同法》第230条）。根据形成权说，[1]张某与江河公司之间、与湖海银行之间均可能形成买卖合同法律关系，故张某可能请求江河公司转移涉案房产的所有权，也可能请求湖海银行转移所有权。其请求权基础是《合同法》第135条。

---

[1] 参见崔建远、韩世远、于敏：《债法》，清华大学出版社2010年版，第468页；朱晓喆："论房屋承租人先买权的对抗力与损害赔偿——基于德国民法的比较视角"，载《中德私法研究》第9卷；常鹏翱："论优先购买权的法律效力"，载《中外法学》2016年第2期。德国通说也是如此，参见［德］迪特尔·梅迪库斯：《德国债法分论》，杜景林、卢谌译，法律出版社2007年版，第128页。一些司法实务观点认为承租人优先购买权是强制缔约请求权，参见关丽："最高人民法院《关于审理房屋租赁合同纠纷案件具体应用法律若干问题的解释》涉及的若干问题解析"，载《法律适用》2009年第10期。

第二，江河公司以房产抵偿债务时，未通知张某，可能侵害张某的优先购买权，故张某可能享有损害赔偿请求权。该请求权的规范基础存在争议，本文认为应当是《合同法》第107条。

第三，张某可能基于《合同法》第107条对江河公司享有关于租赁合同履行利益的损害赔偿请求权。

第四，张某可能得根据《合同法》第42条第2项向江河公司主张缔约过失损害赔偿请求权。

第五，江河公司违反2013年租赁合同，张某可能享有解除权。对于合同的解除效果，学说上存在直接效力说、间接效力说、清算关系说等争议。[1] 本文暂时采纳直接效力说和物权行为无因性，故张某的返还请求权为不当得利返还请求权，但由于其规范目的是恢复原状，返还内容不受现存利益的影响，[2]所以请求权基础是《合同法》第97条后段。

第六，张某可能请求江河公司返还2012年12月26日以后收取的租金。本案中，张某就价金返还可能涉及的请求权是不当得利返还请求权，其请求权基础是《民法总则》第122条。

（二）张某对江河公司的转移房屋所有权的请求权

假设张某可能根据《合同法》第135条向江河公司请求转移房屋的所有权。

1. 请求权是否成立

（1）成立有效的买卖合同

该请求权的成立以存在有效的买卖合同为前提。本案中，该房屋买卖合同的成立方式为承租人张某行使优先购买权（《合同法》第230条）。故须分析张某的优先购买权是否成立、是否可行使和是否已经主张。

1）优先购买权是否成立

根据《合同法》第230条的文义，优先购买权的成立条件是出租人出卖租赁房屋。出租人的通知义务并非成立条件，而是为了告知承租人转让条件等事项，并让承租人决定是否行使优先购买权。

---

〔1〕 参见崔建远："解除效果折衷说之评论"，载《法学研究》2012年第2期；王洪亮：《债法总论》，北京大学出版社2016年版，第358页以下；韩世远：《合同法总论》，法律出版社2018年版，第672页以下。

〔2〕 参见王洪亮：《债法总论》，北京大学出版社2016年版，第361页。

①出租人是否已经与他人订立买卖合同

第一，必须是已经成立买卖合同。如果他人仅仅是表示购买意向，并不能作为发生优先购买权的前提，因为购买意向不具有确定性。[1]根据案情，在执行和解时，江河公司为出租人。本案中的门面房也属于《合同法》第230条之"房屋"。

第二，江河公司以房屋所有权抵偿价款债务是否属于本项构成要件的"出卖"，应当考虑对价性。其一，在有限责任公司股东优先权（《公司法》第71条第3款）和按份共有人优先权（《物权法》第101条）中，法律条文使用"购买"一词。从优先购买权的一般性规则出发，这里的"出卖""购买"应统一理解为有偿转让。[2]只有有偿转让才有可参考的价格，进而才能告知承租人"同等条件"。其二，所确定的对价应当是市场价格。《城镇房屋租赁合同司法解释》第21条认为，出租人与抵押权人协议折价、变卖租赁房屋偿还债务时，承租人有优先购买权，因为折价和变卖都属按照市场价格实现担保物的交换价值。[3]本案中，出租人实质是以房屋所有权作为贷款债务的对价，可以确定同等条件，应当适用《合同法》第230条。

②买卖合同是否有无效、被撤销或确定不发生效力的情形

本案中不存在该情形。

2）优先购买权是否已经行使

优先购买权的行使需要承租人对出租人作出单方意思表示，并主张同等条件。本案中，2019年4月25日，张某主张行使优先购买权。以下以张某主张同等条件为前提继续展开分析。

3）优先购买权是否可以行使

①是否作出相反约定

承租人优先购买权（《合同法》第230条）、按份共有人优先购买权（《物权法》第101条）均未涉及优先购买权是否能被当事人之间的约定排除。优先购买权通常是法律基于特殊理由给予权利人的优待，也应当允许当事人放弃这种优

〔1〕 参见常鹏翱："论优先购买权的行使要件"，载《当代法学》2013年第6期。

〔2〕 参见常鹏翱："论优先购买权的行使要件"，载《当代法学》2013年第6期；戴孟勇："论按份共有人优先购买权的行使规则"，载《法学杂志》2020年第9期。

〔3〕 参见最高人民法院民事审判第一庭编著：《关于审理城镇房屋租赁合同纠纷案件司法解释的理解与适用》，人民法院出版社2009年版，第299页。

待。根据案情，当事人没有此种约定。

②是否有善意第三人购买租赁房屋并已经办理登记手续（《城镇房屋租赁合同司法解释》第 24 条第 4 项）

《城镇房屋租赁合同司法解释》第 24 条第 4 项规定，第三人善意购买租赁房屋并已经办理登记手续的，承租人不得主张优先购买权。司法解释起草者参考了善意取得制度，认为"根据'举重以明轻'的民法解释原则，在第三人善意购买出租房屋，并办理了登记手续的情形下，可以对抗承租人优先购买房屋的主张"。[1]

本文认为，《城镇房屋租赁合同司法解释》第 24 条第 4 项值得商榷。根本原因在于司法解释的制定者错误理解了善意取得的效果。善意取得的所谓"无负担取得所有权"是指无物上负担，原则上只有物上负担才能限制所有人。债的负担虽然存在限制所有人的情形（如《合同法》第 229 条），但转移标的物所有权合同的债权人不能取得第三人之物，而这就是本条所处理的案型。只要承认承租人优先购买权具有债权性，除非有特殊法政策考虑，其就不可能改变已登记的买受人终局地取得房屋所有权的事实。

所以，本条无反面解释的必要，张某不能行使优先购买权。

③是否超出行使期限

优先购买权是形成权，可依据权利人单方意思表示变更相对人的法律地位，如果不设置权利行使期限就会使相对人的法律地位陷入不稳定的状态。《合同法》第 230 条未规定优先购买权的除斥期间，《城镇房屋租赁合同司法解释》第 24 条第 3 项填补《合同法》之漏洞，规定出租人履行通知义务后，承租人在 15 日内未明确表示购买的，承租人不得主张优先购买权。但其仍存留漏洞，即出租人没有通知时的行使期间。

a. 主观期间

出租人未通知情形下，承租人知道优先购买权的发生事由时，行使优先购买权的主观期间应当如何处理？首先，由于承租人只有知道购买条件后才会考虑是否行使优先购买权，所以还需承租人知道同等条件才能起算主观期间。其次，转让人通

---

〔1〕 最高人民法院民事审判第一庭编著：《关于审理城镇房屋租赁合同纠纷案件司法解释的理解与适用》，人民法院出版社 2009 年版，第 327 页。

知的情形，与转让人未通知时优先购买权人知道的情形没有差别，优先购买权人都应当及时行使权利。所以，出租人未履行通知义务时，承租人行使优先购买权的主观期间应当类推适用《城镇房屋租赁合同司法解释》第 24 条第 3 项。

本案中，从张某知道所有权变更之日起到主张优先购买权，期间经过 17 日。但是张某在 4 月 8 日并不知道出卖的同等条件，而 17 日与 15 日相差无几，考虑张某探知同等条件需要时间，应当认为其行使优先购买权没有超出主观期间。

b. 客观期间

根据起算方式的不同，诉讼时效可以分为主观期间和客观期间。[1]理论上，除斥期间也应有此分类。问题是，承租人优先购买权是否有客观除斥期间？能否类推前二者情形？[2]

本文认为，承租人优先购买权没有客观除斥期间，理由有二。形式上的理由是，严格遵循《民法总则》第 199 条第 1 句的文义，似乎只有法律另有规定时，除斥期间才有客观期间。即便接受司法解释作为法源，参照《民法总则》第 199 条第 1 句之"法律另有规定"，司法解释也没有规定承租人优先购买权的客观除斥期间。《民法典》在按份共有人优先购买权情形（第 306 条第 1 款第 2 句）和承租人优先购买权情形（第 726 条第 2 款）也只规定了主观期间，故在以《民法典》第 199 条为中心的除斥期间规范体系下，第 152 条恰好属于"法律另有规定"的范畴，在此范畴之外似乎都没有类推适用的余地。

更实质的理由在于，承租人优先购买权无法类推其他形成权的除斥期间（主要是《民法总则》第 152 条第 2 款）。除斥期间的规范目的在于维护继续存在的法秩序。[3]优先购买权是形成权，当权利人知道同等条件而不在主观期间内行使，消灭其权利符合除斥期间的规范目的。表意人因意思表示瑕疵而享有撤销权时，表意人未必知道撤销权发生（此时不可期待相对人通知表意人），若客观除斥期间经过，撤销权消灭（《民法总则》第 152 条第 2 款），除斥期间的规范目的也能实现，表意人的救济可能寻求其他途径，如缔约过失责任（《合同法》第 42 条）。但在承租人优先购买权情形下，如果存在客观除斥期间，当出租人不履

---

〔1〕 参见朱庆育：《民法总论》，北京大学出版社 2016 年版，第 552 页。
〔2〕 肯定的观点，参见戴孟勇："论按份共有人优先购买权的行使规则"，载《法学杂志》2020 年第 9 期。
〔3〕 参见王泽鉴：《民法总则》，北京大学出版社 2009 年版，第 494 页。

行通知义务时，虽然该权利因客观除斥期间经过而消灭，但这可归责于出租人的义务违反，[1] 所以承租人仍然可以主张基于违反通知义务的损害赔偿请求权（《合同法》第 107 条）。这虽然与"保障承租人的居住利益、避免其被驱逐"的法政策有所差距，但仍然在优待承租人的范畴之中。相比之下，出租人虽享有处分自由，但仍面临损害赔偿之诉讼，麻烦缠身。法律设定客观除斥期间，并未实现规范目的，因为承租人原则上不可能知晓出租人与买受人交易的同等条件，其有赖于出租人履行通知义务来知悉行使优先购买权的内容，出租人的通知义务被承租人优先购买权单向绑定。

在本案中，2019 年 4 月 8 日王某向张某主张权利，要求其搬离，张某才知悉租赁房屋所有权已经变动的事实，距离房屋所有权转移（2012 年 12 月 28 日）已经过去 6 年多，但由于承租人优先购买权没有客观除斥期间，张某的优先购买权不因期间经过而消灭。

④是否有其他抗辩事由（《城镇房屋租赁合同司法解释》第 24 条第 1 项和第 2 项）

本要件不必再检视。

（2）买卖合同是否无效、被撤销或确定发生效力

本要件不必再检视。

2. 请求权是否未消灭且可行使

本要件不必再检视。

3. 中间结论

张某不能根据《合同法》第 135 条向江河公司请求转移房屋的所有权。

（三）张某对湖海银行的转移房屋所有权请求权

假设张某能根据《合同法》第 135 条向湖海银行请求转移房屋的所有权。

1. 请求权是否成立

（1）是否成立有效的买卖合同

1）优先购买权是否成立（《合同法》第 230 条）

---

[1] 虽然表意人出现意思表示瑕疵往往可归责于相对人，但撤销权的消灭却与相对人无关，因为不可期待相对人通知表意人有意思表示瑕疵，法律也未规定此种义务。撤销权的消灭只是因为法律为平衡双方利益而作出的价值判断，即维护法律秩序的稳定性。

①出租人是否已经与他人订立关于租赁房屋的买卖合同

a. 湖海银行是否为出租人

在本案中，房屋存在两次物权变动，第一次是在江河公司与湖海银行之间，第二次在湖海银行与王某之间。但第一次物权变动发生"买卖不破租赁"之效果（《合同法》第229条）。"买卖不破租赁"的构造存在争议：学界少数说和最高人民法院认为应采取"有权占有说"，[1]学界多数观点认为应采取"法定的契约承担说"。[2]

由于学说多采取"法定的契约承担说"，而且《城镇房屋租赁合同司法解释》第20条第1句也存在该说的解释空间，故本文也基于该说对第一次物权变动时的法律关系进行分析。根据该说，自2012年12月26日到同年年底，湖海银行与张某之间存在租赁合同关系。真正的问题是，自2013年伊始，该租赁合同已经期限届满而终止，张某继续占有、使用房屋，但湖海银行没有提出异议，此时是否因适用《合同法》第236条而成立不定期租赁关系？关键是如何理解《合同法》第236条所谓"续租"。一般认为，"续租"为租赁合同的法定默示更新。[3]这是否认为租赁合同的默示更新无须考虑当事人的意思？本文认为，合同订立属于当事人意思自治的范畴，这里存在要约承诺的缔结过程：承租人继续使用租赁物应为原租赁合同展期的默示意思表示，出租人未表示异议应为《合同法》第236条将沉默拟制为承诺的意思表示。[4]

在本案中，张某是否向湖海银行"发出"了展期的意思表示存在疑义。因为张某始终认为出租人是江河公司，而不知道湖海银行的存在，也就不可能以湖海银行为受领人"发出"展期的意思表示，就不可能成立合同，所以张某与湖海银行之间没有成立租赁合同。所以，湖海银行在出卖房屋时不是出租人。

---

〔1〕 参见黄凤龙："'买卖不破租赁'与承租人保护——以对《合同法》第229条的理解为中心"，载《中外法学》2013年第3期。

〔2〕 参见朱庆育："'买卖不破租赁'的正当性"，载《中德私法研究》第1卷；王利明："论'买卖不破租赁'"，载《中州学刊》2013年第9期；周江洪："买卖不破租赁规则的法律效果——以契约地位承受模式为前提"，载《法学研究》，2014年第5期；崔建远《合同法》，北京大学出版社2016年版，第530页。

〔3〕 参见黄立主编：《民法债编各论》（上），元照出版有限公司2004年版，第476页。

〔4〕 参见朱庆育：《民法总论》，北京大学出版社2016年版，第195页。

b. 是否类推适用《合同法》第 230 条

虽然湖海银行与王某订立了买卖合同，但并不构成出租人与他人订立关于租赁房屋的买卖合同，所以自《合同法》第 230 条文义而言，张某不能享有优先购买权。根据《合同法》保护承租人利益的规范目的，似乎出租人非所有人且所有人出卖房屋的情形下，承租人也应有同等对待。但是第 230 条之通知义务的前提是出租人（作为所有人）知道承租人的存在，在无权出租时，所有人不知道承租人，不能强求其通知承租人，无权出租人也未必知道所有权移转，也未必能履行通知义务。而在本案中，江河公司是无权出租人，湖海银行虽然对张某的占有是表示沉默的行为，但也未必知道江河公司在 2013 年又与张某订立租赁合同。所以不应类推适用《合同法》第 230 条。

综上，该优先购买权不成立，张某与湖海银行之间不会形成买卖合同，也就没有转移房屋所有权的请求权。

②买卖合同是否有无效、被撤销或确定不发生效力的情形

本要件不必再检视。

2）优先购买权是否行使

本要件不必再检视。

3）优先购买权是否可以行使

本要件不必再检视。

（2）买卖合同是否无效、被撤销或确定发生效力

本要件不必再检视。

2. 请求权是否未消灭且可行使

张某未与湖海银行成立买卖合同，没有该请求权，故本要件不必再检视。

3. 中间结论

张某不能根据《合同法》第 135 条向湖海银行请求转移房屋的所有权。

（四）张某基于违反通知义务对江河公司的违约损害赔偿请求权

1. 请求权基础的再选择

（1）侵权损害赔偿请求权

有观点认为，出租人没有履行通知义务，导致承租人无法行使其优先购买

权，应构成一般侵权行为（《侵权责任法》第6条第1款）。[1]

（2）违约损害赔偿请求权

违反通知义务的行为有两个特殊点。其一，在绝对权与相对权的区分下，优先购买权作为形成权属于相对权。[2]其二，加害人是租赁合同关系的相对人。理论上，对相对权的侵害既可能来自权利的相对人，也可能来自无关的第三人。形成权作为相对权通常不能被第三人侵害，在此种情形下不属于一般侵权行为的客体。[3]违反通知义务时，需要考虑的是相对人侵害情形，因为通知义务的法定义务主体为出租人（《合同法》第230条），这意味着通知义务还属于租赁合同关系的义务群，[4]从此角度看，该法定义务的违反应当构成违约行为。

（3）违约责任与侵权责任的法条竞合

我国侵权法原则上不保护债权，仅例外保护受第三人故意侵害的债权，这样处理的理由主要在于债权的不公开性。[5]所以，当债务人违反合同义务而侵害债权人人身权、所有权等固有权益时，发生违约责任与侵权责任的竞合，当事人得选择其一主张（《合同法》第122条），即请求权自由竞合。而债务人违反合同义务而侵害债权的行为应由合同法调整，即法条竞合。[6]后一情形如果仍采取请求权自由竞合说，合同法将被侵权法所吞噬。前述规则也应适用于其他相对权（除非法律另有规定）。故形成权因相对人违反债法上的义务而被侵害时，应先适用违约责任。

在本案中，应当假设张某得基于《合同法》第107条向江河公司主张因后者违反通知义务而产生的损害赔偿请求权。[7]

---

〔1〕 参见王丽莎："承租人优先购买权的损害赔偿研究"，载《河北法学》2010年第5期；宋良刚、范小平："承租人优先购买权之侵权赔偿问题的理论与实证研究"，载《法律适用》2014年第2期。

〔2〕 朱庆育：《民法总论》，北京大学出版社2016年版，第518页。也有观点认为优先购买权是债权请求权，参见王利明：《合同法研究》（第三卷），中国人民大学出版社2015年版，第326、327页。

〔3〕 王泽鉴：《民法总则》，北京大学出版社2009年版，第106页。

〔4〕 虽然通知义务的定性可能存在困难，但至少可以确定其不属于保护相对人固有利益的附随义务（保护义务）。对通知义务性质的分析，参见朱晓喆："论房屋承租人先买权的对抗力与损害赔偿——基于德国民法的比较视角"，载《中德私法研究》第9卷。

〔5〕 参见程啸：《侵权责任法》，法律出版社2015年版，第185页。

〔6〕 参见朱晓喆："论房屋承租人先买权的对抗力与损害赔偿——基于德国民法的比较视角"，载《中德私法研究》第9卷。

〔7〕 崔建远教授也认为，此时"出租人应承担合同法上责任"。参见崔建远：《合同法》，北京大学出版社2016年版，第519页。

2. 请求权是否成立

（1）是否有违约行为

如前所述，江河公司负有对张某的通知义务（《合同法》第 230 条），但该公司没有履行该义务，构成违约行为。

（2）是否有损害

若无法行使优先购买权，出租人与承租人之间无法成立此种买卖合同，进而承租人无法请求出租人提供买卖合同的履行利益。无法行使优先购买权与丧失以租赁物为标的的买卖合同的履行利益之间虽然存在逻辑，但没有相当因果关系，因为优先购买权的行使是买卖合同成立层面的问题，损害赔偿是买卖合同履行层面的问题，即导致损害发生的更近原因是出租人不履行转移所有权的义务。有学者认为，若承租人因出租人违反通知义务而主张损害赔偿，应解释为行使优先购买权并请求履行利益之损害赔偿，如果造成其他固有利益的损失也可同时请求。[1]也有观点主张应当赔偿买卖后房屋涨价导致的差价，[2]但这实质是主张买卖合同履行利益的损害赔偿，因为差价由购买替代物产生，而对购买替代物费用的赔偿是替代给付的损害赔偿，指向履行利益。[3]如果承租人的优先购买权仍在行使期间内，其可以主张优先购买权。本案中张某不能行使优先购买权，但障碍原因可归责于江河公司，故张某仍然可能存在租赁房屋买卖合同的履行利益损害。

此外，需要考虑是否因有违反通知义务而独立发生的损害。在出租人未履行通知义务时，所有权移转后，按照"法定的契约承担说"，承租人的法律地位没有变化，买受人成为出租人。尽管承租人无法行使优先购买权，但其对租赁物使用收益的权利仍获得了保护，未见有何种损害。所以，自逻辑上而言，违反通知义务并无独立的损害发生。但有学者认为，如果承租人（在租赁期间届满后）因买受人行使返还请求权而须离开房屋时，独立发生的损害应当包括：搬家费用、另行租赁费用、从无法使用房屋到可以使用新房屋期间无法经营的损失、其

〔1〕 参见朱晓喆："论房屋承租人先买权的对抗力与损害赔偿——基于德国民法的比较视角"，载《中德私法研究》第9卷。

〔2〕 参见黄承军："房屋优先购买权损害赔偿责任的性质"，载《人民法院报》2009年12月15日，第6版；李家军："论侵害先买权之法律救济"，载《法律适用》2016年第8期。

〔3〕 参见王洪亮：《债法总论》，北京大学出版社2016年版，第227页。

他不必要费用以及诉讼费用。[1] 在本案中，王某可以主张所有物返还请求权，[2] 张某确实面临前述损害且无法控制损害的发生，独立的损害应当被考虑，但是否与江河公司未履行通知义务存在因果关系，存在疑问。

（3）是否有因果关系

对因果关系的讨论一般采取二分法，即责任成立因果关系和责任范围因果关系，前者指行为与权益侵害之间的因果关系，后者指责任范围因果关系即权益侵害与损害之间的因果关系。[3] 作为损害赔偿请求权的构成要件之一，许多学者在论述因违反通知义务而侵害优先购买权的损害赔偿时，却均未讨论过其中的因果关系问题，只有个别学者意识到侵害优先购买权与主张买卖合同履行利益赔偿之间未必存在因果关系（参见前文关于履行利益的讨论）。以下根据因果关系二分法进行讨论。

1）责任成立因果关系

江河公司未履行通知义务的行为侵害了张某的优先购买权，责任成立因果关系成立。

2）责任范围因果关系

履行利益损害的因果关系链条的成立在于，如果张某被通知，其是否有意愿和能力购买房屋。由于此时承租人通常处于出租人所造成的不利境地，法政策上不妨对承租人采取宽容态度：承租人可以证明租赁物对他有重大利益、他在当时是否有能力或资金来源以购买房屋，如果得到肯定答案，就推定其有行使优先购买权的意愿。[4] 在第一次物权变动之时，张某已经使用房屋 2 年，积累了地缘关系，可以推断该房屋对其具有一定的利益。从案情中无法推断张某的购买能力，本文暂且以其具有购买能力为前提。

独立发生的损害是否具有因果关系，较为复杂。但这并不妨碍这些损害可归责于违反通知义务的行为。首先，当出租人未履行通知义务导致承租人优先购买

〔1〕 参见朱晓喆："论房屋承租人先买权的对抗力与损害赔偿——基于德国民法的比较视角"，载《中德私法研究》第 9 卷。
〔2〕 参见"二、王某得主张的权利"部分。
〔3〕 参见王泽鉴：《损害赔偿》，北京大学出版社 2017 年版，第 91 页以下。
〔4〕 BeckOK MietR/Bruns, 21. Ed. 1. 8. 2020, BGB § 577 Rn. 50. 本段落由张弘毅师兄提供，笔者通过 DeepL 将其翻译为英文进行理解，一切文责自负。

权无法行使时，从一般社会交易观念看，买受人购置租赁房屋并非仅是为了赚取租金，其很有可能会主张返还请求权，承租人进而遭受前述损害。这种可能性与承租人被通知时相比有较大提升，应当具有相当性，因为承租人被通知时，其不行使优先购买权情形的存在足以稀释未通知时损害发生的概率（参见表3.1）。其次，通知义务旨在让承租人能有机会自我决定是否行使优先购买权。若损害是基于承租人自我意志发生，不可归责于出租人。现在承租人丧失自由决定的机会，无法提前应对搬离租赁房屋后的诸多问题，被迫遭受损害，出租人赔偿这些损害符合通知义务的规范目的。[1]

表3.1 出租人通知义务可能引发的各种情形

出租人未履行通知义务	期限届满，买受人主张返还	有独立损害（大概率）[2]		
	期限届满，买受人与承租人订立租赁合同	无独立损害（小概率）		
出租人履行通知义务	承租人行使先买权（50%）	出租人不履行买卖合同（50%）	期限届满，买受人主张返还	有独立损害（大概率）
			期限届满，买受人与承租人订立租赁合同	无独立损害（小概率）
		出租人履行买卖合同（50%）	无损害	
	承租人不行使先买权（50%）	有独立损害，但不可归责		

综上，江河公司违反通知义务的行为与前述损害之间具有相当因果关系。在张某可以获得房屋买卖合同的履行利益赔偿时，另行租赁费用则不能作为损害，因为房屋的使用价值已经内含于所有权的价值（即买卖合同的履行利益）之中。

---

[1] 这里的独立损害赔偿实质上具有惩罚性，即惩罚出租人不履行通知义务而侵害承租人自我决定权。
[2] 从一般社会交易观念看，买受人购置房屋并非仅是为了赚取租金，而是为了实际使用。

· 113 ·

3. 请求权是否未消灭且可行使

2019 年 4 月 8 日张某才知道房屋所有权已经发生变更，故此时独立损害的损害赔偿请求权开始计算（《民法总则》第 188 条第 2 款第 1 句），由于诉讼时效为 3 年（《民法总则》第 188 条第 1 款），所以江河公司对该请求权没有时效抗辩。

4. 中间结论

张某可以根据《合同法》第 107 条，以违反《合同法》第 230 条之通知义务向江河公司主张违约损害赔偿请求权。

（五）张某对江河公司的缔约过失损害赔偿请求权（《合同法》第 42 条第 2 项第 1 种情形）

假设张某得根据《合同法》第 42 条第 2 项第 1 种情形向江河公司主张缔约过失损害赔偿请求权。

1. 请求权是否成立

（1）是否有先合同义务违反

在判断缔约过失责任的先合同义务时应当先识别当事人之间的信赖关系。自 2010 年 12 月，张某租用江河公司的房屋长达 2 年时间，双方　以建立信赖关系。

在信赖关系之上，先合同义务因当事人之间在订立合同时的接触而产生。在本案中涉及的是江河公司的告知义务，涉及《合同法》第 42 条第 2 项第 1 种情形。当事人并无一般性的告知义务，该规定是特别规定。[1]其核心在于何为"与订立合同有关的重要事实"，应当具体根据法律、约定、交易习惯或诚实信用原则判断，也涉及当事人的交易能力。[2]

本案中，江河公司在 2013 年与张某订立租赁合同时隐瞒了其非房屋所有人的事实。江河公司表面上隐瞒的是其非所有权人的身份，实质上隐瞒的是自己的履行合同能力。出租人适租义务的核心在于，无论出租人采取何种合法方式，都应让承租人有对租赁物使用、收益的可能性。[3]江河公司自 2012 年 12 月 28 日起已非房屋的所有权人，其已经没有能力让承租人享有对租赁物使用、收益的可

---

〔1〕 参见韩世远：《合同法总论》，法律出版社 2018 年版，第 176 页。

〔2〕 参见王洪亮：《债法总论》，北京大学出版社 2016 年版，第 77 页；韩世远：《合同法总论》，法律出版社 2018 年版，第 176 页。

〔3〕 参见黄立主编：《民法债编各论》（上），元照出版有限公司 2004 年版，第 300 页。

能性。张某一直占有、使用房屋，只是因为所有人没有主张返还所有物。由于所有人可以随时主张所有物返还请求权，张某也就随时面临被排除占有的危险，江河公司没有履行租赁合同能力的风险则彻底裸露。从一般社会交易观念看，任何人租用房屋都不希望面临此种不确定风险。这在特别追求稳定关系的房屋租赁合同中是不能接受的。所以，这种履行合同的能力是合同的重要内容。特别是在本案中，江河公司与张某已经有两年的交易经历，江河公司在与张某订立租赁合同时应当告知这一事实。

综上，江河公司隐瞒自己没有履行合同能力的事实，违反告知义务。

（2）是否可归责

根据《合同法》第42条第2项第1种情形所称"故意隐瞒与订立合同有关的重要事实"，即要求当事人具有故意。江河公司已经转让了房屋所有权，没有履行合同的能力，却仍然与张某订立合同，可以认为存在故意。

（3）是否有损害

原则上，受损失一方可以请求信赖利益的损害赔偿，但以履行利益为限。如果张某在订立2013年的租赁合同过程中存在信赖利益的损失，自然可以请求赔偿。

在合同有效的情形中，如果该有效合同对当事人是一种损害，其可以基于缔约过失主张损害赔偿，其逻辑过程是废止合同。[1]《德国民法典》第249条第1款的解释论结果，是因为德国法上恢复原状是作为损害赔偿的方式之一。[2]但在我国法上，恢复原状仅指将受损物品修复，[3]难以将废止合同的效果借助《民法总则》第179条第1款第5项一般化。而且《合同法》第42条的"损害赔偿责任"也仅指《民法总则》第179条第1款第8项"赔偿损失"。[4]

2. 请求权是否未消灭且可行使

该请求权未消灭且可行使。

---

〔1〕 参见王洪亮：《债法总论》，北京大学出版社2016年版，第77页。

〔2〕 参见尚连杰："缔约过失与欺诈的关系再造——以错误理论的功能介入为辅线"，载《法学家》2017年第4期。

〔3〕 参见崔建远："绝对权请求权抑或侵权责任方式"，载《法学》2002年第11期；程啸：《侵权责任法》，法律出版社2015年版，第669页。

〔4〕 即将生效的《民法典》第500条就删去了"损害"一词，仅保留"应当承担赔偿责任"一语。

3. 中间结论

张某得根据《合同法》第42条第2项第1种情形向江河公司主张缔约过失损害赔偿请求权。

（六）张某对江河公司的租金返还请求权（《合同法》第97条后段）

假设张某得根据《合同法》第97条后段对江河公司主张租金返还请求权。

1. 请求权是否成立

（1）是否享有解除权

租赁合同的瑕疵担保责任可以准用"买卖合同"一章规则（《合同法》第174条）。江河公司负有权利瑕疵担保义务（准用《合同法》第150条）。学说认为，租赁合同的权利瑕疵也包括第三人就租赁物主张所有权。[1]在本案中，江河公司违反权利瑕疵担保义务，属于《合同法》第94条第4项的"其他违约行为"。

出租人瑕疵担保责任的成立须承租人订立合同时不知道也不应当知道第三人对买卖的标的物享有权利（准用《合同法》第151条），本案中张某对此不知情。

同时，根据《合同法》第228条第1款，承租人可以要求减少租金或者不支付租金。本条作为特别规则应优先适用，虽然未明确承租人有解除权，但类似于解除的效果，只是在解除权的构成要件上，准用《合同法》第94条第4项。但本案的特殊性是，解除具有溯及力才符合张某的利益，因为张某就用益进行价值返还的对象不是江河公司。《合同法》第228条第1款能否实现这一效果存在疑问。

综上，不能期待江河公司为了履行租赁合同而去取得房屋所有权，权利瑕疵不可去除，所以张某可以根据《合同法》第94条第4项第2种情形直接解除合同。

（2）是否行使解除权

解除权的行使是向相对人作出单方意思表示，是否行使解除权在于意思表示的解释。本案中，张某于2019年4月25日要求江河公司返还2012年12月26日以后收取的租金，可以将张某的主张解释为：解除2013年的租赁合同，并要求返还收取的租金。

---

〔1〕 参见崔建远：《合同法》，北京大学出版社2016年版，第509页。

（3）是否有排除事由

当事人约定解除权行使期限，期限届满当事人不行使的，该权利消灭；当事人没有约定解除权行使期限，经对方催告后在合理期限内不行使的，该权利消灭。（《合同法》第 95 条）

本案没有这些情形，故解除权没有被排除。

2. 请求权是否未消灭且可行使

该请求权未消灭且可以行使。

3. 中间结论

张某得根据《合同法》第 97 条后段对江河公司主张 2013 年后所收取租金的返还请求权。

（七）张某对江河公司的租金不当得利返还请求权（《民法总则》第 122 条）

假设张某可以根据《民法总则》第 122 条以租金为内容请求不当得利返还请求权。

理论上，不当得利返还请求权可以分为给付型不当得利返还请求权和非给付型不当得利返还请求权。进而在《民法总则》第 122 条之"取得"可以解释出这两种类型。给付型不当得利返还请求权具有优先性，应当先审查给付型不当得利返还请求。[1]这是因为当事人基于"给付"受领利益时，不能再根据其他方法受领。[2]本案中，张某可能享有给付型不当得利返还请求权。

1. 请求权是否成立

（1）是否受有利益

不当得利制度旨在去除不当得利的取得，客体是否增加其财产在所不问。本案中，自 2013 年至 2019 年 4 月，江河公司一直凭借原合同约定向张某收取租金，属于受有利益，本构成要件满足。

（2）是否因给付而受有利益

传统观点以财产损益的直接变动探求不当得利的因果关系。[3]现代观点为具有双重目的性的新给付概念，即不当得利法上的给付是一方当事人有意识地、有

---

〔1〕 参见王泽鉴：《不当得利》，北京大学出版社 2015 年版，第 199 页。

〔2〕 参见吴香香："多级转租房屋之占有返还"，载《中德私法研究》第 14 卷。

〔3〕 参见郑玉波：《民法债编总论》，中国政法大学出版社 2004 年版，第 94~95 页。

目的地增加他人的财产。[1]

张某以清偿租赁合同的债务为目的，向江河公司给付租金，本构成要件满足。

（3）是否有法律上的原因

1）是否成立租赁合同

张某的不当得利返还请求权是否有法律上的原因，涉及租赁合同是否成立和有效。

第一，2012年12月26日~同年12月31日，根据"法定的契约承担说"，江河公司已经不是出租人，没有收取租金的法律上的原因。

第二，张某与江河公司于2013年订立为期1年的租赁合同。到期后，张某继续使用该房屋并支付租金，可以解释为其默示地向江河公司发出了要约（《民法总则》第140条第1款）。而江河公司收取租金，应解释为默示承诺，故不适用《合同法》第236条之默示更新。此时双方仅表示继续使用房屋，没有明确约定租赁期间，故租赁期间为不定期（《合同法》第232条第1句）。

2）是否可基于重大误解撤销租赁合同（《民法总则》第147条）

根据通说，重大误解应区分为意思表达错误和意思形成错误，前者包括内容错误和表示错误，后者指动机错误。本案中，张某可能涉及动机错误。

根据二元论，动机错误原则上不受斟酌，但如果错误的发生对于交易具有重大意义（如对人的性质或物的性质存在错误），则构成性质错误（《德国民法》第119条第2款）。如前文所述，在房屋租赁场合，出租人是否有履行能力事关承租人能否享有稳定的法律地位。[2]行为人的履行能力是否构成其性质？性质是行为人自身具备的且一段时间内存在的特征，可以是法律上的，也可以是事实上的，如性别、政治立场、前科、信贷信用等。[3]此处的信贷信用应当不涉及行为人的履行能力。以借贷合同为例，借入方的资力在一定期间内可能发生波动，甚至一时的资不抵债，但这不意味着其丧失了信贷信用，只是其再融资时可能须承受更加严苛的融资条件。

---

〔1〕参见王泽鉴：《不当得利》，北京大学出版社2015年版，第65页；刘昭辰：《不当得利》，五南图书出版有限公司2018年版，第34页。

〔2〕参见"一、张某得主张的权利"部分。

〔3〕参见［德］汉斯·布洛克斯、沃尔夫·迪特里希·瓦尔克：《德国民法总论》，张艳译、冯楚奇补译，杨大可校，中国人民大学出版社2019年版，第187页。

故出租人没有履行能力尽管具有交易上的重要性，但仍不属于性质错误，故没有重大误解。

2. 请求权是否未消灭且可行使

根据"法定的契约承担说"，江河公司没有收取 2012 年 12 月 26 日～同年 12 月 31 日租金的法律上的原因。张某于 2019 年 4 月才知道该事实，也没有超出客观期间（《民法总则》第 188 条第 2 款但书前段），江河公司不可以主张时效抗辩（《民法总则》第 192 条第 1 款）。

3. 中间结论

根据"法定的契约承担说"，张某得就 2012 年 12 月 26 日～同年 12 月 31 日的租金，依据《民法总则》第 122 条向江河公司主张不当得利返还请求权。

（八）结论

张某不能根据《合同法》第 135 条向江河公司请求转移房屋的所有权。

张某不能根据《合同法》第 135 条向湖海银行请求转移房屋的所有权。

张某可以根据《合同法》第 107 条，以违反《合同法》第 230 条之通知义务向江河公司主张违约损害赔偿请求权。

张某得根据《合同法》第 42 条第 2 项第 1 种情形向江河公司主张缔约过失损害赔偿请求权。

张某得根据《合同法》第 97 条后段对江河公司主张 2013 年后所收取租金的返还请求权。

根据"法定的契约承担说"，张某得就 2012 年 12 月 26 日～同年 12 月 31 日的租金，依据《民法总则》第 122 条向江河公司主张不当得利返还请求权。

二、王某得主张的权利

（一）请求权基础预选

王某已完成所有权转移登记，是房屋的所有权人（《物权法》第 20 条），故湖海银行已经履行其买卖合同下的转移所有权之义务（《合同法》第 135 条）。同时，双方约定由王某清理房屋的占有人员，即排除了湖海银行的交付义务。因此，湖海银行已经履行了与王某买卖合同下的全部义务，王某对湖海银行没有可请求的权利。

王某可能根据《物权法》第34条向张某主张所有物返还请求权。但王某不能主张占有返还请求权，因为张某并未侵占王某的占有。王某还可能主张《物权法》第243条前段的使用收益返还请求权。

王某可能根据《物权法》第243条前段向江河公司主张使用收益返还请求权。此外，王某可能根据《物权法》第34条向其主张所有物返还请求权，但其法律效果是请求江河公司返还间接占有，因为所有物返还请求权旨在恢复所有权人的占有，而在本案中，王某向江河公司主张所有物返还请求权并不实用，故不予分析。

（二）王某得向张某主张所有物返还请求权

假设王某可能根据《物权法》第34条向张某主张所有物返还请求权。《物权法》第34条规定，无权占有不动产或者动产的，权利人可以请求返还原物。

1. 请求权是否成立

（1）请求权人是否为所有权人

最典型的情形即请求权人是不动产登记名义人。本案中王某经所有权转移登记取得房屋之所有权（《物权法》第9条前段），即属于此情形，本构成要件满足。

（2）被请求人是否为无权占有人

无权占有指无占有的正当权源而占有该物。此处的无权占有人包括自然人和法人，也包括直接占有人和间接占有人。

张某是直接占有人，如果张某的占有是有权占有，那么其占有权源的取得包含如下可能：其一，从王某处直接取得；其二，在房屋的第二次物权变动时发生买卖不破租赁之效果（《合同法》第229条）；其三，经江河公司的间接占有，依占有连锁取得。

1）张某是否因与王某之间存在租赁合同而取得有权占有？

张某并没有与王某之间订立租赁合同，故张某与王某之间的租赁合同关系只可能是王某继受取得的，但王某继受出租人地位的前提是张某与湖海银行之间存在租赁合同关系。在"法定的契约承担说"的思路下，张某与湖海银行并不会在2013年因默示更新成立不定期租赁合同。所以，王某与张某之间不存在租赁合同，张某也就不能主张有权占有的抗辩。

2）张某是否因与江河公司之间存在租赁合同而基于《合同法》第229条取得有权占有？

《合同法》第229条的表述为"租赁物在租赁期间发生所有权变动的，不影响租赁合同的效力"。自文义解释看，第229条并不要求是出租人转让租赁物所有权（对比第230条），所以湖海银行向王某转让所有权，可能适用《合同法》第229条。真正的问题是，张某与江河公司在2013年所订立的租赁合同是否能适用《合同法》第229条。

在"法定的契约承担说"下，上述文义解释是应当被排除的。在该说下，租赁合同关系始终在张某和江河公司之间，王某不可能继受出租人地位，张某不能根据《合同法》第229条取得对王某的有权占有。故这个问题可以当然地作出否定回答。

3）张某是否因与江河公司之间存在租赁合同而基于占有连锁取得有权占有？

占有连锁是经多次连续的有权源占有，取得有权占有。[1]张某与江河公司于2013年订立为期1年的租赁合同，并在到期后通过默示的意思表示的合意保持租赁关系，江河公司属于间接占有人。由于直接占有人的占有是从间接占有人的法律地位中引导出的，[2]所以关键问题是，江河公司相对于湖海银行是否为无权占有。

有疑问的是，江河公司与湖海银行间虽然办理了过户登记，但自始未完成交付，江河公司相对于湖海银行似乎是有权占有人。学说确实认为，在未交付时出卖人之占有为有权占有。[3]本案中虽没有交付，但真的没有交付的替代吗？根据"法定的契约承担说"，返还请求权法定地被一并让与，间接占有也就法定地移转给湖海银行，江河公司显然没有保留任何占有。

所以，在"湖海银行—江河公司—张某"的连锁关系中，江河公司属于无权占有的中间人。张某作为直接占有人，继受了间接占有人江河公司的瑕疵占有，也是无权占有人。

---

〔1〕 参见王泽鉴：《民法物权》，北京大学出版社2010年版，第125页。
〔2〕 参见［德］鲍尔、施蒂尔纳：《德国物权法》（上册），张双根译，法律出版社2004年版，第124页。
〔3〕 参见王泽鉴：《民法学说与判例研究》（重排合订本），北京大学出版社2015年版，第1098页。

2. 请求权是否未消灭且可行使

该请求权未消灭，张某也没有进行抗辩。

3. 中间结论

王某可以根据《物权法》第 34 条向张某主张所有物返还请求权。

（三）王某对张某的使用收益返还请求权

本案中，王某与张某之间不存在给付关系，王某享有的是关于房屋占有使用的权益侵害型不当得利。此外，王某和张某之间还存在占有回复关系。占有回复关系规则是债法在物权法中的特别规则，而善意占有人使用收益返还规则更是不当得利法中的特别规则（故作为请求权基础应置后检视），排除不当得利返还请求权。[1] 故王某可能根据《物权法》第 243 条前段对张某主张使用收益返还请求权。

1. 请求权是否成立

该请求权是从属于所有物返还请求权的次请求权，所有物返还请求权成立，该请求权也成立。前文已述，王某对张某的所有物返还请求权成立，故其对张某的使用收益返还请求权也具备成立的事实基础。在占有回复关系中，法律通常优待善意占有人，优待程度在不同立法例中仍有不同。《瑞士民法典》第 938 条第 1 项、《日本民法典》第 189 条第 1 款均规定，善意占有人得使用并取得占有物所生之孳息。但《德国民法典》第 988 条则限缩了优待范围，无偿取得占有的善意占有人仍要就诉讼系属前的使用、收益，负不当得利返还义务。根据上述立法例，张某均得主张抗辩。不过，我国法上，无权占有人一概就占有物的孳息负返还义务（《物权法》第 243 条前段）。[2] 但问题没有这么简单。

（1）《物权法》第 243 条前段与使用利益的返还

学界将 Nutzungen 通译为"用益"一词，同时根据《德国民法典》第 100 条，Nutzungen 包括孳息和使用利益，德国法上的使用收益返还请求权包括孳息和使用利益。我国台湾地区"民法"第 952 条也推定，善意占有人有权享有使用和收益两种利益，不负返还义务。[3]《物权法》第 243 条前段未涉及使用利益，

---

[1] 参见王泽鉴：《民法物权》，北京大学出版社 2010 年版，第 521 页；郑冠宇：《民法物权》，新学林出版股份有限公司 2011 年版，第 230 页。

[2] 对此的批评，参见崔建远：《物权法》，中国人民大学出版社 2017 年版，第 163 页。

[3] 参见谢在全：《民法物权论》（下册），中国政法大学出版社 2011 年版，第 1205 页。

而第 39 条、第 117 条对所有权、用益无物的定义中明确区分了使用和收益。如果认为第 243 条前段确实排除使用利益的返还，从第 242～244 条所体现的优待善意占有人之思想来看，这虽是善意占有人的基本待遇，但又优待恶意占有人，此种文义解释不可采。可能的解释是，将第 243 条前段类推适用于使用利益。

（2）《物权法》第 243 条前段立法政策的检讨与补救

根据第 242 条，善意占有人使用占有物时致使该占有物受到损害的，不负赔偿责任。依第 243 条后段反面解释，恶意占有人不得主张返还维护占有的必要费用。关于占有物的毁损、灭失，第 244 条对恶意占有人适用完全赔偿原则，对善意占有人适用有限赔偿原则。由此可见，《物权法》仍试图区分对待善意占有人和恶意占有人，并给予前者优待、加重后者责任。而第 243 条前段突兀地将两者"平等"对待，不知出于何种考量。若坚持占有回复关系中优待善意占有人之思想，必须修补第 243 条前段。有学者提出，以目的限缩解释，使该善意占有人仅负现存利益范围内的返还义务。[1]本文赞同这种做法，理由有二：其一，解释时必须考虑前后文内容，若从"占有人"处进行目的性限缩解释，会造成与但书部分语义的严重脱节。其二，第 243 条前段同时在优待善意占有人和使用利益两方面存在缺陷，这两个方面的补救方式可能不同，解释时必须互相兼顾。在善意占有人情形下，将"孳息"限缩为"现存的孳息"，再类推适用于使用利益情形，可平滑地解决本条的缺憾。

可能的问题是，使用利益通常一直存在，就应当予以价额返还，[2]善意得利人未见有何种优待。由于上述解释论本质上是参考了不当得利中得利不存在之抗辩规则，使用利益是否现存，涉及得利不存在的判断。所以，应考虑得利人是否在计划内为所受利益以自己的财产支出费用。[3]进而，用益返还请求权的内容不再如同一般不当得利情形（先以客观标准确定返还客体，再以主观标准确定返还范围），而是直接采取主观说。在本案中，张某有订立租赁合同的计划，张某是存在得利的。

---

〔1〕 参见张双根："'占有人与回复请求人关系'规则的基本问题——以大陆《物权法》规定为中心"，载《法令月刊》2007 年第 12 期。

〔2〕 参见姚志明：《无因管理与不当得利》，元照出版有限公司 2016 年版，第 277 页。

〔3〕 参见刘昭辰：《不当得利》，五南图书出版有限公司 2018 年版，第 188 页。

还须考虑的是，张某向江河公司支付的租金应不应该扣除？此处可以类比受让盗窃物的情形，善意受让人原则上不能主张扣除其向第三人支付的价款，因为其对第三人的请求权不能将得利正当化。[1]否则，不当得利的制度目的永远无法实现。

综上，王某对张某的用益返还请求权成立。

2. 请求权是否未消灭且可行使

该请求权没有消灭，但张某可能在抗辩方面可以类推适用《合同法》第80条第1款。

《合同法》第80条第1款中的"对债务人不发生效力"应理解为对善意债务人的信赖保护，债务人若未被通知却知道债权让与，不构成善意，其向让与人为清偿不消灭债务。[2]因为让与通知的规范目的在于避免债务人误偿，[3]债务人已知债权让与事实，无误偿之可能，[4]而善意债务人向让与人所为的清偿有效。如果该条能类推适用于江河公司将房屋所有权转让给湖海银行以及湖海银行转让给王某的情形，张某可能主张已经向江河公司清偿，拒绝王某的权利主张。

张某与王某之间没有租赁合同，王某对张某的使用收益返还请求权是基于张某的无权占有、使用，并非房屋所有权变动的后果（《合同法》第229条），无法将王某对张某的用益返还请求权与江河公司对张某的租金请求权建立起法律上的同一性，[5]与债权让与的情形毫无关联。

从经济实质看，虽然张某向江河公司给付是履行合同义务，向王某给付是履行用益返还义务，法律性质不同，但对价都指向房屋的使用利益，无非是张某使用房屋的对价究竟应当向谁给付的问题。当该使用利益的归属发生变更而义务人对此不知情时，义务人可以信赖其原本的相对人有收取该使用利益之对价的受领地位，其所为的给付应当发生清偿效果。至此，可以将张某、江河公司和王某的三方

---

〔1〕 参见［德］恩斯特·冯·克默雷尔："不当得利法的基本问题"，唐勇译，载《中德私法研究》第8卷。
〔2〕 参见徐涤宇："《合同法》第80条（债权让与通知）评注"，载《法学家》2019年第1期。
〔3〕 参见陈自强：《民法讲义Ⅱ 契约之内容与消灭》，元照出版有限公司2018年版，第268页。
〔4〕 但此信息来源通常不能是受让人，除非受让人提供让与合同、让与公证书。参见王洪亮：《债法总论》，法律出版社2016年版，第460、461页。
〔5〕 也是因为这个原因，本文没有考虑抗辩转移规则（《合同法》第82条）的类推适用，其法理在于债权让与并未改变债权的同一性，债权所附着的瑕疵也随之移转。

关系以抽象的方式解释为：江河公司将房屋所有权转移给湖海银行，湖海银行再转让给王某，使用利益之对价的受领地位也随之转移，但江河公司和湖海银行都没有通知张某其已经没有受领地位，导致张某因信赖江河公司有受领地位而向其提供对价。事实上，债权让与通知规则的经济意义也在于处理这样一种问题：受领债权利益的地位发生改变（＝债权让与），而支付债权利益的一方（＝债务人）却不知情。本案的情形更为复杂，类似于连续债权让与但未通知债务人的情形。

此外，张某的信赖值得保护的原因，除了其与江河公司曾经有2年的交易经历之外，还在于王某的可归责性，即他知道或应当知道房屋有他人占有使用，且作为所有人本可以通过主张权利以消灭江河公司有受领地位的假象，但是他却没有及时消除这种假象。

所以，在经济事实的共性上，本案情形可以类推适用《合同法》第80条第1款，即张某可以拒绝湖海银行的请求。但是如果张某解除与江河公司的租赁合同并主张返还租金，或者通过替代给付的损害赔偿实质上取回等同租金的利益，张某就不能以《合同法》第80条第1款提出抗辩。此时，张某的保护问题需要求助于善意占有人的保护规则。

3. 中间结论

王某可以根据《物权法》第243条前段对张某主张使用收益返还请求权。但张某可以拒绝王某的请求权（类推适用《合同法》第80条第1款），但如果张某主张解除或替代给付的损害赔偿，则不能提出该抗辩。

（四）王某对江河公司的使用收益返还请求权

假设王某可能根据《物权法》第243条前段对江河公司主张使用收益返还请求权。

1. 请求权是否成立

江河公司属于无权占有人，王某对江河公司的所有物返还请求权成立，作为次请求权的使用收益返还请求权也成立，排除不当得利的适用。由于江河公司没有使用房屋，故返还内容是江河公司自2013年至今向张某收取的租金。

2. 请求权是否未消灭且可行使

江河公司自2013年起一直出租他人之物并收取租金，当然明知自己没有正当权源，属于恶意占有人，对王某的返还请求权不享有抗辩权。王某可以行使其使用收益返还请求权。

3. 中间结论

王某得根据《物权法》第 243 条前段对江河公司主张使用收益返还请求权。

（五）结论

王某可以根据《物权法》第 34 条向张某主张所有物返还请求权。

王某可以根据《物权法》第 243 条前段对张某主张使用收益返还请求权。但张某可以拒绝王某的请求权（类推适用《合同法》第 80 条第 1 款），但如果张某主张解除或替代给付的损害赔偿，则不能提出该抗辩。

王某得根据《物权法》第 243 条前段对江河公司主张使用收益返还请求权。

三、湖海银行得主张的权利

（一）请求权基础预选

第一，履行执行和解后，湖海银行与江河公司之间不存在合同关系。湖海银行虽然已非房屋的所有权人，不享有所有物返还请求权，但自 2012 年 12 月 26 日~2018 年 10 月期间尚为房屋的所有权人，江河公司在此期间出租其房屋获取租金利益，湖海银行可能得根据《民法总则》第 122 条向其主张不当得利返还请求权。

有疑问的是，这里是否适用占有回复关系规则？对此应当作出肯定回答。占有的权利推定对过去的占有人也发生效力，[1]故应排除不当得利一般规则的适用。

综上，假设湖海银行得根据《物权法》第 243 条前段对江河公司主张使用收益返还请求权。

第二，同理，假设湖海银行得根据《物权法》第 243 条前段对张某主张使用收益返还请求权。

（二）湖海银行对江河公司的使用收益返还请求权

假设湖海银行得根据《物权法》第 243 条前段对江河公司主张使用收益返还请求权。

1. 请求权是否成立

自 2013 年到 2018 年 10 月，张某一直以承租人身份基于租赁合同向江河公

---

[1] 参见王泽鉴：《民法物权》，北京大学出版社 2010 年版，第 466 页。

司支付租金，江河公司受有房屋的法定孳息利益。

如前所述，江河公司属于无权占有人，[1]湖海银行的请求权成立。

2. 请求权是否未消灭且可行使

湖海银行可以行使请求权，但江河公司可能对请求权的部分内容享有时效抗辩权。如果湖海银行知悉江河公司出租自己的房屋，诉讼时效自知道时起算（《民法总则》第 188 条第 2 款第 1 句）。那么以 2019 年 4 月 25 日为截止时间，江河公司对 2016 年 4 月 25 日之前的返还请求权均享有时效抗辩权（《民法总则》第 188 条第 1 款并第 192 条第 1 款）。如果湖海银行不知江河公司出租自己的房屋，其返还请求权仍受客观诉讼时效的保护（《民法总则》第 188 条第 2 款但书之反面解释），江河公司没有时效抗辩权。

3. 中间结论

湖海银行得根据《物权法》第 243 条前段对江河公司主张使用收益返还请求权。但如果湖海银行知悉江河公司出租自己的房屋，则江河公司可能对 2016 年 4 月 25 日之前的返还请求权均享有时效抗辩权；如果湖海银行不知江河公司出租自己的房屋，江河公司没有时效抗辩权。

（三）湖海银行对张某的使用收益返还请求权

假设湖海银行得根据《物权法》第 243 条前段对张某主张使用收益返还请求权。

1. 请求权是否成立

（1）张某是否构成无权占有

关于请求人的适格问题，前文已经阐述。张某也构成无权占有。[2]

（2）湖海银行是否应享有孳息

一般情形下，所有人当然享有物的孳息。但在本案中，由于没有交付，根据《合同法》第 163 条中的，房屋的孳息收益似乎归江河公司所有。《合同法》第 163 条所谓"交付"应与第 142 条一致。因为第 163 条处理利益承受，第 142 条处理风险负担，享有利益就要承受（价金）风险。[3]具体判断应以现实交付为原

---

〔1〕 参见"二、王某得主张的权利"部分。

〔2〕 参见"二、王某得主张的权利"部分。

〔3〕 参见吴香香："《合同法》第 142 条（交付移转风险）评注"，载《法学家》2019 年第 3 期；黄立主编：《民法债编各论》（上），元照出版有限公司 2004 年版，第 150 页。

则，交付的替代应看买受人是否已经取得经济上的收益权。[1]日本学说还指出，交付主义有简洁清算孳息、收取及保管孳息之费用和价金利息之间关系的功能。[2]虽然我国法上没有价金利息的问题，但仅就清算孳息与保管费用之间的问题而言，这也是交付主义作为利益承受判断标准的正当化理由。

有实务观点认为，房屋交付与登记通常是分离的，第163条中的"孳息"在不动产买卖场合应限缩为天然孳息。[3]其苦心在于避免出卖人在交付前又出租不动产。但人大法工委的释义明确指出本条可能涉及此种法定孳息。[4]事实上，出卖人出租未交付的不动产属于买受人可能面临的履行风险，买受人应自己去避免。

用益归属的确定似乎还应回归"买受人是否已经取得经济上的收益权"这一判断。由于房屋所有权变动而发生法定契约承担，湖海银行享有租金请求权，即湖海银行自所有权转移时已经取得经济上的收益权。

（3）张某的善意

前文已论证《物权法》第243条前段立法政策值得检讨与补救，具体而言，应以目的限缩解释，使该善意占有人仅负现存利益范围内的返还义务。[5]由于其实质是借助一般不当得利规则中的得利不存在之抗辩规则，对于即将生效的《民法典》则不需要进行这种复杂的解释论，直接适用第986条即可。结果是，在《民法典》下，善意占有人不能以善意为由阻却占有回复关系下使用收益返还请求权的成立，而仅能就返还范围提出抗辩。

2. 请求权是否未消灭且可行使

（1）`是否存在时效抗辩

在执行和解时，湖海银行就应当知道张某占有、使用其房屋。因为银行如果接受以物抵债，必然要确保该物有相应的价值，如果房屋上存在其他负担将会减损其价值，有理由相信湖海银行知道或应当知道租赁关系。故自2013年1

〔1〕 参见吴香香："《合同法》第142条（交付移转风险）评注"，载《法学家》2019年第3期；黄立主编：《民法债编各论》（上），元照出版有限公司2004年版，第156页。

〔2〕 参见〔日〕山本敬三：《民法讲义Ⅳ-1契约》，有斐阁2005年版，第318页；〔日〕中田裕康：《契约法》，有斐阁2017年版，第290页。

〔3〕 参见最高人民法院民法典贯彻实施工作领导小组主编：《中华人民共和国民法典合同编理解与适用（二）》，人民法院出版社2020年版，第1027页。

〔4〕 参见胡康生主编：《中华人民共和国合同法释义》，法律出版社2013年版，第172页。

〔5〕 参见"二、王某得主张的权利"部分。

月 1 日，湖海银行之不当得利返还请求权的诉讼时效起算（《民法总则》第188 条第 2 款第 1 句）。以 2019 年 4 月 25 日为截止时间，张某对 2016 年 4 月25 日之前的返还请求权均享有时效抗辩权（《民法总则》第 188 条第 1 款并第192 条第 1 款）。

（2）是否有对《合同法》第 80 条第 1 款的类推适用

对此前文已述，理由相同，应作肯定回答。[1]

3. 中间结论

湖海银行得根据《民法总则》第 122 条向张某主张 2013 年～2018 年 10 月的不当得利返还请求权。但张某得对 2016 年 4 月 25 日之前的请求权提出时效抗辩。张某可以拒绝湖海银行的请求权（类推适用《合同法》第 80 条第 1 款），但如果张某主张解除或替代给付的损害赔偿，则不能提出该抗辩。

（四）结论

湖海银行得根据《物权法》第 243 条前段对江河公司主张使用收益返还请求权。但如果湖海银行知悉江河公司出租自己的房屋，则江河公司对 2016 年 4 月25 日之前的返还请求权均享有时效抗辩权；如果湖海银行不知江河公司出租自己的房屋，江河公司没有时效抗辩权。

湖海银行得根据《物权法》第 243 条前段向张某主张 2013 年～2018 年 10 月的使用收益返还请求权。但张某得对 2016 年 4 月 25 日之前的请求权提出时效抗辩。张某可以拒绝湖海银行的请求权（类推适用《合同法》第 80 条第 1 款），但如果张某主张解除或替代给付的损害赔偿，则不能提出该抗辩。

四、适用《民法典》可能导致的论证思路变化

（一）关于张某《合同法》第 230 条之优先购买权的行使效果

优先购买权的行使期间是除斥期间，逾期的法律效果是权利消灭（《民法总则》第 199 条第 2 句）。但《民法典》第 726 条第 2 句采取拟制的方式，承租人逾期未表示的，视为放弃优先购买权。当然，最终事实效果都是一样。

---

[1] 参见"二、王某得主张的权利"部分。

（二）关于《物权法》第 243 条前段"孳息"的目的性限缩解释

采取目的性限缩解释的依据在于不当得利法上保护善意得利人的思想。[1]这一思想在《民法典》中也有体现：第 986 条规定，得利人不知道且不应当知道取得的利益没有法律根据，取得的利益已经不存在的，不承担返还该利益的义务。因此，对《物权法》第 243 条前段（《民法典》第 460 条前段）的修正，还可能适用于《民法典》第 986 条，因为善意占有人返还义务的成立规则比不当得利的一般成立规则（《民法典》第 985 条）更有利于善意占有人，在这一思想的主导下如果不当得利的返还范围规则也是有利于善意占有人的，那么该规则就不应当被排除，这样也就不用进行目的限缩解释。

---

[1] 参见张双根："'占有人与回复请求人关系'规则的基本问题——以大陆《物权法》规定为中心"，载《法令月刊》2007 年第 12 期。

首届全国鉴定式案例研习大赛第四名作品

沈新航

（对外经济贸易大学 2017 级本科生）

解题大纲

一、张某对江河公司的请求权

（一）请求办理所有权移转登记

1. 基于房屋买卖合同的请求权（×）

（1）请求权的发生（×）

1）合同具备一般成立要件（×）

①形成权行使的一般要求（√）

②行使主体是房屋承租人（√）

a. 江河公司不享有所有权（或处分权）的影响

b. 租赁期限的更新

c. 张某行使撤销权

a）一方享有撤销权（√）

aa）欺诈行为（√）

bb）双重因果关系（√）

cc）双重故意（√）

dd）结论

b）行使撤销权（√）

c）在除斥期间内行使（×）

d）结论

③转让人系出租人（√）

④转让行为有偿（√）

⑤符合同等条件（√）

⑥优先购买权存续（×）

类推适用《物权法解释一》第 11 条

2）其他要件：无需再检视

（2）请求权的消灭、被请求人的抗辩权：无需再检视

2. 结论

（二）请求返还 2012 年 12 月 26 日以后的租金

1.《民法总则》第 122 条的请求权

（1）请求权的发生（√）

1）被请求人受有利益（√）

2）受益源于请求人的给付（√）

3）给付目的未能实现：区别时段讨论

①2012 年 12 月 26 日～2019 年 3 月的租金（×）

②2019 年 4 月的租金（√）

a. 第三人对租赁物享有权利（√）

b. 第三人主张权利，导致租赁物全部或者部分不能使用（√）

c. 承租人同意接受履行（√）

（2）请求权未消灭（√）

（3）被请求人无抗辩权（√）

2. 结论

（三）请求赔偿违反通知义务造成的损害

1.《合同法》第 112 条的请求权（√）

（1）请求权的发生（√）

1）要件分析

①客观违约行为（√）

a. 合同成立并生效（√）

b. 依照约定、法律规定或者基本原则产生合同义务（√）

c. 债务人不履行该义务（√）

②损害（√）

③因果关系（√）

④违法性（√）

⑤过错（√）

⑥无免责事由（√）

2）法律效果分析

（2）请求权的消灭

（3）被请求人的抗辩权

（4）结论

2. 《侵权责任法》第 6 条第 1 款的请求权（√）

（1）请求权的发生（√）

1）过错侵害绝对权（×）

2）违反保护他人之法律（×）

3）以违背善良风俗的方法故意加损害于他人（√）

①违背善良风俗的行为（√）

②损害（√）

③因果关系（√）

④加害人故意（√）

⑤结论

（2）请求权未消灭（√）

（3）被请求人无抗辩权（√）

3. 结论

（四）请求赔偿 2019 年 4 月以及不能继续经营的损害

1. 《合同法》第 42 条的请求权（√）

2.《侵权责任法》第 6 条第 1 款的请求权（√）

3. 请求权竞合：择一行使

二、王某对张某的请求权

（一）请求返还门面房

1. 类推适用《合同法》第 235 条的请求权（×）

2.《物权法》第 34 条的请求权（√）

（1）请求权的发生（√）

1）请求权人为物权人（√）

①江河公司与湖海银行之间的物权变动（√）

a. 物权合意（√）

b. 所有权移转登记（√）

c. 处分权（√）

②湖海银行和王某之间的物权变动（√）

a. 物权合意（√）

b. 所有权移转登记（√）

c. 处分权（√）

2）被请求人是物的现实占有人（√）

3）无占有本权（√）

（2）请求权未消灭（√）

（3）被请求人无抗辩权（√）

3.《物权法》第 245 条第 1 款第 1 分句的请求权（×）

4.《民法总则》第 122 条的请求权（√）

5.《侵权责任法》第 6 条第 1 款的请求权（×）

（二）请求"赔偿损失"

1. 类推适用《物权法》第 243 条的请求权（×）

（1）请求权的发生（√）

1）请求人得主张原物返还请求权：显然具备（√）

2）占有人在占有期间使用占有物：显然具备（√）

3）占有人非为善意占有，或者虽为善意占有但请求人已向其支付因维护该不动产或者动产支出的必要费用（√）

4）请求人对物的权利包含使用权能：显然具备（√）

（2）请求权的消灭（√）

（3）结论

2.《侵权责任法》第6条第1款的请求权（×）

3. 结论

三、王某对江河公司的请求权

（一）请求转让门面房的间接占有

1.《物权法》第34条的请求权（√）

2.《物权法》第245条第1款第1分句的请求权（×）

3.《民法总则》第122条的请求权（√）

（二）请求返还2018年11月后收取的租金

1. 类推适用《合同法》第404条（结合《民法总则》第121条）的请求权（×）

2.《物权法》第243条的请求权（√）

（三）请求赔偿2018年11月后不能使用房屋所受到的损失

1.《侵权责任法》第6条第1款的请求权（√）

（1）请求权的发生（√）

1）构成要件分析（√）

2）法律效果分析（√）

（2）请求权未消灭（√）

（3）被请求人无抗辩权（√）

2. 结论

（四）请求权竞合：（二）、（三）两项请求权择一行使

四、王某对湖海银行的请求权

（一）请求交付房屋

1. 基于房屋买卖合同的请求权（×）

（1）请求权的发生（√）

（2）请求权的消灭（√）

2. 结论

（二）结论

五、湖海银行对张某的请求权

（一）请求支付 2012 年 12 月 26 日～2013 年初的房屋使用费

1. 基于租赁合同（2010 年 12 月签订）的租金请求权（×）

（1）请求权的发生（√）

（2）请求权未消灭（×）

（3）结论

2. 类推适用《物权法》第 243 条的请求权（×）

3.《民法总则》第 122 条的请求权（×）

4.《侵权责任法》第 6 条第 1 款的请求权（×）

5. 总结

（二）请求支付 2013 年初至 2018 年 11 月的房屋使用费

1. 基于租赁合同（2013 年初签订）的租金请求权（×）

（1）请求权的发生（×）

1）合同成立（×）

①行为具可代理性（√）

②行为人作出意思表示（√）

③以本人之名义（×）

④代理权：无需检视

2）其他要件：无需检视

（2）结论

2. 类推适用《物权法》第 243 条的请求权（×）

（1）请求权的发生（√）

（2）请求权未消灭（√）

（3）被请求人的抗辩权（√）

1）债权请求权（√）

2）时效期间届满（√）

①起算点

②期间届满

3）请求权人在时效期间内未主张请求权（√）

（4）结论

3.《侵权责任法》第 6 条第 1 款的请求权（×）

4. 结论

（三）返还门面房（基准时：2018 年 5 月）

1.《物权法》第 34 条的请求权（√）

2.《民法总则》第 122 条的请求权（×）

（1）请求权的发生（×）

（2）请求权未消灭（√）

（3）被请求人的抗辩权（√）

（4）结论

六、湖海银行对江河公司的请求权

（一）请求返还 2012 年 12 月 26 日～2018 年 11 月的租金

1. 类推适用《合同法》第 404 条（结合《民法总则》第 121 条）的请求权（×）

2.《物权法》第 243 条的请求权（×）

（1）请求权的发生（√）

（2）请求权未消灭（√）

（3）被请求人的抗辩权（√）

（4）结论

3.《侵权责任法》第 6 条第 1 款的请求权（×）

（1）请求权的发生（√）

（2）请求权未消灭（√）

（3）被请求人的抗辩权（√）

(4) 结论

(二) 结论

七、《民法典》对本案法律适用的影响

(一) 优先购买权制度中出租人违反通知义务的法律后果

(二) 无因管理的财产转交请求权

(三) 不当得利的请求权基础规范选择

一、张某对江河公司的请求权

（一）请求办理所有权移转登记

张某于 2019 年 4 月 25 日主张优先购买权，可能因此与江河公司形成买卖合同。根据《合同法》第 135 条的规定，买卖合同的主给付义务有交付和移转所有权两项。本案中张某已经取得房屋的占有，故仅需分析其是否有权请求江河公司办理所有权移转登记。

1. 基于房屋买卖合同的请求权

根据《合同法》第 8 条第 1 款的规定，有效的合同是当事人之间的"法律"，对于当事人双方具有法律约束力。因此，请求权人应当以有法律拘束力的合同条款作为相应合同义务履行请求权的规范依据。

张某或得基于买卖合同请求江河公司履行办理所有权移转登记的主合同义务。

（1）请求权的发生

合同履行请求权，要求合同满足：其一，一般成立要件；其二，特别生效要件；其三，无效力瑕疵；[1] 其四，请求目标为特定条款所定的法律效果所包含。

1）合同具备一般成立要件

《合同法》第 13 条规定："当事人订立合同，采取要约、承诺方式。"但学理上认可，合同亦可能通过其他方式订立。[2] 一方行使形成权与对方订立合同即为"其他方式"之一。然而此种方式属于契约自由原则的例外，应严格以法律

---

〔1〕 朱庆育：《民法总论》，北京大学出版社 2016 年版，第 121～122 页。

〔2〕 韩世远：《合同法总论》，法律出版社 2018 年版，第 150 页。

有明文规定为限。[1]

《合同法》第230条规定了承租人的优先购买权。对于该权利的性质,学界存在争议,两种代表性观点是"形成权说"和"附强制承诺义务的请求权说"。[2]本文采"形成权说"。

基于"形成权说"的立场,应认为《合同法》第230条是对行使形成权订立合同的特别规定。结合该条和形成权的原理,此时合同成立的要件包括:其一,形成权行使的一般要求;其二,行使主体是房屋承租人;其三,转让人是出租人;其四,转让行为有偿;其五,符合同等条件;其六,优先购买权存续。[3]本案中第一、三、五三个要件显然满足,下文着重分析其他要件:

①形成权行使的一般要求

②行使主体是房屋承租人

本要件取决于张某在主张优先购买权时与江河公司之间是否存在租赁合同。案情显示,先前的合同到期后,双方继续以同一门面房签订租赁合同。但该合同可能因江河公司非属所有权人、期限届满或者张某行使撤销权等事由而消灭。

a. 江河公司不享有所有权(或处分权)的影响

在2012年12月26日,门面房所有权人由江河公司变更为湖海银行。因此,2013年初江河公司与张某签订租赁合同,系无权出租他人之物。合同的效力是否会受到影响?

通过《物权法》第15条与《买卖合同司法解释》第3条第1款,可知现行法至少已经承认了负担行为与处分行为的区分。而对于《合同法》第51条,若将其中的"合同"限缩为处分行为性质,则在现行法内部亦可达成协调。租赁合同是负担行为,出租人对于租赁物不享有处分权并不影响合同效力。至于其效力判断,需检视是否存在《民法总则》第六章中的瑕疵事由。

b. 租赁期限的更新

2013年初所订租赁合同期限为1年。欲说明在张某行使优先购买权时合同仍

---

[1] 芮沐:《民法法律行为理论之全部》,中国政法大学出版社2003年版,第78页。
[2] 常鹏翱:《物权法的展开与反思》,法律出版社2017年版,第120页。
[3] 常鹏翱:《物权法的展开与反思》,法律出版社2017年版,第137页。

存续，还需检视是否发生期限的更新。

租赁期限更新分为约定更新和法定更新。[1]本案显然不存在约定更新。法定更新规定在《合同法》第236条。租赁合同于2014年初期限届满，但此后张某继续在门面房内经营，且江河公司未提出异议，甚至仍按原合同约定收取租金直至2019年4月。因此，可认为租赁合同继续有效，仅期限为不定期。

不定期合同可能因一方的任意终止而失去效力，但本案中租赁合同并未被任意终止。

c. 张某行使撤销权

本案可能存在的合同撤销事由是欺诈。根据《民法总则》归纳出合同因欺诈被撤销的要件有：一方享有撤销权，行使撤销权，在除斥期间内行使。

a）一方享有撤销权

结合《民通意见》第68条及学理，撤销权发生的要件有：欺诈行为，双重因果关系，双重故意。[2]

aa）欺诈行为

欺诈行为体现为积极告知对方虚假情况或者在有告知义务的情况下隐瞒真实情况两种形式。[3]在后一情形中，告知义务可能违反诚实信用原则。江河公司在继续缔约时未向张某告知所有权转让的事实，使张某误以为江河公司仍是所有权人，这种隐瞒显然有违诚信原则，构成消极欺诈。

bb）双重因果关系

所谓的"双重"因果关系，即相对人因为欺诈而陷于错误认识，进而基于这种错误认识而作出意思表示的情形。[4]张某因为江河公司的隐瞒误以为其仍为所有权人，基于该认识进而与该"所有权人"就其"所有物"继续签订合同，具备双重因果关系。

cc）双重故意

欺诈人不但需要具备实施欺诈的故意，还要具备使相对人因欺诈陷于错误并

---

〔1〕 韩世远：《合同法学》，法律出版社2010年版，第449页。

〔2〕 朱庆育：《民法总论》，北京大学出版社2016年版，第279~281页。

〔3〕 朱庆育：《民法总论》，北京大学出版社2016年版，第279页。

〔4〕 朱庆育：《民法总论》，北京大学出版社2016年版，第280~281页。

基于此种错误作出意思表示的故意。[1]江河公司显然具备这两重故意。

dd）结论

张某因江河公司的恶意欺诈而与之订立租赁合同，可以取得撤销权。

b）行使撤销权

张某虽然未明确表达欲"撤销"合同，但其欲使江河公司返还2012年12月26日以后租金之请求，系以租赁合同自始无效为前提。根据《民法总则》第155条的规定，撤销权行使的法律效果正是使得法律行为自始无效。因此可以通过意思表示解释认为张某的该主张包含欲行使撤销权的意思。

c）在除斥期间内行使

张某和江河公司续签的合同成立生效于2013年初，距离张某主张撤销权的2019年4月25日已经过去6年，显然超过了《民法总则》第152条规定的5年最长除斥期间，应当认为撤销权已经消灭。

d）结论

租赁合同不因张某行使撤销权而失去效力。

d. 结论

张某在主张优先购买权时，基于有效租赁合同而居于承租人地位，是行使优先购买权的适格主体。

③转让人系出租人

④转让行为有偿

之所以设置该要件，是为了使得"同等条件"的判断有其依据。而在代物清偿这一特殊情形，被他种给付所替代原定给付，亦可以作为"同等条件"判断的依据，理由在于：二者可以互为替代，足见彼此之间满足交换的要求。换言之，在经济的意义上，原定给付可以作为他种给付的"对价"。因此，依代物清偿的约定转让房屋所有权，亦可视作"有偿"转让。

⑤符合同等条件

⑥优先购买权存续

张某的优先购买权可因除斥期间经过而消灭。

---

〔1〕 朱庆育：《民法总论》，北京大学出版社2016年版，第281页。

对于出租人未履行通知义务情形下的承租人优先购买权的除斥期间，现行法上并未规定。《物权法解释一》第 11 条对于转让自己份额的共有人未履行通知义务情形下其他按份共有人优先购买权的除斥期间作了规定。鉴于两种优先购买权在制度目的、行使程序等方面有相似性，出租人未履行通知义务的情形下，承租人优先购买权之除斥期间亦可以类推上述司法解释的规定而核定为 6 个月左右。

张某主张优先购买权的时点相比于房屋转让的时点已过去 6 年，合理的除斥期间显然已经过，优先购买权已经消灭。

2）其他要件无需再检视

（2）请求权的消灭、被请求人的抗辩权：无需再检视

2. 结论

张某无权请求江河公司办理所有权移转登记。

（二）请求返还 2012 年 12 月 26 日以后的租金

1.《民法总则》第 122 条的请求权

"非统一说"之下，按照当事人间有无给付关系，将不当得利区分为给付型不当得利和非给付型不当得利。在适用上，前者具有优先性。

（1）请求权的发生

结合《民法总则》第 122 条与学理，给付型不当得利的要件有：<u>其一，被请求人受有利益；其二，受益源于请求人的给付；其三，给付目的未能实现</u>。由于前两个要件显然满足，以下着重检视要件三：

1）被请求人受有利益

2）受益源于请求人的给付

3）给付目的未能实现

在给付型不当得利中，认定得利人取得利益没有法律根据，以给付目的未能实现作为标准。给付目的未能实现，常见情形有给付义务自始不存在、嗣后消灭以及因其他障碍未能实现。

①2012 年 12 月 26 日~2019 年 3 月的租金

在此期间，张某和江河公司之间存在有效的租赁合同。支付租金恰是合同主义务，因此张某对于江河公司的给付构成债务清偿，给付目的可以实现，张某受领并且保有租金并非没有法律依据。

②2019 年 4 月的租金

《合同法》第 228 条规定了出租人的权利瑕疵担保义务，一旦出租人违反之，承租人可取得减租权。减租权系形成权，只要出租人单方行使，即生减少租金之效果。在租金减少范围内，给付义务嗣后消灭，出租人受领保有该部分租金的法律原因亦相应地消灭。

江河公司保有其所受领 2019 年 4 月的一部分租金的法律原因可能为张某行使减租权而嗣后消灭。根据《合同法》第 228 条的规定，减租效果发生的要件包括：<u>其一，第三人对租赁物享有权利；其二，第三人主张权利，导致租赁物全部或者部分不能使用；其三，承租人同意接受履行。</u>

a. 第三人对租赁物享有权利

通过下文的分析结论可知，[1]2019 年 4 月时王某对门面房享有所有权。

b. 第三人主张权利，导致租赁物全部或者部分不能使用

王某所经营的布庄与张某的自行车行相邻，按照生活经验推测，若王某向张某主张权利，势必影响张某的正常经营。在本案这种商铺租赁中，正常经营恰恰是使用租赁物的重要方式，因此可以认为王某主张权利会对张某对门面房的使用造成妨害。

c. 承租人同意接受履行

该要件，类似于在买卖合同中买受人同意接受有瑕疵的标的物，意味着承租人无意采取与行使减价权相冲突的救济方式。该要件的设置有助于避免因多种功能上重叠的违约救济被采取而使得债权人获得额外的利益。

案情显示，在王某向张某主张权利后，张某"当即表示拒绝搬离"，可见其有意继续受领租赁合同上的给付，也即继续使用承租的门面房。因此可以认为该要件得到满足。

综上，减租的法律效果可以发生。张某 2019 年 4 月的一部分给付所对应的法律义务因其主张减租权而嗣后消灭，可以发生不当得利返还请求权。除此之外，在其他部分给付上请求权均不发生。

（2）请求权未消灭

无使该请求权消灭的事由。

---

[1] 详见本文"三、王某对江河公司的请求权"部分。

（3）被请求人无抗辩权

江河公司不享有任何抗辩权。

2. 结论

张某仅有权请求江河公司返还 2019 年 4 月的一部分租金，数额相当于其减租权行使效力所及的范围，而无权请求返还其他部分的租金。

（三）请求赔偿违反通知义务造成的损害

1. 《合同法》第 112 条的请求权

学理上，违约损害赔偿的类型分为替代给付的损害赔偿、迟延损害赔偿、固有利益的损害赔偿三种。[1]《合同法》第 112 条明文规定了迟延损害赔偿以及固有利益的损害赔偿。[2]此外，继续履行后仍不能填补的损害尚可以根据第 112 条请求赔偿，则更没有理由禁止对因无法继续履行所发生的损害请求赔偿，故而该条的逻辑亦隐含了法律对于替代给付的损害赔偿的认可。综上，对各种违约损害赔偿，只要《合同法》分则无特别规定，其请求权基础规范都是《合同法》第 112 条。

因此，张某或可因江河公司违反通知义务，而向其主张《合同法》第 112 条上的违约损害赔偿请求权。

（1）请求权的发生

结合《合同法》第 112 条与学理，违约损害赔偿的基本要件包括：其一，客观违约行为；其二，损害；其三，因果关系；其四，违法性；其五，无免责事由。在此基础上，如果违反的是方式性义务，[3]或者附随义务，[4]还需要具备过错要件。

1）要件分析

①客观违约行为[5]

客观违约行为的要件有：

---

〔1〕 韩世远：《合同法总论》，法律出版社 2018 年版，第 776~777 页。

〔2〕 朱广新：《合同法总则研究》（下册），中国人民大学出版社 2018 年版，第 702 页。

〔3〕 朱广新：《合同法总则研究》（下册），中国人民大学出版社 2018 年版，第 669~670 页。

〔4〕 首先，多数附随义务发挥保护功能，旨在保护合同当事人的固有利益，这与侵权法的功能交叉。其次，附随义务不得正面诉请履行，而只能在被违反后主张损害赔偿，此有别于一般的合同义务，更接近于侵权法上的"社会生活共同体中不侵害他人的不作为义务"。最后，从比较法来看，附随义务的发展史是一部合同责任的扩张史，这种扩张是为了解决旧的侵权法体系过于封闭所带来的救济范围狭隘问题。鉴于以上三点，附随义务与侵权行为分享类似的要件，尤其是过错归责，应无问题。

〔5〕 韩世远：《合同法总论》，法律出版社 2018 年版，第 477 页。

a. 合同成立并生效;

b. 依照约定、法律规定或者基本原则产生合同义务;[1]

c. 债务人不履行该义务。

从上文结论可知,张某和江河公司之间存在租赁合同。[2]《合同法》第230条规定了出卖租赁房屋之出租人负有"在出卖之前的合理期限内通知承租人"的通知义务。根据司法解释的规定,结合比较法经验,宜将该义务的性质认定为附随义务。[3]江河公司与湖海银行达成执行和解协议并且办理所有权移转登记之后,并未告知张某,系通知义务的不履行。

②损害

不同于大多数保护性的附随义务,通知义务发挥的是辅助功能,旨在促进债权人的合同履行利益得到最大程度的满足,[4]该功能的实现是通知义务本身的"履行利益"所在。承租人的合同履行利益在于尽可能全面地利用租赁物以最大限度满足自己的需要。在出租人欲出卖其租赁物时,有购买意向的承租人得以及时行使优先购买权成立买卖合同,以及此后通过履行成为所有权人进而实现对物的全面支配,[5]都可以看作是租赁合同履行利益的延伸;没有购买意向的承租人在接到通知之后,提前做好所有权人变更可能给自己带来影响的准备,也有利于对租赁合同履行利益既有的实现状态的最大限度保持。

张某主张行使优先购买权,出于案例分析推进的需要,暂且假设他已证明自己先前有高度意愿也有充足资金行使优先购买权。[6]由于江河公司不履行通知义务,张某未在除斥期间届满之前行使优先购买权,致使实体权利消灭,无法与江

---

[1] 韩世远:《合同法总论》,法律出版社 2018 年版,第 476~477 页。

[2] 详见本文"一、张某对江河公司的请求权"部分。

[3] 戴孟勇:"论优先购买权中的通知义务",载《云南社会科学》2019 年第 4 期。

[4] 王泽鉴:《债法原理》,北京大学出版社 2013 年版,第 84 页。

[5] 即使该买卖合同出现了可归因于出租人的给付不能,承租人也可以取得相当于门面房实际市场价值的损害赔偿,所处的利益状态与合同得到履行一致。可见,不论买卖合同是否最终得到履行,承租人因出租人违反通知义务所受到的履行利益损失是一致的。

[6] 优先购买权是民事权利,权利人享有行使与否的自由。即使江河公司在 2012 年将转让事实及时通知张某,张某最终行使权利也只是盖然性事件。而只有在确定行使优先购买权的情况下才会发生相当于门面房市场价值与合同价款差额的履行利益损害,因此损害发生也只是盖然性事件。若当时张某客观上没有充足资金或主观上没有高度的意愿,即使江河公司及时通知,最终张某实际行使权利的可能性也不大,进而产生损害的概率也小。如果仅凭张某的事后主张便认定有损害发生,进而判决江河公司为履行利益之赔偿,恐怕有失公平,可能诱发道德风险。因此,除非承租人能证明自己有相应的资力和高度的意愿来行使优先购买权,否则不宜一般性地认定存在损害而支持承租人的诉求。

河公司之间按同等条件成立买卖合同，并通过履行最终获得门面房的所有权，受有通知义务之"履行利益"上的损害。

③因果关系

正是由于江河公司未在合理期限内通知张某房屋转让的事实和条件，张某无法及时就是否主张优先购买权作出考量和决定，进而致使优先购买权因最长除斥期间经过而消灭。而基于前述假设（即张某已经证明自己有充足资金也有高度意愿行使优先购买权），张某的"履行利益"损害因无法再主张权利而产生。

④违法性

本案无任何可以阻却江河公司违约行为之违法性的事由。

⑤过错

过错包括故意和过失两种形态。江河公司不仅未履行告知义务，反而自居于所有权人地位继续签订租赁合同并收取租金长达6年，显然具备故意。

⑥无免责事由

《合同法》第117条规定不可抗力是违约责任的免责事由。江河公司就通知义务的违反并非因为不可抗力，不能免责。

2）法律效果分析

根据《合同法》第113条，江河公司应当赔偿张某"履行后可以获得的利益"。

如果江河公司及时履行通知义务，在有资力且有意愿的情况下，张某将行使其优先购买权进而在他与江河公司之间以租赁物为标的成立房屋买卖合同，一旦该合同得到履行，张某可以取得房屋所有权；纵使合同因为江河公司方面的原因未得到履行，张某也可以得到相当于门面房市场价值的违约损害赔偿（但是要扣除其所应支付的房屋价款）。因此，张某在通知义务"履行后可以获得的利益"应当相当于2019年4月时门面房的市场价值减去他在房屋买卖合同项下应当支付的价金的差额。[1]

在此基础上，《合同法》以及司法解释还规定了一些限制损害赔偿范围的规则，包括可预见性规则、减损规则、与有过失规则、损益相抵规则，但是本案中显然不存在这些限定规则可适用的条件。

---

[1] 戴孟勇："论优先购买权中的通知义务"，载《云南社会科学》2019年第4期。

（2）请求权的消灭

无使该请求权消灭的事由。

（3）被请求人的抗辩权

江河公司不享有抗辩权。

（4）结论

张某有权基于《合同法》第 112 条请求江河公司赔偿相当于 2019 年 4 月时门面房的市场价值与他在房屋买卖合同项下应当支付的价金之差的履行利益损害。

2. 《侵权责任法》第 6 条第 1 款的请求权

作为"一般侵权行为条款"，《侵权责任法》第 6 条第 1 款在解释上存在争议：有观点从文义出发，认为本条对于权利和利益同等保护；[1]还有观点认为应当借鉴《德国民法》第 823 条、第 826 条，将本条限缩为三个独立的请求权基础，实现权利和利益的区分保护，达到平衡权益保护和行为自由的目的。[2]

笔者赞同借鉴德国模式对本条进行目的性限缩。通过该路径，可以认为《侵权责任法》第 6 条第 1 款包含三个"小的一般条款"：其一，行为人因过错侵害他人绝对权造成损害的，应当承担侵权责任；其二，行为人因违反保护他人的法律造成损害的，应当承担侵权责任；其三，行为人以违背善良风俗的方法，故意造成他人损害的，应当承担侵权责任。[3]此三项请求权基础各有不同的要件。

（1）请求权的发生

1）过错侵害绝对权

该项请求权基础的适用以受侵害客体系绝对权为前提。本案中，张某可能受侵害的"权利"似乎唯有优先购买权。但是首先，我国现行法上承租人的优先购买权并非绝对权。其次，优先购买权作为一项形成权，其特殊性质决定了其没有受到侵害的可能性。[4]因此，该项请求权基础不能适用。

---

〔1〕 王胜明主编：《中华人民共和国侵权责任法解读》，中国法制出版社 2010 年版，第 6～10 页。

〔2〕 葛云松："《侵权责任法》保护的民事权益"，载《中国法学》2010 年第 3 期。

〔3〕 葛云松："一份基于请求权基础方法的案例练习报告——对于一起交通事故纠纷的法律适用"，载《北大法律评论》2015 年第 16 卷第 2 辑。

〔4〕 芮沐：《民法法律行为理论之全部》，中国政法大学出版社 2003 年版，第 10 页。

2）违反保护他人之法律

此项请求权基础的要件包括：**其一，违反保护他人法律之行为；其二，该行为侵害了法律所保护的权利或者利益；其三，造成保护范围内他人的损害；其四，因果关系；其五，违法性；其六，过错。**

江河公司没有履行《合同法》第 230 条所规定的通知义务。但违反该条的法律后果系《合同法》第 112 条的违约责任，而不是侵权责任，[1]故本条不是侵权法意义上的"保护他人的法律"。由于要件一不满足，其他要件不必再检视。

3）以违背善良风俗的方法故意加损害于他人

此项请求权基础的要件包括：**其一，违背善良风俗的行为；其二，损害；其三，因果关系；其四，加害人故意。**

①违背善良风俗的行为

违背善良风俗的行为，即应在社会道德层面作出负面评价的行为。[2]就日常经验来看，虽存在《合同法》229 条等制度，但所有权人的变更仍可能给承租人合同利益的实现带来一些不便，故基于诚信原则，出租人应将转让事实通知承租人，以便其预先应对，将不利影响尽可能降低。但本案中，江河公司违背诚信原则，刻意隐瞒房屋转让的事实，妨害张某优先购买权的自由行使，最终致该权利因除斥期间经过而消灭，道德上应当给予负面评价，属于违背善良风俗的行为。

②损害

基于前文的假设，[3]张某本来有意愿也有资力行使优先购买权，但是由于没有了解到转让房屋的相关信息，他无法及时主张，进而因最长除斥期间经过而丧失权利。张某因此丧失的可得利益是其损害，范围相当于 2019 年 4 月时门面房的市场价值与他在房屋买卖合同项下应当支付的价金之差额。

③因果关系

江河公司违反通知义务的悖俗行为与张某可得利益的丧失之间，显然符合条件关系和相当性，满足因果关系要件。

---

〔1〕 韩世远：《合同法学》，高等教育出版社 2010 年版，第 460 页。
〔2〕 王泽鉴：《侵权行为》，北京大学出版社 2016 年版，第 330 页。
〔3〕 详见本文"一、张某对江河公司的请求权"部分。

④加害人故意

案情虽然没有明示江河公司未通知张某房屋转让的事实是出于何种主观状态，但是从 2013 年初江河公司明知自己已经不是租赁物的所有权人仍与张某订立租赁合同来看，其在此前的未告知的直接意图在于继续谋取租金利益。作为有丰富交易经验的商人，江河公司应明知这种隐瞒可能妨碍张某优先购买权的行使造成一系列损害，但其却放任这种结果的发生，可见主观状态应为故意，满足过错要件。

⑤结论

江河公司故意隐瞒房屋转让的事实，构成以违背善良风俗的方法故意损害他人。

（2）请求权未消灭

无使该请求权消灭的事由。

（3）被请求人无抗辩权

江河公司不享有抗辩权。

3. 结论

张某有权基于《侵权责任法》第 6 条第 1 款请求江河公司赔偿相当于 2019 年 4 月时门面房的市场价值与他在房屋买卖合同项下应当支付的价金之差的可得利益损害。

（四）请求赔偿 2019 年 4 月以后不能继续经营的损害

1. 《合同法》第 42 条的请求权

张某和江河公司之间的合同有效，并不妨碍缔约过失责任的适用。[1]缔约过失责任的要件有：其一，订约过程中；其二，一方违反先合同义务；其三，过错；其四，损害；其五，因果关系。[2]第一、二、三、五个要件显然满足，以下着重检视损害要件：

既然张某误以为江河公司仍为所有权人，其对于真实所有权人会向其主张权利必然毫无预期。加之在没有收到出租人欲终止合同的提前通知的情况下，张某

---

〔1〕 韩世远：《合同法总论》，法律出版社 2018 年版，第 166～168 页。
〔2〕 王泽鉴：《法律思维与案例研习：请求权基础理论体系》，元照出版有限公司 2019 年版，第 439 页。

合理地信赖租赁合同可以长期存续，因而会按照自己长期经营的商业计划投入资金。如今因真实权利人的主张权利，2019 年 4 月以后张某将不能继续经营，这种投入因已然难以收到预期回报而变得毫无意义。因此，可认为张某受有信赖利益的损害，范围相当于其投入的资金数额。

要件全部满足，请求权发生。无使该请求权消灭的事由，江河公司不享有任何抗辩权。因此，张某可依据《合同法》第 42 条请求江河公司赔偿其无法继续经营产生的信赖利益损害。

2. 《侵权责任法》第 6 条第 1 款的请求权

张某并无绝对权受侵害，亦无法检索到有法律规定江河公司的实情告知义务。可能的请求权基础只有前述第三项，即故意悖俗型侵权。

江河公司订约时故意隐瞒自己并非所有权人的事实与张某订立合同，导致张某因无回报的支出而受有损害，满足故意悖俗型侵权的全部要件，请求权发生。无使该请求权消灭的事由，江河公司亦不享有抗辩权。因此，张某可以依据《侵权责任法》第 6 条第 1 款请求江河公司赔偿其因无法继续经营产生的纯粹经济损失。

3. 请求权竞合：择一行使

二、王某对张某的请求权

（一）请求返还门面房

1. 类推适用《合同法》第 235 条的请求权

王某和张某之间可能存在不定期租赁合同，而王某要求张某搬离可以理解为是依据《合同法》第 232 条第 2 句行使任意终止权，合同因而消灭。此时王某或可类推适用《合同法》第 235 条请求张某返还房屋。

上述租赁物返还请求权的类推适用以王某和张某之间存在不定期租赁合同且王某任意终止为前提。王某可能因为《合同法》第 229 条所规定的法定合同地位概括移转而替代江河公司成为不定期租赁合同的当事人。然而，《合同法》第 229 条的适用范围仅是租赁物所有权之让与人为出租人的情形。[1]但是此处所有

---

〔1〕 王泽鉴：《民法学说与判例研究》（重排合订本），北京大学出版社 2015 年版，第 1085 页。

权的让与人为湖海银行，而出租人却为江河公司，显然不在该规则的适用范围之内。因此，即使在张某和江河公司的租赁合同存续期间，湖海银行把房屋所有权转让给王某，也不会发生租赁合同中出租人地位的法定概括移转。可见前述前提显然不具备，因此王某不能类推《合同法》第 235 条请求张某返还房屋。

2. 《物权法》第 34 条的请求权

（1）请求权的发生

王某或可基于《物权法》第 34 条请求张某返还房屋。该条规定的是物权人的原物返还请求权，其要件为：其一，请求权人为物权人；其二，被请求人是物的现实占有人；其三，无占有本权。本案事实显然满足前两个要件，以下着重检视张某有无占有本权。

1）请求权人为物权人

①江河公司与湖海银行公司之间的物权变动

a. 物权合意

b. 所有权移转登记

c. 处分权

②湖海银行和王某之间的物权变动

a. 物权合意

b. 所有权移转登记

c. 处分权

2）被请求人是物的现实占有人

3）无权占有权

占有本权，既有可能是物权，也有可能是债权。[1]本案中，张某对于门面房不享有任何物权，仅享有租赁权。然而，该租赁权产生于张某与江河公司之间的租赁合同，王某并非该合同的当事人，因而不受拘束。故相对于王某，张某的占有是无权占有。原物返还请求权的要件全部具备，请求权发生。

（2）请求权未消灭

（3）被请求人无抗辩权

---

[1] 王泽鉴：《民法物权》，北京大学出版社 2010 年版，第 121～122 页。

无使该请求权消灭的事由，张某也不享有抗辩权。因此，王某可以基于《物权法》第 34 条请求张某返还门面房。

3. 《物权法》第 245 条第 1 款第 1 分句的请求权

《物权法》第 245 条第 1 款第 1 分句规定了占有人享有的占有物返还请求权，其要件包括：其一，请求权人为物之占有人；其二，占有被侵夺；其三，非基于占有人的意思；其四，侵夺具备违法性。[1] 王某既非门面房的直接占有人，又非间接占有人，因此第一个要件明显不具备。王某不享有本条所规定的占有物返还请求权。

4. 《民法总则》第 122 条的请求权

由于张某和王某之间明显不存在给付关系，因此仅需考虑各类非给付型不当得利，本案中最具有可能性的是权益侵害型不当得利。对于"侵害他人权益"的判断，学理上存在"违法性说"和"权益归属说"的争议。由于不当得利制度旨在纠正违反财产法权益归属秩序的权益变动，而该制度目的的实现无需关注不当得利的过程合法与否，[2] 因此笔者更赞同以"权益归属说"作为"侵害他人权益"的判断标准。结合《民法总则》第 122 条与"权益归属说"的原理，权益侵害型不当得利的要件包括：其一，被请求人受有利益；其二，利益本应归属于请求人；其三，利益的变动没有法律根据。

本案事实显然具备这些要件，请求权发生。该请求权不存在消灭事由，张某不享有抗辩权。因此，王某可以基于《民法总则》第 122 条向张某请求返还房屋的占有，表现形式即为原物的返还。

5. 《侵权责任法》第 6 条第 1 款的请求权

《侵权责任法》第 6 条第 1 款最典型的法律后果是损害赔偿，广义损害赔偿可以包括返还原物。[3] 因此，王某或可基于《侵权责任法》第 6 条第 1 款请求张某返还门面房。

该条的其他要件本案事实显然都具备，在此着重分析过错要件：

张某的主观上显然没有侵害王某所有权的故意，但是其是否有过失，值得讨

---

[1] 张双根：《物权法释论》，北京大学出版社 2018 年版，第 288～289 页。
[2] 王泽鉴：《不当得利》，北京大学出版社 2015 年版，第 140～141 页。
[3] 王泽鉴：《损害赔偿》，北京大学出版社 2017 年版，第 119 页。

论。2013年初，门面房所有权变动已经载入登记簿，然而张某却在未查阅登记簿的情况下即与江河公司缔约，可否据此认为张某存在过失？笔者认为至少本案中不可以。考虑到此前张某与江河公司曾就同一租赁物订立2年期的租赁合同，并且顺利履行完毕，没有发生纠纷，双方已经建立了良好的信赖关系。基于此，再次缔约时，在江河公司没有特别说明也不存在其他显著客观情事的情况下，张某有充分理由相信房屋所有权没有发生变动进而不必再去查阅登记簿，故不能认定他有过失。

由于过错要件不具备，请求权不发生。王某不能基于《侵权责任法》第6条第1款请求张某返还房屋。

（二）请求"赔偿损失"

王某请求张某"赔偿损失"，从规范视角理解该主张，可能对应支付租金、使用利益之不当得利返还、无法使用造成的损害之赔偿三种形式的请求目标，数额的计算期间应当为2018年11月~2019年4月。该期间王某与张某间没有租赁合同，因此仅后二者系可能的请求目标。

1. 类推适用《物权法》第243条的请求权

使用和收益是所有权典型权能中关联程度最高的两项，可以统一于广义的"收益"概念之下。[1]在此意义上，虽然《物权法》第243条仅规定了无权占有期间孳息的返还，但是宜认为使用利益的返还也应作相同的处理。[2]因此，王某或得类推适用《物权法》第243条请求张某返还2018年11月至2019年4月期间的门面房使用利益。

（1）请求权的发生

该条的要件包括：

1）请求人得主张原物返还请求权：显然具备[3]

2）占有人在占有期间使用占有物：显然具备

3）占有人非为善意占有，或者虽为善意占有但请求人已向其支付因维护该

---

[1] 刘家安：《物权法论》，中国政法大学出版社2015年版，第89页。
[2] 张双根：《物权法释义》，北京大学出版社2018年版，第235页。
[3] 席志国："论德国民法上的所有人占有人关系——兼评我国《民法典》第459－461条之规定"，载《比较法研究》2020年第3期。

不动产或者动产支出的必要费用[1]

基于同江河公司之间的租赁合同，张某以承租人（债权人）的意思占有并使用系争门面房，对于江河公司构成善意他主占有无疑。然而，作为债权的租赁权是相对权，承租人仅得向出租人主张，其效力不及于合同以外的其他人。真实所有权人王某不是租赁合同的当事人，江河公司出租房屋亦未得到真实所有权人的授权，故相对于王某，张某对门面房的使用明显已经超出了其所信赖的占有本权之效力范围，不能构成善意占有。

4）请求人对物的权利包含使用权能

要件全部满足，请求权发生。

（2）请求权的消灭

使用权能系所有权的典型权能之一。其他内容上包含物的使用的权利，不论是物权还是债权，追根溯源都来自所有权的"分离"。[2]在这个意义上，可以认为物的使用利益会以多种形式最终归属于其所有权人，[3]因此物的使用人向所有权人进行给付一般能够终局地清偿以使用利益为内容的债务。租金系物之使用利益的转化形式，张某在 2018 年 11 月~2019 年 4 月向江河公司支付租金，可以认为他以门面房的使用利益为实质内容已经有所支出。此种支出基于张某的一种信赖：门面房的使用利益最终归属于所有权人江河公司，因此向江河公司支付租金能够终局地清偿以使用利益为内容的债务。关键在于，张某的这种信赖是否为法秩序所保护？

信赖保护作为一种法律技术，通过规定特定情形下法律效果如同交往当事人基于某种外观所信赖的内容为真实般发生，来稳定交易和促进市场要素流通。[4]该技术的运用可以体现在《民法总则》第 172 条、《合同法》第 80 条第 1 款、《储蓄管理条例》第 31 条第 2 款等规范中。这些规范所涉情形的共同点是：受保

---

〔1〕 对《物权法》第 243 条但书进行反面解释可知：如果权利人不向善意占有人支付因维护该不动产或者动产支出的必要费用，则无权请求返还使用利益和孳息。

〔2〕 史尚宽：《物权法论》，中国政法大学出版社 2000 年版，第 61 页；［德］鲍尔、施蒂尔纳：《德国物权法》（上册），张双根译，法律出版社 2004 年版，第 32 页。

〔3〕 即使他人对该物享有以使用为内容的用益物权，在设立用益物权的原因法律关系中，所有权人通常亦可以获得对价，此种对价作为使用利益的转换形式最终归属于所有权人。

〔4〕 ［德］拉伦茨：《德国民法通论》（上册），谢怀栻、王晓晔等译，法律出版社 2013 年版，第 60 页；［德］拉伦茨：《德国民法通论》（下册），谢怀栻、王晓晔等译，法律出版社 2013 年版，第 886 页。

护者信赖的形成并非基于他自己的过失，且遭受不利益者更有能力控制导致或者维持这种信赖的因素。[1]对其他类似的情形，基于评价统一性，可类推适用上述规范，作类似处理。在本案中，其一，如上文所论述，[2]张某对于不知门面房已经转让的事实并无过失。其二，王某是门面房受让人，且与张某相邻经营，完全有能力去消除张某对于江河公司仍系所有权人的信赖。综上可见，本案与前述规范所涉情形类似，张某的信赖应受保护。因此，在张某已经向其所认为的所有权人江河公司支付门面房使用利益的转化形式—租金的情形下，其效果可以类推适用《合同法》第80条第1款所规定的未受让与通知的债务人向原债权人提出给付的法律效果，即构成对以门面房使用利益为内容的债务的终局性清偿。相应地，王某同样以门面房使用利益为内容的不当得利返还请求权因此而消灭。

（3）结论

王某不得类推适用《物权法》第243条请求张某返还2018年11月～2019年4月期间的门面房使用利益。

2. 《侵权责任法》第6条第1款的请求权

与上文同理，[3]张某2019年4月8日前并没有收到交易当事人的任何通知，案情也并未显示此前曾出现任何显示门面房所有权发生变动的客观情事，因此张某对不知所有权变动而继续占有并无过失，过错要件不具备。因此，王某无法基于《侵权责任法》第6条第1款请求张某赔偿2018年11月以后自己无法使用房屋的损害。

3. 结论

王某无权请求张某"赔偿损失"。

三、王某对江河公司的请求权

（一）请求转让门面房的间接占有

1. 《物权法》第34条的请求权

面对物的间接占有人，原物返还请求权的效果可以表现为无权占有人为向物

---

[1] [德] 拉伦茨：《德国民法通论》（下册），谢怀栻、王晓晔等译，法律出版社2013年版，第886页。
[2] 详见本文"三、王某对江河公司的请求权"部分。
[3] 详见本文"三、王某对江河公司的请求权"部分。

权人为该物的间接占有的转让。[1]王某或得基于《物权法》第34条请求江河公司转让门面房的间接占有。

2019年4月，王某是门面房的所有权人，而江河公司是门面房的无权间接占有人，请求权发生。无使该请求权消灭的事由，江河公司亦无抗辩权。因此，王某可以基于《物权法》第34条请求江河公司转让门面房的间接占有。

2. 《物权法》第245条第1款第1分句的请求权

王某既非门面房的直接占有人也非间接占有人，因此明显不具备占有物返还请求权的要件，请求权不发生。

3. 《民法总则》第122条的请求权

江河公司无法律依据而受有本应归属于所有权人王某的间接占有利益，满足权益侵害型不当得利的全部要件，请求权发生。无使该请求权消灭的事由，江河公司亦无抗辩权。因此，王某可以基于《民法总则》第122条向江河公司请求返还房屋的间接占有。

（二）请求返还 2018 年 11 月后收取的租金

1. 类推适用《合同法》第404条（结合《民法总则》第121条）的请求权

基于无因管理和委托合同在为他人处理事务方面的类似性，针对受益人对于管理人的财产转交请求权，或可类推《合同法》第404条作为请求权基础。因此，管理人的管理行为若满足《民法总则》第121条的要件，受益人可以类推适用《合同法》第404条请求管理人转交处理事务取得的财产。

《民法总则》第121条所规定的无因管理要件包括：其一，无法定或约定义务；其二，为他人管理事务；其三，为他人利益而管理的意思；其四，管理客观上有利于本人。

江河公司主观上无为所有权人管理之意思，[2]要件三明显不满足，请求权不发生。王某不能类推适用《合同法》第404条向江河公司请求返还租金。

2. 《物权法》第243条的请求权

江河公司所收取的租金，乃系争门面房的法定孳息。就无权占有期间各类孳

---

〔1〕［德］鲍尔、施蒂尔纳：《德国物权法》（上册），张双根译，法律出版社2004年版，第208～209页。
〔2〕 对于不法管理，《民法典》合同编二审稿第772条曾规定参照不当得利的有关规则，后被删去。《民法典》对不法管理的法律适用未作规定。

息的不当得利返还而言，应适用《物权法》第243条。

本案事实显然满足《物权法》第243条的全部要件，请求权发生。该请求权不存在消灭事由，江河公司亦无任何抗辩权。因此，王某可以基于《物权法》第243条向江河公司请求返还2018年11月后收取的租金。

（三）请求赔偿2018年11月后不能使用房屋所受到的损失

1. 《侵权责任法》第6条第1款的请求权

（1）请求权的发生

过错侵害绝对权的要件，包括：其一，侵害行为；其二，绝对权受侵害；其三，损害；其四，因果关系；其五，违法性；其六，过错。

1）构成要件分析

本案事实显然具备上述全部要件。

2）法律效果分析

对于房屋使用利益的金钱计算，假设租赁合同约定的租金标准和市场标准相同，参考《城镇房屋租赁合同司法解释》第5条第1款，赔偿数额即相当于该期间的租金数额。

在此基础上，需要检视是否存在《侵权责任法》第26条规定的受害人与有过失。王某与张某系相邻店铺的经营者，只需简单告知就可尽早消除误会，避免自己损害的发生或者扩大。然而，王某取得所有权后没有及时告知张某，而是在5个月后才有所主张，具有过失。衡量双方过错程度，江河公司的赔偿范围可以减轻。

（2）请求权未消灭

无使该请求权消灭的事由。

（3）被请求人无抗辩权

江河公司不享有任何抗辩权。

2. 结论

王某可以基于《侵权责任法》第6条第1款向江河公司请求赔偿2018年11月～2019年4月无法使用房屋之损失，赔偿数额在相当于江河公司在此期间收取的租金数额的基础上，因王某与有过失，可以有所减少。

（四）请求权竞合：（二）、（三）两项请求权择一行使

四、王某对湖海银行的请求权

王某与湖海银行之间订有买卖合同，但是王某尚未取得门面房的占有，因此可能向湖海银行提出交付房屋的请求目标。

（一）请求交付房屋

1. 基于房屋买卖合同的请求权

（1）请求权的发生

王某与湖海银行间的买卖合同于 2018 年 5 月成立，不存在效力瑕疵，约定了交付门面房义务，履行请求权显然可以发生。

（2）请求权的消灭

该请求权可能因清偿而消灭。本案中王某和湖海银行约定系争房屋若有占有人员则由王某清理，或可认为是以返还请求权之让与代替交付。

由于逻辑上所有物返还请求权不能脱离所有权而独立存在，因此得让与的请求权应仅限于债权性质。[1] 通过下文的分析可知，[2] 2018 年 5 月时湖海银行基于《物权法》第 34 条或者《民法总则》第 122 条对张某享有返还请求权，后一项即为债权性质。虽然该请求权已经罹于诉讼时效，但权利本身不消灭，故仍不妨碍其可让与性。[3] 返还请求权让与之替代交付效果的发生，原则上不以通知第三人（债务人）为必要。[4] 因此，应当将湖海银行与王某的约定认为系双方就返还请求权让与达成的合意，替代交付的清偿效果在当时即可发生。

2. 结论

王某基于房屋买卖合同的请求权因清偿而消灭。

（二）结论

王某不得请求湖海银行交付房屋。

---

〔1〕 ［德］鲍尔、施蒂尔纳：《德国物权法》（下册），申卫星、王洪亮译，法律出版社 2006 年版，第 382 页。

〔2〕 详见本文"六、湖海银行对江河公司的请求权"部分。

〔3〕 王某取得的是带有时效抗辩权的不当得利返还请求权，貌似对他不利。然而，不动产物权变动中，交付并非所有权变动的要件，王某已经通过过户登记取得房屋的所有权，完全可以基于所有物返还请求权来请求张某返还房屋，实现自己的请求目标。因此，可以认为此处的结论并不会实际给王某的利益带来太大影响。但是，如果抛开本案的不动产交易情境，面对动产物权变动时，由于交付是动产物权变动的要件，决定着对于动产控制力的转移，如果让与的是罹于诉讼时效的返还请求权则无法实现该目的，仍应当认为交付没有完成。综上，笔者认为，让与罹于诉讼时效的返还请求权是否构成"返还请求权让与"而发生清偿效果，要区分不动产物权和动产物权进行判断。

〔4〕 王泽鉴：《民法物权》，北京大学出版社 2010 年版，第 100 页。

五、湖海银行对张某的请求权

（一）请求支付 2012 年 12 月 26 日～2013 年初的房屋使用费

房屋使用费，既可能表现为租金，也可能表现为使用利益的不当得利返还，还可能表现为损害赔偿。

1. 基于租赁合同（2010 年 12 月签订）的租金请求权

（1）请求权的发生

根据《合同法》第 229 条，2012 年 12 月 26 日张某在租赁合同上的地位概括移转给湖海银行，该日起至 2013 年初期间湖海银行系出租人。依据租赁合同，湖海银行对张某享有该期间的租金请求权。

（2）请求权未消灭

该请求权可能因为张某的清偿而消灭。

根据《合同法》第 89 条，合同地位承受中涉及合同权利的部分可以适用债权让与的规定。根据《合同法》第 80 条第 1 款的规定，若债权人未将债权已让与的事实通知债务人，则债权让与对债务人不生效力，这意味着：此时债务人若向原债权人给付，仍是有效的清偿。

《合同法》第 229 条的合同地位移转与租赁物所有权变动同时发生，本案中即为 2012 年 12 月 26 日。然而江河公司和湖海银行均未将该事实告知张某。参照《合同法》第 80 条第 1 款，张某不知出租人已经变更，仍向江河公司支付租金，基于信赖保护，仍发生清偿的效果，湖海银行的请求权因而消灭。

（3）结论

湖海银行不能基于合同请求张某支付 2012 年 12 月 26 日～2013 年初的租金。

2. 类推适用《物权法》第 243 条的请求权

根据上文，[1] 2012 年 12 月 26 日～2013 年初张某和湖海银行间存在租赁合同，故张某并非无权占有。所有权人湖海银行无法向张某主张原物返还请求权，不具备《物权法》第 243 条的要件，请求权不发生。

3. 《民法总则》第 122 条的请求权

2012 年 12 月 26 日～2013 年初该期间张某和湖海银行之间存在租赁合同。

---

〔1〕 详见本文"一、张某对江河公司的请求权"部分。

张某基于租赁合同占有使用房屋，具有法律根据，显然不构成不当得利。

4.《侵权责任法》第 6 条第 1 款的请求权

2012 年 12 月 26 日～2013 年初该期间张某和湖海银行之间存在租赁合同，张某基于合同对于湖海银行享有租赁权，其占有、使用门面房系权利的正当行使，不具有违法性，显然不构成侵权行为。

5. 总结

湖海银行无权请求张某支付 2012 年 12 月 26 日至 2013 年初的房屋使用费。

（二）请求支付 2013 年初～2018 年 11 月的房屋使用费

1. 基于租赁合同（2013 年初签订）的租金请求权

（1）请求权的发生

第一份合同于 2013 年初到期后，湖海银行并未与张某续订租赁合同。但江河公司可能作为湖海银行的代理人与张某缔约，从而使得租赁合同直接在湖海银行和张某之间成立。

根据《民法总则》第 162 条、第 161 条第 2 款，代理生效的要件有：<u>其一，行为具可代理性；其二，行为人作出意思表示；其三，以本人之名义；其四，代理权</u>。其中第一、二、四个要件显然具备，以下着重分析要件三。

①行为具可代理性

②行为人作出意思表示

③以本人之名义

该要件是代理法上显名原则的体现，其目的旨在保护交易第三人。然而，显名原则存在例外，即本人名义之显示对于第三人的利益并无影响的情形下，无需具备显名要件。[1]基于继续性合同的共性以及租赁本身的特性，租赁合同具有一定的人格性，双方当事人对于对方的个人因素都较为关注。[2]因此，在借助代理人订立租赁合同的情形下，难谓本人名义的显示对于第三人的利益无影响，故而本案非属显名原则之例外。案情显示江河公司并未以湖海银行名义与张某缔约，这不符合显名原则的要求，所以应当认为要件三不满足。

---

〔1〕 朱庆育：《民法总论》，北京大学出版社 2016 年版，第 336 页。
〔2〕 邱聪智：《新订债法各论》（上），中国人民大学出版社 2006 年版，第 228 页。

④代理权：无需检视

综上，湖海银行和张某间无租赁合同，湖海银行的合同履行请求权不发生。

2）其他要件：无需检视

（2）结论

湖海银行不能基于合同请求张某支付租金。

2. 类推适用《物权法》第 243 条的请求权

上文已经提到，[1] 对无权占有期间使用利益的不当得利返还可类推《物权法》第 243 条作为请求权基础。

（1）请求权示发生

该条的要件显然全部具备，请求权发生。

（2）请求权未消灭

无使该请求权消灭的事由。

（3）被请求人的抗辩权

张某或得以诉讼时效抗辩权对抗湖海银行的请求权。

诉讼时效抗辩权的要件包括：其一，债权请求权；其二，时效期间届满；其三，请求权人在时效期间内未主张请求权。

1）债权请求权

使用利益返还请求权属于债权请求权，可以适用诉讼时效制度。

2）时效期间届满

①起算点

根据 2008 年《最高人民法院关于审理民事案件适用诉讼时效制度若干问题的规定》（以下简称《诉讼时效司法解释》）第 8 条的规定，各类不当得利返还请求权诉讼时效的起算点为一方知道或者应当知道不当得利事实及对方当事人之日。案情未显示湖海银行何时明确得知这些信息，但湖海银行在取得所有权之后应在合理期限内派员接收，只要工作人员来到现场，就应能了解张某占有、使用门面房的事实。该合理期限暂且假定为 3 个月，亦即诉讼时效自 2013 年 3 月 26 日起算。

---

[1] 详见本文"三、王某对江河公司的请求权"部分。

②期间届满

本案中，应当适用《民法通则》第 135 条规定的 2 年普通诉讼时效。由于不存在诉讼时效中止、中断的事由，2015 年 3 月 26 日诉讼时效已经届满。

3）请求权人在时效期间内未主张请求权

自 2013 年 3 月 26 日起 2 年内，湖海银行并没有向张某主张其请求权。

4）结论

张某因湖海银行的请求权罹于 2 年诉讼时效而取得抗辩权。

3. 《侵权责任法》第 6 条第 1 款的请求权

除了过错要件，其他要件显然都具备。

与上文同理，张某 2012 年 12 月 26 日～2018 年 11 月期间并未收到交易双方的任何通知，此前也不曾出现其他显示所有权变动的客观情事，故张某对不知所有权变动而继续占有、使用门面房并无过失。过错要件不具备，请求权不发生。

因此，湖海银行不能基于《侵权责任法》第 6 条第 1 款请求张某赔偿 2012 年 12 月 26 日至 2018 年 11 月期间无法使用房屋的损害。

4. 总结

湖海银行无权请求张某支付 2013 年初～2018 年 11 月的房屋使用费。

（三）返还门面房（基准时：2018 年 5 月）[1]

1. 《物权法》第 34 条的请求权

2018 年 5 月，原物返还请求权的要件显然全部具备，请求权发生。本案不存在足以导致该请求权消灭的事由，张某也没有任何用以对抗的抗辩权。因此，湖海银行可以基于《物权法》第 34 条请求张某返还门面房。

2. 《民法总则》第 122 条的请求权

张某或得依据《民法总则》第 122 条请求张某返还门面房的占有，具体表现为原物返还的形式。

（1）请求权的发生

张某没有法律依据而受有本应归属于所有权人湖海银行的占有利益，权益侵

---

[1] 这里之所以特别分析 2018 年 5 月湖海银行与张某的法律关系，旨在为上文"三、王某对江河公司的请求权"部分的结论得出提供依据。

害型不当得利的要件全部具备，请求权发生。

（2）请求权未消灭

无使该请求权消灭的事由。

（3）被请求人的抗辩权

张某或得以时效抗辩权对抗湖海银行的请求权。

不当得利返还请求权属于债权请求权，可以适用诉讼时效制度。与上文同理，湖海银行在取得所有权后的合理期限内（假定为 3 个月）派员进行接收时应能了解张某不当占有房屋的事实和张某的身份，亦即至迟 2013 年 3 月 26 日诉讼时效起算。本处亦应当适用《民法通则》规定的 2 年普通诉讼时效，不存在诉讼时效中止、中断的事由，因此在 2015 年 3 月 26 日诉讼时效届满。在此期间，湖海银行没有主张其请求权。

张某因湖海银行的不当得利返还请求权罹于 2 年诉讼时效而取得抗辩权，得以对抗湖海银行依据《民法总则》第 122 条提起的返还房屋的主张。

（4）结论

湖海银行基于《民法总则》第 122 条的请求权不能强制实现。

六、湖海银行对江河公司的请求权

（一）请求返还 2012 年 12 月 26 日～2018 年 11 月的租金

1. 类推适用《合同法》第 404 条（结合《民法总则》第 121 条）的请求权

江河公司出租门面房，主观上系为己谋利而无为所有权人管理之意思，显然不满足真正无因管理的主观要件，财产转交请求权不发生。因此，湖海银行不能类推适用《合同法》第 404 条，向江河公司请求返还租金。

2. 《物权法》第 243 条的请求权

（1）请求权的发生

《物权法》第 243 条的要件显然全部满足，请求权发生。

（2）请求权未消灭

无使该请求权消灭的事由。

（3）被请求人的抗辩

江河公司或得以时效抗辩权对抗湖海银行的孳息返还请求权。

孳息返还请求权属于债权请求权，可以适用诉讼时效制度。湖海银行在取得门面房所有权后的合理期限内（假定为 3 个月）派员接收时，若对张某加以询问应可了解江河公司违法出租并收取租金的事实，亦即至迟自 2013 年 3 月 26 日起诉讼时效开始起算。本处应适用《民法通则》规定的 2 年普通诉讼时效，不存在时效中止、中断的事由，时效期间明显已经届满。在此期间，湖海银行没有主张返还租金。

江河公司因湖海银行的孳息返还请求权罹于 2 年诉讼时效而取得抗辩权。

（4）结论

湖海银行可以基于《物权法》第 243 条向江河公司请求返还 2012 年 12 月 26 日～2018 年 5 月期间收取的租金，但是该请求权不能强制实现。

3.《侵权责任法》第 6 条第 1 款的请求权

湖海银行或可基于《侵权责任法》第 6 条第 1 款向江河公司请求赔偿 2012 年 12 月 26 日至 2018 年 5 月期间无法使用房屋之损失，若采客观计算法，赔偿数额即相当于江河公司在此期间收取的租金数额（假设租赁合同约定的租金标准和市场标准相同）。

（1）请求权的发生

过错侵害绝对权型侵权的要件显然全部具备，请求权发生。

（2）请求权的消灭

无使该请求权消灭的事由。

（3）被请求人的抗辩

江河公司或得以时效抗辩权对抗湖海银行的请求权。

侵权损害赔偿请求权属于债权请求权，可以适用诉讼时效制度。与上文同理，湖海银行在取得所有权后的合理期限内（假定为 3 个月）派员接收时只需简单调查询问就应能了解江河公司侵害其所有权的事实，亦即至迟 2013 年 3 月 26 日诉讼时效开始起算。本案应适用《民法通则》规定的 2 年普通诉讼时效，不存在诉讼时效中止、中断的事由，时效期间已经届满。在此期间湖海银行没有主张其请求权。

江河公司因湖海银行请求权罹于 2 年诉讼时效而取得抗辩权。

（4）结论

湖海银行基于《侵权责任法》第 6 条第 1 款的请求权不能强制实现。

（二）结论

湖海银行的请求权不能强制实现。

七、《民法典》对本案法律适用的影响

（一）优先购买权制度中出租人违反通知义务的法律后果

《民法典》吸收了《城镇房屋租赁合同司法解释》第 21 条，在第 728 条规定，若出租人违反通知义务，承租人可以请求其承担损害赔偿责任。因此，承租人可以直接以《民法典》第 728 条作为请求权基础，而不必再诉诸合同编通则违约损害赔偿的一般规定。

（二）无因管理的财产转交请求权

《民法典》第 983 条规定了无因管理受益人的财产转交请求权。因此，受益人对管理所得财产转交的请求，可以以该条作为请求权基础规范，而无需再借类推技术去参照委托合同的规则。

（三）不当得利的请求权基础规范选择

《民法典》第 122 条（原《民法总则》第 122 条）与第 985 条文字表述大体相同，都可被认为是对不当得利请求权的基本规定。但笔者认为，应当以《民法典》第 985 条为请求权基础规范，理由如下：

首先，请求权基础规范必须是裁判规范。一般认为，《民法典》总则编第五章的价值是对于民事权利的宣示，[1] 对应地，本章多是描述性的条文。《民法典》第 122 条的体系位置决定了其仅是对不当得利制度的初步描述，而非请求权基础。否则，本条的存在不仅与第五章的功能相左，而且相对于该章的其他宣示性条文亦显突兀，有碍体系和谐。

再者，《民法典》第 985 条不仅规定各种类型不当得利的共通要件，还在但书中规定给付型不当得利的排除事由。"不存在法定排除事由"是给付型不当得利的特有要件，我国学理早已认可，但立法上一直缺失。此次补充的排除事由虽然相比于学理通说仍不完整，但不可否认其在规则供给上的进步意义。试想，如果认为不当得利的请求权基础仍在《民法典》第 122 条，则意味着给付型不当得利的要件在实证法上分离二处，这种格局无任何实益，反而徒增法律适用的繁琐。

---

〔1〕 李宇：《民法总则要义》，法律出版社 2017 年版，第 315 页。

首届全国鉴定式案例研习大赛第五名作品

刘　凝

（北京大学 2018 级硕博连读研究生）

目录

3. 《侵权责任法》第 6 条第 1 款上的侵权损害赔偿请求权（悖俗侵权）

4. 针对该请求目标的结论

（五）张某对江河公司的请求：返还 2012 年 12 月 26 日～2019 年 4 月支付的租金

1. 《民法总则》第 122 条上的不当得利返还请求权（给付型不当得利）

2. 针对该请求目标的结论

二、王某的请求部分

（一）王某对湖海银行的请求：赔偿房屋情况不符合约定的损失 X 元

1. 《合同法》第 112 条上的违约损害赔偿请求权

2. 针对该请求目标的结论

（二）王某对张某的请求：返还系争房屋占有

1. 《物权法》第 34 条上的原物返还请求权

2. 《侵权责任法》第 6 条第 1 款上的恢复原状请求权（狭义侵权）

3. 《民法总则》第 122 条上的不当得利返还请求权（权益侵害型不当得利）

4. 针对该请求目标的结论

（三）王某对张某的请求：因利用该房屋请求支付 X 元

1. 《侵权责任法》第 6 条第 1 款上的侵权损害赔偿请求权（狭义侵权）

2. 《民法总则》第 122 条上的不当得利返还请求权（权益侵害型不当得利）

3. 针对该请求目标的结论

（四）王某对江河公司的请求：因无权出租系争房屋支付 X 元

1. 《合同法》第 404 条上的履行请求权

2. 《侵权责任法》第 6 条第 1 款上的侵权损害赔偿请求权（狭义侵权）

3. 《民法总则》第 122 条上的不当得利返还请求权（权益侵害型不当得利）

4. 针对该请求目标的结论

三、湖海银行的请求部分

（一）湖海银行对张某的请求：支付 2012 年 12 月 26 日～2012 年 12 月 31 日的租金

1. 《合同法》第 226 条第 1 句上的合同履行请求权

2. 针对该请求目标的结论

（二）湖海银行对张某的请求：因利用该房屋请求支付 X 元

1. 《侵权责任法》第 6 条第 1 款上的侵权损害赔偿请求权（狭义侵权）

2. 《民法总则》第 122 条上的不当得利返还请求权（权益侵害型不当得利）

3. 针对该请求目标的结论

（三）湖海银行对江河公司的请求：返还 2012 年 12 月 26 日～2012 年 12 月 31 日的租金

1. 《民法通则》第 92 条上的不当得利返还请求权（权益侵害型不当得利）

2. 针对该请求目标的结论

（四）湖海银行对江河公司的请求：支付 X 元

1. 《合同法》第 404 条上的履行请求权

2. 《侵权责任法》第 6 条第 1 款上的侵权损害赔偿请求权（狭义侵权）

3. 《民法总则》第 122 条上的不当得利返还请求权（权益侵害型不当得利）

4. 针对该请求目标的结论

四、《民法典》之下的再分析

（一）主要规范替换汇总表（"现行规范"一栏加粗的为请求权基础）

（二）论证思路变化

一、张某的请求部分

（一）张某对江河公司的请求：交付系争房屋占有并移转所有权

1. 《合同法》第 135 条上的合同履行请求权[1]

本案中，张某"行使优先购买权"的主张可能指向江河公司或者湖海银行，在张某向江河公司主张行使优先购买权后，其或可基于《合同法》第 135 条请求江河公司交付系争房屋占有并移转所有权。

---

〔1〕 本文所认可的请求权基础其实是《合同法》第 8 条第 1 款（结合合同约定），此处更改参赛观点，采《合同法》第 135 条为请求权基础，主要是为了方便交流。

（1）请求权的发生

《合同法》第 135 条规定："出卖人应当履行向买受人交付标的物或者交付提取标的物的单证，并转移标的物所有权的义务。"该条的构成要件包括：其一，买卖合同成立；其二，买卖合同生效；其三，买卖合同未消灭；其四，履行期限届满。

就第一个构成要件"买卖合同成立"而言，张某与江河公司之间并未直接签订系争房屋的买卖合同。但是，张某或可基于《合同法》第 230 条主张其向江河公司行使优先购买权后双方之间就系争房屋存在买卖合同。

1）承租人优先购买权的法律效果

《合同法》第 230 条规定："出租人出卖租赁房屋的，应当在出卖之前的合理期限内通知承租人，承租人享有以同等条件优先购买的权利。"就该条所确立的承租人优先购买权行使之法律效果，我国学界素有争论。主流观点大致包括两类：

形成权说：此种学说认为，优先购买权系形成权，一旦行使，直接在承租人和房屋所有权人之间成立买卖合同。[1]

附强制缔约义务之请求权说：此种学说认为，优先购买权仅为请求权，承租人有权请求房屋所有权人与其缔约，换言之，所有权人负有强制缔约义务。[2]

上述两种观点在实质上其实差异不大，请求权说之下，所有权人负有强制缔约义务，即使其主观上拒绝承诺，承租人亦可请求法院作出意思拟制判决成立买卖合同。考虑到最终结果都是在承租人和所有权人之间成立买卖合同，形成权说相较于请求权说不仅在程序上更为便利，可以一次性实现规范追求的结果，还可省去法官额外解释之不便，更为合理。

既然承租人优先购买权的法律效果是在权利人和转让人之间直接成立买卖合同，进而需要考虑的是，本案中张某对江河公司是否享有优先购买权，以及该权利是否消灭、是否行使。

---

〔1〕 参见冉克平："论房屋承租人的优先购买权"，载《法学评论》2010 年第 4 期；常鹏翱："论优先购买权的法律效力"，载《中外法学》2014 年第 2 期。

〔2〕 参见最高人民法院民事审判第一庭编著：《最高人民法院关于审理城镇房屋租赁合同纠纷案件司法解释的理解与适用》，人民法院出版社 2016 年版，第 286~287 页。

2）张某对江河公司的优先购买权

《合同法》第230条规定："出租人出卖租赁房屋的，应当在出卖之前的合理期限内通知承租人，承租人享有以同等条件优先购买的权利。"该条的构成要件包括：其一，当事人之间存在有效的租赁关系；其二，出租人出卖租赁房屋。

①优先购买权的发生

张某和江河公司的租赁合同于2012年底到期，江河公司和湖海银行达成执行和解协议、抵偿借款发生在该租赁合同存续期间。但本案中，江河公司和湖海银行之间并非买卖合同，进而需要考虑，《合同法》第230条"出卖租赁房屋"应如何理解。

从文义解释出发，"出卖"并无疑义，理应解释为买卖关系，但此种解释将使得该条规范目的落空，当事人只需以非买卖的交易形式即可规避该条，但这些交易形式可能与买卖并无本质区别，均是交换价值的实现。所以，此处的"出卖"应解释为经济意义上的交换，包括互易、协议折价等情况，其核心在于交易的有偿性。[1]此种观点亦可得到实证法的支持，《城镇房屋租赁合同司法解释》第22条规定："出租人与抵押权人协议折价、变卖租赁房屋偿还债务，应当在合理期限内通知承租人。承租人请求以同等条件优先购买房屋的，人民法院应予支持。"本案中湖海银行不是抵押权人，但法律地位上与之相似，所以，本案中江河公司和湖海银行之间构成《合同法》第230条意义上的"出卖"，张某可以取得优先购买权。

所以，张某对江河公司主张的优先购买权基于《合同法》第230条发生。

②优先购买权的消灭

本案中，江河公司于2012年12月26日将系争房屋所有权转让给湖海银行，就此，江河公司或可基于《城镇房屋租赁合同司法解释》第24条第4项主张优先购买权已经消灭。[2]

《城镇房屋租赁合同司法解释》第24条第4项规定："具有下列情形之一，承租人主张优先购买房屋的，人民法院不予支持：……第三人善意购买租赁房屋

---

〔1〕类似观点，参见黄文煌、张鹏："房屋承租人优先购买权的解释论"，载《东吴法学》2013年秋季卷。

〔2〕还可以考虑的是张某享有的优先购买权因其未按"同等条件"行使而消灭（《合同法》第230条），对此需要结合标的物的具体情况判断。如果全部房产被认为在利用上具有紧密联系，则仅就某一房产主张优先购买权不属于"同等条件"，如果各处房产之间在功能和利用上具有较强独立性，则应允许承租人个别地主张优先购买权。结合案情，各处商铺在使用上被分割得很明确，应认为属于后一种情况。所以，张某享有的优先并未因不符合"同等条件"而消灭。

并已经办理登记手续的。"该项的构成要件包括：其一，第三人和出租人存在买卖关系；其二，已经办理变更登记；其三，第三人系善意。

本案中，湖海银行已经和江河公司签订了执行和解协议并完成变更登记，根据《物权法》第 9 条第 1 款第 1 分句的规定，湖海银行于登记完成后取得系争房屋的所有权。就湖海银行是否属于"善意第三人"，案情并未提供直接信息，一般认为，善意与否应由否认他人为善意者负担举证责任。[1]如果张某意图证明湖海银行非善意，唯一可能的因素是张某一直租用该房屋，湖海银行如果对房屋进行调查将意识到张某对于该房屋可能享有优先购买权。

就此问题，或可参考不动产善意取得中"善意"的认定。[2]在判断"调查占有"会否影响"善意"认定时，有观点认为，考虑到登记制度尚不完善以及不动产交易习惯的影响，不能仅以登记簿的记载情况为准，受让人是否实际考察了占有情况也应被纳入考虑。[3]对此本文以为，是否对受让人课加超越查询登记簿的调查义务，取决于登记制度的功能定位。如果法律试图建立起具有强大公信力的登记制度，则在不动产交易中，除非受让人事实上知道处分人的权利瑕疵，否则一律以登记簿上的记载情况作为判断标准。反之则需综合考虑其他交易因素。从立法政策出发，前一种立场不仅是应然层面的更优选择（降低整体交易成本），也与实然层面不动产统一登记制度的建立和完善进程相契合。正如有学者所言，法律应越来越强化而非弱化登记簿的推定力和公信力。[4]所以，在不动产交易中的各种具体制度上，"善意"的认定原则上无需考虑受让人是否调查了占有情况。

不惟如此，即使认为占有调查可能影响"善意"的认定，考虑到善意取得和优先购买权在法律构造上的差异，在第三人已经完成变更登记的情况下，张某的优先购买权仍然应归于消灭。在优先购买权之下，只要出租人与第三人完成了变更登记，即使认为承租人还可以行使优先购买权，不论就优先购买权的法律效果采何说，结果都是出租人对于承租人陷入法律上的履行不能，进而原给付义务

---

〔1〕 刘家安：《物权法论》，中国政法大学出版社 2015 年版，第 107 页；石一峰："私法中善意认定的规则体系"，载《法学研究》2020 年第 4 期。

〔2〕 参见最高人民法院民事审判第一庭编著：《最高人民法院关于审理城镇房屋租赁合同纠纷案件司法解释的理解与适用》，人民法院出版社 2016 年版，第 325～328 页。

〔3〕 参见许德风："不动产一物二卖问题研究"，载《法学研究》2012 年第 3 期；董学立："论'不动产的善意取得与无权占有'"，载《法学论坛》2016 年第 6 期。

〔4〕 程啸："不动产登记簿的权利事项错误与不动产善意取得"，载《法学家》2017 年第 2 期。

消灭，只能转向损害赔偿。[1]而此种损害赔偿请求权的法律效果，本就是违反通知义务的当然之义。对于善意取得，受让人的非善意将导致所有权变动处于效力待定状态，而受让人的非善意不会影响其与出租人之间已经完成的法律行为的效力，《城镇房屋租赁合同司法解释》第 24 条第 4 项的关键其实在于"已经办理登记手续"。[2]

综上，张某对于系争房屋处于占有状态并不会影响湖海银行是否善意的判断，本案中湖海银行应被认为属于"善意第三人"，张某基于《合同法》第 230条享有的优先购买权消灭。

既然该优先购买权已经消灭，那么，张某虽然向江河公司表示行使优先购买权，但并不能发生在其与江河公司之间成立以系争房屋为买卖标的物的买卖合同。

综上，《合同法》第 135 条的第一个构成要件"买卖合同成立"不满足，请求权不发生。

中间结论：张某基于《合同法》第 135 条请求江河公司交付系争房屋并移转所有权的请求权不发生。

（2）请求权的消灭、抗辩权

因该请求权未发生，所以无需检索。

小结：张某不能基于《合同法》第 135 条请求江河公司交付系争房屋并移转所有权。

2. 针对该请求目标的结论

经检索，本案中不存在其他可能的请求权基础。所以，张某不能向江河公司主张交付系争房屋占有并移转所有权。

（二）张某对江河公司的请求：赔偿未通知房屋转让造成的损失 X 元

1.《合同法》第 107 条第 3 种类型上的违约损害赔偿请求权[3]

本案中，江河公司并未告知张某其与湖海银行签订执行和解协议的情况，张

---

〔1〕 本文目前能想到的差异在于，如果承租人此时仍享有优先购买权并行使之，则在出租人、承租人和第三人之间形成双重买卖的关系，出租人对承租人陷入履行不能时承租人可或拒绝损害赔偿，转而对出租人主张获益交出请求权。类似案型下的分析可参见许德风："不动产一物二卖问题研究"，载《法学研究》2012 年第 3 期。

〔2〕 就此问题持类似结论者，参见朱晓喆："论房屋承租人先买权的对抗力与损害赔偿——基于德国民法的比较视角"，载《中德私法研究》第 9 卷。

〔3〕 关于合同上损害赔偿对应的请求权基础，理论上不无争议，本文所认可的观点为：对于替代给付的损害赔偿，以《合同法》第 107 条第 3 种类型作为请求权基础；对于与给付并存的损害赔偿，以《合同法》第 112 条为请求权基础。

某或可基于《合同法》第 107 条第 3 种类型请求江河公司赔偿未通知房屋转让造成的损失 X 元。

（1）请求权的发生

《合同法》第 107 条第 3 种类型规定，"当事人一方不履行合同义务或者履行合同义务不符合约定的，应当承担……赔偿损失等违约责任"。该条的构成要件包括：其一，被请求人有违约行为；其二，该违约行为具有违法性；其三，该违约行为不存在免责事由；其四，请求人发生损害；其五，请求人的损害和该违约行为有因果关系。

根据《合同法》第 230 条的规定，江河公司负有通知义务，在与湖海银行达成抵债协议后应通知张某相关事宜，但江河公司并未进行通知，构成对通知义务的违反。结合案情，该违约行为并不存在违法性阻却事由和免责事由。本案并未就损害给出明确事实，此处假定存在损害 X 元，唯需注意的是，不能直接将义务违反时的房屋市值与后续市值之差认定为损害，而需有事实证明承租人在当时情况下确有购置房屋的意图等，否则应认为没有损害。就因果关系而言，如果江河公司履行了通知义务，张某本可行使其优先购买权，进而与江河公司成立买卖合同，买卖合同的成立虽不必然使得张某最终取得系争房屋的所有权，但其所获得的债权人地位仍优于未履行通知义务的情况。所以，该损害的发生与江河公司的违约行为存在因果关系。

中间结论：张某基于《合同法》第 107 条第 3 种类型对江河公司请求赔偿未通知房屋转让造成的损失 X 元的请求权发生。

（2）请求权的消灭、抗辩权

经检索，本案中不存在该请求权的消灭事由或抗辩权。

小结：张某可以基于《合同法》第 107 条第 3 种类型请求江河公司赔偿未通知房屋转让造成的损失 X 元。

2.《侵权责任法》第 6 条第 1 款上的侵权损害赔偿请求权（狭义侵权）[1]

江河公司未通知张某便将系争房屋"出卖"给湖海银行，张某或可基于

---

[1] 关于一般侵权行为（过错责任）请求权基础的分析，参见葛云松："一份基于请求权基础方法的案例练习报告"，载《北大法律评论》第 16 卷第 2 辑。

《侵权责任法》第 6 条第 1 款（狭义侵权）向江河公司主张赔偿未通知房屋转让造成的损失 X 元。

（1）请求权的发生

《侵权责任法》第 6 条第 1 款（狭义侵权）规定："行为人因过错侵害他人民事权益，应当承担侵权责任。"该条的构成要件包括：其一，被请求人有加害行为；其二，该行为侵害他人之绝对权；其三，因为绝对权受侵害而发生损害；其四，因果关系；其五，加害行为具有违法性；其六，加害人有故意或者过失。

本案中，江河公司故意向张某隐瞒自身"出卖"房屋的事实，违反了《合同法》第 230 条规定的通知义务，构成加害行为，但此种加害行为并未侵犯张某的绝对权。前已述及，优先购买权并不具有对抗第三人的效力，因此张某的优先购买权并不属于绝对权。[1] 所以，第二个构成要件不满足，请求权不发生。

中间结论：张某基于《侵权责任法》第 6 条第 1 款（狭义侵权）请求江河公司赔偿未通知房屋转让造成的损失 X 元的请求权不发生。

（2）请求权的消灭、抗辩权

因请求权未发生，所以无需检索。

小结：张某不可以基于《侵权责任法》第 6 条第 1 款（狭义侵权）请求江河公司赔偿未通知房屋转让造成的损失 X 元。

3. 针对该请求目标的结论

经检索，该请求目标不存在其他请求权基础。所以，张某可以请求江河公司赔偿未通知房屋转让造成的损失 X 元，请求权基础为《合同法》第 107 条第 3 种类型。

（三）张某对湖海银行的请求：交付系争房屋占有并移转所有权

1. 《合同法》第 135 条上的合同履行请求权

在张某向湖海银行主张行使优先购买权后，其或可基于《合同法》第 8 条第 1 款（结合合同约定）请求湖海银行交付系争房屋占有并移转所有权。

（1）请求权的发生

《合同法》第 135 条规定："出卖人应当履行向买受人交付标的物或者交付提

---

〔1〕 一般性地主张形成权不可作为狭义侵权对象的观点，参见王泽鉴：《民法总则》，北京大学出版社 2009 年版，第 106 页。

取标的物的单证，并转移标的物所有权的义务。"该条的构成要件包括：其一，买卖合同成立；其二，买卖合同生效；其三，买卖合同未消灭；其四，履行期限届满。

就"买卖合同成立"而言，张某与湖海银行并未就系争房屋签订买卖合同。但张某或可基于《合同法》第230条主张其行使优先购买权后双方之间存在买卖合同。

首先要考虑的是，张某和湖海银行在2018年5月时是否存在有效的租赁关系。就此，张某或可基于《合同法》第236条主张与湖海银行之间存在租赁关系。

张某自始只与江河公司签订过租赁合同，但湖海银行2012年12月26日取代江河公司成为该房屋的所有权人。《合同法》第229条规定："租赁物在租赁期间发生所有权变动的，不影响租赁合同的效力。"就该条所谓"不影响租赁合同的效力"，《城镇房屋租赁合同司法解释》第20条第1句给出了更为具体的解释，即"租赁房屋在租赁期间发生所有权变动，承租人请求房屋受让人继续履行原租赁合同的，人民法院应予支持"。一般认为，此时构成法定的概括移转。[1]所以，自湖海银行成为系争房屋所有权人后，张某与江河公司间的租赁合同便转为拘束张某与湖海银行。

在2012年12月26日~2012年12月31日期间，张某与湖海银行之间存在有效的租赁合同。进而需要考虑的是，张某和湖海银行在2013年~2018年5月期间是否存在不定期租赁关系。《合同法》第236条规定："租赁期间届满，承租人继续使用租赁物，出租人没有提出异议的，原租赁合同继续有效，但租赁期限为不定期。"从文义上看，湖海银行基于契约承担成为了出租人，张某在租赁期间届满后"继续使用"该房屋，并且，湖海银行在2018年5月与王某签订买卖合同之前并未对张某的继续使用提出异议，似乎也符合"出租人没有提出异议"的要求。

但本文以为，双方在2013年~2018年5月期间并不存在不定期的租赁关系。《合同法》第236条所设想的情况应是出租人和承租人互相知悉对方，在租期届

---

〔1〕 参见朱庆育："'买卖不破租赁'的正当性"，载《中德私法研究》第1卷；周江洪："买卖不破租赁规则的法律效果"，载《法学研究》2014年第5期。

满后，既然双方当事人未主动结束租赁关系，可推定双方有意延长，该条实际上是基于意思表示推定的合同关系拟制。而本案中，张某并不知悉湖海银行成了法律意义上的"出租人"，更没有和湖海银行建立租赁关系的意图。所以，《合同法》第236条在此种情况下应作目的性限缩，在承租人并不实际知悉出租人或对出租人认识有误的情况下，因缺乏意思表示推定的基础，该条并不适用。所以，在2018年5月时，张某和湖海银行之间并不存在有效的租赁关系。《合同法》第230条的第一个构成要件不满足。

所以，在湖海银行将系争房屋转让给王某时，张某与湖海银行之间并不存在有效的租赁关系，其对湖海银行不享有优先购买权。

综上，《合同法》第135条的第一个构成要件"买卖合同成立"不满足，所以请求权不发生。

中间结论：张某基于《合同法》第135条请求江河公司交付系争房屋并移转所有权的请求权不发生。

（2）请求权的消灭、抗辩权

因该请求权未发生，所以无需检索。

小结：张某不能基于《合同法》第135条请求湖海银行交付系争房屋并移转所有权。

2. 针对该请求目标的结论

经检索，本案中不存在其他的请求权基础，所以，张某不能向湖海银行主张交付系争房屋占有并移转所有权。

（四）张某对江河公司的请求：赔偿未能依约提供房屋利用的损失 X 元

1. 《合同法》第112条上的违约损害赔偿请求权

王某于2019年4月8日请求张某搬离房屋时，张某与江河公司就系争房屋尚存有不定期租赁关系，张某或可基于《合同法》第112条请求江河公司赔偿未能依约提供房屋的损失 X 元。

（1）请求权的发生

《合同法》第112条规定："当事人一方不履行合同义务或者履行合同义务不符合约定的，在履行义务或者采取补救措施后，对方还有其他损失的，应当赔偿损失。"该条的构成要件包括：其一，被请求人有违约行为；其二，该违约行为具有违法性；其三，该违约行为不存在免责事由；其四，请求人发生损害；其五，请求人的损害和该违约行为有因果关系。

王某于 2019 年 4 月 8 日向张某主张返还系争房屋占有，就 2019 年 4 月 8 日 ~ 2019 年 4 月 25 日这段时间，尽管江河公司事实上向张某提供了房屋占有，但张某因此需向王某承担侵权损害赔偿责任/不当得利返还义务（详见后文分析）。在租赁合同之下，出租人除需保证租赁物质量符合约定外，还应保证承租人对租赁物的使用不受第三人主张权利的影响。所以，本案中江河公司存在违约行为。该行为不存在违法性阻却事由和免责事由。张某的损害体现为其对于王某需要承担的损害赔偿责任/不当得利返还义务（这部分损害并不必然发生），考虑到此种损害是因为江河公司未能提供无权利瑕疵的租赁物，应认为具有因果关系。

就损害赔偿的具体范围，《合同法》第 119 条第 1 款规定："当事人一方违约后，对方应当采取适当措施防止损失的扩大；没有采取适当措施致使损失扩大的，不得就扩大的损失要求赔偿。"本案中，张某理应在王某说明情况后于合理期间内搬离房屋，之后向江河公司主张违约责任，但张某坚持不搬离房屋，由此带来的损失，如果超过该部分租赁期间原本对应的履行利益，则超过部分由张某自行承担。所以（该部分期间对应的履行利益为 Y，张某向王某承担的损害赔偿责任为 Z）：若 Y 大于 Z，则损害赔偿为 Y－Z；若 Y 小于等于 Z，则损害赔偿为 Y。

中间结论：张某基于《合同法》第 112 条请求江河公司赔偿损失 X 元的请求权发生。

（2）请求权的消灭、抗辩权

经检索，本案中不存在消灭事由或抗辩权。

小结：张某可以基于《合同法》第 112 条请求江河公司赔偿损失 X 元。

2.《合同法》第 42 条第 2 项上的缔约过失损害赔偿请求权

江河公司在和张某形成不定期租赁关系时并未告知租赁物的真实情况，可能构成欺诈，张某或可基于《合同法》第 42 条第 2 项主张江河公司赔偿因房屋未能正常利用的损失 X 元。

（1）请求权的发生

《合同法》第 42 条第 2 项规定："当事人在订立合同过程中有下列情形之一，

给对方造成损失的，应当承担损害赔偿责任；②故意隐瞒与订立合同有关的重要事实或者提供虚假情况……"该项的构成要件包括：其一，被请求人负有提供真实信息的先合同义务；其二，违反了先合同义务；其三，被请求人存在过错；其四，请求人发生损失；其五，因果关系；其六，违法性。

江河公司作为出租人有义务向承租人披露房屋权属的真实信息，但其明知系争房屋的所有权人是湖海银行，仍与张某就系争房屋签订租赁合同并维持不定期租赁关系，违反了提供真实信息的先合同义务。江河公司主观上明知，应认为具有过错。张某产生的损失体现为其在租赁期间无法对房屋进行排他性利用，如果江河公司在缔约时向张某披露这一信息，张某本可另寻其他出租人缔结租赁合同，从而避免4月8日~4月25日产生的损失，所以，江河公司违反先合同义务的行为与张某受到的损害之间存在因果关系。本案中，江河公司的行为不存在违法性阻却事由。

就损害赔偿请求权的数额，可参上述《合同法》第112条的分析。

综上，该项所要求的构成要件均满足，请求权发生。

中间结论：张某基于《合同法》第42条第2项请求江河公司赔偿损失 X 元的请求权发生。

（2）请求权的消灭、抗辩权

经检索，本案中不存在消灭事由或抗辩权。

小结：张某可以基于《合同法》第42条第2项请求江河公司赔偿损失 X 元。

3. 《侵权责任法》第6条第1款上的侵权损害赔偿请求权（悖俗侵权）

江河公司在同张某维持不定期租赁关系时隐瞒了系争房屋的真实权属情况，就此，张某或可基于《侵权责任法》第6条第1款（悖俗侵权）请求江河公司赔偿因房屋未能正常利用的损失 X 元。

（1）请求权的发生

《侵权责任法》第6条第1款（悖俗侵权）规定："行为人因过错侵害他人民事权益，应当承担侵权责任。"该条的构成要件包括：其一，加损害于他人；其二，悖于善良风俗；其三，侵害的故意。

江河公司隐瞒了系争房屋的真实权属情况，并最终导致张某无法按照约定排他性地利用该房屋，此种损害属于纯粹财产上的损害。一般认为，欺诈属于典型的悖俗行为。本案中，江河公司明知相关事实而故意隐瞒，具有侵害的故意。

综上，该请求权发生。

中间结论：张某基于《侵权责任法》第6条第1款（悖俗侵权）请求江河公司赔偿损失X元的请求权发生。

（2）请求权的消灭、抗辩权

经检索，本案中不存在消灭事由或抗辩权。

小结：张某可以基于《侵权责任法》第6条第1款（悖俗侵权）请求江河公司赔偿损失X元。

4. 针对该请求目标的结论

经检索，本案中不存在其他请求权基础，所以，张某可以向江河公司请求赔偿损失X元，请求权基础为《合同法》第112条、《合同法》第42条第2项和《侵权责任法》第6条第1款（悖俗侵权），当事人可择一行使。

（五）张某对江河公司的请求：返还2012年12月26日~2019年4月支付的租金

1.《民法总则》第122条上的不当得利返还请求权（给付型不当得利）[1]

系争房屋在张某与江河公司签订租赁合同后两次易主，期间张某一直向江河公司支付租金。因此，张某或可基于《民法总则》第122条向江河公司请求返还2012年12月26日~2019年4月支付的租金。

（1）请求权的发生

《民法总则》第122条（给付型不当得利）规定："因他人没有法律根据，取得不当利益，受损失的人有权请求其返还不当利益。"该条的构成要件包括：其一，被请求人受有利益。其二，被请求人因他人给付而受有利益。其三，无法律上原因：给付欠缺目的，包括给付目的自始不存在、给付目的嗣后不存在以及给付目的不达。

江河公司所受有的利益体现为2012年12月26日~2019年4月的租金。张某向江河公司支付租金时，是基于履行租赁合同义务的目的有意识增加江河公司

---

〔1〕 就该条及中国法上类似条文的解释，理论上存在统一说与非统一说两种观点，本文采非统一说。相关争议及分析参见王泽鉴：《不当得利》，北京大学出版社2015年版，第30~32、35~38页。

的财产，所以，江河公司系因他人给付而受有利益。本案的主要问题是，江河公司受领张某给付是否存在法律上的原因：

1）2012 年 12 月 26 日~2012 年 12 月 31 日

2012 年 12 月 26 日湖海银行取得系争房屋所有权，发生概括移转，此时，江河公司已经不是该租赁合同的出租人，但仍受领了该段时间的租金。需要考虑的是，就这部分租金是否构成给付目的嗣后不存在。

概括移转可视作债权让与和债务承担的组合，就移转人对合同另一方享有的债权而言，可适用《合同法》第 80 条第 1 款，该款规定："债权人转让权利的，应当通知债务人。未经通知，该转让对债务人不发生效力。"在转让人或受让人未通知债务人时，债务人对于原债权人的履行发生相应的债之消灭的效果。[1]

本案中，尽管江河公司此时并非租赁合同关系下的出租人，但因江河公司、湖海银行均未通知张某相关事实，张某对于原出租人江河公司的租金给付属于履行其在租赁合同项下的义务，可以发生履行相应的法律效果。因此，就 2012 年 12 月 26 日~2012 年 12 月 31 日之间的租金给付，应认为给付目的存在。

2）2013 年

2013 年江河公司与张某签订为期 1 年的租赁合同，并收取租金。此时，江河公司并非该房屋所有权人，系无权出租，但出租人的主给付义务在于提供租赁物的使用，此项义务的履行本就不以处分权为必要。所以，在 2013 年期间，租赁合同有效，江河公司已经依约履行了出租人义务。但在订立该租赁合同时江河公司并未向张某披露该房屋的真实权属情况，张某或可基于《合同法》第 54 条第 2 款第 1 种类型撤销租赁合同。不过，根据《民法总则》第 152 条第 2 款的规定，"当事人自民事法律行为发生之日起 5 年内没有行使撤销权的，撤销权消灭"。本案当事人订立该租赁合同时，《民法总则》尚未生效，而《合同法》中并不存在撤销权 5 年最长除斥期间的规定。就此本文以为，如果五年的期间届满发生在《民法总则》施行之后，则该款规定的最长除斥期间仍可适用。[2]所以，张某就该租赁合同享有

---

〔1〕 韩世远：《合同法总论》，法律出版社 2018 年版，第 616 页。
〔2〕 参见李宇：《民法总则要义》，法律出版社 2017 年版，第 980 页。

的撤销权消灭。就这段时间给付的租金，应认为给付目的存在。

3）2014年~2019年4月25日

这段时间内张某和江河公司并未签订租赁合同，但张某实际使用该房屋且江河公司向张某收取租金。根据《合同法》第236条的规定，张某和江河公司在这段时间存在不定期的租赁合同。具体可参考前述分析。

但需注意，4月8日~4月25日王某向张某主张返还系争房屋占有。在租赁合同之下，出租人除了需保证租赁物质量符合约定外，还应保证承租人对租赁物的使用不受第三人主张权利的影响。所以，就出租人江河公司提供租赁物使用不符合约定的救济而言，除上一个请求目标中分析的违约损害赔偿，张某还可选择行使减价权。结合案情，张某已经向江河公司支付了该期间的租金，就该部分租金，张某所提出的给付存在给付目的消灭的问题。如果张某未就租赁物权利瑕疵向江河公司主张损害赔偿，则在行使减价权后可主张返还该部分租金。

综上，该请求权的发生与否，取决于张某是否行使减价权。对于张某而言，如果约定租金水平高于市价租金，则行使减价权是更好的选择，反之请求损害赔偿则是更好的选择。

中间结论：如果张某行使减价权，张某基于《民法总则》第122条（给付型不当得利）向江河公司请求返还2019年4月8日~2019年4月25日支付的租金的请求权发生，否则不发生。

（2）请求权的消灭、抗辩权

如果请求权发生，经检索，本案中不存在消灭事由或抗辩权。

小结：如果张某行使减价权，张某可以基于《民法总则》第122条（给付型不当得利）向江河公司请求返还2019年4月8日~2019年4月25日支付的租金，反之则不可以。

2. 针对该请求目标的结论

经检索，本案中不存在其他请求权基础。如果张某行使减价权，张某可以向江河公司请求返还2019年4月8日~2019年4月25日支付的租金，请求权基础为《民法总则》第122条（给付型不当得利），反之则不可以。

二、王某的请求部分

（一）王某对湖海银行的请求：赔偿房屋情况不符合约定的损失 X 元

1. 《合同法》第 112 条上的违约损害赔偿请求权

本案中，湖海银行与王某签订买卖合同，将系争门面房出卖于王某，但该房屋却处于张某的实际占有中。对此，王某或可基于《合同法》第 112 条请求湖海银行赔偿损失 X 元。

（1）请求权的发生

《合同法》第 112 条规定："当事人一方不履行合同义务或者履行合同义务不符合约定的，在履行义务或者采取补救措施后，对方还有其他损失的，应当赔偿损失。"该条的构成要件包括：其一，被请求人有违约行为；其二，该违约行为具有违法性；其三，该违约行为不存在免责事由；其四，请求人发生损害；其五，请求人的损害和该违约行为有因果关系。

本案中，双方当事人订立的买卖合同明确约定"系争房屋若有占有人员则由王某清理"，可见，对于可能存在他人占有的情况双方已预先达成合意，[1]所以，本案中湖海银行并不构成不完全给付，不存在违约行为。第一个构成要件不符合，该请求权不发生。

中间结论：王某基于《合同法》第 112 条主张湖海银行赔偿 X 元的请求权不发生。

（2）请求权的消灭、抗辩权

因请求权未发生，所以无需检索。

小结：王某不可以基于《合同法》第 112 条请求湖海银行赔偿损失 X 元。

2. 针对该请求目标的结论

本案中该请求目标不存在其他请求权基础，所以，王某不可以向湖海银行请求赔偿损失 X 元。

（二）王某对张某的请求：返还系争房屋占有

1. 《物权法》第 34 条上的原物返还请求权

王某于 2019 年 4 月 8 日要求张某搬离房屋，就此，王某或可基于《物权法》

---

〔1〕 考虑到双方当事人均知悉张某实际占有该房屋，此处可理解为双方以指示交付的方式完成了交付。

第34条请求张某返还系争房屋占有。

（1）请求权的发生

《物权法》第34条规定："无权占有不动产或者动产的，权利人可以请求返还原物。"该条的构成要件包括：其一，请求人为物权人（需包括占有权能）；其二，被请求人为占有人；其三，被请求人无占有权源。

湖海银行于2012年12月26日取得系争房屋的所有权。其后，王某与湖海银行于2018年5月签订了买卖合同，并于同年11月办理了变更登记，王某于登记完成后取得系争房屋的所有权。因此，作为请求人的王某是物权人。在王某请求返还时，张某对该房屋处于实际利用，应认为系该房屋的占有人。就占有权源而言，张某或可基于其与江河公司的租赁关系主张自己为有权占有，但该租赁关系具有相对性，仅可约束合同当事人，对于第三人王某则无拘束力。因此，张某对于王某无可主张的占有权源，该条三个构成要件均成立。

中间结论：王某基于《物权法》第34条主张张某返还系争房屋占有的请求权发生。

（2）请求权的消灭、抗辩权

经检索，本案中不存在该请求权的消灭事由或抗辩权。

小结：王某可以基于《物权法》第34条请求张某返还系争房屋占有。

2. 《侵权责任法》第6条第1款上的恢复原状请求权（狭义侵权）

王某于2019年4月8日要求张某搬离房屋，就此，王某或可基于《侵权责任法》第6条第1款（狭义侵权）请求张某返还系争房屋占有。

（1）请求权的发生

《侵权责任法》第6条第1款（狭义侵权）规定："行为人因过错侵害他人民事权益，应当承担侵权责任。"该款的构成要件包括：其一，被请求人有加害行为；其二，该行为侵害他人之绝对权；其三，因为绝对权受侵害而发生损害；其四，因果关系；其五，加害行为具有违法性；其六，加害人有故意或者过失。

王某于2019年4月8日要求张某搬离房屋后张某拒绝搬离，其继续占用该房屋构成加害行为，侵害了王某对房屋享有的所有权，并导致王某无法实际利用该房屋，发生损害，此种损害是因为张某拒绝返还的行为导致，应认为存在因果关系。本案中并不存在违法性阻却事由。张某明知自己无权继续占有，应认为其主观上存在故意。

本案的关键在于王某可否基于《侵权责任法》第 6 条第 1 款主张返还房屋占有的救济。《侵权责任法》第 15 条第 1 款规定了八种责任承担方式，就这些责任承担方式如何理解，理论上存在较大争议。但可作为共识的是，作为侵权责任承担方式的损害赔偿，不仅包括金钱损害赔偿，还包括恢复原状，[1]返还占有可以作为侵权责任的承担方式。该款规定的六个构成要件均满足，请求权发生。

中间结论：王某基于《侵权责任法》第 6 条第 1 款（狭义侵权）请求张某返还系争房屋占有的请求权发生。

（2）请求权的消灭、抗辩权

经检索，本案中不存在消灭事由或抗辩权。

小结：王某可以基于《侵权责任法》第 6 条第 1 款（狭义侵权）请求张某返还系争房屋占有。

3. 《民法总则》第 122 条上的不当得利返还请求权（权益侵害型不当得利）

王某于 2019 年 4 月 8 日要求张某搬离房屋，就此，王某或可基于《民法总则》第 122 条（权益侵害型不当得利）请求张某返还系争房屋占有。

（1）请求权的发生

《民法总则》第 122 条（权益侵害型不当得利）规定："因他人没有法律根据，取得不当利益，受损失的人有权请求其返还不当利益。"该条的构成要件包括：其一，被请求人因侵害他人权益受有利益；其二，请求人受损害；其三，无法律上的原因。

如前所述，张某不能以其与江河公司间租赁关系对抗王某，所以，张某对该房屋进行占用并拒绝返还的行为，构成对王某所有权的侵害。张某排除了王某利用的可能性，其获利体现为对系争房屋的实际利用，王某的损害则体现为无法实际占有该房屋，前两个构成要件符合。就第三个构成要件，结合前述分析，本案中张某并无可主张的法律上的原因。所以，该条的三个构成要件均满足。

中间结论：王某基于《民法总则》第 122 条（权益侵害型不当得利）主张张某返还系争房屋占有的请求权发生。

---

〔1〕 参见周友军：《侵权法学》，中国人民大学出版社 2011 年版，第 54 页。

（2）请求权的消灭、抗辩权

经检索，本案中不存在消灭事由或抗辩权。

小结：王某可以基于《民法总则》第122条请求张某返还系争房屋占有。

4. 针对该请求目标的结论

经检索，该请求目标不存在其他请求权基础，所以，王某可以请求张某返还系争房屋的占有，请求权基础是《物权法》第34条、《侵权责任法》第6条第1款（狭义侵权）和《民法总则》第122条（权益侵害型不当得利），三者构成请求权竞合，王某可择一行使。

（三）王某对张某的请求：因利用该房屋请求支付 X 元

1. 《侵权责任法》第6条第1款上的侵权损害赔偿请求权（狭义侵权）

王某于2019年4月8日要求张某搬离系争房屋时还提出了损害赔偿请求，就此，王某或可基于《侵权责任法》第6条第1款（狭义侵权）请求因利用该房屋支付 X 元。

（1）请求权的发生

《侵权责任法》第6条第1款（狭义侵权）规定："行为人因过错侵害他人民事权益，应当承担侵权责任。"该款的构成要件包括：其一，被请求人有加害行为；其二，该行为侵害他人之绝对权；其三，因为绝对权受侵害而发生损害；其四，因果关系；其五，加害行为具有违法性；其六，加害人有故意或者过失。

湖海银行与王某于2018年11月办理了变更登记，而后王某成为系争房屋的所有权人，因此，张某对于系争房屋的使用构成对于王某的加害行为，侵害了王某对于该房屋所享有的所有权。王某因此不能实际利用该房屋，构成损害，此种损害的发生，系因张某无权占有的行为，具有因果关系。本案中，张某的加害行为不存在违法性阻却事由。在2019年4月8日~4月25日，张某知悉相关情况后仍然拒绝搬离，主观上存在故意。所以，就2019年4月8日~4月25日期间，该款的六个构成要件均满足，请求权发生。

就责任的具体范围，本文假定的请求目标是 X 元，考虑到案件并未提供相应信息，X 应不少于该段时间对应的市价租金。假设王某已经另行出租给他人，租金水平高于张某和江河公司的约定，则此时应以王某与他人订立的租金为准计算损失。

中间结论：王某基于《侵权责任法》第 6 条第 1 款（狭义侵权）请求张某因利用该房屋赔偿损失 X 元的请求权发生。

（2）请求权的消灭、抗辩权

经检索，本案中不存在消灭事由或抗辩权。

小结：王某可以基于《侵权责任法》第 6 条第 1 款（狭义侵权）请求张某赔偿损失 X 元。

2.《民法总则》第 122 条上的不当得利返还请求权（权益侵害型不当得利）

张某自 2018 年 11 月～2019 年 4 月 25 日一直占有王某享有所有权的房屋，就此，王某或可基于《民法总则》第 122 条（权益侵害型不当得利）请求张某因利用该房屋支付 X 元。

（1）请求权的发生

《民法总则》第 122 条（权益侵害型不当得利）规定："因他人没有法律根据，取得不当利益，受损失的人有权请求其返还不当利益。"该条的构成要件包括：其一，被请求人因侵害他人权益受有利益；其二，请求人受损害；其三，无法律上的原因。

从 2018 年 11 月～2019 年 4 月 25 日，张某一直无权占有并使用系争房屋，此种"物之使用本身"构成因侵害他人权益而受有利益。[1]张某对该房屋的使用排除了王某的利用可能，侵害了王某对其所有权的利益归属，因而造成了王某的损害。但本案中，张某对该房屋的占有使用系基于其与江河公司的租赁合同，张某也相应地支出了对价。对此，应当以王某请求返还的时点为分界线，区分张某为善意占有人和张某为恶意占有人的情况。[2]

善意占有人于其被推定适法所有之权利范围内，得为占有物之使用、收益。[3]此种权利推定尽管在行使所有权以外的权利时受到限制，但此种限制同样仅针对使其占有之人。[4]本案中，张某获得占有系基于江河公司之给付，而非王某，故

---

〔1〕 参见王泽鉴："出租他人之物、转租与不当得利"，载王泽鉴：《民法学说与判例研究》（第 4 册），北京大学出版社 2015 年版。

〔2〕 参见杨智守："出租他人之物三面关系的类型化不当得利之分析"，载《法令月刊》2014 年第 2 期；反对意见参见杨芳贤：《不当得利》，三民书局 2009 年版，第 120 页。

〔3〕 姚瑞光：《民法物权论》，中国政法大学出版社 2011 年版，第 268 页。

〔4〕 王泽鉴：《民法物权》，北京大学出版社 2010 年版，第 465 页。

王某不属于"使张某占有之人",前述限制规则无法适用。所以,就张某善意占有期间,其对租赁物的实际利用并不缺乏法律上的原因。王某无权就这段时间对租赁物的使用主张不当得利返还。

而在 2019 年 4 月 8 日～4 月 25 日,由于王某已经请求张某返还系争房屋,考虑到张某与江河公司之间的租赁合同并不能拘束王某,此时张某属于恶意占有人,其继续占有无法律上的原因。就这段时间,《民法总则》第 122 条(权益侵害型不当得利)规定的构成要件均满足,请求权发生。

至于返还的具体范围,张某的不当得利体现为 2019 年 4 月 8 日～2019 年 4 月 25 日之间的占有本身,但占有本身无法返还,只能折价计算,所以 X 元应按照该段时间对应的市价租金计算。

中间结论:王某基于《民法总则》第 122 条(权益侵害型不当得利)请求张某返还 2019 年 4 月 8 日～2019 年 4 月 25 日系争房屋对应的市价租金的请求权发生。

(2)请求权的消灭、抗辩权

经检索,本案中不存在消灭事由或抗辩权。

小结:王某可以基于《民法总则》第 122 条(权益侵害型不当得利)请求张某返还 2019 年 4 月 8 日～2019 年 4 月 25 日系争房屋对应的市价租金。

3. 针对该请求目标的结论

经检索,该请求目标不存在其他请求权基础,所以,王某可以请求张某支付 X 元,请求权基础是《侵权责任法》第 6 条第 1 款(狭义侵权)和《民法总则》第 122 条(权益侵害型不当得利),二者在《民法总则》第 122 条(权益侵害型不当得利)可以请求的范围内构成请求权竞合,王某可择一行使。

(四)王某对江河公司的请求:因无权出租系争房屋支付 X 元

1. 《合同法》第 404 条上的履行请求权

江河公司未经王某同意便将系争房屋出租给张某,王某或可在追认该行为的基础上基于《合同法》第 404 条请求江河公司交付其 2018 年 11 月～2019 年 4 月 25 日实际收取的租金。

(1)请求权的发生

《合同法》第 404 条规定:"受托人处理委托事务取得的财产,应当转交给委托人。"该条的构成要件包括:其一,委托合同成立;其二,委托合同生效;

其三，委托合同未消灭；其四，受托人因委托事务取得财产。

江河公司将不属于自己所有的系争房屋出租给张某，对此，自 2018 年 11 月成为该房屋所有权人的王某当然可以主张下述侵权及不当得利上的救济。但当江河公司向张某收取的租金高于王某在前述救济手段下所获得的赔偿/不当得利时，就超额部分的侵权和不当得利均无法支持返还。但若使处分人保有该部分利益又有失公平，因而例外性地允许不法无因管理类推适用正当无因管理的法律效果，进而原权利人可以向无权处分人请求返还其全部所得。[1]

实证法上关于无因管理之规定并未涉及受益人向管理人请求返还因管理事务所得。无因管理与合同尽管存在构成上的差异，但就法律效果而言，可以参照适用《合同法》上性质相似之规则。这与理论上认为无因管理可类推委托规则的思路也相一致。[2]所以，本文最终选择《合同法》第 404 条作为请求权基础。

本案中，虽然王某和江河公司之间并未实际订立委托合同，但可认为前三个构成要件均满足，就第四个构成要件而言，本案中受托人江河公司基于委托事务所得体现为 2018 年 11 月～2019 年 4 月 25 日向张某收取的租金。所以，在具体返还范围上，X 元直接等于其实际收取的租金，与市价租金、王某所受损失均无关。

中间结论：王某基于《合同法》第 404 条请求江河公司交付其 2018 年 11 月～2019 年 4 月 25 日实际收取的租金的请求权发生。

（2）请求权的消灭、抗辩权

经检索，本案中不存在该请求权的消灭事由或抗辩权。

小结：王某可以基于《合同法》第 404 条请求江河公司交付其 2018 年 11 月～2019 年 4 月 25 日实际收取的租金。

2. 《侵权责任法》第 6 条第 1 款上的侵权损害赔偿请求权（狭义侵权）

本案中，江河公司明知系争房屋非自己所有而出租给张某，王某或可基于《侵权责任法》第 6 条第 1 款（狭义侵权）请求江河公司赔偿损失 X 元。

（1）请求权的发生

《侵权责任法》第 6 条第 1 款（狭义侵权）规定："行为人因过错侵害他人

---

[1] 参见王泽鉴：《债法原理》，北京大学出版社 2013 年版，第 332 页。

[2] 王泽鉴：《债法原理》，北京大学出版社 2013 年版，第 324 页；李中原："无因管理人因管理他人事务而负担之债务的偿付规则——基于类推的解释方案"，载《江苏社会科学》2017 年第 5 期。

民事权益，应当承担侵权责任。"该款的构成要件包括：其一，被请求人有加害行为；其二，该行为侵害他人之绝对权；其三，因为绝对权受侵害而发生损害；其四，因果关系；其五，加害行为具有违法性；其六，加害人有故意或者过失。

本案中，王某于 2018 年 11 月成为系争房屋的所有权人。在王某成为该房屋所有权人后，江河公司仍然以该房屋为租赁物与张某维持不定期租赁关系。江河公司对于王某享有所有权的房屋的利用，构成加害行为，侵犯了王某对该房屋享有的所有权。因为江河公司的无权出租，使得王某客观上无法在这段时间实际利用该房屋，构成损害，且此种损害系江河公司前述行为导致，存在因果关系。本案中，江河公司就该行为并无可主张的违法性阻却事由。尽管江河公司并不知悉后续的所有权变动，但针对他人所有权进行侵害，本就不要求确定地知悉实际所有权人，仅需知道自身并非权利人即可，因此，江河公司主观上存在故意。该款规定的六个构成要件均符合，请求权发生。

就具体的责任范围而言，此处假定的 X 元应不少于 2018 年 11 月～2019 年 4 月 25 日期间对应的市价租金，如果王某还可以证明其他损害，在责任范围因果关系满足的前提下，应以该更高水平的损害赔偿数额为准。

中间结论：王某基于《侵权责任法》第 6 条第 1 款（狭义侵权）请求江河公司赔偿损失 X 元的请求权发生。

（2）请求权的消灭、抗辩权

经检索，本案中不存在该请求权的消灭事由或抗辩权。

小结：王某可以基于《侵权责任法》第 6 条第 1 款（狭义侵权）请求江河公司赔偿损失 X 元。

3. 《民法总则》第 122 条上的不当得利返还请求权（权益侵害型不当得利）

本案中，江河公司明知系争房屋非自己所有而出租给张某，王某或可基于《民法总则》第 122 条（权益侵害型不当得利）请求江河公司返还不当得利 X 元。

（1）请求权的发生

《民法总则》第 122 条（权益侵害型不当得利）规定："因他人没有法律根据，取得不当利益，受损失的人有权请求其返还不当利益。"该条的构成要件包括：其一，被请求人因侵害他人权益而受有利益；其二，请求人受损害；其三，无法律上的原因。

本案中，王某于 2018 年 11 月成为系争房屋的所有权人。在王某成为该房屋所有权人后，江河公司仍然维持其与张某的不定期租赁关系并收取租金，属于侵害王某对房屋的所有权而获益。出租房屋所得本应归属于作为所有权人的王某，江河公司收取该租金导致了王某受损害。此外，江河公司因此获利也不存在法律上的原因。所以，《民法总则》第 122 条（权益侵害型不当得利）规定的构成要件均符合，请求权发生。

至于返还范围，此处不当得利的范围需要受到额外限制。如果江河公司实际收取的租金低于市价租金水平，则 X 等于江河公司实际收取的租金；如果江河公司实际收取的租金高于市价租金水平，则 X 等于 2018 年 11 月~2019 年 4 月 25 日期间对应的市价租金。

中间结论：王某基于《民法总则》第 122 条（权益侵害型不当得利）请求江河公司返还 X 元的请求权发生。

（2）请求权的消灭、抗辩权

经检索，本案中不存在该请求权的消灭事由或抗辩权。

小结：王某可以基于《民法总则》第 122 条（权益侵害型不当得利）请求江河公司返还不当得利 X 元。

4. 针对该请求目标的结论

经检索，该请求目标不存在其他请求权基础，所以，王某可以请求江河公司支付 X 元，请求权基础是《合同法》第 404 条、《侵权责任法》第 6 条第 1 款（狭义侵权）和《民法总则》第 122 条（权益侵害型不当得利），三者的关系是：如果王某选择追认江河公司的行为，则请求权基础为《合同法》第 404 条。反之请求权基础则为《侵权责任法》第 6 条第 1 款（狭义侵权）和《民法总则》第 122 条（权益侵害型不当得利），二者在数额重合的范围内构成请求权竞合，王某可择一行使。

三、湖海银行的请求部分

（一）湖海银行对张某的请求：支付 2012 年 12 月 26 日~2012 年 12 月 31 日的租金

1. 《合同法》第 226 条第 1 句上的合同履行请求权

本案中，湖海银行于 2012 年 12 月 26 日成为系争房屋的所有权人，其或可基于《合同法》第 8 条第 1 款（结合合同约定）请求张某支付 2012 年 12 月 26 日～2012 年 12 月 31 日的租金。

（1）请求权的发生

《合同法》第 226 条第 1 句规定："承租人应当按照约定的期限支付租金。"该句的构成要件包括：其一，租赁合同成立；其二，租赁合同生效；其三，租赁合同未消灭；其四，履行期限届满。

结合前述分析可知，虽然湖海银行和张某之间并未订立合同，但基于《合同法》第 229 条所产生的概括移转的法律效果，湖海银行继受了江河公司在先前租赁合同中的地位，所以湖海银行和张某之间存在租赁合同且该合同有效。本案中并不存在合同消灭的事由，该租赁合同原本约定的向江河公司支付租金、现应解释为向湖海银行负有支付租金的义务。前四个构成要件均满足。

通说认为，让与通知为债权让与对债务人的生效要件。[1]因此，就湖海银行向张某请求支付租金而言，需要以存在债权让与通知为前提，本案中，无论是江河公司还是湖海银行都未通知张某相关情况，因此，法律所规定的该义务的特别生效要件尚未成就，请求权不发生。[2]

中间结论：湖海银行基于《合同法》第 226 条第 1 句请求张某支付 2012 年 12 月 26 日～2012 年 12 月 31 日租金的请求权不发生。

（2）请求权的消灭、抗辩权

因该请求权未发生，所以无需检索。

小结：湖海银行不能基于《合同法》第 226 条第 1 句请求张某支付 2012 年 12 月 26 日～2012 年 12 月 31 日的租金。

2. 针对该请求目标的结论

经检索，本案中该请求目标不存在其他请求权基础，所以，湖海银行不能请求张某支付 2012 年 12 月 26 日～2012 年 12 月 31 日的租金。

---

〔1〕 徐涤宇："《合同法》第 80 条（债权让与通知）评注"，载《法学家》2019 年第 1 期。

〔2〕 在合同履行请求权的构成要件拆分上不仅需要考虑合同整体是否生效，还需要考虑具体分析的义务是否生效，其典型如保险事故之于保险金请求权。参见北京大学法学院《民法案例研习》课程资料。

（二）湖海银行对张某的请求：因利用该房屋请求支付 X 元

1. 《侵权责任法》第 6 条第 1 款上的侵权损害赔偿请求权（狭义侵权）

本案中，张某自 2013 年～2018 年 11 月一直实际利用湖海银行享有所有权的房屋。就此，湖海或可基于《侵权责任法》第 6 条第 1 款（狭义侵权）请求张某因利用该房屋支付 X 元。

（1）请求权的发生

《侵权责任法》第 6 条第 1 款（狭义侵权）规定："行为人因过错侵害他人民事权益，应当承担侵权责任。"该款的构成要件包括：其一，被请求人有加害行为；其二，该行为侵害他人之绝对权；其三，因为绝对权受侵害而发生损害；其四，因果关系；其五，加害行为具有违法性；其六，加害人有故意或者过失。

结合案情，张某对于系争房屋的使用构成对于湖海银行的加害行为，侵害了湖海银行对于该房屋所享有的所有权。湖海银行不能实际利用该房屋，构成损害，此种损害的发生，系因张某无权占有的行为，二者具有因果关系。本案中，张某的加害行为不存在违法性阻却事由。唯需考虑的是，在 2013 年～2018 年 11 月，张某并不知道系争房屋所发生的权属变化，而认为自己是基于与江河公司的租赁合同有权占有该房屋，所以，就这段时间而言，张某主观上认为其有权占有该房屋，对其加害行为不存在故意或过失。因该构成要件不满足，所以请求权不发生。

中间结论：湖海银行基于《侵权责任法》第 6 条第 1 款（狭义侵权）请求张某因利用该房屋赔偿损失 X 元的请求权不发生。

（2）请求权的消灭、抗辩权

因该请求权未发生，所以无需检索消灭事由或抗辩权。

小结：湖海银行不可以基于《侵权责任法》第 6 条第 1 款（狭义侵权）请求张某赔偿损失 X 元。

2. 《民法总则》第 122 条上的不当得利返还请求权（权益侵害型不当得利）

本案中，张某自 2013 年～2018 年 11 月一直占有湖海银行享有所有权的房屋，就此，湖海银行或可基于《民法总则》第 122 条（权益侵害型不当得利）请求张某因利用该房屋支付 X 元。

（1）请求权的发生

《民法总则》第 122 条（权益侵害型不当得利）规定："因他人没有法律根据，取得不当利益，受损失的人有权请求其返还不当利益。"该条的构成要件包括：其一，被请求人因侵害他人权益而受有利益；其二，请求人受损害；其三，无法律上的原因。

如前所述，湖海银行于 2012 年 12 月 26 日成为系争房屋的所有权人，从 2013 年至 2018 年 11 月，张某一直无权占有并使用该房屋，此种"物之使用本身"即可构成因侵害他人权益而受有利益。张某对该房屋的使用排除了湖海银行的利用可能，侵害了湖海银行对其所有权的利益归属，因而造成了湖海银行的损害。但本案中，张某对该房屋的占有使用系基于其与江河公司的租赁合同，张某也相应地支出了对价。参考前述分析，应当以张某是否系善意占有人而区分其得利是否有法律上的原因。就 2013 年 ~2018 年 11 月这段时间，应认为张某系善意占有人。所以，该请求权的第三个构成要件不满足，请求权不发生。

中间结论：湖海银行基于《民法总则》第 122 条（权益侵害型不当得利）请求张某返还 2013 年 ~2018 年 11 月系争房屋对应的市价租金的请求权不发生。

（2）请求权的消灭、抗辩权

因该请求权未发生，所以无需检索消灭事由或抗辩权。

小结：湖海银行不可以基于《民法总则》第 122 条（权益侵害型不当得利）请求张某返还 2013 年 ~2018 年 11 月系争房屋对应的市价租金。

3. 针对该请求目标的结论

经检索，该请求目标不存在其他请求权基础，所以，湖海银行不可以因张某利用该房屋请求支付 X 元。

（三）湖海银行对江河公司的请求：返还 2012 年 12 月 26 日 ~2012 年 12 月 31 日的租金

1. 《民法通则》第 92 条上的不当得利返还请求权（权益侵害型不当得利）

江河公司在 2012 年 12 月 26 日将系争房屋所有权转让给湖海银行后仍然保有自该日起至租期届满的租金，就此湖海银行或可基于《民法通则》第 92 条（权益侵害型不当得利）请求江河公司返还该部分租金。

（1）请求权的发生

《民法通则》第92条（权益侵害型不当得利）规定："没有合法根据，取得不当利益，造成他人损失的，应当将取得的不当利益返还受损失的人。"该条的构成要件包括：其一，被请求人因侵害他人权益而受有利益；其二，请求人受损害；其三，无法律上的原因。

本案中，在2012年12月26日完成所有权变更登记后，湖海银行成为江河公司与张某间租赁合同的出租人，进而对张某享有剩余租期的租金债权，但江河公司却保有了王某给付的该部分租金，属于侵害湖海银行的租金债权而获益，并由此导致湖海银行享有的债权的归属价值受损。本案中，江河公司保有该部分的给付并无法律上的原因。所以，该条规定的三个构成要件均满足，请求权发生。

中间结论：湖海银行基于《民法通则》第92条（权益侵害型不当得利）请求江河公司返还2012年12月26日～2012年12月31日租金的请求权发生。

（2）请求权的消灭

经检索，本案中不存在该请求权的消灭事由。

（3）请求权的抗辩权

本案中，江河公司或可基于《民法通则》第135条对抗湖海银行的请求权。

《民法通则》第135条规定："向人民法院请求保护民事权利的诉讼时效期间为二年，法律另有规定的除外。"湖海银行对江河公司的不当得利返还请求权最晚自2013年1月1日起算，以2019年4月25日为基准日，该请求权的诉讼时效已经经过。

小结：湖海银行可以基于《民法通则》第92条（权益侵害型不当得利）请求江河公司返还2012年12月26日～2012年12月31日的租金，但江河公司可以主张诉讼时效抗辩权。

2. 针对该请求目标的结论

经检索，本案中该请求目标不存在其他对应的请求权基础，所以，湖海银行可以基于《民法通则》第92条（权益侵害型不当得利）请求江河公司返还2012年12月26日～2012年12月31日的租金，但江河公司可以主张诉讼时效抗辩权。

（四）湖海银行对江河公司的请求：支付 X 元

1.《合同法》第 404 条上的履行请求权

本案中江河公司未经湖海银行同意便将系争房屋出租给张某，就此湖海银行或可在追认该行为的基础上基于《合同法》第 404 条请求江河公司交付其 2013 年～2018 年 10 月实际收取的租金。

（1）请求权的发生

《合同法》第 404 条规定："受托人处理委托事务取得的财产，应当转交给委托人。"该条的构成要件包括：其一，委托合同成立；其二，委托合同生效；其三，委托合同未消灭；其四，受托人因委托事务取得财产。

本案中同样需要解释的是，湖海银行和江河公司之间为何存在委托关系。就此可以参考前述关于王某和江河公司之间存在委托关系的分析，此处不赘。

中间结论：湖海银行基于《合同法》第 404 条请求江河公司交付其 2013 年～2018 年 10 月实际收取租金的请求权发生。

（2）请求权的消灭、抗辩权

经检索，本案中不存在该请求权的消灭事由或抗辩权。

小结：湖海银行可以基于《合同法》第 404 条请求江河公司交付其 2013 年～2018 年 10 月实际收取的租金。

2.《侵权责任法》第 6 条第 1 款上的侵权损害赔偿请求权（狭义侵权）

本案中，江河公司明知系争房屋非自己所有而出租给张某，湖海银行或可基于《侵权责任法》第 6 条第 1 款（狭义侵权）请求江河公司赔偿损失 X 元。

（1）请求权的发生

《侵权责任法》第 6 条第 1 款（狭义侵权）规定："行为人因过错侵害他人民事权益，应当承担侵权责任。"该款的构成要件包括：其一，被请求人有加害行为；其二，该行为侵害他人之绝对权；其三，因为绝对权受侵害而发生损害；其四，因果关系；其五，加害行为具有违法性；其六，加害人有故意或者过失。

本案中，湖海银行于 2012 年 12 月 26 日成为系争房屋的所有权人。在湖海银行成为该房屋所有权人后，江河公司自 2013 年起仍然以该房屋为租赁物与张某签订租赁合同而后维持不定期租赁关系。就此部分，可以参考前述王某和江河公司之间的分析，此处不赘。

就具体的责任范围而言，此处假定的 X 元应不少于 2013 年～2018 年 10 月期间对应的市价租金，如果湖海银行还可以证明其他损害，在责任范围因果关系满足的前提下，应以此为准。

中间结论：湖海银行基于《侵权责任法》第 6 条第 1 款（狭义侵权）请求江河公司赔偿损失 X 元的请求权发生。

（2）请求权的消灭

经检索，本案中不存在该请求权的消灭事由。

（3）请求权的抗辩权

本案中，江河公司或可基于《民法通则》第 135 条对抗湖海银行的请求权。

结合湖海银行同王某在买卖合同中的约定，应认为湖海银行知悉江河公司无权出租该房屋、张某实际占有该房屋的事实。所以，自江河公司于 2013 年开始无权出租系争房屋起，湖海银行便已经知悉自身对房屋享有的所有权受侵害的事实。

就诉讼时效已经经过的具体时间段，需要综合考虑《民法总则》及相关司法解释的规定。本案中，湖海银行的侵权损害赔偿请求权以 2016 年 4 月 25 日为分界点，在此之前产生的损害赔偿已经经过诉讼时效，在此之后（含当天）发生的损害赔偿尚未经过诉讼时效。

小结：湖海银行可以基于《侵权责任法》第 6 条第 1 款（狭义侵权）请求江河公司赔偿损失 X 元，但针对 2016 年 4 月 25 日之前发生的部分，江河公司可以主张诉讼时效经过的抗辩权。

3. 《民法总则》第 122 条上的不当得利返还请求权（权益侵害型不当得利）

本案中，江河公司明知系争房屋非自己所有而出租给张某，湖海银行或可基于《民法总则》第 122 条（权益侵害型不当得利）请求江河公司返还不当得利 X 元。

（1）请求权的发生

《民法总则》第 122 条（权益侵害型不当得利）规定："因他人没有法律根据，取得不当利益，受损失的人有权请求其返还不当利益。"该条的构成要件包括：其一，被请求人因侵害他人权益而受有利益；其二，请求人受损害；其三，无法律上的原因。

本案中，湖海银行于 2012 年 12 月 26 日成为系争房屋的所有权人。在湖海银行成为该房屋所有权人后，江河公司自 2013 年起仍然以该房屋为租赁物与张某签订租赁合同而后维持不定期租赁关系。就此部分，可以参考前述王某和江河公司的分析。

至于不当得利的返还范围。如果江河公司实际收取的租金低于市价租金水平，则 X 等于江河公司实际收取的租金；如果江河公司实际收取的租金高于市价租金水平，则 X 等于 2013 年～2018 年 11 月期间对应的市价租金。

中间结论：湖海银行基于《民法总则》第 122 条（权益侵害型不当得利）请求江河公司返还 X 元的请求权发生。

（2）请求权的消灭

经检索，本案中不存在该请求权的消灭事由。

（3）请求权的抗辩权

就此部分可参上述侵权损害赔偿请求权的分析，结论是：2016 年 4 月 25 日之前发生的部分因诉讼时效经过而产生抗辩权。

小结：湖海银行可以基于《民法总则》第 122 条（权益侵害型不当得利）请求江河公司返还不当得利 X 元，但针对 2016 年 4 月 25 日之前发生的部分，江河公司可以主张诉讼时效经过的抗辩权。

4. 针对该请求目标的结论

经检索，该请求目标不存在其他请求权基础，所以，湖海银行可以请求江河公司支付 X 元，请求权基础是《合同法》第 404 条、《侵权责任法》第 6 条第 1 款（狭义侵权）和《民法总则》第 122 条（权益侵害型不当得利），三者关系同前述分析，针对后两个请求权基础，江河公司针对 2016 年 4 月 25 日之前发生的部分可以主张诉讼时效经过的抗辩权。

四、《民法典》之下的再分析

以《民法典》为解题的法条依据将对前述分析带来形式和实质两方面的影响，形式方面的影响主要体现在规范选择上，需要结合法典规定相应地替换、重组目前有效的各单行法规定；实质方面的影响则表现为部分问题的处理需要结合《民法典》规定另作解释。

（一）主要规范替换汇总表（"现行规范"一栏加粗的为请求权基础）

现行规范	《民法典》
《合同法》第 107 条第 3 种类型	《民法典》第 577 条第 3 种类型
《合同法》第 112 条	《民法典》第 583 条
《合同法》第 135 条	《民法典》第 598 条
《合同法》第 226 条第 1 句	《民法典》第 721 条第 1 句
《合同法》第 404 条	《民法典》第 983 条第 2 句
《物权法》第 34 条	《民法典》第 235 条
《物权法》第 245 条第 1 款第 1 分句	《民法典》第 462 条第 1 款第 1 分句
《侵权责任法》第 6 条第 1 款	《民法典》第 1165 条第 1 款
《民法通则》第 92 条	《民法典》第 122 条
《民法总则》第 122 条	《民法典》第 122 条
《合同法》第 80 条第 1 款	《民法典》第 546 条第 1 款
《合同法》第 89 条	《民法典》第 556 条
《合同法》第 229 条	《民法典》第 725 条
《合同法》第 230 条	《民法典》第 726 条第 1 款第 1 分句
《合同法》第 236 条	《民法典》第 734 条第 1 款
《城镇房屋租赁合同司法解释》第 20 条第 1 句	无
《城镇房屋租赁合同司法解释》第 22 条	无
《城镇房屋租赁合同司法解释》第 24 条第 4 项	无
《民法通则》第 135 条	《民法典》第 188 条第 1 款（有实质变动）
《民法总则》第 188 条第 1 款	《民法典》第 188 条第 1 款

（二）论证思路变化

抛开规范形式上的变化，实证法变迁的实质影响主要体现为《城镇房屋租赁合同司法解释》相关条文的缺失，但这对本文的影响有限。以《城镇房屋租赁合同司法解释》第 22 条为例,本文引用该条意在说明该处对《合同法》第 230 条中"出卖"的理解在实证法可得到部分印证,即使实证法上删去该条,只要该处的实质论理成立,《民法典》第 726 条第 1 款中的"出卖"同样应进行扩张解释。

相比之下,更值得注意的可能是新规定产生的解释问题。例如,《民法典》第 987 条所确立的恶意不当得利人的"加重责任"将对前述不当得利的分析产生影响,但该条中的"并依法赔偿损失"已经超越了不当得利的制度功能,应借助该条的"依法"二字将其解释为侵权损害赔偿的注意性规定为宜。[1] 所以本文的结论仍然成立。

基尔希曼曾言:"立法者修改三个字,(法学)图书馆就变成故纸堆。"诚然,以上述内容为代表,本文提供的解答绝不可能完美无缺,但即使在细节分析上存在问题,本文也试图以未必完全正确的样本阐明一个道理:在学术未予澄清之处,理论分歧不可能借助立法得到消除,立法不过是为不同立场提供解释与印证的材料而已。凡科学之事,最终仅能通过科学的方式予以回应。

---

[1] 立法者所欲效仿者应为台湾地区"民法"第 182 条第 2 款第 2 分句。张谷老师在梅仲协先生《民法要义》一书的勘校注释中曾从法制史视角给出详细解释,并质疑该分句规定之合理性,参见梅仲协:《民法要义》,中国政法大学出版社 1998 年版,第 184 页。

首届全国鉴定式案例研习大赛第六名作品

杨兴龙

（华东师范大学 2020 级硕士研究生）

解题结构细目：

问题一解答

一、张某可能依据《合同法》第 230 条的规定向江河公司主张优先购买权并由此与江河公司订立门面房买卖合同后，依据《合同法》第 135 条的规定向江河公司主张转移门面房所有权的请求权

（一）请求权是否产生

1. 张某能否享有对江河公司的优先购买权？

（1）张某是否是房屋承租人？

（2）出租人江河公司是否出卖租赁房屋？

（3）张某是否以同等条件表示购买？

（4）张某对江河公司的优先购买权是否因超过行使期限而消灭？

1）优先购买权是否为形成权？

2）优先购买权作为形成权的除斥期间

3）张某行使优先购买权时是否超过除斥期间？

（二）结论

二、张某可能依据《合同法》第 107 条并结合第 230 条的规定向江河公司主张违反优先购买权通知义务的损害赔偿请求权

（一）请求权是否产生

1. 江河公司是否有违约行为？

2. 张某是否受有损害？

3. 违约行为与损害之间是否有因果关系？

4. 江河公司是否具有免责事由？

5. 中间结论

（二）请求权是否消灭？

（三）请求权是否可执行？

（四）结论

三、张某可能依据《合同法》第 107 条的规定向江河公司主张 2013 年后租赁合同的违约损害赔偿请求权

（一）请求权是否产生？

（二）结论

四、张某可能在依据《合同法》第 54 条第 2 款的规定撤销与江河公司 2013 年后的租赁合同后，依据《合同法》第 58 条主张返还财产、赔偿损失的请求权

（一）请求权是否产生？

1. 撤销权是否成立？

（1）欺诈行为

（2）欺诈的故意

（3）因果关系

1）张某因欺诈而陷于错误

2）张某因错误而为意思表示

（4）欺诈的违法性

2. 撤销权是否超过除斥期间？

（二）结论

五、张某可能依据《合同法》第 230 条的规定向湖海银行主张优先购买权并由此与湖海银行订立门面房买卖合同后，依据《合同法》第 135 条的规定向湖海银行主张转移门面房所有权的请求权

（一）请求权是否产生

1. 张某能否享有对湖海银行的优先购买权？

（1）张某是否是房屋承租人？

（2）湖海银行是否出卖租赁房屋？

（3）张某是否以同等条件表示购买？

（4）张某对湖海银行的优先购买权是否因超过行使期限而消灭？

2. 张某是否能够向湖海银行主张转移门面房所有权的请求权？

3. 中间结论

（二）请求权是否消灭

（三）结论

六、张某可能依据《合同法》第107条的规定向湖海银行主张门面房买卖合同的违约损害赔偿请求权

（一）请求权是否产生

1. 湖海银行是否有违约行为？

2. 张某是否受有损害？

3. 违约行为与损害之间是否有因果关系？

4. 湖海银行是否存在免责事由？

5. 中间结论

（二）请求权是否消灭？

（三）请求权是否可执行？

（四）结论

七、张某可能依据《合同法》第107条并结合第230条的规定向湖海银行主张违反优先购买权通知义务的损害赔偿请求权

（一）请求权是否产生

1. 湖海银行是否有违约行为？

2. 张某是否受有损害？

3. 违约行为与损害之间是否有因果关系？

4. 湖海银行是否具有免责事由？

5. 中间结论

（二）请求权是否消灭？

（三）请求权是否可执行？

（四）结论

问题二解答

一、王某可能依据《合同法》第 235 条的规定向张某主张门面房的租赁物返还请求权

（一）请求权是否产生？

1. 王某与张某之间存在租赁合同关系

2. 租赁期间届满

3. 中间结论

（二）请求权是否消灭？

（三）请求权是否可执行？

（四）结论

二、王某可能依据《合同法》第 226 条第 1 句的规定向张某主张门面房的租金支付请求权

（一）请求权是否成立？

（二）请求权是否消灭？

（三）结论

三、王某可能依据《物权法》第 34 条向张某主张门面房的返还原物请求权

（一）请求权是否产生

1. 王某为物权人

2. 张某现在占有该房屋

3. 张某为无权占有人

（二）请求权是否消灭

（三）请求权是否可执行

（四）结论

四、王某可能依据《民法总则》第 122 条的规定向江河公司主张返还不当利益请求权

（一）请求权是否产生

（二）请求权是否消灭

（三）请求权是否可执行

（四）结论

问题三解答

一、湖海银行可能依据《合同法》第 226 条第 1 句的规定向张某主张门面房的租金支付请求权

（一）请求权是否成立？

（二）请求权是否消灭？

（三）结论

二、湖海银行可能依据《民法总则》第 122 条的规定向江河公司主张返还不当利益请求权

（一）请求权是否产生

（二）请求权是否消灭

（三）请求权是否可执行

（四）结论

适用《民法典》解题大纲

问题一

问题二

问题三

问题一解答

一、张某可能依据《合同法》第 230 条的规定向江河公司主张优先购买权并由此与江河公司订立门面房买卖合同后，依据《合同法》第 135 条的规定向江河公司主张转移门面房所有权的请求权

（一）请求权是否产生

1. 张某能否享有对江河公司的优先购买权？

张某若欲主张优先购买权，首先需要满足优先购买权的构成要件。根据《合同法》第 230 条的规定，优先购买权应满足主体身份为房屋承租人、出租人出卖租赁房屋、承租人以同等条件表示购买、优先购买权未超过行使期间这四个要件：

（1）张某是否是房屋承租人？

本案中，张某与江河公司签订某商业大楼一楼门面房一间租赁合同用于经销自行车，租期为 2010 年 12 月 ~2012 年底。张某与江河公司在签订合同时均具备相应的民事行为能力，意思表示真实，也不存在违反法律、行政法规的强制性规定以及违背公序良俗的情形，故而根据《民法总则》第 143 条的规定，该房屋租赁合同合法有效，张某是房屋的承租人。

（2）出租人江河公司是否出卖租赁房屋？

本案中，江河公司于 2012 年 9 月在与湖海银行的贷款案件中达成执行和解，以包括系争门面房在内的某商业大楼中属于江河公司的全部房产抵偿贷款，并于 2012 年 12 月 26 日办理了过户登记。从《合同法》第 230 条的条文来看，优先购买权的行使要求出租人"出卖"租赁房屋，但是本案中江河公司与湖海银行之间达成的并不是一般的买卖合同，而是以房抵债协议，故而这里需要明确以房抵债协议是否能够被视为"出卖"租赁房屋。

《合同法》第 174 条规定："法律对其他有偿合同有规定的，依照其规定；没有规定的，参照买卖合同的有关规定。"第 175 条规定："当事人约定易货交易，转移标的物的所有权的，参照买卖合同的有关规定。"从以上条文来看，买卖合同的相关规范实际上是有偿转让合同的一般规范，买卖和有偿转让在一定程度上具有同质性。[1] 在优先购买权中，对于"出卖"一词，如果仅仅理解为"买卖合同"，未免过于狭隘，不利于承租人权益的保护。就以房抵债协议来看，出租人江河公司是为了通过让与房屋的所有权来替代金钱给付，其目的也是获取财产性利益，与买卖合同并无不同，承租人同样可以基于以房抵债协议中抵偿的债务份额确定自己购买房屋的对待给付义务，从而实现以"同等条件"优先购买，故而理应将这里的以房抵债协议纳入《合同法》第 230 条的"出卖"范围之内。[2] 故而本案中亦符合出租人江河公司出卖租赁房屋的构成要件。

---

[1] 参见常鹏翱："论优先购买权的行使要件"，载《当代法学》2013 年第 6 期。

[2] 参见戴孟勇："房屋承租人如何行使优先购买权——以《合同法》第 230 条为中心的解释论"，载《清华大学学报》2004 年第 4 期。

（3）张某是否以同等条件表示购买？

本案中，张某在知晓系争房屋已经两次易手后，于2019年4月25日主张行使优先购买权，即表明张某愿意接受以同等条件购买，符合该构成要件。

（4）张某对江河公司的优先购买权是否因超过行使期限而消灭？

1）优先购买权是否为形成权？

张某对江河公司的优先购买权是否超过行使期限，需要考察《合同法》第230条所规定的优先购买权性质为何。

所谓优先购买权，是指"特定人依约定或法律规定，于所有人（义务人）出卖动产或不动产时，有依同样条件优先购买之权利"。[1]我国《合同法》第230条规定"出租人出卖租赁房屋的，应当在出卖之前的合理期限内通知承租人，承租人享有以同等条件优先购买的权利"，确立了我国法定的承租人优先购买权。但是该条文并未明确"以同等条件优先购买的权利"究竟能够产生怎样的效果。欲探求承租人优先购买权的行使能否直接订立房屋买卖合同，首先需要明确优先购买权的法律性质。目前对优先购买权的法律性质主要存在以下三种观点：

第一种观点认为优先购买权是附条件的形成权。该说认为从设立优先购买权的本意出发，在符合条件时，优先购买权人只需要根据自己单方的意思表示即可订立义务人与第三人之间同等条件的买卖合同，而不需要义务人的承诺。该请求权附有条件，即只有在义务人将租赁房屋出卖给第三人时方可行使。[2]

第二种观点认为优先购买权是期待权。该说认为在出租人尚未出卖租赁房屋时，承租人的优先购买权还没有现实化，只处于期待权状态，只有在出租人出卖租赁房屋时方可行使优先购买权，此时优先购买权即现实化。[3]

第三种观点认为优先购买权是附强制缔约义务的请求权。该说认为优先购买权即为承租人对义务人享有的以同等条件订立买卖合同的请求权，行使优先购买权若想要成立买卖合同，还必须符合合同成立的一般要件，即需要义务人的承诺。同时为了保障承租人的利益，该请求权附有强制缔约义务，在义务人拒绝与

---

〔1〕 王泽鉴：《民法学说与判例研究》（重排合订本），北京大学出版社2015年版，第1514页。

〔2〕 参见王泽鉴：《民法学说与判例研究》（重排合订本），北京大学出版社2015年版，第1516页。

〔3〕 参见谢哲胜：《财产法专题研究》，三民书局1995年版，第254页。

优先购买权人订立买卖合同而将房屋出售给第三人时，优先购买权人可以向法院主张强制义务人对其作出承诺的意思表示。[1]

笔者采第一种观点，认为优先购买权应为形成权，此观点亦为目前学界通说。对于将优先购买权视为期待权的观点，笔者认为优先购买权并不符合期待权的构成要件。所谓期待权是指"取得特定权利部分要件的主体所享有的，得因法律规定或当事人约定的其他要件的实现而取得特定权利的受法律保护的地位（自由）"。[2]期待权应具备如下要件：一是对未来取得某种完整权利的期待；二是已经具备取得权利的部分要件；三是该法律地位在法律上具有一定的独立性，受到法律保护。[3]通说认为期待权一般包括附条件或附期限法律行为所产生的法律地位、继承开始前继承人的法律地位等。优先购买权的最终目的在于取得租赁房屋的所有权，然而出租人是否会出卖房屋、其与第三人之间签订的买卖合同的条件承租人是否会接受等均处于极不确定的状态，承租人并不具备取得房屋所有权的"部分要件"，甚至其可期待性都极为微弱，难以符合期待权的构成要件。而对于将优先购买权视为附强制缔约义务的请求权的观点，与形成权相比在法律效果上最终都是要订立一份租赁房屋的买卖合同，但是二者在合同成立的时间、方式以及诉讼救济上存在显著差异。若采请求权说，则合同需要义务人的承诺方可订立，若义务人不作出承诺，则还需向法院提起诉讼以实现强制缔约，法院判决后合同才由此订立，此时若义务人未把房屋所有权移转给第三人，则优先购买权人通常无法立刻在该诉讼中主张义务人承担违约责任，之后若义务人不履行买卖合同，优先购买权人只能另行起诉；而若采形成权说，则买卖合同自优先购买权人主张优先购买权时即已成立，优先购买权人直接向法院起诉要求义务人履行合同或承担违约责任即可，诉讼便宜相当明显。[4]故而在最终法律效果相当的情况下，笔者采取诉讼救济更为简便的形成权说。就目前我国的司法实践来看，亦多认可优先购买权为形成权。[5]

---

〔1〕 参见宁红丽："论承租人的优先购买权"，载《广西社会科学》2004年第8期。

〔2〕 王轶："期待权初探"，载《法律科学》1996年第4期。

〔3〕 参见申卫星："期待权研究导论"，载《清华法学》2002年第1期。

〔4〕 参见常鹏翱："论优先购买权的法律效力"，载《中外法学》2014年第2期。

〔5〕 参见深圳市中级人民法院（2014）深中法房终字第1313号民事判决书，北京市海淀区人民法院（2013）海民初字第08744号民事判决书，沈阳市苏家屯区人民法院（2017）辽0111民初69号民事判决书。

值得注意的是，我国的立法机关在对优先购买权的解读中倾向于将优先购买权视为请求权。在立法机关对《合同法》的解读中，立法机关认为优先购买权既是"对出租人出卖房屋的请求权"，同时也是"附条件的形成权，即以同等条件为前提"。[1]然而就请求权与形成权的性质差异来看，请求权的实现需要相对人的配合与协助，而形成权只需要权利人单方的意思表示即可实现相应的法律效果，二者是一组相对概念，无法同时在一种权利上融为一体，故该观点有待商榷。立法机关在《民法典》中对承租人优先购买权的解读则对上述观点进行了修正，对承租人优先购买权采请求权说。然而立法机关将优先购买权视为请求权的理由在于若采形成权说，则会让优先购买权具有"物权性质"，使得优先购买权与"出租人所享有的所有权存在冲突，如此甚至将导致优先购买权具有优于所有权的效力"，从而出现出租人与承租人之间法律保护的失衡。[2]然而这一观点对形成权的性质存在误读。形成权系指权利人通过其单方的意思表示即可设立、变更或终止民事法律关系的权利，相比于请求权，将优先购买权视为形成权只是在订立房屋买卖合同时不需要出租人的承诺，依承租人的单方意思表示即可，但并不会因为形成权就能够直接赋予优先购买权以物权效力。不论是采请求权说还是形成权说，最终形成的房屋买卖合同性质并无不同。且由于优先购买权在我国无法进行登记，难以完成公示，故而笔者认为优先购买权作为形成权所订立的合同仅具有债权性质，不能产生对抗第三人的物权效果。

综上可知，优先购买权为形成权。

2）优先购买权作为形成权的除斥期间

由于形成权能够通过权利人单方的意思表示设立、变更或终止民事法律关系，故而对形成权的行使一般设有期限限制，以期早日确定当事人之间的法律关系，如《合同法》第 75 条规定"撤销权自债权人知道或者应当知道撤销事由之日起 1 年内行使。自债务人的行为发生之日起 5 年内没有行使撤销权的，该撤销权消灭"。《瑞士民法典》亦将优先购买权视为形成权，并在第 681 条 a（2）规定："先买权人欲行使先买权的，须在知悉契约的缔结和内

---

〔1〕 参见胡康生主编：《中华人民共和国合同法释义》，法律出版社 1999 年版，第 340 页。
〔2〕 参见黄薇主编：《中华人民共和国民法典合同编解读》（下册），中国法制出版社 2020 年版，第 842 页。

容之日起的 3 个月内行使该权利。新所有权人在不动产登记簿上的登记已逾 2 年的，先买权不得再行使。"就我国的承租人优先购买权而言，仅有《城镇房屋租赁合同司法解释》第 24 条第 4 项规定"出租人履行通知义务后，承租人在 15 日内未明确表示购买的"，承租人不能主张优先购买权。但相关法律及司法解释对于承租人在没有接到通知的情况下优先购买权的除斥期间并无规定。在本案中由于江河公司并没有对张某进行通知，故而虽然自江河公司出卖房屋已 6 年有余，但张某的优先购买权是否超过除斥期间而消灭似有疑问。有学者对此主张承租人优先购买权作为形成权可以通过类推其他形成权的有关规定，适用除斥期间制度。[1]

笔者认为对于承租人优先购买权的除斥期间，可类推适用《物权法解释一》第 11 条第 4 项的规定。《物权法解释一》第 11 条是关于按份共有人优先购买权行使期间的规定，其中第 4 项规定若"转让人未通知，且无法确定其他按份共有人知道或者应当知道最终确定的同等条件的"，行使期间为共有份额权属转移之日起 6 个月。类推适用的程序应当依照两个步骤进行：一是认定涵摄失败，二是判断类推适用的可行性。[2]就承租人优先购买权而言，法律及司法解释并未规定出租人未通知的情况下承租人优先购买权的除斥期间，故而符合涵摄失败的要件；接下来则要明确类推适用的可行性。

类推适用的可行性判断需要明确"有疑问的法律规范须有能做普遍化的法律思考之可能性"，即普遍化不能为立法意旨所明显反对，以及判断事实的可类推性——即规范的事实构成与案件事实之间存在着足够的相似性以至于能够类推适用。[3]《物权法解释一》第 11 条关于按份共有人优先购买权行使期间的规定主要是为了早日确定当事人之间的法律关系。就承租人的优先购买权与共有人的优先购买权而言，二者均用于规范房屋的优先购买权问题，且目的都是为了稳定房屋的使用，使房屋所有人和使用人同一，也增强房屋利用效率。[4]二者之间的区别主要在于主体身份，即一个为共有人，一个为承租人，但这一主体上的差异并不

---

〔1〕 参见戴孟勇："房屋承租人如何行使优先购买权——以《合同法》第 230 条为中心的解释论"，载《清华大学学报》2004 年第 4 期。

〔2〕 参见钱炜江："论民事司法中的类推适用"，载《法制与社会发展》2016 年第 5 期。

〔3〕 参见钱炜江："论民事司法中的类推适用"，载《法制与社会发展》2016 年第 5 期。

〔4〕 参见李少华："法定优先购买权的法律性质、效力及实现"，载《当代法学》2003 年第 2 期。

影响除斥期间的立法意旨，二者在权利性质及适用上具有高度的同质性，在案件事实上也高度相似，可以将共有人的优先购买权除斥期间作出普遍化的处理，使之运用于承租人优先购买权之上，即在出租人未履行通知义务的情况下，承租人优先购买权的除斥期间为自所有权转移之日起 6 个月。

3）张某行使优先购买权时是否超过除斥期间？

若对《物权法解释一》第 11 条的类推成立，则在本案中，即便出租人江河公司未履行对张某的通知义务，但是"转让人未通知，且无法确定其他按份共有人知道或者应当知道最终确定的同等条件的"，行使期间自所有权转移之日起 6 个月，即自 2012 年 12 月 26 日江河公司与湖海银行办理过户登记为起始，至 2013 年 6 月 27 日止。张某于 2019 年 4 月 25 日主张行使优先购买权，已远远超过优先购买权的除斥期间，故其优先购买权已消灭。

综上可知，张某对江河公司的优先购买权因超过行使期限而消灭。由于张某无法对江河公司行使优先购买权，故而也就无法在张某与江河公司之间形成房屋买卖合同，张某也就无从依据《合同法》第 135 条的规定向江河公司主张转移门面房所有权的请求权。

（二）结论

张某不能依据《合同法》第 230 条的规定向江河公司主张优先购买权并由此与江河公司订立门面房买卖合同，从而无法依据《合同法》第 135 条的规定向江河公司主张转移门面房所有权的请求权。

二、张某可能依据《合同法》第 107 条并结合第 230 条的规定向江河公司主张违反优先购买权通知义务的损害赔偿请求权

（一）请求权是否产生

《合同法》第 230 条规定出租人在出卖租赁房屋时"应当在出卖之前的合理期限内通知承租人"，通说认为此处的"通知"应理解为出租人的义务，其法律效果主要是出租人履行通知义务后，先买权的除斥期间开始计算。[1]承租人的优先购买权是基于租赁合同而产生的，应将其界定为房屋租赁合同的附随义务，在

---

〔1〕 参见最高人民法院民事审判第一庭编著：《最高人民法院关于审理城镇房屋租赁合同纠纷案件司法解释的理解与适用》，人民法院出版社 2009 年版，第 331 页；丁春艳："论私法中的优先购买权"，载《北大法律评论》2005 年第 1 期。

出租人违反通知义务时可主张违约损害赔偿。[1]若要探求张某是否能够向江河公司主张违约损害赔偿请求权，需满足以下四个要件：江河公司有违约行为、张某受有损害、违约行为与损害之间有因果关系、江河公司没有免责事由。[2]

1. 江河公司是否有违约行为？

江河公司与湖海银行达成以房抵债协议，并于 2012 年 12 月 26 日办理了过户登记，但上述事项均未告知张某，未履行《合同法》第 230 条所规定的出卖租赁房屋时"应当在出卖之前的合理期限内通知承租人"的义务，存在违约行为。

2. 张某是否受有损害？

张某因江河公司未能及时行使优先购买权，致使其对江河公司的优先购买权因超过除斥期间而无法行使，此时张某无法购买承租房屋获得其所有权，在现房屋所有权人王某要求其搬离的情况下，张某将不得不承担停业损失，以及为重新寻找房屋或搬迁所支出的费用，等等，这些均为张某受到的损害。

需要注意的是，张某基于江河公司未履行通知义务而主张的违约损害赔偿范围并不包括可能基于优先购买权产生的房屋买卖合同的履行利益，即不包括房屋出卖后价格上涨的差价损失。根据《合同法》第 113 条第 1 款的规定，损害赔偿"不得超过违反合同一方订立合同时预见到或者应当预见到的因违反合同可能造成的损失"。由于出租人出卖房屋的通知是租赁合同的附随义务，故而针对其违反通知义务而主张的违约损害赔偿亦不应超过租赁合同订立时可预见到的损失。在江河公司与张某制定房屋租赁合同时，并不能预见江河公司之后是否会出卖租赁房屋，更难以预见张某是否会主张优先购买权，若直接将可能成立的买卖合同的履行利益，即房屋出卖后价格上涨的差价损失也计算在损害赔偿的范围之内，义务的违反与损害之间并无相当因果关系，对江河公司明显不公。且有学者提出，对于买卖合同履行利益的损害赔偿应当在对买卖合同的违约赔偿中提出，不应将其置于租赁合同附随义务的违约赔偿之内。[3]故而此处的损害赔偿范围应仅限于停业损失以及为重新寻找房屋或搬迁所支出的费用。

---

〔1〕 参见朱晓喆："论房屋承租人先买权的对抗力与损害赔偿——基于德国民法的比较视角"，载《中德私法研究》第 9 卷。
〔2〕 参见韩世远：《合同法总论》，法律出版社 2018 年版，第 777 页。
〔3〕 参见朱晓喆："论房屋承租人先买权的对抗力与损害赔偿——基于德国民法的比较视角"，载《中德私法研究》第 9 卷。

3. 违约行为与损害之间是否有因果关系？

在违约损害赔偿责任成立的判断上，通说认为应采用事实因果关系，其最基本的判断方法是采用"必要条件规则"，又称"要是没有"检验法（"but for" test）。[1] 在本案中，如果江河公司没有违约，履行了其通知义务，那么张某就可以及时行使优先购买权订立买卖合同并由此获得租赁房屋的所有权，也就不会有停业损失以及为重新寻找房屋或搬迁所支出的费用等损害，故而江河公司的违约行为与张某的损害之间存在因果关系。

4. 江河公司是否具有免责事由？

从本案的情况来看，江河公司并不具有不可抗力等免责事由。

5. 中间结论

张某依据《合同法》第 107 条并结合第 230 条的规定对江河公司违反优先购买权通知义务的损害赔偿请求权已产生。

（二）请求权是否消灭？

本案中不存在张某对江河公司的违约损害赔偿请求权的消灭事由。

（三）请求权是否可执行？

本案中需要考虑到诉讼时效抗辩权。虽然江河公司与湖海银行在 2012 年即达成了以房抵债协议并办理了过户登记，但是张某在 2019 年 4 月 8 日王某要求其搬离时方才得知系争房屋已经两次易主。诉讼时效期间从知道或者应当知道权利被侵害时起计算，在本案中，张某与江河公司在 2010 年 12 月~2012 年底有一份合法有效的租赁合同，江河公司在此期间也确为租赁房屋的所有权人，张某在首次签订租赁合同时可能已查验了江河公司的房屋所有权人身份并对此产生信赖。房屋所有权从江河公司移转至湖海银行再移转至王某这两次交易中，张某作为承租人均未得到任何通知，也未收到任何异议，且江河公司在将房屋所有权移转给他人之后依然以房屋所有权人的身份与张某续签租赁合同。张某在这种情况下并无定期查验不动产登记簿确定房屋所有人的义务，可以信赖江河公司就是房屋的所有权人并与之继续签订租赁合同，此时除了房屋受让人的通知外，张某并无任何渠道或义务知晓房屋已经转让。倘若认为诉讼时效的起算时点为房屋过户

---

[1] 参见韩世远：《合同法总论》，法律出版社 2018 年版，第 790~791 页。

登记之时，虽然此时该房屋的转让确实因登记而形成了对外公示，但若以此作为诉讼时效起算时点，会使得同类案件中房屋承租人不断负有察看房屋登记簿的义务，不合理地增加了承租人的负担以及交易成本。故而其"知道或者应当知道权利被侵害"的时间节点应在于 2019 年 4 月 8 日王某要求其搬离时，此时诉讼时效开始计算。

《最高人民法院关于适用〈中华人民共和国民法总则〉诉讼时效制度若干问题的解释》第 1 条规定："民法总则施行后诉讼时效期间开始计算的，应当适用民法总则第 188 条关于 3 年诉讼时效期间的规定。"故而这里应适用《民法总则》第 188 条的规定，诉讼时效为 3 年。张某在知晓情况后于 2019 年 4 月 25 日主张优先购买权，并未超过诉讼时效，江河公司不存在诉讼时效抗辩权，张某对江河公司的违约赔偿请求权不存在执行障碍。

（四）结论

张某能够依据《合同法》第 107 条并结合第 230 条的规定向江河公司主张违反优先购买权通知义务的损害赔偿请求权

三、张某可能依据《合同法》第 107 条的规定向江河公司主张 2013 年后租赁合同的违约损害赔偿请求权。

（一）请求权是否产生？

本案中，江河公司在与湖海银行于 2012 年 12 月 26 日办理了过户登记后即已不再是房屋的所有权人，但其依然在 2013 年与张某继续签订了为期 1 年的租赁合同并收取租金，且 2014 年该租赁合同到期后，江河公司与张某虽未再续签租赁合同，但江河公司仍按原合同约定向张某收取租金直至 2019 年 4 月。《合同法》第 236 条规定："租赁期间届满，承租人继续使用租赁物，出租人没有提出异议的，原租赁合同继续有效，但租赁期限为不定期。"既然沉默可视为续签合同的意思表示，那么本案中 2014 年后双方虽未续签合同但仍继续按原合同履行的行为自然可视为原租赁合同继续有效，且该租赁合同转变为不定期租赁合同。该合同不存在无效事由，租赁合同合法有效。然而江河公司此时已不再是房屋所有权人，可能具备违约的情形。张某若想对江河公司主张 2013 年后租赁合同的违约损害赔偿请求权，需满足江河公司具有违约行为、张某受有损害、违约行为与损害之间有因果关系、江河公司不具有免责事由这四个要件。

江河公司在 2012 年 12 月 26 日与湖海银行办理了过户登记后即不再是房屋所有权人。考察江河公司在 2013 年之后与张某继续签订的 1 年期租赁合同及 2014 年之后的不定期租赁合同，虽然此时江河公司不再是房屋所有权人，其与张某签订租赁合同的行为系无权处分，但是张某确实一直使用租赁房屋直至 2019 年 4 月，该合同已经履行完毕，并无瑕疵，故而江河公司实际上并无违约行为。

（二）结论

张某不能依据《合同法》第 107 条的规定向江河公司主张 2013 年后租赁合同的违约损害赔偿请求权。

四、张某可能在依据《合同法》第 54 条第 2 款的规定撤销与江河公司 2013 年后的租赁合同后，依据《合同法》第 58 条主张返还财产、赔偿损失的请求权。

（一）请求权是否产生？

1. 撤销权是否成立？

根据《合同法》第 54 条第 2 款的规定，"一方以欺诈、胁迫的手段或者乘人之危，使对方在违背真实意思的情况下订立的合同，受损害方有权请求人民法院或者仲裁机构变更或者撤销"。所谓欺诈，是指"以使他人陷于错误并因而为意思表示为目的，故意陈述虚伪事实或隐瞒真实情况的行为"。[1] 在本案中，江河公司在已与湖海银行办理房屋转移登记的情况下，隐瞒自己不再是房屋所有权人的事实，与张某继续签订房屋租赁合同，可能存在欺诈，张某亦可能据此行使撤销权。撤销权的成立应满足如下要件：

（1）欺诈行为

《民通意见》第 67 条规定："一方当事人故意告知对方虚假情况，或者故意隐瞒真实情况，诱使对方当事人作出错误意思表示的，可以认定为欺诈行为。"根据该条文，故意隐瞒真实情况，诱使对方作出错误意思表示的，可以认定为欺诈行为。《合同法》第 42 条第 2 项前段 "故意隐瞒与订立合同有关的重要事实"，可

---

〔1〕 参见韩世远：《合同法总论》，法律出版社 2018 年版，第 251 页。

因此发生损害赔偿责任，实际上也肯定了消极的不作为可以构成欺诈。[1]在本案中，江河公司明知自己不是房屋所有权人，却仍然与张某签订房屋租赁合同，故意隐瞒与合同有关的重要真实情况，违反了诚实信用原则，可以认定为欺诈。

（2）欺诈的故意

本案中，江河公司隐瞒真实权利状况，假装自己仍然是房屋所有人，与张某签订租赁合同以赚取经济利益，具有使相对人陷于错误的故意。

（3）因果关系

1）张某因欺诈而陷于错误

本案中，江河公司隐瞒了与湖海银行的以房抵债协议以及房屋所有权已经转移登记的事实，与张某继续签订房屋租赁合同，张某因为江河公司的隐瞒而陷入认识错误，基于之前的租赁合同关系误认为江河公司仍然是房屋所有人。

2）张某因错误而为意思表示

本案中，张某实际上的内心真实意思是与房屋的所有权人签订房屋租赁合同，以达到继续在该门面房内经营的目的。然而由于江河公司的欺诈行为使得张某误认为江河公司仍为房屋所有权人，故而张某基于该认识错误而与江河公司继续签订租赁合同，存在因果关系。

（4）欺诈的违法性

江河公司的欺诈行为违背法律及诚实信用原则，并不是为了张某的利益而隐瞒真相，具有违法性。

综上，撤销权已成立。

2. 撤销权是否超过除斥期间？

根据《民法总则》第152条第2款以及《合同法》第75条的规定，撤销权自民事法律行为发生之日起5年内没有行使的，撤销权消灭。本案中，江河公司自2012年12月26日起即隐瞒真相，张某虽一直无法知晓真实情况，但其撤销权在2017年12月即告消灭，不能主张，故而张某的撤销权因超过除斥期间而消灭，也就无法依据《合同法》第58条主张返还财产、赔偿损失的请求权。

（二）结论

张某不能在依据《合同法》第54条第2款的规定撤销与江河公司2013年后

---

[1] 参见韩世远：《合同法总论》，法律出版社2018年版，第253页。

的租赁合同后，也就无从依据《合同法》第58条主张返还财产、赔偿损失的请求权。

五、张某可能依据《合同法》第230条的规定向湖海银行主张优先购买权并由此与湖海银行订立门面房买卖合同后，依据《合同法》第135条的规定向湖海银行主张转移门面房所有权的请求权

（一）请求权是否产生

1. 张某能否享有对湖海银行的优先购买权？

张某若欲主张优先购买权，首先需要满足优先购买权的构成要件。根据《合同法》第230条的规定，优先购买权应满足主体身份为房屋承租人、出租人出卖租赁房屋、承租人以同等条件表示购买、优先购买权未超过行使期间这四个要件。

（1）张某是否是房屋承租人？

本案中，张某与江河公司签订某商业大楼一楼门面房租赁合同一间用于经销自行车，租期为2010年12月~2012年底，该合同合法有效。江河公司与湖海银行于2012年12月26日办理了过户登记，虽未告知张某，但《合同法》第229条规定"租赁物在租赁期间发生所有权变动的，不影响租赁合同的效力"；《城镇房屋租赁合同司法解释》第20条第1句规定"租赁房屋在租赁期间发生所有权变动，承租人请求房屋受让人继续履行原租赁合同的，人民法院应予支持"；《民通意见》第135条第2款规定"私有房屋在租赁期内，因买卖、赠与或者继承发生房屋产权转移的，原租赁合同对承租人和新房主继续有效"。由此可见，根据"买卖不破租赁"规则，即便湖海银行在获得房屋所有权时并不知晓其上有张某的租赁，但其依然概括继受了该房屋上张某与江河公司2010年12月~2012年底租赁合同的权利义务。这里的关键在于，原租赁合同在2012年底到期后，张某继续使用房屋能否视为在张某与湖海银行之间继续存在租赁合同。

《合同法》第236条规定："租赁期间届满，承租人继续使用租赁物，出租人没有提出异议的，原租赁合同继续有效，但租赁期限为不定期。"立法机关对《合同法》该条文的解读指出，在上述情况下，"合同当事人的行为表明其租赁关系继续存在"，"当事人有此行为即可以推定双方有继续租赁关系的意向"，这一见解在立法机关对《民法典》第 734 条的解读中得到了延续。[1] 从该条文的规定以及相关立法解释来看，这一条文虽然可视为法定的续租规定，但仍然需要适用意思表示的相关规则。在本案中，需要解决的问题即在于在张某不知晓湖海银行才是房屋所有权人的情况下，如何通过意思表示的相关规则使得张某与胡海银行在 2013 年 ~2018 年 11 月之间订立房屋租赁合同。

笔者认为，本案中依然可以适用《合同法》第 236 条的规定，在张某与湖海银行之间继续存在租赁合同。首先，张某继续使用租赁房屋的行为，是为了能够通过对之前租赁房屋的继续使用达到稳定经营之目的，不论租赁房屋的所有权人是江河公司、湖海银行抑或其他人，其实并不重要，只要能够继续租赁该房屋，张某的目的即可达成，故而其继续使用租赁房屋的真实意思表示其实并不是要和特定人江河公司订立合同，而是要与房屋的真正所有权人继续签订房屋租赁合同。其次，张某想要继续签订租赁合同的意思表示无须特定相对人受领，出租人的沉默不论是否有缔约意思均应直接拟制为承诺。试举一例以做说明：在一段房屋租赁合同关系到期后，承租人继续使用租赁房屋，但出租人此时已出国或失踪，无法取得联系，亦无法受领承租人继续使用房屋所表达的想要续签租赁合同的意思表示。在此种情况下，若当然地认为由于出租人未能受领承租人的意思表示，故而其"沉默"不能被视为《合同法》第 236 条中对续签租赁合同的意思表示，该合同未能订立，则似乎对承租人的利益保护极为不利。在此处，若将出租人的沉默直接拟制为对承租人的承诺，可以保护承租人稳定使用租赁房屋的利益，提高房屋的适用效率，同时对出租人而言亦无权利上的侵害，其可以通过异议的方式不再订立合同，从长远来看有利于社会市场秩序的稳定发展。《民法典》第 734 条第 2 款在原《合同法》第 236 条续租条款的基础上，又增加了房屋承租人"优先承租权"，即"租赁期限届满，房屋承租人享有以同等条件优先承租的权利"，该条文背后的价值即与此相同。[2]

综上可知，如果承租人在租赁合同到期后继续使用房屋，而出租人未提出异议，则视为续租，租期为不定期。本案中，湖海银行已经继受了张某与江河公司

---

[1] 参见黄薇主编：《中华人民共和国民法典合同编解读》（下册），中国法制出版社 2020 年版，第 852 页。

[2] 参见黄薇主编：《中华人民共和国民法典合同编解读》（下册），中国法制出版社 2020 年版，第 853 页。

的租赁合同权利义务。2012 年底原合同到期后，承租人张某仍继续使用该房屋，湖海银行也并未对此提出异议，故而根据《合同法》第 236 条的规定，张某与湖海银行之间的租赁合同在 2012 年底原租赁合同到期后仍然继续有效，直至 2018 年 11 月湖海银行与王某办理了房屋过户登记，其租赁合同权利义务又因"买卖不破租赁"规则被移转给了王某为止。

综上，张某与湖海银行在 2012 年 12 月 26 日~2018 年 11 月之间存在租赁合同，张某是房屋的承租人。

（2）湖海银行是否出卖租赁房屋？

2018 年 5 月，房屋所有权人湖海银行与王某签订买卖合同，将系争门面房出卖于王某，并于同年 11 月办理了过户登记，买卖合同与物权移转均合法有效。湖海银行存在出卖租赁房屋的情形。

（3）张某是否以同等条件表示购买？

本案中，张某在知晓系争房屋已经两次易手后，于 2019 年 4 月 25 日主张行使优先购买权，即表明张某愿意接受以同等条件购买，符合该构成要件。

综上可知，张某满足优先购买权的构成要件。

（4）张某对湖海银行的优先购买权是否因超过行使期限而消灭？

在上文中，笔者认定承租人优先购买权的性质为形成权，且类推适用《物权法解释一》第 11 条的规定，在出租人未进行通知的情况下，承租人优先购买权的除斥期间为自所有权转移之日起 6 个月。在本案中，出租人湖海银行在 2018 年 5 月与王某签订房屋买卖合同，并未通知承租人张某，并于同年 11 月办理了过户登记。在这种情况下，张某优先购买权的除斥期间为自 2018 年 11 月起至 2019 年 5 月。张某于 2019 年 4 月 25 日主张行使优先购买权，并未超出除斥期间，其优先购买权并未因超过行使期限而消灭，仍可行使。

2. 张某是否能够向湖海银行主张转移门面房所有权的请求权？

通过上文的分析可知，张某在对湖海银行行使优先购买权后，即已在双方之间直接形成了一份房屋买卖合同，该合同合法有效。基于《合同法》第 135 条的规定，在存在有效买卖合同的情况下，出卖人湖海银行应当履行向买受人张某交付标的物并转移标的物所有权的义务，张某能够向湖海银行主张转移门面房所有权的请求权。

3. 中间结论

张某能够依据《合同法》第230条的规定向湖海银行主张优先购买权并由此与湖海银行订立门面房买卖合同，并依据《合同法》第135条的规定向湖海银行主张转移门面房所有权的请求权。

（二）请求权是否消灭

本案中，由于湖海银行已与王某于2018年5月签订房屋买卖合同并在同年11月办理了过户登记，买卖合同合法有效，登记过户行为亦无瑕疵，故而涉案房屋所有权在2018年11月已经转移给王某。至2019年4月25日张某主张优先购买权时，湖海银行已不再拥有涉案房屋的所有权，无法根据买卖合同移转房屋的所有权，故而存在履行不能的情形。在此种情形下，张某对江河公司主张转移门面房所有权的请求权已经消灭。

（三）结论

张某不能依据《合同法》第135条的规定向湖海银行主张转移门面房所有权的请求权。

六、张某可能依据《合同法》第107条的规定向湖海银行主张门面房买卖合同的违约损害赔偿请求权

（一）请求权是否产生

由上文可知，张某行使优先购买权后，即与湖海银行之间形成了房屋买卖合同。若要探求张某是否能够向湖海银行主张违约损害赔偿请求权，需满足以下四个要件：湖海银行有违约行为、张某受有损害、违约行为与损害之间有因果关系、湖海银行没有免责事由。

1. 湖海银行是否有违约行为？

由上文可知，湖海银行由于已经与王某签订买卖合同并将房屋的所有权移转给了王某，故而此处实际上在湖海银行与王某、张某之间形成了二重买卖的法律关系结构，且由于房屋所有权已经移转给王某，故而湖海银行此时已经无法再实际履行与张某之间的买卖合同，是为自始不能，湖海银行存在违约行为。

2. 张某是否受有损害？

在二重买卖中，如果出卖人向其中一位买受人履行而发生对另一买受人的给

付不能，则买卖标的物涨价的部分即为买受人通常可以期待的利益，应当视为所失利益。[1]在本案中，张某的主要损失即为湖海银行将房屋出卖给王某后价格上涨的差价损失，此即为买卖合同的履行利益。

3. 违约行为与损害之间是否有因果关系？

根据前文可知，在违约损害赔偿责任成立的判断上，通说认为应采用事实因果关系，其最基本的判断方法是采用"要是没有"检验法（"but for"test）。在本案中，如果湖海银行没有将房屋所有权移转给第三人王某，则湖海银行仍可向张某履行买卖合同，向张某移转房屋所有权，张某也就不会受有房屋出卖给王某后价格上涨的差价损失，湖海银行的违约行为与张某的损害之间具备因果关系。

4. 湖海银行是否存在免责事由？

从本案的情况来看，湖海银行并不具有不可抗力等免责事由。

5. 中间结论

张某对湖海银行的违约损害赔偿请求权已经产生。

（二）请求权是否消灭？

本案中不存在张某对湖海银行的违约损害赔偿请求权的消灭事由。

（三）请求权是否可执行？

本案中，湖海银行在2018年5月与王某签订房屋买卖合同并于同年11月办理了过户登记，张某于2019年4月25日主张行使优先购买权，亦不存在诸如超过《民法总则》第188条3年诉讼时效期间等请求权执行障碍。

（四）结论

张某能够依据《合同法》第107条的规定向湖海银行主张门面房买卖合同的违约损害赔偿请求权。

七、张某可能依据《合同法》第107条并结合第230条的规定向湖海银行主张违反优先购买权通知义务的损害赔偿请求权

（一）请求权是否产生

根据上文的分析可知，优先购买权的通知为租赁合同的附随义务。若要探求

---

[1] 参见王泽鉴：《民法学说与判例研究》（重排合订本），北京大学出版社2015年版，第478页。

张某是否能够向湖海银行主张违约损害赔偿请求权，需满足以下四个要件：湖海银行有违约行为、张某受有损害、违约行为与损害之间有因果关系、湖海银行没有免责事由。

1. 湖海银行是否有违约行为？

2018 年 5 月，湖海银行与王某签订买卖合同，将系争门面房出卖于王某，并约定系争房屋若有占有人员则由王某清理。同年 11 月，湖海银行与王某办理了过户登记。但上述事项均未告知张某，未履行《合同法》第 230 条所规定的出卖租赁房屋时"应当在出卖之前的合理期限内通知承租人"的义务，存在违约行为。

2. 张某是否受有损害？

因湖海银行未及时通知，致使张某无法获得房屋所有权，在现房屋所有权人王某要求其搬离的情况下，张某将不得不承担停业损失，以及为重新寻找房屋或搬迁所支出的费用，等等，这些均为张某受到的损害。

3. 违约行为与损害之间是否有因果关系？

在违约损害赔偿责任成立的判断上，通说认为应采用事实因果关系，其最基本的判断方法是采用"必要条件规则"，又称"要是没有"检验法（"but for" test）。在本案中，如果湖海银行没有违约，履行了其通知义务，那么张某就可以及时行使优先购买权获得租赁房屋的所有权，也就不会有停业损失以及为重新寻找房屋或搬迁所支出的费用等损害，故而湖海银行的违约行为与张某的损害之间存在因果关系。

4. 湖海银行是否具有免责事由？

从本案的情况来看，湖海银行并不具有不可抗力等免责事由。

5. 中间结论

张某依据《合同法》第 107 条并结合第 230 条的规定对湖海银行违反优先购买权通知义务的损害赔偿请求权已产生。

（二）请求权是否消灭？

本案中不存在张某对湖海银行的违约损害赔偿请求权的消灭事由。

（三）请求权是否可执行？

张某在知晓情况后于 2019 年 4 月 25 日主张优先购买权，并未超过诉讼时效，湖海银行不存在诉讼时效抗辩权，张某对湖海银行的违约赔偿请求权不存在执行障碍。

（四）结论

张某能够依据《合同法》第 107 条并结合第 230 条的规定向湖海银行主张违反优先购买权通知义务的损害赔偿请求权。

问题二解答

一、王某可能依据《合同法》第 235 条的规定向张某主张门面房的租赁物返还请求权

（一）请求权是否产生？

王某对张某主张租赁物返还请求权，应满足如下要件：

1. 王某与张某之间存在租赁合同关系

由上文可知，根据《合同法》第 229 条、《城镇房屋租赁合同司法解释》第 20 条第 1 句以及《民通意见》第 135 条第 2 款对于"买卖不破租赁"的规定，在本案中，江河公司与张某之间的租赁合同权利义务先是被移转给了湖海银行，后又被湖海银行移转给了王某。同时根据《合同法》第 236 条的规定，这期间新的房屋所有权人湖海银行、王某均未提出异议直至 2019 年 4 月 8 日，故而在此之前租赁合同一直合法有效且为不定期租赁，王某与张某之间的租赁合同关系自 2018 年 11 月湖海银行与王某办理了过户登记起，至 2019 年 4 月 8 日止。

2. 租赁期间届满

根据《合同法》第 236 条的规定："租赁期间届满，承租人继续使用租赁物，出租人没有提出异议的，原租赁合同继续有效，但租赁期限为不定期。"本案中张某与王某之间的租赁合同即满足上述条文，张某与王某之间是不定期租赁合同。根据《合同法》232 条第 2 句的规定，对于不定期租赁，"当事人可以随时解除合同，但出租人解除合同应当在合理期限之前通知承租人"。2019 年 4 月 8 日，王某以张某侵占房屋为由要求后者搬离并赔偿损失，可视为解除不定期租赁合同，租赁期间已届满。

3. 中间结论

王某对张某的租赁物返还请求权已产生。

（二）请求权是否消灭？

本案中不存在请求权消灭事由。

（三）请求权是否可执行？

本案中亦不存在请求权执行障碍。

（四）结论

王某可以依据《合同法》第235条的规定向张某主张门面房的租赁物返还请求权。

二、王某可能依据《合同法》第226条第1句的规定向张某主张门面房的租金支付请求权

（一）请求权是否成立？

根据上文分析可知，王某与张某之间因"买卖不破租赁"规则而存在一份自2018年11月湖海银行与王某办理了过户登记起的不定期租赁合同，该合同至2019年4月8日，王某以张某侵占房屋为由要求后者搬离并赔偿损失为止解除。由于租赁合同的存在，王某对张某的租金支付请求权已经产生。

（二）请求权是否消灭？

在本案中，"买卖不破租赁"规则的效果之一即为出卖人将租赁合同的债权让与给了买受人。根据《合同法》第80条第1句的规定，债权人转让权利的，应当通知债务人。未经通知，该转让对债务人不发生效力。该条文的立法目的即为保护债务人，使得债务人在未接到通知的情况下即便向原债权人清偿，也可发生消灭债务的效果。本案中，两次房屋买卖均未通知张某，张某认为其租赁合同的相对人仍然为江河公司并向其支付租金，已经清偿了其债务，从江河公司到湖海银行再到王某的债权转让对张某无效。王某的租金支付请求权因张某对原债权人江河公司的清偿而消灭。

（三）结论

王某不能依据《合同法》第226条第1句的规定向张某主张门面房的租金支付请求权。

三、王某可能依据《物权法》第34条向张某主张门面房的返还原物请求权

（一）请求权是否产生

《物权法》第34条规定，无权占有不动产或者动产的，权利人可以请求返还原物。其构成要件有三：一是请求权人为物权人；二是被请求人现在占有不动产或动产；三是被请求人为无权占有人。

1. 王某为物权人

2018年5月，湖海银行与王某签订买卖合同，将系争门面房出卖于王某，并约定系争房屋若有占有人员则由王某清理。同年11月，湖海银行与王某办理了过户登记。该买卖合同与过户登记均合法有效，王某是房屋的所有权人。

2. 张某现在占有该房屋

从案件信息可知，张某一直占有房屋且拒绝搬离。

3. 张某为无权占有人

2019年4月8日，王某以张某侵占房屋为由要求后者搬离并赔偿损失，可视为解除双方之间的不定期租赁合同，张某此时即为无权占有人。

（二）请求权是否消灭

本案中不存在请求权消灭的情形。

（三）请求权是否可执行

本案中亦不存在请求权执行障碍。

（四）结论

王某可以依据《物权法》第34条向张某主张门面房的返还原物请求权。

四、王某可能依据《民法总则》第122条的规定向江河公司主张返还不当利益请求权

（一）请求权是否产生

根据《民法总则》第122条的规定，不当得利的构成要件有三：其一，一方取得利益；其二，其取得的利益无法律上的根据；其三，一方的获益对另一方造成了损害。在本案中，江河公司取得了租金利益，且其为无权处分人，获取该利益并无法律依据，江河公司冒充所有权人获取租金的行为正是王某损失的直接原

因。故而请求权已产生。

（二）请求权是否消灭

本案中不存在请求权消灭的情形。

（三）请求权是否可执行

本案中亦不存在请求权执行障碍。

（四）结论

王某可以依据《民法总则》第122条的规定向江河公司主张返还不当利益请求权。

问题三解答

一、湖海银行可能依据《合同法》第226条第1句的规定向张某主张门面房的租金支付请求权

（一）请求权是否成立？

根据上文分析可知，湖海银行与张某之间因"买卖不破租赁"规则而存在一份不定期租赁合同，该合同自2012年12月26日至2018年11月。由于租赁合同的存在，王某对张某的租金支付请求权已经产生。

（二）请求权是否消灭？

在本案中，"买卖不破租赁"规则的效果之一即为出卖人将租赁合同的债权让与给了买受人。根据《合同法》第80条第1句的规定，债权人转让权利的，应当通知债务人。未经通知，该转让对债务人不发生效力。该条文的立法目的即为保护债务人，使得债务人在未接到通知的情况下即便向原债权人清偿，也可发生消灭债务的效果。本案中，两次房屋买卖均未通知张某，张某认为其租赁合同的相对人仍然为江河公司并向其支付租金，已经清偿了债务，从江河公司到湖海银行再到王某的债权转让对张某无效。湖海银行的租金支付请求权因张某对原债权人江河公司的清偿而消灭。

（三）结论

湖海银行不能依据《合同法》第226条第1句的规定向张某主张门面房的租金支付请求权。

二、湖海银行可能依据《民法总则》第122条的规定向江河公司主张返还不当利益请求权

（一）请求权是否产生

根据《民法总则》第122条的规定，不当得利的构成要件有三：其一，一方取得利益；其二，其取得的利益无法律上的依据；其三，一方的获益对另一方造成了损害。在本案中，江河公司取得了租金利益，且其为无权处分人，获取该利益并无法律依据，江河公司假装所有权人获取租金的行为正是湖海银行损失的直接原因。故而请求权已产生。

（二）请求权是否消灭

本案中不存在请求权消灭的情形。

（三）请求权是否可执行

本案中亦不存在请求权执行障碍。

（四）结论

湖海银行可以依据《民法总则》第122条的规定向江河公司主张返还不当利益请求权。

适用《民法典》解题大纲

问题一

一、张某可能依据《民法典》第726条第1款的规定向江河公司主张优先购买权并由此与江河公司订立门面房买卖合同后，依据《民法典》第589条的规定向江河公司主张转移门面房所有权的请求权

二、张某可能依据《民法典》第577条并结合第726条第1款的规定向江河公司主张违反优先购买权通知义务的损害赔偿请求权

三、张某可能依据《民法典》第577条的规定向江河公司主张2013年后租赁合同的违约损害赔偿请求权

四、张某可能依据《民法典》第148条的规定撤销与江河公司2013年后的租赁合同后，依据《民法典》第157条主张返还财产、赔偿损失的请求权

五、张某可能依据《民法典》第726条第1款的规定向湖海银行主张优先购

买权并由此与湖海银行订立门面房买卖合同后，依据《民法典》第 589 条的规定向湖海银行主张转移门面房所有权的请求权

六、张某可能依据《民法典》第 577 条的规定向湖海银行主张门面房买卖合同的违约损害赔偿请求权

七、张某可能依据《民法典》第 577 条并结合第 726 条第 1 款的规定向湖海银行主张违反优先购买权通知义务的损害赔偿请求权

问题二

一、王某可能依据《民法典》第 733 条的规定向张某主张门面房的租赁物返还请求权

二、王某可能依据《民法典》第 721 条第 1 句的规定向张某主张门面房的租金支付请求权

三、王某可能依据《民法典》第 235 条向张某主张门面房的返还原物请求权

四、王某可能依据《民法典》第 122 条的规定向江河公司主张返还不当利益请求权

问题三

一、湖海银行可能依据《民法典》第 721 条第 1 句的规定向张某主张门面房的租金支付请求权

二、湖海银行可能依据《民法典》第 122 条的规定向江河公司主张返还不当利益请求权

首届全国鉴定式案例研习大赛第七名作品

杨征午

（中南财经政法大学 2020 级硕士研究生）

解题大纲（ "×" 指请求权前提不成立或者请求权存在消灭、变更、不可行使的情形。）

一、张某的主张及相应的规范基础

（一）张某或可根据《合同法》第 135 条之规定请求江河公司转移房屋所有权并交付

1. 请求权或已成立

（1）优先购买权或已成立

1）张某或为适格承租人

2）或有出租人出卖租赁房屋情形

①江河公司或为适格出租人

②江河公司或出卖租赁房屋

a. 出卖行为或成立生效

（a）出卖行为或成立

（b）出卖行为或生效

b. 出卖行为或基于意思自治

c. 对待给付或可替代

3）或是同等条件

4）张某或在合理期限内主张权利 ×

5）小结

（2）小结

2. 结论

（二）张某或可根据《合同法》第135条之规定请求湖海银行向其交付房屋并转移房屋所有权

1. 请求权或已成立

（1）张某或可行使优先购买权使买卖合同成立

1）优先购买权或已成立

①张某或为适格承租人

a. 租赁期间届满前张某与湖海银行之间或存在有效的租赁合同

（a）出租人与原承租人之间或存在有效的租赁合同

（b）出租人让与租赁物之前或已经将房屋交付给承租人

（c）出租人或将租赁物所有权转让给第三人

（d）小结

b. 租赁期间或届满

c. 承租人或继续使用租赁物

d. 出租人或没有提出异议

e. 小结

②或存在出租人出卖租赁房屋的情形

a. 湖海银行或为适格出租人

b. 湖海银行或出卖租赁房屋

（a）出卖行为或成立生效

（aa）合同或已成立

（bb）合同或已生效

（b）出卖行为或基于意思自治

（c）对待给付或可替代

③或是同等条件

④张某或在合理期限内主张权利

⑤小结

2）优先购买权或不可行使

①王某或善意购买租赁房屋

②或已经办理登记

③小结

3）小结

（2）合同或已生效

1）行为人或具有相应民事行为能力

2）意思表示或真实

3）或存在违反法律或社会公共利益的情形

①买卖合同或因为违反《合同法》第51条之规定而无效

②小结

4）小结

（3）小结

2. 请求权或消灭变更

3. 请求权或不可行使

4. 结论

（三）张某或可根据《合同法》第107条之规定向江河公司主张违约损害赔偿

1. 请求权或已成立

（1）或存在违约行为

1）张某与江河公司或存在有效租赁合同

2）江河公司或出卖租赁房屋

3）或存在未在合理期限内通知承租人情形

4）小结

（2）或存在损害结果

（3）或存在因果关系

1）或存在事实上的因果关系

2）或存在法律上的因果关系

（4）小结

2. 请求权或消灭变更

3. 请求权或不可行使

4. 结论

（四）张某或可根据《合同法》第 97 条之规定在解除自 2013 年起订立的租赁合同后向江河公司主张恢复原状

1. 请求权或已成立

（1）或存在有效的合同

1）租赁合同或成立

2）租赁合同或生效

3）小结

（2）合同或可解除

1）张某或享有解除权

2）张某解除权或未消灭

3）小结

（3）根据履行情况和合同性质或可以恢复原状

（4）小结

2. 请求权或消灭变更

3. 请求权或不可行使

4. 结论

（五）张某或可在解除合同后根据《合同法》第 107 条之规定向江河公司主张因违反 2013 年后缔结的租赁合同而产生的违约损害赔偿

1. 请求权或已成立

（1）或存在违约行为

（2）或存在损害结果

（3）或存在因果关系

（4）小结

2. 请求权或消灭变更

3. 请求权或不可行使

4. 结论

（六）张某或可基于《合同法》第58条之规定请求江河公司承担缔约过失责任

1. 请求权或已成立

（1）缔约人一方违反先合同义务

（2）相对人受有损失

（3）违反先合同义务与损失间的因果关系

（4）违反先合同义务人有过错

（5）小结

2. 请求权或消灭变更

3. 请求权或不可行使

4. 结论

（七）张某或可基于《民法通则》第92条之规定向江河公司请求返还对应2012年12月26日至年底的租金

1. 请求权或已成立

（1）江河公司基于给付而受有利益

（2）或致张某受损害

（3）或没有法律上的原因

（4）小结

2. 请求权或消灭变更

3. 请求权或不可行使

4. 结论

（八）张某或可在撤销合同后基于《民法通则》第92条之规定向江河公司请求返还2013年后支付的租金

1. 请求权或已成立

（1）江河公司基于给付而受有利益

（2）或致张某受损害

（3）或没有法律上的原因

1）或存在欺诈行为

2）相对人或因欺诈而陷入认识错误

3）受欺诈人或因错误而作出意思表示

4）或存在双重故意

5）小结

（4）小结

2. 请求权或消灭变更

3. 请求权或不可行使

4. 结论

二、王某的主张及相应的规范基础

（一）王某或可根据《合同法》第 226 条第 1 句之规定请求张某支付 2018 年 5 月后的租金

1. 请求权或已成立

2. 请求权或消灭变更

3. 请求权或不可行使

4. 结论

（二）王某或可根据《合同法》第 97 条之规定在解除与湖海银行之间的买卖合同后向湖海银行主张恢复原状

1. 请求权或已成立

（1）或存在有效的合同

（2）合同或可解除

（3）或可以恢复原状

（4）小结

2. 请求权或消灭变更

3. 请求权或不可行使

4. 结论

（三）王某或可在解除合同后根据《合同法》第 107 条之规定请求湖海银行承担违约责任

1. 请求权或已成立

（1）或存在违约行为

（2）或存在损害结果

（3）或存在因果关系

1）或存在事实上的因果关系

2）或存在法律上的因果关系

（4）小结

2. 请求权或消灭变更

3. 请求权或不可行使

4. 结论

（四）王某或可根据《合同法》第 150 条之规定请求湖海银行承担权利瑕疵担保责任

1. 请求权或已成立

（1）或存在违约行为

1）权利瑕疵或在买卖合同成立时已经存在

2）权利瑕疵或在买卖合同成立后未能消除

3）王某或不知权利存在瑕疵 ×

4）小结

（2）或存在损害结果 ×

（3）或存在因果关系 ×

（4）小结

2. 结论

（五）王某或可根据《物权法》第 34 条之规定向张某主张返还原物

1. 请求权或已成立

（1）王某或为物权人

（2）张某或为现时的无权占有人

1）张某或是占有人

2）张某或无权占有×

①出租人与原承租人之间或存在有效的租赁合同

②出租人让与租赁物之前或已经将房屋交付给承租人

③出租人或将租赁物所有权转让给第三人

④小结

（3）小结

2. 结论

（六）王某或可基于《民法通则》第 92 条之规定向张某请求返还不当得利

1. 请求权或已成立

（1）张某或存在因侵害他人权益而受益的情形

（2）或致王某受损害

（3）或没有法律上的原因×

（4）小结

2. 结论

三、湖海银行主张及相应的规范基础

（一）湖海公司或可根据《合同法》第 226 条第 1 句之规定请求张某支付 2013 年~2018 年 5 月的租金

1. 请求权或已成立

2. 请求权或消灭变更

3. 请求权或不可行使

（1）请求权或因为《民法总则》第 188 条之规定而不可行使

1）或存在权利人怠于行使权利的状态

2）此状态持续超过法定期间

（2）小结

4. 结论

（二）湖海公司或可根据《合同法》第 226 条第 1 句之规定请求张某支付 2012 年 12 月 26 日~2012 年底的租金

1. 请求权或已成立

2. 请求权或消灭变更

（1）请求权或因为《合同法》第 91 条第 1 项之规定而已经消灭 ×

（2）小结

3. 结论

（三）湖海银行或可根据《合同法》第 107 条之规定请求江河公司承担权利瑕疵担保责任

1. 请求权或已成立

（1）或存在违约行为

1）权利瑕疵或在买卖合同成立时已经存在

2）权利瑕疵或在买卖合同成立后未能消除

3）湖海银行或不知权利存在瑕疵

4）小结

（2）或存在损害结果 ×

（3）或存在因果关系

（4）小结

2. 结论

（四）湖海银行或可基于《民法通则》第 92 条之规定向江河公司请求返还对应 2012 年 12 月 26 日~2012 年年底的租金

1. 请求权或已成立

（1）江河公司或存在因侵害他人权益而受益

（2）或致湖海银行受损害

（3）或没有法律上的原因

（4）小结

2. 请求权或消灭变更

3. 请求权或不可行使

（1）请求权或因为《民法通则》135 条之规定而不可行使

1）或存在怠于行使权利的状态

2）此状态持续超过法定期间

（2）小结

4．结论

四、《民法典》解题的法条依据、规范基础与论证思路差异

一、张某的主张及相应的规范基础

（一）张某或可根据《合同法》第 135 条之规定请求江河公司转移房屋所有权并交付

1．请求权或已成立

请求权成立的前提是《合同法》第 130 条，即在当事人之间存在一份有效的买卖合同。张某或可行使优先购买权使买卖合同成立。

（1）优先购买权或已成立

根据《合同法》第 230 条，优先购买权前提如下：[1]

1）张某或为适格承租人

根据《合同法》第 212 条之规定，"承租人"指租赁合同中支付租金一方当事人。前提是当事人之间应该有一份有效的租赁合同。根据《合同法》第 13 条、第 14 条、第 21 条之规定，合同成立一般需要双方当事人通过要约承诺的方式达成意思表示一致。张某与江河公司缔结了一份有效的租赁合同。张某是承租人。

2）或有出租人出卖租赁房屋情形

①江河公司或为适格出租人

满足。

②江河公司或出卖租赁房屋

a．出卖行为或成立生效

---

〔1〕 参见常鹏翱："论优先购买权的行使要件"，载《当代法学》2013 年第 6 期。

（a）出卖行为或成立

江河公司与湖海银行达成和解协议，通过转让全部房产以抵偿债务。有疑问的是这份合同是否为买卖合同。根据《合同法》第 130 条之规定，出卖是指转移标的物于买受人并且收取价款的行为。学理上亦认为买卖是当事人一方转移财产权于他方，他方支付价金之契约。如果严格依照法律规定的文义，江河公司虽然转让了房屋，但是并没有自湖海公司处收取价款，而是抵偿了债务。双方缔结的是以物抵债的和解协议，而不是买卖合同。

虽然我国的买卖合同只以支付价款为对待给付，但首先，根据《合同法》第 174 条及第 175 条之规定，买卖合同的相关规范亦能准用于互易合同与其他有偿转让合同，这说明买卖规范实属有偿转让的一般规范。其次，根据《城镇房屋租赁合同司法解释》第 22 条之规定，出租人与抵押权人协议折价、变卖租赁房屋偿还债务的，承租人同样享有优先购买权。从本条规定来看，优先购买权中的出卖行为亦及于折价、变卖行为。而折价本身就是将财物折换成价款以抵偿债务的清偿方式。可见出卖行为的核心不在于对价是价款，存在对价即可，而不限于金钱对价。以物抵债协议对价为金钱债权，显然属于有偿转让，所以应当允许承租人行使优先购买权。[1]而且，在出租人以租赁房屋抵债的情况下，因其目的乃是通过房屋所有权的转移而代替金钱的给付，从此角度看，与房屋买卖并无不同。[2]因此以物抵债的行为属于优先购买权中的出卖行为。

（b）出卖行为或生效

满足。

b. 出卖行为或基于意思自治

满足。

c. 对待给付或可替代

转让行为的有偿性基于市场交易规律，第三人的身份、地位等个人因素对此不能有影响。同时，同等条件的限定下，对待给付还应能被替代或复制，不能有

---

〔1〕 参见冉克平："论房屋承租人的优先购买权——兼评最高人民法院《房屋租赁合同司法解释》第 21－24 条"，载《法学评论》2010 年第 4 期。

〔2〕 参见戴孟勇："房屋承租人如何行使优先购买权——以《合同法》第 230 条为中心的解释论"，载《清华大学学报（哲学社会科学版）》2004 年 4 期。

人身属性。否则承租人无法在同等条件下购买房屋。江河公司与湖海银行之间缔结以物抵债的协议是纯粹的经济往来，对待给付可替代。

3）或是同等条件

我国并没有明确承租人优先购买权中的同等条件为何。但是其他优先购买权制度中存在明确规定。由于两者规定的都是优先购买权制度，而且除了主体不同外，其他前提也基本相似，因此此处同等条件之标准可资参考。根据《物权法解释一》第 10 条关于共有人优先购买权中同等条件的要求，应当综合转让价格、价款履行方式及期限等因素确定。立法机关与学者亦普遍认可这些要素。[1]此外，还有学者认为包括提供担保、从给付等其他条件的同等条件。[2]但是在价格条件与支付方式相同的情况下，其他条件就算存在差异，只要不影响出租人利益就不影响对同等条件的认定。[3]

首先，湖海公司取得标的房屋的对价是其享有的债权额，因此从价格因素来考量，同等条件应该为该债权的数额。其次，对于付款期限，由于出租人未告知承租人出卖房屋的事实。如果要求付款时间一致显然是不可能的。如果如此要求，则出租人可以通过不通知的方式使承租人无法和第三人在相同期限付款，间接剥夺其优先购买权。因此此时就算优先购买权人已经超过履行期限，也不应有违约问题。[4]再次，对于付款方式，承租人出让房屋的目的是清偿债务。可以认为第三人用债权支付对价。此债权归根结底是一笔价款，承租人通过支付金钱的方式与其并没有实质性的区别。而且《城镇房屋租赁合同司法解释》第 22 条规定，出租人与抵押权人折价清偿债务时，承租人也可以主张优先购买权，就说明此种付款方式的区别并不影响对相同条件的认定。最后，也不存在担保与从给付的问题。张某既然意欲行使优先购买权，说明其接受此条件。

4）张某或在合理期限内主张权利

虽然我国在《合同法》之中没有明确此要件，但是学者普遍认为承租人必

---

〔1〕 参见胡康生主编：《中华人民共和国合同法释义》，法律出版社 2013 年版，第 373 页。

〔2〕 参见戴孟勇：“先买权的若干理论问题”，载《清华大学学报（哲学社会科学版）》2001 年第 1 期。

〔3〕 参见王利明：《物权法研究》（上），中国政法大学出版社 2007 年版，第 747~748 页。

〔4〕 参见［德］M. 沃尔夫：《物权法》，吴越、李大雪译，法律出版社 2004 年版，第 218 页。

须在合理期限内主张权利。《城镇房屋租赁合同司法解释》第 24 条第 3 项也认可了此要件。对于优先购买权的性质，理论上主流观点认为属于形成权。[1]本文采之，因此主张优先购买权的行使期限应该是除斥期间。《城镇房屋租赁合同司法解释》第 24 条第 3 项规定，出租人履行通知义务后，承租人应该在 15 日内明确表示购买。此条款规定的是在出租人明确通知承租人时除斥期间的长度。但是出租人从未告知承租人其出卖房屋的事实的情况下，除斥期间的时长并没有明确的法律规定。这似乎意味着只要转让人未通知优先购买权人，无论基础事实发生了多长时间，均不妨碍优先购买权的行使。不过，若长期不行使优先购买权，对该情形无限制地予以保护，会危及此前交易形成的稳定秩序，使第三人陷于不安状态。故而，转让人未通知优先购买权人并非优先购买权无约束的理由，法院在个案中应综合优先购买权人知情与否、交易价格波动、对既有秩序的冲击等因素进行合理限制。[2]基于此标准，张某未在合理期限内主张优先购买权。原因如下：

其一，出租人如果未通知出卖房屋的事实，承租人处于信息弱势的一方。因此对于承租人的保护不宜次于明确告知的情况，期间应该长于 15 日。但是也不应该无限制地延长。根据《中国人民大学物权法草案建议稿》中的意见，在出卖人未通知时，优先购买权人不知道或无法知道出卖人与第三人缔结买卖关系的，除斥期间为 1 年，1 年从出卖人与第三人缔结买卖合同之日起计算，超出此期间，优先购买权消灭。这种观点也得到了很多学者的认同。[3]而从江河公司与湖海银行缔结合同至张某主张优先购买权，已经超过 6 年的时间。其二，湖海银行已经取得该房屋所有权超过 5 年，并且已经将其出卖给了王某。如果张某仍然行使优先购买权，不仅江河公司与湖海银行之间的处分行为可能会受到影响，在此基础上湖海银行与王某的处分行为也会受到影响。除此以外，湖海银行在这 5 年中还可能在此房屋上设定各种权利。湖海银行对此房屋的各种使用、收益行为都会被波及。现有秩序会受到严重冲击。鉴于对现有秩序的保护，应该认为张某

---

〔1〕 参见史尚宽：《债法各论》，中国政法大学出版社 2000 年版，第 244 页；[德] 卡尔·拉伦茨：《德国民法通论》（上册），王晓晔等译，法律出版社 2003 年版，第 290 页。

〔2〕 参见常鹏翱："论优先购买权的行使要件"，载《当代法学》2013 年第 6 期。

〔3〕 参见史浩明、张鹏："优先购买权制度的法律技术分析"，载《法学》2008 年第 9 期；戴孟勇："房屋承租人如何行使优先购买权——以《合同法》第 230 条为中心的解释论"，载《清华大学学报（哲学社会科学版）》2004 年 4 期；夏志泽："先买权新论——从先买权的性质和行使谈我国先买权立法的完善"，载《当代法学》2007 年第 2 期。

行使优先购买权的合理期限已过。其三，张某实际支配房屋的秩序同样值得保护。但是一方面，张某基于承租权而形成的秩序受到破坏，受到影响的只是张某自己，范围与影响力都不及前述秩序，因此前者更值得保护。另一方面，张某租赁此房屋形成的秩序，可以通过向湖海银行主张优先购买权来保护，没有必要回溯至江河公司出卖房屋的行为。其四，结合我国《民法典》第 152 条对于撤销权的规定，撤销权除斥期间为 1 年与 90 日，与之相应的最长期间为 5 年。而承租人优先购买权的除斥期间仅为 15 日，远远短于 1 年与 90 日。因此与之比例相当的最长期间也应该短于 5 年的期间。而已经超过 6 年的时间，优先购买权显然已经因为超过除斥期间而消失。

5）小结

优先购买权不成立。

（2）小结

买卖合同不成立。

2. 结论

张某不能根据《合同法》第 135 条之规定请求江河公司向其转移房屋所有权。

（二）张某或可根据《合同法》第 135 条之规定请求湖海银行向其交付房屋并转移房屋所有权

1. 请求权或已成立

前提要件是《合同法》第 130 条，即当事人之间应该有一份有效的买卖合同。张某或可根据《合同法》第 230 条之规定行使优先购买权使买卖合同成立。

（1）张某或可行使优先购买权使买卖合同成立

1）优先购买权或已成立

根据《合同法》230 条之规定，优先购买权前提如下：

①张某或为适格承租人

张某或可根据《合同法》第 236 条之规定，主张自己是承租人，前提如下：

a. 租赁期间届满前张某与湖海银行之间或存在有效的租赁合同

张某或可根据《合同法》第 229 条之规定，主张存在有效的租赁合同。前提

如下：[1]

（a）出租人与原承租人之间或存在有效的租赁合同

满足。

（b）出租人让与租赁物之前或已经将房屋交付给承租人[2]

满足。

（c）出租人或将租赁物所有权转让给第三人

2012 年 9 月江河公司与湖海银行达成以物抵债的和解协议，并于当年 12 月 26 日办理了过户登记。根据《物权法》第 14 条，办理过户登记后，湖海银行即取得案涉房屋的所有权。

（d）小结

原租赁合同在受让人与承租人之间继续存在。

b. 租赁期间或届满

满足。

c. 承租人或继续使用租赁物

满足。

d. 出租人或没有提出异议

湖海银行一直未对承租人使用该房屋提出异议。有观点认为，租赁期限的延长乃法律直接做出的规定，不问当事人意思如何。[3]依照此观点，只要承租人仍使用，出租人不表示反对，一律成立不定期租赁合同。但尚存在一种观点认为此处乃系将沉默拟制为意思表示，"继续使用"属于一项基于积极行为的可推断意思表示。[4]首先，在立法技术上，拟制一般是"视为"的词语表达。《合同法》第 236 条之中并没有这样的表达。因此从文义上，无法直接得出其为拟制性规范的结论。其次，就算本规范确实进行了拟制。但拟制作为一种法律技术，指

---

〔1〕 参见王泽鉴：《民法学说与判例研究》（第 6 册），北京大学出版社 2009 年版，第 147 页。

〔2〕 此要件《合同法》229 条之中并没有明确表达，但是通说认为存在，《民法典》中亦予以确认。参见韩世远：《合同法学》，高等教育出版社 2010 年版，第 456～457 页；马俊驹、余延满：《民法原论》，法律出版社 2016 年版，第 669～670 页。

〔3〕 参见郑玉波：《民法债编各论》（上册），三民书局 1981 年版，第 184 页。

〔4〕 参见朱庆育：《民法总论》，北京大学出版社 2016 年版，第 195 页；参见杨代雄："意思表示理论中的沉默与拟制"，载《比较法研究》2016 年第 6 期。

的是基于法律上的价值判断，对两个存在差异的事物作出相同处理。[1]这一方面说明，理论上沉默可以拟制为任何形式与内容的意思表示。另一方面，价值判断才是是否做出拟制，拟制为何的决定性因素。而《合同法》第 236 条所体现的价值判断是稳定租赁关系和维护租赁状态，降低交易成本。将此沉默拟制为缔结租赁合同的意思符合此价值判断。从张某的行为可以推断出其欲续租的意思表示。在其与江河公司之间没有特定关系的前提下，意思表示并没有一定要指向江河公司的理由。在张某并不清楚现在的承租人已经发生变化的情况下，其意思表示指向江河公司与出租人都是对其意思表示合理的解释。从目的解释来看，基于当事人订立合同之目的，当存在可能使合同有效、无效、可撤销、不成立的不同解释之时，应选择使合同有效的解释。[2]而且出于《合同法》第 236 条的立法目的，既然其有意维持租赁合同关系，将其意思表示拟制为指向承租人更加贴切。由于并非属于对话式的要约，根据我国《合同法》第 16 条第 1 款之规定，此要约自到达湖海银行的控制领域，并在通常情况下可以期待受领人获悉意思表示内容的客观状况时生效。[3]由于此房屋所有权已经归于湖海银行所有，属于湖海银行的控制领域。因此，可以期待湖海银行知晓自己的房屋被他人占有使用。而且从后来湖海银行与王某约定由王某清理占有人来看，其已经明确知晓张某占有使用该房屋的事实。湖海银行作为房屋所有人，享有承诺资格，其沉默依法产生承诺的效力。因此，就算沉默被拟制为意思表示而需要适用意思表示规则，张某与湖海银行之间也成立了不定期租赁合同。

e. 小结

张某是承租人。

②或存在出租人出卖租赁房屋的情形

a. 湖海银行或为适格出租人

满足。

b. 湖海银行或出卖租赁房屋

---

[1] 参见黄茂荣：《法学方法与现代民法》，法律出版社 2007 年版，第 201 页。

[2] 参见王利明：《合同法研究》（第 1 卷），中国人民大学出版社 2002 年版，第 483 页。

[3] 同此要件《合同法》229 条之中并没有明确表达，但是通说认为存在，《民法典》中亦予以确认。参见马俊驹、余延满：《民法原论》，法律出版社 2016 年版，第 520 页。

（a）出卖行为或成立生效

（aa）合同或已成立

满足。

（bb）合同或已生效

满足。

（b）出卖行为或基于意思自治

满足。

（c）对待给付或可替代

满足。

③或是同等条件

满足。

④张某或在合理期限内主张权利

如前所述，在未通知情形下优先购买权除斥期间缺失的情况下，法院在个案中应综合优先购买权人知情与否、交易价格波动、对既有秩序的冲击等因素进行合理限制。基于此，张某在合理期限之内向湖海银行主张优先购买权。

其一，承租人在 2019 年 4 月 8 日之前，仍然与江河公司缔结租赁合同，并且实际使用房屋。这一方面说明承租人完全不知道出租人出卖房屋的事实，始终相信承租人拥有涉案房屋的所有权。另一方面也能说明他不可能获悉这一事实。因为承租人信任出租人享有房屋所有权的表象，河海银行也从未对其使用房屋提出异议，承租人无从怀疑房屋已被出卖。其二，出租人如果没有主动告知承租人出卖房屋的事实，在此时承租人本身处于信息弱势的一方。因此对于承租人的保护不宜次于出租人明确告知的情况。根据《中国人民大学物权法草案建议稿》中的意见，出卖人没有按照规定通知优先购买权人的，权利人行使优先购买权的期间为 3 个月。而承租人在知道出租人出卖房屋的事实后 17 日就主张行使优先购买权，并没有严重地超过 15 日的限制，更远远没有超过 3 个月的期限。并且此时距离买卖合同缔结的时间也没有超过 1 年，因此应该认为在合理期限之内主张优先购买权。其三，在 2012 年底至今，张某仍然持续地占有案涉房屋，形成了一种稳定的秩序。如果破坏，不利于对既有秩序的保护。而王某取得此房屋所有权的时间很短，也并未实际地占有、使用该房屋，未形成稳定的秩序，因此不宜认为张某行使优先购买权超过必要的时间限度。

⑤小结

优先购买权成立。

2）优先购买权或不可行使

根据《城镇房屋租赁合同司法解释》第 24 条第 4 项的规定，第三人善意购买租赁房屋并已经办理了登记手续的，承租人主张优先购买权的，法院不予支持。其前提如下：

①王某或善意购买租赁房屋

如前所述，王某从湖海银行处受让了该房屋。而此处要求第三人取得租赁房屋所有权时的"善意"和善意取得制度中的"善意"相似。因为前者的目的在于兼顾承租人静态的财产安全与财产交易上动态的安全，后者目的在于兼顾所有人静态的财产安全与财产交易上动态的财产安全。因此此处的"善意"可以参照善意取得制度中的"善意"。正因为制度的目的在兼顾两方面的安全，因此在认定第三人不知或不应知道时，也应该负担一定的注意义务。新近通说认为应采德国规定，将善意解释为非因重大过失而不知。对此我国《物权法解释一》亦采纳了此观点。[1] 因此，判断湖海银行是否善意就是判断其是否非因重大过失而不知张某享有优先购买权。而所谓重大过失是作为普通人已经意识到某种风险，具备一定认知，但未对此风险加以注意仍然行为。[2] 王某自 2016 年 6 月就购得与张某经销自行车的门面房相邻的两间门面房持续至今。无论是从王某所购置的房屋的空间位置，还是持续的时间，他都必然知道张某长期以来都实际占有并使用该房屋。其后，2018 年 5 月，王某与湖海银行签订房屋买卖合同，说明其明知此房屋的所有权归于湖海银行。而且双方在合同中亦约定，此系争房屋如果有占有人，则由王某自行清理。由此可见，王某应该能够从现实情况中获悉，张某极有可能正在租赁此房屋。而张某一旦租赁此房屋就有优先购买权的存在，此事实对于双方交易有重要的意义，它可能决定合同目的的实现。与之相对的是很低的查明成本。本案中王某只需要向湖海银行询问相关信息，即可

---

〔1〕 参见梁慧星、陈华彬：《物权法》，法律出版社 2016 年版，第 194 页。

〔2〕 参见叶名怡："重大过失理论的构建"，载《法学研究》2009 年第 6 期。

了解到张某正在租赁此房屋的事实。基于最一般的注意义务，王某在明知张某实际占有使用该房屋，极有可能是此房屋的承租人，而且此事实对于合同履行与目的实现都有重要意义，查明并不会花费过多成本的情况之下，无视此风险，直接购买此房屋。属于因重大过失而不知张某对此房屋享有优先购买权，因此不构成善意。

②或已经办理登记

满足。

③小结

优先购买权可行使。

3）小结

张某可行使优先购买权使买卖合同成立。

（2）合同或已生效

根据《民法总则》第143条之规定，合同有效的前提如下：

1）行为人或具有相应民事行为能力

满足。

2）意思表示或真实

满足。

3）或存在违反法律或社会公共利益的情形

①买卖合同或因为违反《合同法》第51条之规定而无效

根据《合同法》第51条之规定，似乎在无权处分中，未取得权利人追认或未取得处分权，则此合同无效。但根据《买卖合同司法解释》第3条第1句之规定，无权处分他人之财物，并不影响合同效力。基于此，对于《合同法》第51条中的"合同有效"应该作出进一步解释。我国立法虽然没有承认物权行为理论，但是在理论与实务界均认为这是科学的理论并予以运用。我国《物权法》第15条更是明确地将物权效力与债权效力相区分。没有处分权能将会导致处分行为无效，但是这并不会当然导致负担行为也失去效力。而且无权处分是善意取得的前提，如果无权处分之后买卖合同即失效，那么也就没有善意取得制度适用之余地。因此基于整个法律体系，在无权处分中，负担行为的效力不因处分人没有处分权而有所影响,处分人的处分权只影响处分行为的效力。[1]而且《民法典》将《合同法》第51条删除,并在《民法典》第597条之中规定了因出卖人未取得处分权致使标的物所有权不能转移的,买受人可以解除合同并请求出卖人承担违约责任。由于合同解除以合同成立生效为前提,也可以得出《合同法》第51条所规范的无权处分仅指处分行为,负担行为效力不受影响。

②小结

买卖合同效力不受影响。

4)小结

买卖合同已生效。

(3)小结

请求权成立。

2. 请求权或消灭变更

否。

3. 请求权或不可行使

优先购买权作为一种形成权,权利人一方的意思表示就可以使买卖合同成立。此时出租人与第三人的买卖合同已成立在前,必然涉及一物二卖的问题。湖海银行与王某之间已经缔结了有效的买卖合同,并且进行登记,王某自此取得此房屋的所有权。此处张某是否可以要求湖海银行实际履行合同义务,实际上是一个优先购买权是否可以对抗第三人的问题。如果不能对抗,则由于物权优先于债权,张某只能基于买卖合同请求违约损害赔偿。但如果可以对抗第三人,则就算王某享有物权,张某亦可对抗王某,进而取得房屋的所有权。

关于承租人优先购买权是否有对抗第三人的效力,我国现行法语焉不详。学理上亦有数种不同的观点:其一,基于优先购买权优先的本质要求,法定优先购买权一律有对抗第三人的效力。[2]其二,根据基础法律关系划分优先购买权。如果基础法律关系是物权,则为物权优先购买权,有对抗效力;如果基础法律关系

---

〔1〕 参见石冠彬:“论无权处分与出卖他人之物——兼评《合同法》第51条与《买卖合同解释》第3条”,载《当代法学》2016年第2期;朱庆育:《民法总论》,北京大学出版社2016年版,第293页。

〔2〕 参见张家勇:“试析优先购买权的法律性质”,载《西南民族大学学报(人文社科版)》1999年第1期。

是债权，则为债权优先购买权，没有对抗效力。[1]其三，在承认物权优先购买权与债权优先购买权的区分之下，认为通过一定方式进行公示的优先购买权，才有对抗效力。[2]其四，只有租赁关系登记了，或者第三人知道或者应当知道租赁关系的存在时，才有对抗效力。[3]其五，各个优先购买权应根据各自的权利内容和立法目的来判定效力。在判断法定优先购买权有无对抗力时，除了考察规范表述，还必须紧紧围绕制度目的进行价值判断。[4]综合各种观点可见，反对优先购买权有对抗效力的学者一般都反对第三人受不测权利的影响。之所以认为未公示或者未能令第三人获悉的优先购买权不能对抗第三人，主要原因是不利于保护交易安全。由于我国承租人优先购买权本身并没有进行公示，第三人无法获悉权利的存在。每每存在权利人行使优先购买权，就导致其合同目的无法实现，不仅会浪费合同磋商时支出的费用，也会面对难以预料的商业风险。德国就规定了优先购买权欲产生对抗第三人的效力，必须满足"合意＋登记"的要求。[5]其目的就是让第三人对优先购买权的存在有明确认知，谨防受到不测损害。

然而这样的质疑至少存在两个问题。首先，我国现行的法律规范已经有效地保护了交易安全，根据《城镇房屋租赁合同司法解释》第24条第4项，第三人善意购买租赁房屋并已经办理了登记手续的，承租人主张优先购买权的，法院不予支持。易言之，如果买方确实不清楚优先购买权存在，且没有重大过失的情况之下，承租人甚至被禁止行使优先购买权。如果第三人为恶意，此处也没有值得保护的信赖利益。由此可见，信赖利益与交易安全并不会被优先购买权的行使所破坏。其次，承租人的优先购买权属于法定权利，不同于约定优先购买权，前者通过法律的规定已经得到了一定程度地公示。[6]虽然这种程度的公示的确不足以让第三人获悉某个具体的优先购买权的存在，但是至少可以让第三人在知道房屋有承租人实

---

〔1〕 转引自丁春艳："论私法中的优先购买权"，载《北大法律评论》2005年第1期。

〔2〕 参见戴孟勇："房屋承租人如何行使优先购买权——以《合同法》第230条为中心的解释论"，载《清华大学学报（哲学社会科学版）》2004年第4期；王泽鉴：《民法学说与判例研究》（第1册），北京大学出版社2009年版，第317页。

〔3〕 参见冉克平："论房屋承租人的优先购买权——兼评最高人民法院《房屋租赁合同司法解释》第21－24条"，载《法学评论》2010年第4期。

〔4〕 参见常鹏翱："论优先购买权的法律效力"，载《中外法学》2014年第2期。

〔5〕 参见孙宪忠：《德国当代物权法》，法律出版社1997年版，第171页。

〔6〕 有的学者认为法定优先购买权本身已经具有预告登记的效力。转引自李永军："论优先购买权的性质与效力——对我国《合同法》第230条及最高法院关于租赁的司法解释的评述"，载《中国政法大学学报》2014年第6期。

际使用时，注意到自己购买房屋的行为或会牵涉他人利益。而且承租人实际占有使用房屋本身，亦是一种对于权利的公示。张某长期占有使用房屋已经形成了一种稳定的外观。王某常年在其周围经营，显然对此权利外观有认识。就算反对让第三人受到自己未知权利的约束，因承租人的优先购买权已经过法律与事实两层的公示，赋予其对抗效力也并不会对交易安全带来过大的损害。综上可知，在法律已经充分保护了善意第三人，就算仍然有损害信赖利益的可能，但是本案中张某承租房屋的外观已经为第三人所知，优先购买权相对王某应该被视为已经向其公示而不损害其信赖利益。

从立法目的来看，承租人优先购买权的立法目的包括两点：其一，维护和稳定承租人对租赁房屋的现实利用关系，尽量使房屋的所有人与利用人合二为一，减少承租人寻找房屋和搬迁的麻烦，从而降低交易成本，提高房屋的利用效率。其二，承租人相对于房屋所有人而言处于弱势地位，赋予承租人法定优先购买权有利于保护弱者。[1] 在并不会损害交易安全的前提下，一旦否认承租人优先购买权对抗第三人的效力，将会导致制度目的完全落空。首先，在房屋尚未登记至第三人名下的情况下，其与承租人都只拥有平等的债权。如果承租人优先购买权没有对抗效力，出租人可以随意决定将房屋出卖给某一方，而向另一方承担违约责任。承租人由于已事实上占有、使用被出卖的房屋，并在生产、生活上对其形成了一定的依赖。相比于第三人，物权变动对优先购买权人有更大的利害关系。故在此时，承租人取得房屋的利益更需要法律予以保护。出租人一旦选择向第三人履行，优先购买权人的权利并没有得到优先的保护，就算它可以取得违约损害赔偿，也完全偏离了优先购买权保护承租人对房屋占有使用秩序的目的。尽可能让所有人与使用人合二为一，最大限度地发挥物的作用的目的也会落空。让承租人优先取得房屋所有权，第三人的各种损失都可以通过请求损害赔偿予以救济，也并不会过度损害其利益。其次，房屋若已经登记到第三人名下进而取得所有权。如前所述，如果第三人为善意购买房屋并登记，承租人无权优先购买房屋，不存在对抗效力的问题。如果第三人不构成善意购买，就至少说明两件事。其一，出租人未在与第三人缔结买卖合同之后及时通知承租人，反而直接进行了登记。其

---

〔1〕 参见戴孟勇："论《民法典合同编（草案）》中法定优先购买权的取舍"，载《东方法学》2018年第4期。

二，第三人在明知或者因重大误解而未知承租人对该房屋享有优先购买权。此时，对于前者，其本身就存在违反法定义务的行为。其执意将房屋卖给第三人而无视承租人优先购买权的行为具有极强的主观恶意，法律不应该放纵其达到恶意的目的。对于后者，显然没有值得保护的信赖利益。可见，此情形下优先购买权若没有对抗效力，它无法达成立法目的的同时，其所欲保护的对象在法律上也没有足够的重要性。这将导致双方利益严重失衡。

综上所述，至少在本案中，优先购买权有对抗效力并不会对交易安全带来重大的损害。如果不赋予其对抗效力，其规范目的将会完全落空。因此，尽管王某已经取得了房屋的所有权，仍然无法对抗承租人的优先购买权，承租人仍然有权要求取得此房屋的所有权。

4. 结论

张某可根据《合同法》第 135 条之规定请求湖海银行向其交付房屋并转移房屋所有权。

（三）张某或可根据《合同法》第 107 条之规定向江河公司主张违约损害赔偿

1. 请求权或已成立

根据《合同法》第 107 条及《城镇房屋租赁合同司法解释》第 21 条第 1 句，[1]基于我国违约责任严格责任的归责原则，前提如下：

（1）或存在违约行为

1）张某与江河公司或存在有效租赁合同

满足。

2）江河公司或出卖租赁房屋

满足。

3）或存在未在合理期限内通知承租人情形

满足

4）小结

存在违约行为。

---

〔1〕 此处赔偿责任属于何种责任存在争议。由于《民法典》将其规定在了合同编之中，因此认为其是一种违约责任更符合体系。

（2）或存在损害结果

由于出租人未及时通知承租人，导致承租人无法行使优先购买权。由此可见，江河公司的违约行为损害了张某的优先购买权。主流学说认为优先购买权为形成权，其本质上属于财产权。因此侵害优先购买权的后果是给权利人带来财产上的损害。而对于财产的损害赔偿以填平损失为目的，通说以"差额说"来判断损失的存在与大小。[1] 易言之，须判断承租人是否因为违约行为导致了不利的财产变化，存在差额即存在损失，差额大小即损失数额。根据我国《合同法》113 条之规定，损害赔偿的范围包括现有财产的直接减少，也包括正常情况下可得利益的丧失。在侵害承租人优先购买权的情境中，前者包括与出租人协商交涉而支出的合理开支，被迫搬家的费用，另寻住处的费用，优先购买权受到侵害后为救济权利而支出的诉讼费用、代理费用、交通费、住宿费，出卖日至租赁合同到期日承租人已经支付的房租；后者指履行利益，主要包括房屋价差，即从出租人出卖房屋给买受人到承租人行使优先购买权期间房屋价格增加的部分。如果出租人履行买卖合同，承租人可以获得这部分利益，现在由于其违约行为承租人无法获得，应该予以赔偿。以上均属于损失。[2] 本案中虽然承租人尚未确定是否会搬家。但其行使优先购买权的支出、为救济权利而支出的费用、出卖日至租赁合同到期日之间的租金以及房屋的差价都是其实际损失。

（3）或存在因果关系

对于因果关系的认定，可以参考因果关系的二分法，对事实上的因果关系与法律上的因果关系分开进行分析。

1）或存在事实上的因果关系

事实的因果关系是指违约行为与损害事实之间存在事实上的关系。对于不作为的违约行为，其检验方法为代换法，即判断违约人如果合理合法地作为，损害是否还会发生。江河公司由于有法定的通知义务，但是没有进行通知，属于不作为的违约行为。可以设想，如果江河公司依法履行告知义务，张某就可以及时行

---

〔1〕 参见王利明：《合同法研究》，中国人民大学出版社 2003 年版，第 601 页。

〔2〕 参见杨会："再论侵害承租人优先购买权的救济"，载《政法论丛》2020 年第 1 期；王丽莎："承租人优先购买权的损害赔偿研究"，载《河北法学》2010 年第 5 期；李家军："论侵害先买权之法律救济"，载《法律适用》2016 年第 8 期；宋良刚、范小华："承租人优先购买权之侵权赔偿问题的理论与实证研究"，载《法律适用》2014 年第 2 期。

使其优先购买权，损害后果就不会发生。由此可见，存在事实上的因果关系。

2）或存在法律上的因果关系

法律上的因果关系是责任范围上的因果关系，用来判断违约人应该在多大的范围上承担违约责任。根据《合同法》113 条之规定，可预见规则应该作为判断因果关系的重要标准。如果违约人无法预见损失的存在，则不需要为此承担损害赔偿责任。判断时，以一个"理性人"的违约方在缔结合同的时候，可预见到的损害类型为具体标准。对于积极损失，张某存在主张优先购买权的可能，而且任何人的权利受到侵害后都很有可能会力图救济。一旦张某取得房屋所有权，由于张某概括性承受了租赁合同上的权利义务关系。租赁合同中的债权债务关系同归于张某一人，根据《合同法》第 106 条之规定，权利义务终止，张某便不再有支付租金的义务。而对于可得利益的丧失，在如今房价增长的大趋势下，房价增长是每个理性人都可以预见的。由此可见江河公司能够预见自己的违约行为给张某带来的损失，两者之间存在法律上的因果关系。

（4）小结

请求权成立。

2. 请求权或消灭变更

否。

3. 请求权或不可行使

否。

4. 结论

张某可根据《合同法》第 107 条向江河公司主张损害赔偿。

（四）张某或可根据《合同法》第 97 条之规定在解除自 2013 年起订立的租赁合同后向江河公司主张恢复原状[1]

1. 请求权或已成立

根据《合同法》第 97 条，前提如下：

---

〔1〕 恢复原状请求权的性质与解除合同的效果紧密联系。若依"直接效果说"，合同溯及既往失效，返还金钱的请求权为不当得利返还请求权。而"折中说"认为已经履行的债务不归于消灭，而是发生新的返还债务。笔者认为"折中说"相比"直接效果说"更好地解释解除合同后仍能请求履行利益及清算条款仍有效力的法律后果，有更好的体系融贯性。而且根据《民法典》对于不当得利返还范围的规定，善意的得利人仅需在现存利益范围内返还。而解除合同后的返还义务本身不受相对人善意或恶意的影响，皆应当全面返还。此处亦可说明，解除合同后的恢复原状与不当得利并不相同。因此，此处将其视为一种特殊的请求权，依据《合同法》第 97 条之条文进行分析。

（1）或存在有效的合同

1）租赁合同或成立

根据《合同法》第36条之规定，在没有法定或约定的合同形式要求的情况下，一方履行主要义务，另一方接受的，合同即可成立。本条的立法精神在于，只要当事人认可该合同的存在，就算没有达到形式要求，合同亦成立。这样既尊重了意思自治，又鼓励交易、便利交易。由于张某误以为房屋所有权仍归江河公司所有。是故在2013年，张某与江河公司缔结为期1年租赁合同，并支付了租金。合同到期后，双方虽然没有续签合同，但是张某一直按照原合同约定支付租金，江河公司亦接受。由此可见，张某与江河公司之间的行为即可说明存在一个合同。而且我国《合同法》对租赁合同没有形式要求，当事人之间也没有约定。根据当然解释，举重以明轻。在没有法定或约定的形式要求时，相同情况下合同更应该成立。

2）租赁合同或生效

满足。

3）小结

租赁合同已成立生效。

（2）合同或可解除

1）张某或享有解除权

张某或可依据《合同法》第94条第4项之规定取得法定解除权。本项中"有其他违约行为致使不能实现合同目的"，实际上是赋予了非违约方在违约方已经构成根本违约情形下的解除权。不论债务人是否有过失，因一方违约行为使得合同目的不能实现，债权人当然可以解除合同。该房屋一直以来均由湖海银行出租给张某使用，江河公司从一开始就无权出租房屋，也未实际履行合同。这导致合同目的根本无法达成，构成根本违约。因此张某享有法定解除权。

2）张某解除权或未消灭

否。

3）小结

张某可以行使解除权解除合同。

（3）根据履行情况和合同性质或可以恢复原状

根据合同履行状况与合同性质，能够恢复原状的才可以请求恢复原状。租赁合同作为继续性合同，其解除通常不生恢复原状义务的问题。原因在于在租赁合同中，时间因素在债的履行上居于重要地位，总的给付内容取决于给付时间的长度。已经履行了一部分要么没有恢复原状的可能性，要么不宜恢复。本案中解除的虽然是继续性合同，但是真正取决于给付时间长短的合同义务完全没有履行。只有金钱给付义务被实际履行了，依其性质，并不存在不能恢复或不宜恢复的情况。

（4）小结

请求权成立。

2. 请求权或消灭变更

否。

3. 请求权或不可行使

否。

4. 结论

张某可根据《合同法》第97条之规定在解除自2013年起订立的租赁合同后向江河公司主张恢复原状。

（五）张某或可在解除合同后根据《合同法》第107条之规定向江河公司主张因违反2013年后缔结的租赁合同而产生的违约损害赔偿[1]

1. 请求权或已成立

根据《合同法》第107条，我国违约责任以严格责任原则为归责原则，前提如下：

（1）或存在违约行为

满足。

（2）或存在损害结果

根据我国《合同法》113条之规定，关于损害赔偿范围包括现有财产的直接减少以及可得利益的丧失。理论上包括履行利益、信赖利益与固有利益。在不存在重复求偿的前提下，主张履行利益损失后，仍可以主张信赖利益与固有利益损失。[2]张某向江河公司不断支付租金，但是江河公司并未履行合同义务。由于张某实际承租了该房屋，因此张某难以证明其遭受了履行利益的损害，但仍然存在

---

〔1〕《民法通则》第115条也规定了此权利，由于此规定处于第六章"民事责任"第二节"违反合同的民事责任"中，因此应解释为违约责任。

〔2〕参见韩世远：《合同法总论》，法律出版社2018年版，第687页。

信赖利益与固有利益的损失。张某自 2013 年后履行合同的必要支出属于信赖利益损失，主张权利的支出属于固有利益损失。

（3）或存在因果关系

满足。

（4）小结

请求权成立。

2. 请求权或消灭变更

否。

3. 请求权或不可行使

否。

4. 结论

张某可根据《合同法》第 107 条之规定向江河公司主张因违反 2013 年后缔结的租赁合同而产生的违约损害赔偿

（六）张某或可基于《合同法》第 58 条之规定请求江河公司承担缔约过失责任

1. 请求权或已成立

根据《合同法》第 58 条及相关学理，[1]前提如下：

（1）缔约人一方违反先合同义务

根据《合同法》第 42 条第 2 项的规定，告知义务属于我国的先合同义务。故意隐瞒与订立合同有关的重要事实或提供虚假情况者，应该承担缔约过失责任。对于是否存在告知义务，可以从法律有无规定，交易习惯如何与利益衡量两个方面进行分析。[2]首先，此处虽无明确的法律规定，但是从先合同义务来看，一方面，其旨在保护合同磋商缔结过程中，当事人所产生的合理信赖。另一方面，其基础为诚实信用原则。因此如果某一行为侵害了信赖利益且有违诚实信用原则，至少可以认为其满足违反先合同义务的特征。张某长时间与江河公司交易，形成了稳定的交易秩序。在江河公司未作相反表示的情况下，张某对于

---

〔1〕 参见韩世远：《合同法总论》，法律出版社 2018 年版，第 171 页。
〔2〕 参见韩世远：《合同法总论》，法律出版社 2018 年版，第 176 页。

江河公司享有房屋所有权已经产生了合理的信赖。并且，得出此信赖所依赖之外观始终保持不变，江河公司与湖海银行亦均未告知其房屋所有权变更之事实。而且张某租赁房屋后，确实在湖海银行的默许之下实际租用了该房屋。张某更加无从怀疑合同或因为欺诈而无效。江河公司明知房屋所有权已经转移，仍然隐瞒此事实，显然有违诚实信用原则，可见其满足违反先合同义务的特征。其次，江河公司于 2012 年 12 月就已经将房屋转让至湖海银行，租赁合同债权债务关系被湖海银行整体承受。根据《合同法》第 80 条之规定，债权转让时，债权人对义务人存在通知义务，其所体现的规范意旨是保护债务人。[1]虽然本款规范的是约定的债权移转，而本案中是法定的概括承担，不能直接适用。但是它也说明在债权让与的过程中，债务人处于不利地位，需要得到法律的特别保护。因此从现有的法律规范所体现的价值判断来看，在通知上应该作有利于债务人的判断。最后，理论上认为对对方有明显的重要意义，尤其是可能危及契约目的的实现，甚至使之落空的情况，应该强制进行告知。[2]房屋所有权转移由于会涉及合同是否可以实际履行，对于租赁合同目的的实现具有重大意义，属于应该强制告知的信息。因此，江河公司未履行告知义务，存在违反先合同义务的行为。

（2）相对人受有损失

信赖利益可分为所受损害与所失利益。前者主要包括为了签订合同的合理支出，后者主要指丧失与第三人另立合同的机会产生的损失。[3]张某因信赖合同成立生效而为履行合同支出的必要费用为其所受损害。由于张某与湖海银行缔结了合同，并未丧失缔约机会，因此不存在所失利益。

（3）违反先合同义务与损失间的因果关系

满足。

（4）违反先合同义务人有过错

江河公司明知不告知张某会产生损害后果，仍放纵此损害后果的产生，存在故意。

---

[1] 参见徐涤宇："《合同法》第 80 条（债权让与通知）评注"，载《法学家》2019 年第 1 期。
[2] 参见朱庆育：《民法总论》，北京大学出版社 2016 年版，第 280 页。
[3] 参见韩世远：《合同法总论》，法律出版社 2018 年版，第 185 页。

（5）小结

请求权成立。

2. 请求权或消灭变更

否。

3. 请求权或不可行使

否。

4. 结论

张某可基于《合同法》第58条之规定请求江河公司赔偿损失。

（七）张某或可基于《民法通则》第92条之规定向江河公司请求返还对应2012年12月26日至年底的租金

1. 请求权或已成立

给付型不当得利基于给付产生。张某为履行合同债务向江河银行给付租金，基于该给付形成的不当得利属于给付型不当得利。根据《民法通则》第92条之规定及学理，[1]前提如下：

（1）江河公司或基于给付而受有利益

满足。

（2）或致张某受损害

满足。

（3）或没有法律上的原因

给付型不当得利中，没有法律上的原因指自始或嗣后欠缺给付目的。给付目的一般包括清偿债务与创立债的关系。[2]所以没有法律上的原因即是在无须清偿债务或并非为创立债的关系的情况下做出给付。《合同法》第163条规定，买卖合同标的物所生孳息的归属以交付为界。但是江河公司与湖海银行仅仅是在2012年9月达成以物抵债的协议并进行登记，并无明确的交付过程。根据《物权法》第116条之规定，法定孳息的归属有约定的从约定，没有约定或约定不明的按照交易习惯取得。显然双方未对此问题进行约定，也并不存在任何交易习惯。因

---

〔1〕 参见王泽鉴：《不当得利》，北京大学出版社2009年版，第29~46页。
〔2〕 参见王泽鉴：《不当得利》，北京大学出版社2009年版，第44页。

此，买卖合同中的特别规定与物权的原则性规定均难以直接适用。但是回归《合同法》第163条的立法目的来看，立法者出于维护生产者利益的考虑，使其就算未取得出租人的地位，仍因其照料原物而有权取得孳息。[1]受让人成为承租人后，就算没有实际占有该房屋，也已经承担保证房屋符合租赁用途等合同义务。因此出于保护生产者的立法目的，应该认为受让人自取得房屋所有权进而成为承租人之时便有权收取租金。[2]因此，在所有权转移之时，江河公司即丧失收取租金的权利。张某无需清偿债务而作出给付，不具有法律上的原因。

（4）小结

请求权成立。

2. 请求权或消灭变更

否。

3. 请求权或不可行使

否。

4. 结论

张某可基于《民法通则》第92条之规定向江河公司请求返还对应2012年12月26日~2012年年底的租金。

（八）张某或可在撤销合同后基于《民法通则》第92条之规定向江河公司请求2013年后支付的租金

1. 请求权或已成立

张某基于履行租赁合同的目的向江河银行给付租金，属于给付型不当得利。根据《民法通则》第92条之规定及学理，前提如下：

（1）江河公司基于给付而受有利益

满足。

（2）或致张某受损害

满足。

---

〔1〕 参见胡康生主编：《中华人民共和国合同法释义》，法律出版社2013年版，第297页。

〔2〕 参见周江洪："买卖不破租赁规则的法律效果——以契约地位承受模式为前提"，载《法学研究》2014年第5期。

（3）或没有法律上的原因

张某或可根据《合同法》第 54 条之规定，行使撤销权使给付丧失目的，前提如下：[1]

1）或存在欺诈行为

欺诈行为是指旨在引起、强化或维持对方不正确看法之行为，该行为可表现为隐瞒真实情况并以告知义务存在为前提。如前所述，江河公司存在告知义务，但是其隐瞒了相关事实，存在欺诈行为。

2）相对人或因欺诈而陷入认识错误

本要件要求因欺诈人故意告知虚假情况或故意隐瞒事实情况之行为，使受欺诈人陷入对于事实的认识错误。张某自 2012 年开始就和江河公司缔结合同，双方长时间保持着租赁关系。房屋为江河公司所有形成了稳定的状态，张某善意地信任此状态。所以江河公司隐瞒了房屋已经转让的事实时，由于外观未变化，张某仍然相信此外观而误以为房屋归江河公司所有。

3）受欺诈人或因错误而作出意思表示

此因果关系判断的要点在于若无该错误，受欺诈人根本不会在这一时间以这一内容发出意思表示。由于张某误以为房屋所有权归江河公司所有，是故在 2013 年，张某与江河公司缔结为期 1 年租赁合同，并支付了租金。合同到期后，双方虽然没有续签合同，但是张某一直处于对于江河公司的错误认识，按照原合同约定向江河公司支付租金，江河公司亦接受，形成一个实质上的合同关系。

4）或存在双重故意

双重故意指欺诈人故意隐瞒真实情况，并希望或放纵对方因此陷入错误认知的故意与希望对方因错误认识作出不真实的意思表示的故意。江河公司明知道自己已经失去了房屋的所有权，其在自己有告知义务以及张某基于长年的交易善意信赖的情况下，仍然隐瞒实情。可见其明知张某会陷入错误认知，仍放任此结果的发生。其后，张某因错误认识而继续同张某缔结租赁合同。此时江河公司仍然没有及时告知其实情，而是选择与张某缔结新的合同直至 2019 年。在张某主动与其缔结租赁合同时，江河公司保持沉默，说明其放任了张某基于错误而做出意

---

〔1〕 参见朱庆育：《民法总论》，北京大学出版社 2016 年版，第 279～281 页。

思表示。综上可得江河公司具有双重故意。

5）小结

给付目的丧失。

（4）小结

请求权成立。

2. 请求权或消灭变更

否。

3. 请求权或不可行使

否。

4. 结论

张某可基于《民法通则》第 92 条之规定向江河公司请求返还 2013 年后支付的租金。

二、王某的主张及相应的规范基础

（一）王某或可根据《合同法》第 226 条第 1 句之规定请求张某支付 2018 年 5 月之后的租金

1. 请求权或已成立

根据《合同法》163 条之规定，买卖合同标的物交付后的孳息归受让人所有。出让人一旦交付房屋，受让人即有权收取房屋所生之孳息。根据《物权法》第 26 条之规定，交付的方式包括指示交付。湖海银行与王某签订买卖合同的时候约定房屋若有占有人，则由王某自行处理，可以看作湖海银行将房屋的返还请求权转让给了王某，属于指示交付。因此以此为界，之后的孳息应该归王某所有。根据《合同法》第 232 条之规定，对于不定期租赁合同，当事人可以随时解除合同，但是出租人解除合同应该给承租人必要的时间。王某于 2019 年 4 月 8 日要求张某搬离，至多可视为解除合同前合理期限的通知。由此可见，该租赁合同尚未解除。根据《合同法》第 62 条之规定，履行期限不明的，债权人可以随时要求债务人履行，但是应该给对方必要的准备时间。所以张某可以随时要求收取此期间的孳息。

2. 请求权或消灭变更

否。

3. 请求权或不可行使

否。

4. 结论

王某可根据《合同法》第 226 条第 1 句之规定请求张某支付 2018 年 5 月之后的租金。

（二）王某或可根据《合同法》第 97 条之规定在解除与湖海银行之间的买卖合同后向湖海银行主张恢复原状

1. 请求权或已成立

根据《合同法》第 97 条，前提如下：

（1）或存在有效的合同

满足。

（2）合同或可解除

《合同法》第 94 条第 4 项之规定赋予了非违约方在违约方不能履行合同时解除合同的权利。而此种不能包括经济上与社会观念上的不能。[1]由于张某行使优先购买权，此权利具有对抗效力，因而可以最终取得房屋所有权。湖海银行不可能再将房屋所有权转移至王某，即为经济上或社会观念上的履行不能，王某因此无法实现合同目的，享有法定解除权。

（3）或可以恢复原状

买卖合同是一时的合同，具有恢复的可能性。

（4）小结

请求权已成立。

2. 请求权或消灭变更

否。

3. 请求权或不可行使

否。

---

〔1〕 参见韩世远：《合同法总论》，法律出版社 2018 年版，第 663 页。

4. 结论

王某可根据《合同法》第 97 条之规定在解除与湖海银行之间的买卖合同后向湖海银行主张恢复原状。

（三） 王某或可在解除合同后根据《合同法》第 107 条之规定请求湖海银行承担违约责任

1. 请求权或已成立

根据《合同法》第 107 条，违约责任前提如下：

（1） 或存在违约行为

满足。

（2） 或存在损害结果

王某与湖海银行之间进行合同磋商、履行合同的必要支付、房屋登记的支出、违约后的救济费用以及其他各种必要的支出均为积极损失；可得利益的损失包括王某购买该房屋后进行经营可以取得的收益。此一部分的履行利益，应该适用损益相抵原则，将因合同解除而没有支出的费用扣除。[1]

（3） 或存在因果关系

1） 或存在事实上的因果关系

满足。

2） 或存在法律上的因果关系

对于积极损失，这些都是交易过程中普遍存在的支出。对于可得利益的丧失，王某数年之前就已经在湖海银行处购买房屋用于经营布庄。此次购买的房屋和之前相同，均是用于商业经营的门面房。以往交易的情况与此次购买对象都可以令湖海银行预见到将来王某将会将门面房用于经营。因此损失均是江河公司可以预见的。

（4） 小结

请求权已经成立。

2. 请求权或消灭变更

否。

3. 请求权或不可行使

否。

---

〔1〕 参见王利明：《合同法研究》，中国人民大学出版社 2003 年版，第 326～327 页。

4. 结论

王某可以根据《合同法》第 107 条之规定请求湖海银行承担违约责任。

（四）王某或可根据《合同法》第 107 条之规定请求湖海银行承担权利瑕疵担保责任

1. 请求权或已成立

根据《合同法》第 107 条，此处违约责任构成如下：[1]

（1）或存在违约行为

如前所述，湖海银行与王某之间缔结了有效的买卖合同。王某或可根据《合同法》150 条之规定主张江河公司存在违约行为。前提如下：[2]

1）权利瑕疵或在买卖合同成立时已经存在

满足。

2）权利瑕疵或在买卖合同成立后未能消除

满足。

3）王某或不知权利存在瑕疵

根据《合同法》151 条之规定，买受人订立合同时应当知道第三人对买卖标的物享有权利的，不承担本义务。此处立法目的在于防止买受人受到不测的损害。[3]从"应该知道"的文义来看，买受人仍应该承担一定的注意义务。但是由于权利瑕疵难以被受让人所感知，此处的注意义务应该相对较低。[4]因此如果受让人对不知仅存在一般过失时，不应该认定其"应该知道"瑕疵的存在。如前所述，在缔结合同之时，有足够的事实说明王某对于湖海银行容许张某使用该房屋应该知情。就算王某确实不知情，在有如此多的信息均可使其了解权利瑕疵的情况下，也应该认为其对不知存在重大过失，而非一般过失。

4）小结

不存在违约行为。

---

〔1〕 权利瑕疵担保名为"担保"，实际上就是出卖人的原给付义务。参见吴香香："《民法典》第 598 条（出卖人主给付义务）评注"，载《法学家》2020 年第 4 期。因此存在权利瑕疵时，出卖人承担违约责任。又由于该合同无法履行，而且合同可以根据根本违约而解除。王某再请求除去权利瑕疵、减价、以存在权利瑕疵为由解除合同均没有意义，因此此处按照请求损害赔偿进行分析。

〔2〕 参见崔建远：《合同法》，法律出版社 2010 年版，第 400 页。

〔3〕 参见郑玉波：《民法债编各论》（上册），三民书局 1981 年版，第 35 页。

〔4〕 参见崔建远：《合同法》，法律出版社 2010 年版，第 401 页。

（2）或存在损害结果

虽然房屋为张某所占，但并没有事实说明其因此丧失了可得利益。因此并没有损害结果。

（3）或存在因果关系

不满足。

（4）小结

请求权未成立。

2. 结论

王某不可根据《合同法》第107条之规定请求湖海银行承担权利瑕疵担保责任。

（五）王某或可根据《物权法》第34条之规定向张某主张返还原物

1. 请求权或已成立

根据《物权法》第34条之规定及学理，前提如下：[1]

（1）王某或为物权人

满足。

（2）张某或为现时的无权占有人

1）张某或是占有人

满足。

2）张某或无权占有

占有人对占有物若有正当权源，为有权占有，无返还原物请求权适用之余地，其情形包括租赁在内。张某或可依据《合同法》229条之规定主张有权占有，前提如下：

①出租人与原承租人之间或存在有效的租赁合同

满足。

②出租人让与租赁物之前或已经将房屋交付给承租人

满足。

③出租人或将租赁物所有权转让给第三人

满足。

---

〔1〕 参见王泽鉴：《民法物权》，北京大学出版社2009年版，第118～119页。

④小结

王某概括性承受该租赁物上出租人的权利和义务，张某为有权占有。

（3）小结

请求权未成立。

2. 结论

王某不可根据《物权法》第 34 条之规定向张某主张返还原物。

（六）王某或可基于《民法通则》第 92 条之规定向张某请求返还不当得利

1. 请求权或已成立

张某侵占王某的房屋并占有使用，此不当得利基于受益人行为，属于非给付型不当得利。根据《民法通则》第 92 条之规定及相关学理，[1]前提如下：

（1）张某或存在因侵害他人权益而受益的情形

满足。

（2）或致王某受损害

满足。

（3）或没有法律上的原因

不满足。

（4）小结

请求权未成立。

2. 结论

王某不可基于《民法通则》第 92 条之规定向张某请求返还对应 2018 年 11 月后占用其房屋的不当得利。

三、湖海银行主张及相应的规范基础

（一）湖海公司或可根据《合同法》第 226 条第 1 句之规定请求张某支付 2013 年～2018 年 5 月的租金

1. 请求权或已成立

成立。

---

〔1〕 参见王泽鉴：《不当得利》，北京大学出版社 2009 年版，第 116 页。

2. 请求权或消灭变更

否。

3. 请求权或不可行使

（1）请求权或因为《民法总则》第 188 条之规定而不可行使

1）或存在权利人怠于行使权利的状态

满足。

2）此状态持续超过法定期间

租赁合同未约定何时履行支付租金的义务。根据《合同法》第 62 条之规定，债权人可以随时要求履行，但应当给对方必要的准备时间。根据《诉讼时效司法解释》第 6 条之规定，诉讼时效应该从此次湖海银行主张张某支付租金的宽限期满时起算，因此该诉讼时效期间并未届满。

（2）小结

抗辩权不成立。

4. 结论

湖海银行可根据《合同法》第 226 条第 1 句之规定请求张某支付 2013 年 ~ 2018 年 5 月的租金。

（二）湖海银行或可根据《合同法》第 226 条第 1 句之规定请求张某支付 2012 年 12 月 26 日至 2012 年底的租金

1. 请求权或已成立

成立。

2. 请求权或消灭变更

（1）请求权或因为《合同法》第 91 条第 1 项之规定而已经消灭

债务已经按照约定履行的，合同的权利义务终止。张某基于租赁合同已经按合同约定支付价款的义务。

（2）小结

请求权已消灭。

3. 结论

湖海银行不可根据《合同法》第 226 条第 1 句之规定请求张某支付 2012 年

12 月 26 日至 2012 年底的租金。[1]

（三）湖海银行或可根据《合同法》第 107 条之规定请求江河公司承担权利瑕疵担保责任

1. 请求权或已成立

根据《合同法》第 107 条，此处违约责任构成如下：

（1）或存在违约行为

《合同法》第 174 条规定，法律对其他有偿合同没有规定的，参照买卖合同的有关规定，其实质是类推适用，因此适用中最关键的工作是类似性的认定。[2]由于瑕疵担保就是合同的原给付义务，无权利瑕疵实质是要求出让人全面适当地履行交付标的物以及所有权移转的合同义务。而在以物抵债协议当中，出让物的一方同样需要履行交付标的物并移转所有权的义务。可以将以物抵债协议视作用债权买物的协议。与买卖合同不同的只是支付价款的方式而已，此不同之处不能否定其类似性。因此两者之间具有极高的类似性，可以参照适用买卖合同的相关规定。湖海银行或可根据《合同法》150 条之规定主张江河公司存在违约行为，前提如下：

1）权利瑕疵或在买卖合同成立时已经存在

满足。

2）权利瑕疵或在买卖合同成立后未能消除

满足。

3）湖海银行或不知权利存在瑕疵

满足。

4）小结

存在违约行为。

（2）或存在损害结果

2012 年后之所以张某对该房屋仍然享有承租权，是由于湖海银行对张某继续使用该房屋没有提出异议并非江河公司应该负责的权利瑕疵。瑕疵只存在于湖

---

[1] 如果张某要求江河公司返还不当得利，此时债务未清偿，债权债务未消灭，江河银行可以主张权利。

[2] 参见易军："买卖合同之规定准用于其他有偿合同"，载《法学研究》2016 年第 1 期。

海银行取得房屋所有权后到 2012 年底之间这段时间。在此期间，无事实说明张某的承租权给湖海银行带来了损失。

（3）或存在因果关系

不满足。

（4）小结

请求权未成立。

2. 结论

湖海银行不可根据《合同法》第 107 条之规定请求江河公司承担权利瑕疵担保责任。[1]

（四）湖海银行或可基于《民法通则》第 92 条之规定向江河公司请求返还对应 2012 年 12 月 26 日～2012 年年底的租金

1. 请求权或已成立

江河公司收取了湖海银行才有权收取的租金，此不当得利基于受益人行为，属于非给付型不当得利。根据《民法通则》第 92 条之规定及相关学理，前提如下：

（1）江河公司或存在因侵害他人权益而受益

满足。

（2）或致湖海银行受损害

满足。

（3）或没有法律上的原因

满足。

（4）小结

请求权成立。

2. 请求权或消灭变更

否。

3. 请求权或不可行使

（1）请求权或因为《民法通则》135 条之规定而不可行使

---

[1] 由于此时张某仍能享有租赁权是湖海银行默许的结果，原权利瑕疵自 2012 年底就已经消失，因此不可请求除去权利瑕疵。虽然不能请求损害赔偿，但是已经构成权利瑕疵担保责任，可以请求减价或拒绝支付价金。

前提如下：

1）或存在怠于行使权利的状态

满足。

2）此状态持续超过法定期间

湖海银行在2012年12月26日取得了房屋所有权。此时，湖海银行并不清楚张某占有使用其房屋，也不清楚他们之间存在租赁关系。但是从后来其与王某约定由王某清退占有人可以看出，其对张某占有使用其房屋是清楚的。存疑的是权利人何时认识到了张某租赁其房屋以及知晓其有权请求江河公司返还租金。《民法典》规定诉讼时效期间自权利人知道或应该知道权利受损以及义务人之日起计算。如此规定的原因在于，我国诉讼时效期间较短且不利于权利人，需要兼顾二者利益。如果权利人都不知道权利的存在，无法获悉向何人主张权利，不利的法律后果根本不能归责于权利人。因此，对于权利人的认知情况应该从严判断。由于没有任何事实说明湖海银行自何时认识到权利受损与义务人，而且就算其认识到了张某占有使用其房屋，也未必能认识到对其享有权利。所以无法判定诉讼时效的起算时间，无法证明不主张权利的状态达到法定期限。

（2）小结

抗辩权不成立。

4. 结论

湖海银行可基于《民法通则》第92条之规定向江河公司请求返还对应2012年12月26日～2012年底的租金。

四、《民法典》解题的法条依据、规范基础与论证思路差异

《民法典》最大的价值是体系化。《民法典》并非创造新法，而是将现有规范进行体系化编纂，与之前的法律规范必然有很强的连续性，因此绝大多数的规范并未变化。或虽有变化，只是融合了司法解释或其他规范。本部分对于未变化的规定不予赘述。真正被修改的规定只占少部分，而且其背后的价值理念在得到立法机构的肯定之前，已经在学界经过了讨论。新法又往往在之前就通过解释论融入修改前的规定之中了（如：买卖不破租赁规则中承租人占有租赁物的要件、不当得利的除外情形等）。因此《民法典》解题的法条依据、规范基础会变化，

但是论证思路并不会出现很大的不同。

存在部分或影响论证思路的修改如下：首先，《民法典》第564条明确了1年的除斥期间，而不是需要自由裁量的合理期间。其次，依据《民法典》第987条之规定，得利人知道或者应当知道取得的利益没有法律根据的，受损人可以请求得利人返还其取得的利益并赔偿损失，江河公司应赔偿损失。最后，《民法典》第152条之规定相比原规定增加了5年的最长除斥期间的规定。由于双方长时间缔结了租赁合同，时间超过了6年，其撤销权因为超过除斥期间而消失。

《民法典》亦确认了某些争议问题，如出租人侵害承租人优先购买权的损害赔偿属于何种损害赔偿，存在不同的观点，由于《民法典》将其置于合同编之中，应该认为此责任属于违约责任；无权处分不影响负担行为效力等。

首届全国鉴定式案例研习大赛第八名作品

孔祥鑫

（中国政法大学 2018 级本科生）

目　录

（一）针对 2013 年的合同

对象二：张某对湖海银行的请求权

对象三：张某对王某的请求权

问题二

请求权预选

对象一：湖海银行对张某的请求权预选

对象二：湖海银行对江河公司的请求权预选

一、可能性一

二、可能性二

对象三：湖海银行对王某的请求权

初步结论：

问题二的大纲

解：

对象一：湖海银行对张某的请求权

对象二：湖海银行对江河公司的请求权

一、可能性一

（一）合同请求权

（二）准合同请求权（无因管理）

（三）不当得利请求权

（四）侵权损害赔偿请求权

二、可能性二

（一）类合同请求权

（二）不当得利请求权（非给付型）

对象三：湖海银行对王某的请求权

问题三

本案例结论

问题四

问题一

请求权预选

对象一：张某对江河公司的请求权预选

一、合同请求权

张某与江河公司之间存在租赁合同关系，故张某可能对江河公司享有合同请求权。根据《合同法》第216条，出租人的主给付义务是交付租赁物，并保持租赁物在租赁期间符合约定的用途。由此，在2013年江河公司与张某签订租赁合同时，江河公司如约交付了房屋，并且也保持了租期内（2013年～2014年）房屋的状态。所以，2013年～2014年间，租赁合同被适当履行，针对该合同的合同请求权无需检视。而针对2010年和2014以后的租赁合同，张某对江河公司的合同请求权尚需检视。

二、类合同请求权

类合同请求权包括缔约过失损害赔偿请求权、合同无效或可撤销的损害赔偿请求权，以及针对狭义无权代理人的履行请求权和损害赔偿请求权。

1. 合同无效或可撤销的损害赔偿请求权（无需检视）

2010年签订的租赁合同，双方当事人均有完全民事行为能力、意思表示真实无瑕疵、标的物合法，也无无效事由，所以该合同有效。此外，尽管在签订2013年租赁合同时，江河公司存在欺诈的情况，但是撤销权的除斥期间已经经过，所以撤销权消灭，合同终局地有效。

2. 针对狭义无权代理人的履行请求权和损害赔偿请求权（无需检视）

据题目，无。

3. 缔约过失损害赔偿请求权

张某和江河公司一共签订过两份合同，但不是两个合同均满足缔约过失赔偿责任的构成要件。缔约过失赔偿责任的构成要件之一是缔约人一方违反先合同义务。依据《合同法》第 42 条和第 43 条的规定，先合同义务大致包括诚信缔约义务、告知义务、保密义务等。[1] 而张某与江河公司在 2010 年签订租赁合同的时候，江河公司作为房屋的所有权人，对房屋有使用、收益权限，自然也可以适当履行租赁合同移转使用、收益权限的义务，不存在违反先合同义务的情况，也就是说，针对 2010 年的租赁合同，江河公司不满足承担缔约过失责任的构成要件。针对 2013 年签订的租赁合同，尽管江河公司的确未事先告知自己不是房屋所有权人，违反了先合同义务，但是江河公司在最初的一年租期内也确实适当履行了租赁合同的主给付义务，即交付租赁物和保持租赁物约定的用途（所有权人未主张权利），未给承租人张某带来损失，所以此部分只考虑 2014 年以后，租赁合同变为不定期租赁合同，在权利人王某主张权利时，张某向江河公司主张缔约过失责任的情况。

三、准合同请求权（无因管理）（无需检视）

无。

四、物上请求权（无需检视）

物上请求权包括物权请求权与占有保护请求权，物权请求权的请求权人为物权人，而张某系租赁合同的债权人，不是物权请求权的适格主体，故，张某对江河公司的物权请求权无需检视。

针对 2010 年和 2013 年签订的租赁合同，张某在合同履行期内的占有未被侵害，所以此处只针对 2014 年以后的不定期租赁合同进行讨论。占有保护请求权有占有物返还请求权、占有妨害排除请求权、占有妨害防止请求权，三者的请求权相对人分别为占有侵夺人、妨害人和制造危险之人。但真正"威胁"到张某对房屋占有的并不是江河公司，而是房屋所有权人，所以张某对江河公司的占有保护请求权也无需检视。

故，张某对江河公司不享有物上请求权。

---

[1] 参见韩世远：《合同法总论》，法律出版社 2018 年版，第 171 页。

五、不当得利请求权（无需检视）

对于租金，江河公司与张某在 2010 年与 2013 年均存在租赁合同，[1]所以张某系基于上述合同给付租金。而江河公司出卖房屋获得的价款系基于与湖海银行的合同所得。即，江河公司的获利均有法律原因，张某与江河公司不享有不当得利请求权。

并且依据通说"直接因果关系说"，江河公司的获益是基于湖海银行的给付。由此可见，使得江河公司获益之原因事实是"与湖海银行订立合同"；而使得张某受损之原因事实不是江河公司与湖海银行之间的合同，因为二者订立合同时，张某的优先购买权尚可行使。真正导致张某丧失行使优先购买权机会的是江河公司的"违约"以及"变更登记"，甚至可能是除斥期间的经过，不符合基于同一事实的直接因果关系，故，江河公司获益与张某受损无因果关系。张某对江河公司无不当得利请求权。

六、侵权损害赔偿请求权

张某基于 2010 年与江河公司签订的租赁合同，原本享有优先购买权，但是江河公司未履行通知义务，导致其优先购买权未行使。那么，优先购买权是否受到侵权法保护呢？

对于优先购买权的性质问题，存在不同观点，主要有附条件的形成说、期待权说、[2]附强制缔约义务的请求权说、[3]形成权说等，[4]而在德国民法理论上，部分学者主张行使优先购买权订立的合同是附双重条件的合同。[5]笔者以形成权

---

〔1〕 对于 2013 年租赁合同的效力问题，上文已经讨论过，简言之，张某撤销权除斥期间经过，合同维持有效状态，可以作为江河公司收取租金的法律原因。

〔2〕 对该说的梳理与总结，参见冉克平："论房屋承租人的优先购买权——兼评最高人民法院《房屋租赁合同司法解释》第 21 - 24 条"，载《法学评论》2010 年第 4 期。

〔3〕 对该说的梳理与总结，参见张朝阳："论承租人优先购买权纠纷中第三人的保护"，载《法律适用》2011 年第 2 期。

〔4〕 参见戴孟勇："房屋承租人如何行使优先购买权——以《合同法》第 230 条为中心的解释论"，载《清华大学学报（哲学社会科学版）》2004 年第 4 期；崔建远主编：《合同法》，法律出版社 2015 年版，第 347 页；王泽鉴：《民法学说与判例研究》（重合订本），北京大学出版社 2015 年版，第 1521 页。

〔5〕 一是指出卖人与第三人缔结买卖合同；二是指优先购买权人表示行使权利。〔德〕卡尔·拉伦茨：《法学方法论》，陈爱娥译，商务印书馆 2003 年版，第 321 页。转引自冉克平："论房屋承租人的优先购买权——兼评最高人民法院《房屋租赁合同司法解释》第 21 - 24 条"，载《法学评论》2010 年第 4 期。

说解题。通说认为，形成权没有被侵犯的可能性，因为形成权依权利人的单方意思即可行使，他人没有干预的机会。[1]

那这就意味着优先购买权绝不受侵权法的保护了吗？其实不然，优先购买权分为债权性优先购买权和物权性优先购买权两类。《城镇房屋租赁合同司法解释》第21条第2句否认了优先购买权的对抗效力，也就是说，承租人优先购买权原则上仅具备债权属性。此外，戴孟勇教授认为，区分优先购买权的债权性和物权性的关键在于"公示"。只有经过公示的优先购买权，才能产生对抗第三人的效力，优先购买权如果未经公示则不得对抗第三人。题中未明示优先购买权经过公示，笔者以"未经"公示为前提解题。由此，张某的优先购买权仅具债权属性，从而原则上不受侵权法的保护。所以，张某对江河公司无侵权损害赔偿请求权。

对象二：张某对湖海银行的请求权预选

一、合同请求权

若2012年，湖海银行买受房屋时，明知张某承租房屋。在租赁合同期满后，张某仍继续使用房屋，此时湖海银行未提出异议，根据《合同法》第236条关于续租的规定，张某和湖海银行之间可能存在有效的租赁合同。

二、类合同请求权（无需检视）

无。

三、准合同请求权（无因管理）（无需检视）

张某与湖海银行之间的法律关系可分为两个阶段：其一，从2012年12月26日~2012年底租赁合同届满；其二，2013年张某与江河公司签订租赁合同至2018年11月房屋过户登记完成。对于第一个阶段，江河公司与湖海银行之间是一个以物抵债的合同。王洪亮教授认为，以物抵债合同有三种可能的解释结果：

---

[1] 参见汪渊智："形成权理论初探"，载《中国法学》2003年第3期；葛云松："侵权责任法保护的民事权益"，载《中国法学》2010年第3期。

代物清偿、新债清偿和担保。[1]本案中，江河公司与湖海银行之间的以物抵债合同应解释为代物清偿合同，并可以等同于买卖合同处理，[2]并且"买卖不破租赁"规则适用的也不只是"买卖"，而可以扩大解释为"所有权转让给第三人"，转让的原因无需考虑。[3]由此得知该阶段，张某与湖海银行之间有租赁合同关系，不满足无因管理的构成要件，以下讨论2013年~2018年11月的时间段。

成立无因管理需要管理他人事务。就管理租赁物而言，要衡量张某管理意思的主次，[4]张某对房屋进行改善，主要目的在于提高自己的生活质量，主旨是实现自身利益，所以，不应认定其具有管理意思，张某对湖海银行不享有无因管理请求权。

故，张某对湖海银行不享有准合同请求权（无因管理）。

四、物上请求权（无需检视）

无。

五、不当得利请求权（无需检视）

在2012年12月26日~12月底，根据"买卖不破租赁"原则，出租人已经是湖海银行，张某在改善房屋时，应当征求湖海银行的同意。但显然，张某当时根本不知湖海银行的存在，所以，即使其改善房屋也不会征求出租人湖海银行的同意。根据《合同法》第223条的规定，系张某违反了保持租赁物原状的义务，是严重的不当使用行为，[5]湖海银行可以主张其恢复原状或赔偿损失。不宜认定湖海银行获利，所以在2012年12月26日~12月底，张某对湖海银行不享有不当得利请求权。

2013年以后，张某与江河公司之间存在租赁合同关系。若张某在经过出租人江河公司同意的情况下，对房屋进行了改善，客观上使得房屋的价值得到了提

---

〔1〕 参见王洪亮："以物抵债的解释与构建"，载《陕西师范大学学报（哲学社会科学版）》2016年第6期。

〔2〕 参见王洪亮："以物抵债的解释与构建"，载《陕西师范大学学报（哲学社会科学版）》2016年第6期。

〔3〕 参见崔建远主编：《合同法》，法律出版社2015年版，第349页。

〔4〕 若其主要旨在实现自身利益，仅附带涉及他人利益，则不宜认有管理意思。王利明：《债法总则研究》，中国人民大学出版社2018年版，第359页；刘凯湘：《债法总论》，北京大学出版社2011年版，第38~39页。转引自金可可："《民法典》无因管理规定的解释论方案"，载《法学》2020年第8期。

〔5〕 参见崔建远主编：《合同法》，法律出版社2015年版，第344页。

升，湖海银行作为房屋的所有权人获得利益。那么张某受损与湖海银行获利之间是否有法律上的原因呢？笔者认为有。因为张某改善房屋时，依据的是其与江河公司之间的租赁合同，改善房屋的必然结果是房屋升值，而房屋升值又会直接导致所有权人获利，所以张某受损与湖海银行获利的法律原因是张某与江河公司的租赁合同。如果认定湖海银行不当得利，那也就是承认房屋本不应当被增值，进而会得出张某本不应当改善房屋的结论，但是张某改善房屋基于租赁合同和提升生活质量的需求，其改善房屋的行为正当，显然矛盾，所以不宜认定湖海银不当得利。故，张某对湖海银行不享有不当得利请求权。

六、侵权损害赔偿请求权

无。

对象三：张某对王某的请求权预选

一、合同请求权（无需检视）

无。

二、类合同请求权（无需检视）

无。

三、准合同请求权（无因管理）（无需检视）

此部分与"张某对湖海银行的准合同请求权"大致相同，故张某对王某无准合同请求权。

四、物上请求权

若王某主张原物返还，张某可主张善意占有人的必要费用返还。

五、不当得利请求权（无需检视）

此部分与前文"张某对湖海银行的不当得利请求权"大致相同，故张某对王某无不当得利请求权。

六、侵权损害赔偿请求权（无需检视）

无。

初步结论：

问题一的大纲

对象一：张某对江河公司的请求权

一、合同请求权

（一）原给付请求权

1. 针对 2010 年的合同

张某可能依据《合同法》第 230 条的规定行使优先购买权，与江河公司订立买卖合同，请求江河公司办理变更登记。

（1）请求权已产生

①权利主体是承租人（＋）

②出租人出卖房屋（＋）

③以同等条件（＋）

④优先购买权除斥期间未经过（－）

（2）请求权未消灭：无需检视

（3）请求权可实行：无需检视

·结论：张某不得主张优先购买权。

2. 针对 2013 年的合同

（1）请求权已产生（＋）

①2013 年的租赁合同成立

②2013 年的租赁合同生效

（2）请求权未消灭（＋）

（3）请求权可实行

①一时抗辩权：履行费用过高的抗辩

②永久抗辩权：无

·结论：张某可以依据《合同法》第 216 条和 2013 年签订的租赁合同对江河公司主张原给付请求权，但江河公司可主张费用过高拒绝履行。

（二）次给付请求权

1. 针对 2010 年的合同

（1）请求权已产生（＋）

①合同成立

②合同生效

③江河公司的义务违反

④张某蒙受损害

⑤损害与违约行为之间具有因果关系

（2）请求权未消灭（＋）

（3）请求权可实行（＋）

·结论：若张某在江河公司出卖房屋之时，有意且有力购买房屋，并且能够举证证明自己的损失，那么张某就可以依据《合同法》第 107 条向江河公司主张违约损害赔偿。

2. 针对 2013 年签订的合同

（1）请求权已产生（＋）

①合同成立

②合同生效

③江河公司违反义务

（2）请求权未消灭（＋）

（3）请求权可实行（＋）

·结论：张某可依据《合同法》第 107 条向江河公司主张违约损害赔偿请求权。

3. 违约责任之权利瑕疵担保责任

（1）请求权已产生（＋）

①租赁合同成立

②租赁合同生效

③租赁合同标的物上存在权利瑕疵

④承租人须为善意

⑤双方当事人之间未另有特约

（2）请求权未消灭（＋）

（3）请求权可实行（＋）

·结论：张某能依据《合同法》第 150 条和第 228 条第 1 款的规定，向江河公司主张权利瑕疵担保责任。

二、类合同请求权

主要考虑缔约过失的损害赔偿请求权。

（一）2010 年租赁合同不适用缔约过失责任制度

（二）2013 年租赁合同效力的特殊性是否影响缔约过失责任制度的适用

（三）针对 2013 年的合同

1. 请求权已产生（2013 年的合同）（＋）

（1）缔约人一方违反先合同义务

（2）相对人受有损失

（3）违反先合同义务与损失之间有因果关系

（4）违反先合同义务人有过错

2. 请求权未消灭（＋）

3. 请求权可实行（＋）

·结论：张某可依据《合同法》第 42 条第 2 项，向江河公司主张缔约过失损害赔偿责任。

三、准合同请求权（－）

四、物上请求权（－）

五、不当得利请求权（－）

六、侵权损害赔偿请求权（－）

对象二：张某对湖海银行的请求权：无

对象三：张某对王某的请求权：无

解：

对象一：张某对江河公司的请求权

一、合同请求权

（一）原给付请求权

1. 针对 2010 年的合同

如题，张某是否可以主张优先购买权与江河公司成立买卖合同，并请求江河公司办理过户登记。

（1）请求权已产生[1]

①权利主体是承租人

②出租人出卖房屋

可知张某可依据 2010 年而非 2013 年与江河公司的租赁合同获得优先购买权。

③以同等条件

题中未明示，以下以"符合同等条件"为前提分析。

---

[1]　关于优先购买权的行使要件，参见常鹏翱："论优先购买权的行使要件"，载《当代法学》2013 年第 6 期。

④优先购买权的除斥期间未经过

《城镇房屋租赁合同司法解释》第24条第3项仅规定了收到出租人通知的承租人适用的除斥期间，对于张某这类不知房屋出卖的承租人缺少规定。基于此，有学者认为，此时承租人的优先购买权的存续不受时间限制，无论基础事实发生了多长时间，均不妨碍优先购买权的行使。[1]但是，出于对第三人的保护和维护交易安全的考量，允许优先购买权无限制地存在，难免危及合同双方的信赖基础和交易秩序，所以应当对不知房屋出卖的承租人的优先购买权加以限制。因此，另有学者认为，因为优先购买权的性质属于形成权，所以应当适用除斥期间的规定，类推适用《合同法》第55条和第75条的规定。[2]由此，除斥期间经过。

（2）请求权未消灭：无需检视

（3）请求权可实行：无需检视

·结论：张某不得行使优先购买权。

2. 针对2013年的合同

此处只需考虑2014年后的时间段。

（1）请求权已产生

2014年租赁合同期满后，张某继续使用该房屋，且江河公司没有作出反对，依据《合同法》第236条的规定，原租赁合同继续有效，只是租期变为不定期。由此可知，该不定期合同是否成立生效取决于期限未变前的合同是否成立生效，所以，此处针对2013年签订的租赁合同的效力进行检视。

①2013年的租赁合同成立

根据题目所给定的信息，无须检视。

②2013年的租赁合同生效

a. 一般生效要件

b. 特别生效要件

此处应考虑的特别生效要件主要是"处分行为之处分权限"，租赁合同是负

---

[1] 参见常鹏翱："论优先购买权的行使要件"，载《当代法学》2013年第6期。

[2] 参见戴孟勇："房屋承租人如何行使优先购买权——以《合同法》230条为中心的解释论"，载《清华大学学报（哲学社会科学版）》2004年第4期。

担行为，不以出租人享有所有权或处分权为必要。[1] 所以，该租赁合同满足特别生效要件。

c. 合同未被撤销

（a）撤销事由

（aa）意思与表示非故意的不一致（此处只主要考虑"动机错误"）

（aaa）动机错误的分析

张某签订租赁合同，承租房屋是为了获取房屋的占有使用权，江河公司虽然可以实行订立租赁合同这样的负担行为，但是江河公司已不再是房屋的所有权人，可能无法如约履行租赁合同的义务。也就是说，张某产生了与江河公司签订租赁合同的意思，但是该意思产生的基础是，张某错误地认为江河公司还是所有权人，具备履行租赁合同的能力，所以意思与表示相一致，且错误出现在意思之前，张某系动机错误。

（aab）动机错误的法律效果

动机错误原则上不影响法律行为的效力，[2] 表意人通常需自行承担风险，但有例外。如果相对人明知表意人的动机错误，并且以违背诚实信用的方式利用表意人的动机错误缔约时，表意人的风险转嫁给该恶意相对人承担。[3] 江河公司明知张某陷于错误认识而不加以提示纠正，放任张某基于错误认识，牟取利益，违背诚实信用，应承担风险。所以张某基于动机错误订立合同，且张某基于动机错误订立的合同属于可撤销的情形。

（ab）意思表示不自由（此处只主要考虑欺诈）

江河公司满足成立欺诈的要件，即行为要件、双重因果关系、双重故意以及不法性。所以，江河公司对张某的欺诈成立。

（ac）关于上述重大误解和欺诈的小结

尽管上文表示张某可能基于重大误解，可以依据《民法总则》第 147 条，向人民法院或仲裁机构诉请撤销；或基于江河公司的欺诈行为，依据《民法总则》第 148 条向人民法院或仲裁机构诉请撤销。

---

〔1〕 参见王泽鉴：《民法学说与判例研究》（重排合订本），北京大学出版社 2015 年版，第 360 页。
〔2〕 参见梁慧星：《民法总论》，法律出版社 2017 年版，第 183 页。
〔3〕 参见王泽鉴：《民法总则》，北京大学出版社 2009 年版，第 295 页。

（b）须有撤销的意思表示

题目中未体现张某向法院或仲裁机构主张撤销。如果除斥期间尚未经过，张某可以主张撤销权。

（c）撤销权行使的期限：张某基于重大误解或基于欺诈而作出意思表示的时间是 2013 年，易知除斥期间已经过。

·中间结论：依据《合同法》第 216 条以及有效的不定期租赁合同，江河公司有义务向张某交付租赁物，并在租赁期间内保持租赁物符合约定用途。但是，在 2019 年 4 月 8 日，王某作为房屋所有权人主张张某搬离，江河公司未维持租赁物符合张某居住的状态，由此江河公司的合同义务未全面履行。

（2）请求权未消灭

此处主要考虑"不能"的问题。虽然江河公司只是主观不能，江河公司还可以从王某处买回房屋，或者获得王某的授权，从而继续履行合同义务。

（3）请求权可实行

①一时抗辩权：履行费用过高的抗辩

张某可主张江河公司从现房屋所有权人王某手中买回租赁房屋，或者获得王某的授权。但是，受到《合同法》第 110 条第 2 项的限制，即，若房屋所有权人要求的价款过高，江河公司依该项拒绝履行。

②永久抗辩权：无

·结论：张某可以依据《合同法》第 216 条、第 60 条第 1 句以及有效的不定期租赁合同，对江河公司主张原给付请求权。但是，江河公司可以主张费用过高而拒绝履行。

（二）次给付请求权

如前所述，因为在 2013 年～2014 年之间，租赁合同被适当履行，所以此处只讨论 2010 年签订的合同和 2014 年以后不定期租赁的部分。

1. 针对 2010 年的合同

（1）请求权已产生

①合同成立（上文已检视）

②合同生效（上文已检视）

③江河公司的义务违反

江河公司在出租房屋之后实施了两种行为：其一，将房屋出卖的作为；其二，不告知张某房屋出卖事实的不作为。但根据《合同法》第229条的规定，江河公司出卖房屋的行为不影响张某租赁合同目的的实现，无须承担权利瑕疵担保责任。[1]故江河公司的不完全履行行为只是"不通知"这一不作为。

根据《合同法》第230条的规定，江河公司应当在用房屋抵偿贷款前的合理期限内通知承租人，保护承租人优先购买的权利，而江河公司对张某未为通知。理论上对通知义务的定性存在争议。有学者主张该通知义务是法定附随义务；[2]另有学者主张该义务类似不真正义务。[3]但是，附随义务与不真正义务都不可以诉请履行，故无论采何种学说，张某都无权请求江河公司继续履行通知义务。所以，只需讨论次给付请求权。

④张某蒙受损害

张某承租的房屋是商业用途，《德国民法典》并未规定关于商业用房的优先购买权。我国也有学者认为非居住房屋的承租人不享有优先购买权，[4]而另有学者表示我国当前承认商业用房承租人的优先购买权。[5]此外，司法实践中也有承认商业用房的承租人有优先购买权的案例。[6]所以，笔者以承认商业用房承租人的优先购买权解题。

尽管承租人行使优先购买权无需以受到出租人通知为前提，[7]但是江河公司的不作为影响了优先购买权的及时行使。《城镇房屋租赁合同司法解释》第24条

〔1〕学说上，第三人对租赁物的权利发生于何时，存在三种不同意见：其一，多数说，认为第三人主张的权利必须发生于租赁物交付前，出租人才承担权利瑕疵担保责任；其二，少数说，认为权利人主张的权利发生于租赁合同存续期间的，出租人也要承担权利瑕疵担保责任；其三，竞合说，认为租赁合同成立后，租赁物如有可归责于出租人的权利瑕疵的，出现权利瑕疵担保责任和违约责任的竞合。笔者依照多数说解题。参见崔建远主编：《合同法》，法律出版社2015年版，第340页。
〔2〕参见丁春艳："论私法中的优先购买权"，载《北大法律评论》2005年第1期；戴孟勇："论优先购买权中的通知义务"，载《云南社会科学》2019年第4期。
〔3〕参见李家军："先买权行使中的出卖通知"，载《人民司法》2012年第9期。
〔4〕参见钟涛："房屋承租人优先购买权若干争议之解决"，载《法律适用》2005年第10期。
〔5〕戴孟勇教授认为优先购买权的立法理由有两方面：稳定法律关系、保护弱势承租人。进而，戴孟勇教授认为商业房租赁合同承租人相对于出租人未必弱势，所以，第二个理由值得商榷。由此可以看出，戴孟勇教授是以当下承认商业房承租人的优先购买权为预设前提的。参见戴孟勇："论《民法典合同编（草案）》中法定优先购买权的取舍"，载《东方法学》2018年第4期。
〔6〕"西藏新珠峰摩托车有限公司、西藏珠峰资源股份有限公司（原西藏珠峰工业股份有限公司）合同纠纷案"，最高人民法院（2018）最高法民终130号民事判决书。
〔7〕参见戴孟勇："论优先购买权中的通知义务"，载《云南社会科学》2019年第4期。

第 4 项规定，若房屋买受人主观善意且已登记，法院不再支持承租人的优先购买权。湖海银行不知道且不应当知道租赁关系存在，满足该条文的"善意"要件。[1]故，张某丧失通过行使优先购买权取得房屋的可能。

还需注意的是，尽管承租人的优先购买权遭受了侵犯，但也仅在张某"有意购买房屋"且"有能力购买房屋"时才有救济的必要。[2]

⑤损害与违约行为之间具有因果关系

满足条件。

（2）请求权未消灭

（3）请求权可实行

·结论：若张某在江河公司出卖房屋的时间段内"有能力且有意"购买房屋，可以依据《合同法》第 107 条向江河公司主张违约损害赔偿。

2. 针对 2013 年签订的合同

（1）请求权已产生

①合同成立（上文已检视）

②合同生效（上文已检视）

③江河公司违反义务

依据《合同法》第 216 条的规定，出租人江河公司应当维持房屋在租期内符合约定的用途。但是因为此时房屋所有权人主张权利，导致承租人张某对房屋的占有使用难以维系。由此，江河公司违反了自己的主给付义务。

④张某蒙受损害

如前文所述，2014 年以后，张某与江河公司之间签订的租赁合同转为不定期，依据《合同法》第 232 条的规定，出租人江河公司本来就有随时解除合同的权利，所以很难说张某基于租赁合同对房屋享有一定时间内的稳定的居住的权利。但是，合同具有相对性，张某只有义务接受江河公司随时解除合同，并自行搬离房屋。也就是说如果江河公司解除合同，基于该条对不定期合同的规定，张某理应搬离房屋，江河公司只是行使正当权利，不是违约，张某只对这一行为负

---

〔1〕 参见冉克平："论房屋承租人的优先购买权——兼评最高人民法院《房屋租赁合同司法解释》第 21 - 24 条"，载《法学评论》2010 年第 4 期；杨会："再论侵害承租人优先购买权的救济"，载《政法论丛》2020 年第 1 期。

〔2〕 参见杨会："再论侵害承租人优先购买权的救济"，载《政法论丛》2020 年第 1 期。

担被动接受的义务。但此时，江河公司尚未解除合同，也就说明该不定期租赁合同仍然有效，张某与江河公司仍要受到该合同的约束，江河公司违反合同义务仍属违约行为。张某无法继续占有房屋不是因为江河公司正当行使权利的行为，而是王某主张权利的行为。对于根源于江河公司瑕疵给付的行为，张某没有容忍义务，所以，即使不定期租赁合同处于随时可能被解除的状态，也应当认为张某受有损害。否则，任意解除权会沦为规避法律责任的工具。

（2）请求权未消灭

（3）请求权可实行

·结论：张某可依据《合同法》第 107 条向江河公司主张违约损害赔偿请求权。

3. 违约责任之权利瑕疵担保责任

张某可能向江河公司主张权利瑕疵担保责任。

《合同法》第 174 条规定，租赁合同可准用买卖合同规则。所以买卖合同关于权利瑕疵担保的规定，如《合同法》第 150 条以及第 228 条第 1 款。

张某可能依据《合同法》第 228 条第 1 款的规定，向江河公司主张权利瑕疵担保责任。

实际上，关于瑕疵担保责任和一般违约责任的关系在学界有争议。有瑕疵担保与一般违约责任的"竞合说""统合说",[1] 笔者采纳韩世远教授的观点，认为瑕疵担保已与违约责任统合。

（1）请求权已产生

学界认为权利瑕疵担保责任的构成要件主要包括以下五项:[2]

①租赁合同成立（上文已检视）

②租赁合同生效（上文已检视）

③租赁合同标的物上存在权利瑕疵

据上文易知标的物有瑕疵。

④承租人须为善意（张某的善意上文已检视，满足条件）

---

〔1〕 韩世远教授认为，若采"竞合说"则可能导致瑕疵检验通知义务及检验期间规范被规避，并且司法实践也未接纳"竞合说"。参见韩世远："租赁标的瑕疵与合同救济"，载《中国法学》2011 年第 5 期。

〔2〕 参见金可可、贺馨宇："我国买卖合同权利瑕疵担保制度研究"，载《江苏行政学院学报》2016 年第 6 期。

⑤双方当事人之间未另有特约（题目中未体现）

（2）请求权未消灭（无需检视）

（3）请求权可实行（无需检视）

·结论：张某能依据《合同法》第 150 条和第 228 条第 1 款的规定，向江河公司主张权利瑕疵担保责任。

有以下救济手段可供选择：[1]

第一，张某可请求江河公司除去第三人权利。

第二，在江河公司未能除去第三人权利时，张某可依据《合同法》第 228 条第 1 款的规定，主张减少租金或不支付租金。

第三，若张某还有损失，可以依据《合同法》第 107 条、第 112 条，请求江河公司承担违约责任。同时，可援用《合同法》第 94 条第 4 项解除租赁合同。

若张某主张解除合同，其是否能如题中主张的那样，请求江河公司返还 2012 年 12 月 26 日以后的全部租金呢？

针对 2010 年 ~2012 年 12 月 26 日之前支付的租金，张某系履行合同义务，不得主张返还。

针对 2012 年 12 月 26 日以后到 2013 年再次签订租赁合同之间，根据买卖不破租赁的规则，湖海银行成为租赁合同的出租人，江河公司成为租赁合同外的第三人，所以张某再向其支付的金钱已不再是租金，江河公司受领张某的金钱没有法律上的原因，是为不当得利，应当返还。

针对 2013 年 ~2014 年张某向江河公司支付的租金，如前所述，江河公司在此时段，适当履行了合同义务，张某不得主张该部分租金的返还。

从 2014 年 ~2019 年 4 月的租金，江河公司基于与张某的租赁合同受领，有法律上的原因，张某系履行合同。但是，江河公司没有履约能力，要承担违约责任。张某可以根据《合同法》第 94 条第 4 项解除（终止）合同，根据《合同法》第 97 条，合同解除（终止）后，未履行的终止履行，已履行的恢复原状，但是，由于租赁合同是继续性合同，该类合同解除后也不产生恢复原状的义务，[2]

---

〔1〕 参见崔建远主编：《合同法》，法律出版社 2015 年版，第 341 页。

〔2〕 参见韩世远：《合同法总论》，法律出版社 2018 年版，第 674 页。

因为继续性合同被解除没有溯及力，只向未来发生效力。因此，张某对该部分租金也不得主张返还。

二、类合同请求权

此处主要讨论缔约过失损害赔偿请求权。

（一）2010 年租赁合同不适用缔约过失责任制度

（二）2013 年租赁合同效力的特殊性是否影响缔约过失责任制度的适用

如上文所述，张某基于重大误解以及江河公司的欺诈行为签订 2013 年的租赁合同。但是，因为张某撤销权的除斥期间经过，张某的撤销权消灭，故，租赁合同有效且张某无法通过主张撤销权撤销。中国学理在"民法通则时代"，通常不认可针对有效合同的缔约过失责任，但这种观念已经开始转变，渐趋认同德国、日本等承认缔约责任得适用于生效合同的规定。张某和江河公司于 2013 年签订的合同，在除斥期间消灭前，是可撤销的合同，除斥期间消灭后，实际上成了有效的合同。既然自始就有效的合同都可以适用缔约过失责任制度，那么举重以明轻，由可撤销实际上变为有效的合同就更可以适用缔约过失责任制度。另外，也有学者认为受欺诈人在"撤销合同并主张赔偿损失"与"主张缔约过失责任"之间有选择权，缔约过失责任的使用并不以合同的撤销为前提。[1]

（三）针对 2013 年的合同

1. 请求权已产生

（1）缔约人一方违反先合同义务

江河公司违反《合同法》第 42 条第 2 项情报提供义务。江河公司的这一行为，与侵权行为责任竞合，与欺诈的相关规定竞合，也与瑕疵担保责任的规定竞合。[2]

（2）相对人受有损失

由于缔约过失责任以赔偿信赖利益为原则，[3]故张某原则上只得主张信赖利益的损害赔偿。信赖利益既包括所受损害，如财产的直接减少；也包括所失利

---

〔1〕 参见胡振玲："受欺诈合同与缔约过失责任的适用"，载《中南民族大学学报（人文社会科学版）》2009 年第 3 期。

〔2〕 参见王泽鉴：《债法原理》，北京大学出版社 2013 年版，第 243 页。

〔3〕 参见韩世远：《合同法总论》，法律出版社 2018 年版，第 185 页。

益，如机会损失等。[1]对于题目中的张某来说，前者如缔约成本，后者如放弃另一个更加低廉的租房机会等。

（3）违反先合同义务与损失之间有因果关系

具备因果关系。

（4）违反先合同义务人有过错

故意。

2. 请求权未消灭

3. 请求权可实行

·结论：张某对江河公司可依据《合同法》第 42 条第 2 项享有缔约过失损害赔偿责任请求权。

对象二：张某对湖海银行的请求权

如前文预选，张某对湖海银行只有合同请求权可供考虑，首先讨论合同是否存在。

在 2012 年 12 月 26 日房屋所有权被移转给湖海银行后，湖海银行自动成为原租赁合同的当事人，那么在 2012 年 12 月底以后，张某继续占有房屋，是否构成《合同法》第 236 条关于续租的规定。

首先，第 236 条中的"承租人继续使用租赁物"是意思实现，即基于积极行为的可推断的意思表示，做出同意继续承租租赁物的意思表示；[2]"没有提出异议"则是沉默，沉默也是一种可推断的意思表示，[3]并且这种可推断性基于法律的直接规定，这就意味着该场合下的沉默构成"继续出租"的意思表示是没有争议的。[4]沉默与承租人可推知的意思表示相结合，构成租赁合同续期的原因。但是，题中湖海银行在原租赁合同期内是否明知张某承租并未明确，所以分情况讨论。

当湖海银行善意，也就在原租赁合同到期后，湖海银行仍不知张某承租房屋时，那么湖海银行"沉默"是否构成《合同法》第 236 条中的"没有提出异议"

---

[1] 参见史尚宽：《债法总论》，台北监狱印刷厂 1954 年版，第 538 页。
[2] 最高人民法院民法典贯彻实施工作领导小组主编：《中华人民共和国民法典合同编理解与使用（三）》，人民法院出版社 2020 年版，第 1604 页。
[3] 参见杨代雄："意思表示理论中的沉默与拟制"，载《比较法研究》2016 年第 6 期。
[4] 参见杨代雄："意思表示理论中的沉默与拟制"，载《比较法研究》2016 年第 6 期。

呢？也就是说，236条中的"没有提出异议"是指单纯的沉默，还是指在意识到出租人继续使用房屋后，有意识地沉默？有学者认为出租人的沉默是指出租人知道承租人继续使用租赁物后，[1]仍没有提出异议。即当湖海银行善意的情况下，不构成"续租"。

若湖海银行恶意，即有恶意（有意识）地沉默，也不宜认定租赁合同延续。因为，如果构成续租，张某在2013年对于湖海银行和江河公司都是承租人，需要同时负担双重义务，向二者支付租金。张某系善意相对人，湖海银行和江河公司都属恶意，使得善意的张某背负过重责任显然不符合保护善意相对人的价值理念。所以，宜认定张某与湖海银行之间的租赁合同到2012年底即履行完毕，合同的权利义务终止。

所以，张某与湖海银行之间不存在合同关系，不享有合同请求权

·结论：张某对湖海银行不享有请求权。

对象三：张某对王某的请求权

因为王某向张某主张原物返还请求权，所以，张某可能基于《物权法》第243条向王某主张善意占有人的费用返还请求权。当然，张某在2019年4月8日得知真相后，由善意占有人转变为恶意占有人。该部分内容，在"王某对张某的物上请求权"部分详细论述。

问题二

请求权预选

对象一：湖海银行对张某的请求权预选

一、合同请求权（无需检视）

无。

---

[1] 参见张淑英："钢管租赁合同纠纷案件审理中的几个疑难问题剖析"，载《东南大学学报（哲学社会科学版）》2010年第12期。

二、类合同请求权（无需检视）

无。

三、湖海银行对张某的准合同请求权（无需检视）

无因管理的前提是"管理他人事务"，即判断利益归属。但是，张某对于湖海银行在题中的行为没有利益归属。所以，湖海银行对张某没有无因管理请求权。

四、物上请求权（无需检视）

无。

五、不当得利请求权

张某对房屋的占有使用收益实际上是所有权人的利益归属，而张某与湖海银行之间又不存在合同关系，所以，湖海银行可能对张某享有不当得利请求权。

六、侵权损害赔偿请求权

如前文所述，张某基于欺诈签订租赁合同，且前期已和江河公司签订过租赁合同，基于对过往交易的信赖，签订了第二次合同，符合人之常情。且依据题目，湖海银行曾让王某清理房屋占有人，可见湖海银行早就可能知晓房屋内占有人的存在而不加以提示，导致张某一直处于被欺诈的状态中，张某无过错。所以，湖海银行对张某无侵权损害赔偿请求权。

对象二：湖海银行对江河公司的请求权预选

湖海银行在将房屋出卖给王某之时，曾让王某清理房屋占有人，由此可知，湖海银行可能早已得知房屋被占有的事实。至于得知的时间题目中未明确，笔者分以下情况进行讨论：

一、可能性一

若江河公司在 2012 年出卖房屋时就告知了湖海银行张某承租房屋的事实，

但是后来，没有及时告知湖海银行2013年再次租赁房屋的事实。

【2013年以后】

（一）合同请求权

湖海银行于江河公司之间存在合同关系，所以湖海银行对江河公司可能享有合同请求权。

（二）类合同请求权（无需检视）

在"可能性一"中无。

（三）准合同请求权（无因管理）

江河公司是为自己的利益出租房屋，所以不属于真正的无因管理。但不否认其可能成立不真正的无因管理。所以，湖海银行对江河公司可能享有准合同请求权。

（四）物上请求权（无需检视）

物上请求权包括物权请求权与占有保护请求权。湖海银行此时已将房屋出卖给了王某，既不是房屋所有权人，又不是房屋占有人，所以不能对江河公司主张物上请求权。

（五）不当得利请求权

出租房屋是房屋所有权人的权利内容，而江河公司擅自出租湖海银行的房屋，是对湖海银行所有权的侵害。

（六）侵权损害赔偿请求权

江河公司出租房屋的行为属于侵害湖海银行的所有权。

二、可能性二

若江河公司在2012年出卖房屋时，未告知湖海银行该房屋被出租的事实。

【2012年12月26日～2012年底】

（一）合同请求权（无需检视）

1. 原给付请求权（继续履行请求权）

江河公司违反先契约义务，属附随义务，[1]一般不得诉请履行，所以，湖海

---

〔1〕 参见姜淑明："先合同义务及违反先合同义务之责任形态研究"，载《法商研究（中南政法学院学报）》2000年第2期；道文："试析合同法上的附随义务"，载《法学》1999年第10期。

银行对江河公司不得主张基于合同的继续履行请求权。

2. 次给付请求权（违约损害赔偿请求权）

江河公司所违反的是先合同义务，先合同义务是缔约阶段的义务，合同尚未成立生效，并且湖海银行也未遭受损害，所以，湖海银行不享有对江河公司的违约损害赔偿请求权。

（二）类合同请求权

可能享有缔约过失损害赔偿请求权。

（三）准合同请求权（无因管理）

江河公司将房屋出卖后，原租赁合同当事人变为湖海银行和张某，江河公司只是合同外的第三人，张某向其给付的不是租金，所以江河公司管理的也就不是出租人的事务。故湖海银行对江河公司无准合同请求权。

（四）物上请求权（无需检视）

无。

（五）不当得利请求权

江河公司受有利益，而其与张某之间已经没有租赁合同关系，所以湖海银行可能对江河公司享有不当得利请求权。

（六）侵权损害赔偿请求权

根据上述"买卖不破租赁"规则，自 2012 年 12 月 26 日至 2012 年 12 月底，在原租赁合同租期内，出租人变更为湖海银行。

若湖海银行明知张某承租房屋而任由江河公司收取"租金"，是湖海银行自己故意不行使债权的行为，与江河公司无关，其对江河公司不享有侵权损害赔偿请求权。

但是，如果湖海银行善意，不知有原租赁合同的存在，即江河公司的隐瞒行为导致其不知债权人身份，一直没有向承租人张某主张债权，但湖海银行的债权仍存在，所以，湖海银行无损害。此外，因为江河公司的租赁行为，导致湖海银行不能占有使用房屋，也可能侵害其所有权。但是，根据差额说，湖海银行无损害。所以，湖海银行对江河公司没有侵权损害赔偿请求权。

对象三：湖海银行对王某的请求权

湖海银行与王某之间是合法正当的买卖合同关系，王某对湖海银行也没有违约行为，所以，湖海银行对王某无请求权。

初步结论：

```
                  ┌─张某──→ 不当得利请求权
                  │         （《总》122）        ┌─→ 违约损害赔偿请求权（《合》107）
                  │                              │
                  │         湖海不知2013年      ├─→ 不法管理管理利益返还
                  │         江河出租 ───────────┤    请求权（《总》121）
湖海银行──┤江河公司┤                              │
                  │                              ├─→ 不当得利请求权（《总》122）
                  │         湖海不知2010年      │
                  │         江河出租，且江 ─────┤
                  │         河预收租金          ├─→ 侵权损害赔偿请求权（《侵》6第1款）
                  │                              │
                  └─王某（无）                   └─→ 缔约过失损害赔偿请求权
                                                      （《合》42）
```

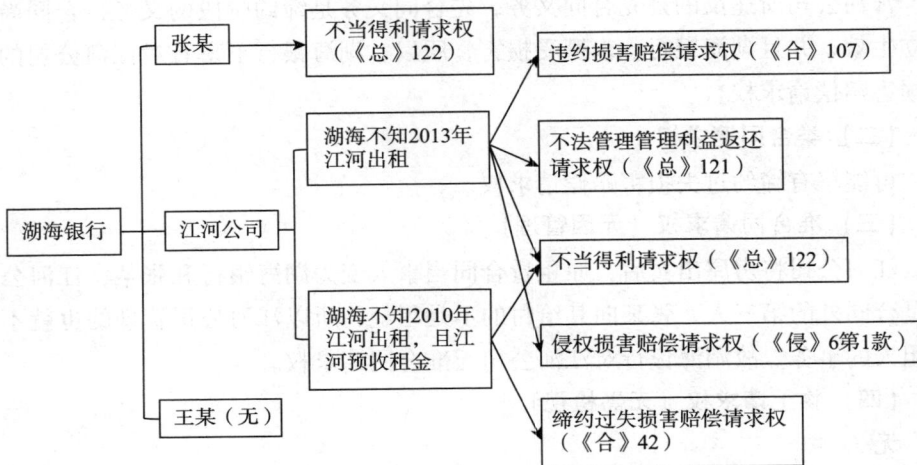

问题二的大纲

对象一：湖海银行对张某的请求权

一、合同请求权（－）

二、类合同请求权（－）

三、准合同请求权（－）

四、物上请求权（－）

五、不当得利请求权

（一）再预选

（二）不当得利请求权

1. 请求权已产生（＋）

（1）一方获益

（2）一方受有损害

（3）获益与损害有因果关系

（4）没有法律上的原因

（5）非基于给付的方式

2. 请求权未消灭 （+）

3. 请求权可实行 （+）

·结论：湖海银行可依据《民法总则》第 122 条向张某主张不当得利请求权。

六、侵权损害赔偿请求权 （-）

对象二：湖海银行对江河公司的请求权

一、可能性一

若江河公司在 2012 年出卖房屋时就告知了湖海银行张某于 2010 年承租房屋的事实，未告知 2013 年出租房屋的事实。

【2013 以后】

（一）合同请求权 （-）

（二）准合同请求权（无因管理）

1. 请求权已产生 （+）

（1）事务管理

（2）他人事务

（3）无法定或约定的义务

（4）为自己的利益，把他人事务作为自己的事务管理

（5）明知是他人事务

2. 请求权未消灭 （+）

3. 请求权可实行 （+）

·结论：湖海银行可以依据《民法总则》第 121 条对江河公司享有不法管理的管理财产移交请求权。

（三）不当得利请求权

1. 请求权已产生 （+）

（1）一方受有利益

（2）一方受损害

（3）非以给付的方式

（4）损害与获益之间存在因果关系

（5）没有法律上的原因

2. 请求权未消灭（＋）

3. 请求权可实行（＋）

·结论：湖海银行可以依据《民法总则》第 122 条对江河公司主张不当得利请求权。

（四）侵权损害赔偿请求权

1. 请求权已产生（＋）

（1）加害行为

（2）权益侵害

（3）加害行为与权益侵害之间存在因果关系

（4）过错

（5）损害

（6）权益侵害与损害之间的因果关系

2. 请求权未消灭（＋）

3. 请求权可实行（＋）

·结论：湖海银行可能对江河公司享有侵权损害赔偿请求权。

二、可能性二

江河公司在 2012 年出卖房屋时，未告知湖海银行该房屋被出租的事实。

【2012 年 12 月 26 日～2012 年底】

（一）类合同请求权（－）

主要只考虑缔约过失损害赔偿请求权。

1. 请求权已产生

（1）缔约人一方违反先合同义务（＋）

（2）相对人受有损失（－）

（3）违反先合同义务与损失之间有因果关系：无需检视

（4）违反先合同义务人有过错：无需检视

2. 请求权未消灭：无需检视

3. 请求权可实行：无需检视

故，湖海银行对江河公司不享有缔约过失损害赔偿请求权。

（二）不当得利请求权（非给付型）

1. 情况一：江河公司预收了房屋的租金

（1）请求权已产生（＋）

①一方获利

②一方受有损失

③以非给付的方式

④获利与损害之间存在因果关系

⑤没有法律上的原因

（2）请求权未消灭（＋）

（3）请求权可实行（＋）

·中间结论：在该情况下，湖海银行对江河公司享有不当得利请求权。

2. 情况二：江河公司没有预收房屋的租金

（1）请求权已产生

①一方获利（＋）

②一方受有损失（－）

③以非给付的方式：无需检视

④获利与损失之间有因果关系：无需检视

⑤没有法律上的原因：无需检视

（2）请求权未消灭：无需检视

（3）请求权可实行：无需检视

·结论：只有在江河公司预收租金的情况下，湖海银行对江河公司基于《合同法》第 163 条、《民法总则》第 122 条享有不当得利请求权。

对象三：湖海公司对王某的请求权预选：无

解：

对象一：湖海银行对张某的请求权

一、合同请求权（一）

二、类合同请求权（一）

三、准合同请求权（一）

四、物上请求权（一）

五、不当得利请求权

（一）再预选

此处只需讨论 2013 年张某与江河公司签订租赁合同之后到 2018 年 11 月房屋所有权变更登记前，湖海银行对张某的不当得利请求权。

（二）不当得利请求权

1. 请求权已产生

（1）一方获益

依照权益归属理论，权益有一定的归属内容，而该内容属于权利人。[1]故，对房屋的使用收益的权益，应归属于房屋所有权人湖海银行，但是，张某却事实上对房屋进行使用收益，张某的获利是获得了本该归属于权利人的利益。此外，张某的获利不是因使用湖海银行的房屋而节省下来的租住其他房屋的价值，[2]而是使用湖海银行房屋本身，节省开支是直接获利的间接效果，而节省开支的数额只涉及不当得利请求权范围问题。[3]

---

[1] 参见王泽鉴：《不当得利》，北京大学出版社 2009 年版，第 115 页。
[2] 参见王泽鉴：《民法学说与判例研究》（重排合订本），北京大学出版社 2015 年版，第 969 页。
[3] 参见王泽鉴：《不当得利》，北京大学出版社 2009 年版，第 282 页。

（2）一方受有损害

张某对房屋占有，而"占有"应是所有权人权利的"归属内容"。[1]此外，湖海银行是否对房屋有使用的计划，在所不论。[2]

（3）获益与损害有因果关系

具备直接因果关系。

（4）没有法律上的原因

满足条件。

（5）非基于给付的方式

通说认为，给付型不当得利优先适用，而非给付型不当得利处于辅助地位。[3]所以，首先判断是否满足给付型不当得利的要件。"给付"是指有意识、有目的地增加他人的财产。[4]张某获得对房屋的使用收益权，不是基于湖海银行的给付，而是张某自己对房屋现实地实施使用行为。张某擅自对房屋的使用收益侵害了所有权人的所有权，对权利人来说，是侵权行为。

2. 请求权未消灭

3. 请求权可实行

·结论：湖海银行可依据《民法总则》第 122 条向张某主张不当得利请求权。

不当得利以原物返还为原则，以价额偿还为例外。[5]张某应当向湖海银行移转"占有"并且返还"使用"，但湖海银行已不是所有权人，张某无需向其移转房屋占有；另外，"使用"本身依其性质无法返还，张某应当偿还其价额。如前所述，价额为张某承租湖海银行房屋一般应支付的租金。

六、侵权损害赔偿请求权

对象二：湖海银行对江河公司的请求权

湖海银行在将房屋出卖给王某之时，曾让王某清理房屋占有人，由此可知，

---

〔1〕 参见王泽鉴：《民法学说与判例研究》（重排合订本），北京大学出版社 2015 年版，第 962 页。

〔2〕 参见王泽鉴：《民法学说与判例研究》（重排合订本），北京大学出版社 2015 年版，第 963 页。

〔3〕 参见刘昭辰：《不当得利》，五南图书出版公司 2018 年版，第 106 页。

〔4〕 参见王泽鉴：《不当得利》，北京大学出版社 2009 年版，第 30 页。

〔5〕 参见王泽鉴：《民法学说与判例研究》（重排合订本），北京大学出版社 2015 年版，第 967 页。

湖海银行可能早已得知房屋被占有的事实。至于得知的时间题目中未明确，笔者分以下情况进行讨论：

一、可能性一

若江河公司在 2012 年出卖房屋时就告知了湖海银行张某承租房屋的事实，但是后来没有及时告知湖海银行 2013 年再次租赁房屋的事实。

【讨论 2013 年以后】

江河公司的告知可能仅限于 2012 年底到期的租赁合同，湖海银行可能不知晓 2013 年江河公司又与张某签订了租赁合同，鉴于最后湖海银行还是知晓了可能有占有人的存在，所以江河公司可能在 2013 年签订租赁合同时就告知了湖海银行；也可能在 2013 年签订租赁合同后一段时间内，才告知湖海银行事实，但是，这两种情况导致的结果相同。

(一) 合同请求权

享有合同请求权前提是合同义务未适当履行，但笔者认为，江河公司擅自出租卖给湖海银行的房屋不是对合同义务的违反。

江河公司的义务是交付房屋、移转房屋所有权，由题目可知，江河公司适当地履行了上述合同义务。此外还需考虑江河公司出租湖海银行房屋的行为是否属于违反了后契约义务中的保护义务呢？

笔者认为江河公司的行为未违反保护义务。保护义务保护的是债权人人身、财产等固有利益。[1] 若承认江河公司基于与湖海银行签订的合同而对湖海银行产生了"不得擅自出租房屋"的保护义务，那么也就是承认房屋所有权是湖海银行的固有利益，但其实，房屋所有权对于签订合同时的双方当事人来说，不是湖海银行的固有利益，而是湖海银行的所获得的履行利益。

此外，笔者认为，区分后契约义务的违反与一般义务的违反还需分析行为人是否基于订立的合同取得了侵害相对人权利的便利条件。违反后契约义务的案例如：离职受雇人泄露雇主秘密的义务；[2] 雇主拒绝为劳动者出具劳动合同解除或

---

〔1〕 参见王洪亮：《债法总论》，北京大学出版社 2016 年版，第 24 页。
〔2〕 参见王泽鉴：《债法原理》，北京大学出版社 2013 年版，第 88 页。

终止证明等。[1]上述案例中，雇员因与雇主之间的雇佣关系掌握雇主秘密，雇佣关系为雇员得知秘密进而泄露秘密提供了便利条件，而除雇员外、与雇主无瓜葛的第三人，本就不知秘密，进而无法泄密。同理，除了实际与雇员订立劳动合同的雇主外，其他雇主无侵害其获得证明的可能，即劳动合同给雇主侵害劳动者提供了便利。而题目中，江河公司与湖海银行之间的合同，并没有给江河公司带来侵害湖海银行的便利条件。

假设除江河公司外，还有其他公司也想出租湖海银行房屋，那么他们同样需要与相对人签订租赁合同，同样不需要处分权限等。所以，江河公司并未因为该合同而取得更便利侵权的地位。所以，笔者认为，江河公司没有违反后契约义务，没有违约行为，湖海银行对江河公司没有合同请求权。

（二）准合同请求权（无因管理）

主要考虑不法管理。

1. 请求权已产生

（1）事务管理

2013 年，江河公司将房屋出租给张某。

（2）他人事务

不法管理与真正无因管理中的"他人事务"含义不完全一致，只要行为人介入他人权益范围内的事务，就构成不法管理。[2]也就是说，即便湖海银行从来没有出租房屋的意愿，从来不会获得租金，没有利益归属的可能，江河公司出租房屋也属于管理湖海银行的事务。

（3）无法定或约定的义务

出租房屋不是江河公司与湖海银行买卖合同的内容。

（4）为自己的利益，把他人事务作为自己的事务管理

江河公司出租湖海银行房屋为自己牟利。

（5）明知是他人事务

江河公司故意。

---

[1] 参见李宇："后合同义务之检讨"，载《中外法学》第 2019 年第 5 期。
[2] 参见缪宇："获利返还论——以《侵权责任法》第 20 条为中心"，载《法商研究》2017 年第 4 期。

2. 请求权未消灭

3. 请求权可实行

·结论：湖海银行可以主张不法管理，请求江河公司返还管理利益，即收取的租金，湖海银行应支付江河公司与张某签订租赁合同所付出的必要费用。那么在 2018 年 5 月湖海银行对张某签订买卖合同到 11 月完成所有权变更登记之间，江河公司基于不法管理而获得的利益应该返还给所有权人湖海银行，还是买受人王某呢？

笔者认为，该部分获利应当归属于房屋所有权人，因为江河公司租赁房屋的行为侵害的是所有权人移转房屋占有使用收益的权利。江河公司管理利益的根源来自于张某对房屋无权占有。对房屋占有使用的权限归属于所有权人，也就是说张某管理利益的获得基于对所有权人物权的侵害。此外，主张不法管理，从反面就意味着，请求权人也有做出管理人行为的能力，如，甲无权处分乙之物，乙得向甲主张不法管理，而第三人丙却不能向甲主张不法管理，因为丙根本没有处分该物的权限。同理，王某在 2018 年 5 月～11 月之间没有履行租赁合同的能力。

综上，笔者认为，江河公司应当返还湖海银行从 2013 年～2018 年 11 月的管理利益，即租金。而湖海银行也需要返还江河公司必要费用。

（三）不当得利请求权

1. 请求权已产生

（1）一方受有利益

江河公司擅自出租他人房屋，所获得的利益究竟为何，学界存在争议。王泽鉴教授认为，收取租金本应是所有权人的利益范围，出租人没有收取租金的权利，所以得利应是租金（或租金请求权）。[1]刘昭辰教授主张，利益是给付义务的消灭，[2]也就是江河公司作为出租人，本应依合同向张某移转房屋的占有使用及收益权限。江河公司虽并无此类权限，但是，张某通过自行对房屋的无权占有和使用，使得江河公司的主给付义务得以免除。笔者依王泽鉴教授的

---

〔1〕 参见王泽鉴：《民法学说与判例研究》（重排合订本），北京大学出版社 2015 年版，第 977 页。

〔2〕 参见刘昭辰：《不当得利》，五南图书出版公司 2018 年版，第 135 页。

观点解题。

（2）一方受损害

非法出租的江河公司获得租金。依据权益归属理论，出租房屋的收益本应归属于所有权人，[1]由此，所有权人权利的归属内容受损害。

（3）非以给付的方式

如前文所述，通说认为给付型不当得利优先适用。江河公司主动收取租金的行为，就是对所有权人权益归属内容的侵害。

（4）损害与获益之间存在因果关系（满足条件）

（5）没有法律上的原因（满足条件）

2. 请求权未消灭

3. 请求权可实行

·结论：湖海银行可以依据《民法总则》第 122 条对江河公司主张不当得利请求权，江河公司应当返还租金。

（四）侵权损害赔偿请求权

湖海银行可能依据《侵权责任法》第 6 条第 1 款对江河公司主张侵权损害赔偿请求权。

1. 请求权已产生

（1）加害行为

江河公司利用张某不知情，诱骗其签订租赁合同。

（2）权益侵害

是否租赁房屋是所有权人湖海银行的权利范畴，故江河公司出租房屋的行为属于侵害湖海银行所有权。

（3）加害行为与权益侵害之间存在因果关系

具备因果关系。

（4）过错

故意。

---

〔1〕 参见王泽鉴：《民法学说与判例研究》（重排合订本），北京大学出版社 2015 年版，第 977 页。

（5）损害

就损害的认定而言，根据差额说，倘若所有权人本无出租房屋的计划，即使出租人没有实施侵权行为，所有权人也无法获得相应租金。在这种场合，除非承租人在物理上对房屋实施了破坏行为，否则难谓所有权人存在财产损害。

在这种背景下，就损害的概念而言，应当放弃差额说，而是转向规范说。"规范说"认为，损害就是受法律保护的权利或者利益遭受侵害，不以"差额"的存在为必要。[1]因此，在规范说这一视角下，所有权人的损害仍存在，从而所有权人仍然有权请求故意出租房屋的出租人承担侵权损害赔偿责任。

不过，这一思路只能论证侵权损害赔偿责任的成立，侵权损害赔偿的具体算定仍然存疑。为了避免所有权人实际损失和所失利益难以计算，可以考虑类推适用《侵权责任法》第20条前半句关于获利返还的规定，由出租人向房屋所有权人返还所获得的利益，也就是房屋租金。[2]

（6）权益侵害与损害之间的因果关系

具备因果关系。

2. 请求权未消灭

3. 请求权可实行

·结论：湖海银行对江河公司享有侵权损害赔偿请求权，赔偿金额为租金。

二、可能性二

若江河公司在2012年出卖房屋时，未告知湖海银行该房屋被出租的事实。
【2012年12月26日~2012年底】

（一）类合同请求权

主要只考虑缔约过失损害赔偿请求权

1. 请求已产生

（1）缔约人一方违反先合同义务

违反告知义务。

---

〔1〕 参见汪志刚："论民法上的损害概念的形成视角"，载《法学杂志》2008年第5期。
〔2〕 参见缪宇："获利返还论——以《侵权责任法》第20条为中心"，载《法商研究》2017年第4期。

（2）相对人受有损失

依据差额说，湖海银行的财产在湖海银行履行告知义务与未履行告知义务的情况下，没有差额，没有损失。

（3）违反先合同义务与损失之间有因果关系：无需检视

（4）违反先合同义务人有过错：无需检视

2. 请求权未消灭

3. 请求权可实行

故，湖海银行对江河公司不享有缔约过失损害赔偿请求权。

·结论：湖海银行对江河公司不享有类合同请求权。

（二）不当得利请求权（非给付型）

此处是否可以像前部分"湖海银行向江河公司的不当得利请求权"以及"王某向江河公司的不当得利请求权"一样，主张湖海银行已成为房屋的所有权人，所以收取租金是湖海银行的权益归属内容，因而江河公司收取租金的行为本身就导致了湖海银行权益归属的损害呢？

此时应当分情况讨论。

首先要明确，此部分讨论的是 2012 年 12 月 26 日～12 月底，湖海银行不知买受的房屋是早已被江河公司出租的房屋，针对江河公司于 2012 年 12 月 26 日在湖海银行不知情的情况下继续"出租"房屋的行为，湖海银行对江河公司的不当得利请求权。

1. 情况一：江河公司预收了房屋的租金

也就是说，在变更登记前，江河公司已经向张某收取了张某整个承租期内所应支付的租金。预收的租金中应在变更登记后缴纳的部分，也就是 2012 年 12 月 26 日以后应交的租金，本应归属由其新所有权人湖海银行收取没有疑问。但是在变更登记前，也就是 26 日以前产生的租金，就都要由原所有权人江河公司收取吗？如前述，代物清偿合同可以等同于买卖合同处理。[1]

《合同法》第 163 条和《物权法》第 116 条给出了不同的答案，那么哪条该优先适用呢？有学者认为，从立法旨趣上看，法工委参与编制的释义书对《合同

---

〔1〕 参见王洪亮："以物抵债的解释与构建"，载《陕西师范大学学报（哲学社会科学版）》2016 年第 6 期。

法》163 条的解释认为，孳息的产生与原物占有人的照料有很大关系。所以，买卖合同中孳息归属与所有权归属无必然联系，而是以"照料"作为立法考量的基础。此外，从比较法上看，《日本民法典》规定了所有权确定孳息归属的原则，但是在买卖合同中，却作出了例外规定，"未交付的买卖标的物产生孳息时，孳息属于出卖人"。即，尽管所有权移转至买受人，但只要未交付，孳息仍归属出卖人，旨在平衡照料费用、孳息、价款利息之间的关系，[1]这进一步说明了买卖合同标的物孳息归属的特性。由此，从立法目的和比较法上综合来看，《合同法》第 163 条应优先于《物权法》第 161 条适用。

依据《合同法》第 163 条，标的物交付后产生的孳息归属买受人。尽管房屋因为被承租人张某占有使用，但仍可以观念交付的方式完成交付。[2]综上，房屋在交付后产生的孳息归属新的房屋所有权人湖海银行，因此湖海银行有损害。而该部分讨论的是江河公司预收全部租金的情况下的湖海银行的请求权，所以湖海银行对江河公司可能享有不当得利请求权。

（1）请求权已产生

①一方获利

租金。

②一方受有损失

如上文分析，在江河公司预收租金中，本应在交付后才产生的部分归属于湖海银行，但是被江河公司收取，湖海银行因此受损。

③以非给付的方式

通说认为，给付型不当得利优先适用，而非给付型不当得利处于辅助地位。[3]所以，首先判断是否满足给付型不当得利的要件。"给付"是指有意识、有目的地增加他人的财产。[4]江河公司获利是基于张某作为承租人，依据租赁合同，有意识、有目的地给付，而不是基于湖海银行的给付，所以不满足给付型不当得利

---

〔1〕 关于该部分的论述，参见周江洪："前民法典时代的孳息归属问题研究——体系化解读之努力"，载《浙江社会科学》2011 年第 5 期。

〔2〕 参见黄凤龙："'买卖不破租赁'与承租人保护——以对《合同法》第 229 条的理解为中心"，载《中外法学》2013 年第 3 期。

〔3〕 参见刘昭辰：《不当得利》，五南图书出版公司 2018 年版，第 106 页。

〔4〕 参见王泽鉴：《不当得利》，北京大学出版社 2009 年版，第 30 页。

的构成要件。江河公司完成交付后，湖海银行对房屋收取租金属于法秩序排他地归属于湖海银行的权益内容，因此江河公司收取全部租金的行为，满足权益侵害型不当得利的构成要件。

④获利与损害之间存在因果关系

满足基于同一事实的直接因果关系。

⑤没有法律上的原因

尽管江河公司在预先收取租金的时候，有租赁合同作为依据，但是其在房屋交付后，丧失了收取法定孳息的权源，[1]江河公司没有保留该预收租金的权利，满足要件。

（2）请求权未消灭

（3）请求权可实行

·中间结论：在第一种情况下，湖海银行对江河公司享有不当得利请求权。交付后，变更登记前产生的租金和变更登记后的租金，湖海银行均可要求江河公司返还。

2. 情况二：江河公司没有预收房屋的租金

（1）请求权已产生

①一方获利

江河公司的获利是张某给付的租金。

②一方受有损失

江河公司出卖房屋后，湖海银行已经取代江河公司成为租赁合同的当事人。此时江河公司与张某之间已经不存在租赁合同，那么，张某向江河公司给付的也不再是"租金"。既然张某给付的不是租金，那么何来侵犯房屋所有权人权益归属一说呢？所以，笔者认为，江河公司在2012年12月26日之后收取张某所谓"租金"的行为，没有损害湖海银行作为所有权人收取租金权益的损害。尽管江河公司未将出租事实告知湖海银行，使得湖海银行未能及时行使自己的债权，但债权并未因此消灭，总之湖海银行无损害。

---

〔1〕 此点与我国台湾地区"民法"以所有权让与为其准据点稍有不同。王泽鉴认为，"租金系属法定孳息，依第70条第2项规定，有收取法定孳息权利之人，按其权利存续期间内之日数，取得其孳息，在租赁物让与第三人之情形，应依上述规定以定租金之归属，并以租赁物所有权之让与为其准据时点"。

③以非给付的方式：无需检视

④获利与损失之间有因果关系：无需检视

⑤没有法律上的原因：无需检视

（2）请求权未消灭：无需检视

（3）请求权可实行：无需检视

·中间结论：江河公司未预收租金的情况下，湖海银行不享有对江河公司的不当得利请求权。

·结论：只有在江河公司预收租金的情况下，湖海银行对江河公司基于《合同法》第 163 条、《民法总则》第 122 条享有不当得利请求权。

对象三：湖海银行对王某的请求权

无。

问题三

王某和湖海银行对张某的请求权大致相同，并且王某和湖海银行对江河公司的请求权也大致相同，囿于篇幅，此部分笔者只简要检视。

对象一：王某对张某的请求权

"王某对张某的请求权"与"湖海银行对张某的请求权"大致相同，二者主要区别有两处：

第一，因为王某是此时的房屋所有权人，可能对张某享有物上请求权：原物返还请求权。

第二，张某得知真相后拒不搬离，由善意转变为恶意：其一，不当得利的返还责任加重，还需返还挈息、赔偿损失，并且不得主张获利已不存在的抗辩。[1]其二，恶意的张某拒不搬离房屋，有过错，所以王某对张某便享有了侵权损害赔偿请求权。

---

〔1〕 参见姚志明：《无因管理与不当得利》，元照出版有限公司 2016 年版，第 304 页。

其余请求权参照"湖海银行对张某的请求权"。

对象二：王某对江河公司的请求权

与"湖海银行对江河公司的请求权"基本相同，二者的请求权只在"物上请求权"方面有差异，主要考虑妨害赔偿请求权。

1. 请求权已产生

（1）存在妨害

①以占有以外的方式

江河公司的妨害行为是在没有履行出租合同能力的情况下，移转房屋占有和使用的行为。江河公司出租王某房屋的行为妨害了王某行使所有权，如，妨碍王某另行出租房屋，妨碍王某占有房屋，等等。

②妨害的不法性

江河公司既不基于债权又没有用益物权，也不依据法律规定，擅自出租王某的房屋，王某对江河公司的处分行为没有容忍义务。

（2）请求权人为物权人

如前所述，王某是房屋所有权人。

（3）相对人是妨害人

如前所述，江河公司是无权处分行为的行为人。

2. 请求权未消灭

3. 请求权可实行

·结论：王某对江河公司可以依据《物权法》第35条享有妨害排除请求权，江河公司可以随时解除（终止）与张某的不定期租赁合同。

其余请求权参照"湖海银行对张某的请求权"。

对象三：王某对湖海银行的请求权：无

王某请求权总结图见下文。

本案例结论：

针对问题一：

一、请求权总结

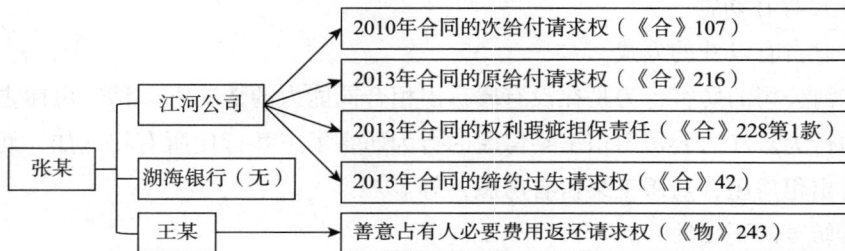

张某 ── 江河公司 ── 2010年合同的次给付请求权（《合》107）

江河公司 ── 2013年合同的原给付请求权（《合》216）

江河公司 ── 2013年合同的权利瑕疵担保责任（《合》228第1款）

湖海银行（无）── 2013年合同的缔约过失请求权（《合》42）

王某 ── 善意占有人必要费用返还请求权（《物》243）

二、多个请求权的关系

如笔者前述，笔者采韩世远教授的观点，即违约责任与瑕疵责任统合说，[1] 所以在该部分以下不单独讨论一般违约责任。

第一，张某针对江河公司既有原给付请求权、又有次给付请求权（瑕疵担保责任）以及缔约过失责任。为保持法律关系的稳定性，以及提高交易效率，应当以优先主张原给付请求权为原则。

第二，若原给付请求权落空，笔者认为原则上优先适用瑕疵责任，以维护法律关系的确定性。[2] 此外，主张缔约过失责任尚需举证证明江河公司主观心态，[3] 对张某不利。且《合同法》第228条规定的"减少租金或不支付租金"等救济手段，充分考量了租赁合同的特点。

第三，善意占有人返还请求权与对江河公司基于2010年签订的合同的违约损害赔偿可以同时主张。

---

〔1〕 参见韩世远："租赁标的瑕疵与合同救济"，载《中国法学》2011年第5期。
〔2〕 参见许德风："论瑕疵责任与缔约过失责任的竞合"，载《法学》2006年第1期。
〔3〕 参见许德风："论瑕疵责任与缔约过失责任的竞合"，载《法学》2006年第1期。

针对问题二：

一、请求权总结

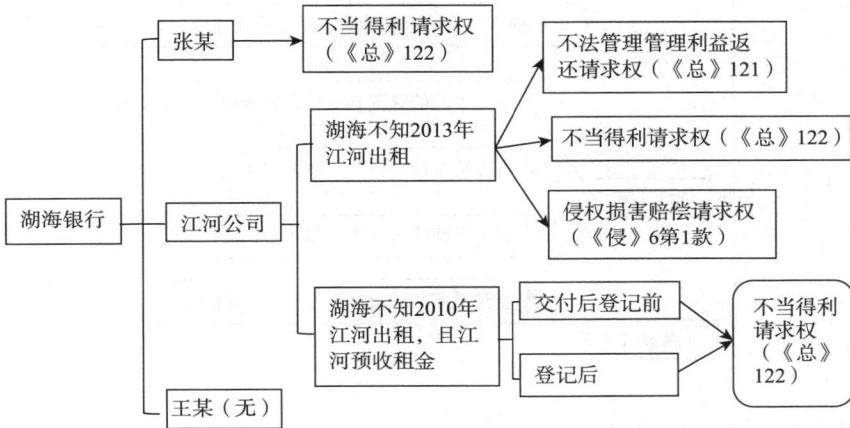

二、多个请求权的关系

第一，当湖海银行不知 2013 年江河公司出租房屋时，湖海银行对江河公司主张不法管理较为有利。

第二，湖海银行对张某和江河公司都有请求权，未避免湖海银行基于同一事实重复主张权利进而获利，所以湖海银行可以选择张某或者江河公司之一主张权利。并且张某占有使用房屋的直接原因是江河公司的欺诈，所以如果湖海银行选择向张某主张不当得利的返还，那么张某在返还得利后可以向湖海银行追偿。

第三，若满足条件，2012 年 12 月 26 日至月底的湖海银行对张某的不当得利请求权可以一并主张。

针对问题三：

一、请求权总结：

```
                    ┌─→ 原物返还请求权（《物》34）
         ┌─ 张某 ──┼─→ 不当得利请求权【恶意后加重】（《总》122）
         │          └─→ 侵权损害赔偿请求权【恶意后才产生】（《侵》6第1款）
         │
         │                ┌─→ 不法管理的管理利益返还请求权（《总》121）
王某 ──┤                │
         │                ├─→ 排除妨害请求权（《物》35）
         ├─ 江河公司 ──┤
         │                ├─→ 不当得利请求权（《总》122）
         │                │
         │                └─→ 侵权损害赔偿请求权（《侵》6第1款）
         │
         └─ 湖海银行（无）
```

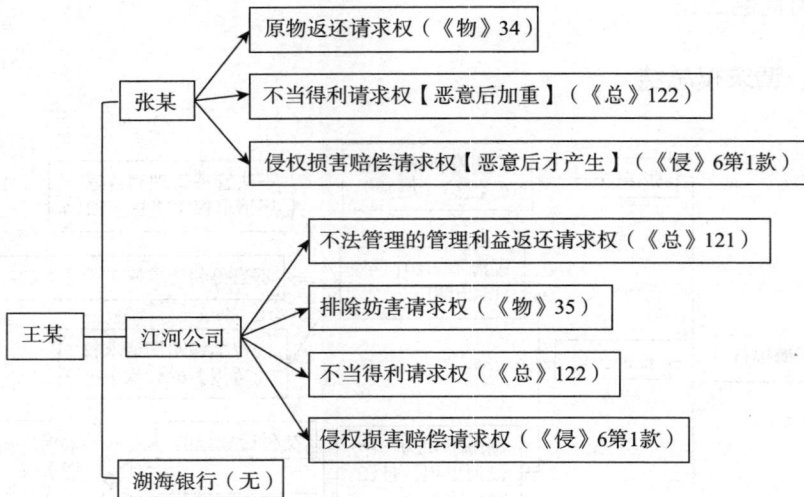

二、多个请求权关系

第一，如前所述，王某对江河公司的不法管理的管理财产移交请求权、不当得利请求权和侵权损害赔偿请求权择一行使，达到目的后，其余请求权消灭。

第二，此外，对张某的原物返还请求权和对江河公司的排除妨害请求权可同时行使。

第三，如前所述，未避免王某获利，王某可在张某和江河公司之间择一主张不当得利，或在对张某的不当得利请求权和对王某的不法管理的管理财产移交请求权之间择一行使。

第四，王某对张某和江河公司都有侵权损害赔偿请求权和不当得利请求权，但是二者赔偿的数额不同，针对张某的侵权损害赔偿请求权自张某 2019 年 4 月 8 日得知真相后才产生，但是对于江河公司的侵权损害请求权在王某成为房屋所有权人之后就可以主张了。王某对二者的不当得利请求权则都是从成为房屋所有权人时即可主张，所以对二者的不当得利请求权择一行使。这两类请求权择一适用，目的达到，其他请求权即消灭。[1]

---

〔1〕 参见王泽鉴：《不当得利》，北京大学出版社 2015 年版，第 309 页。

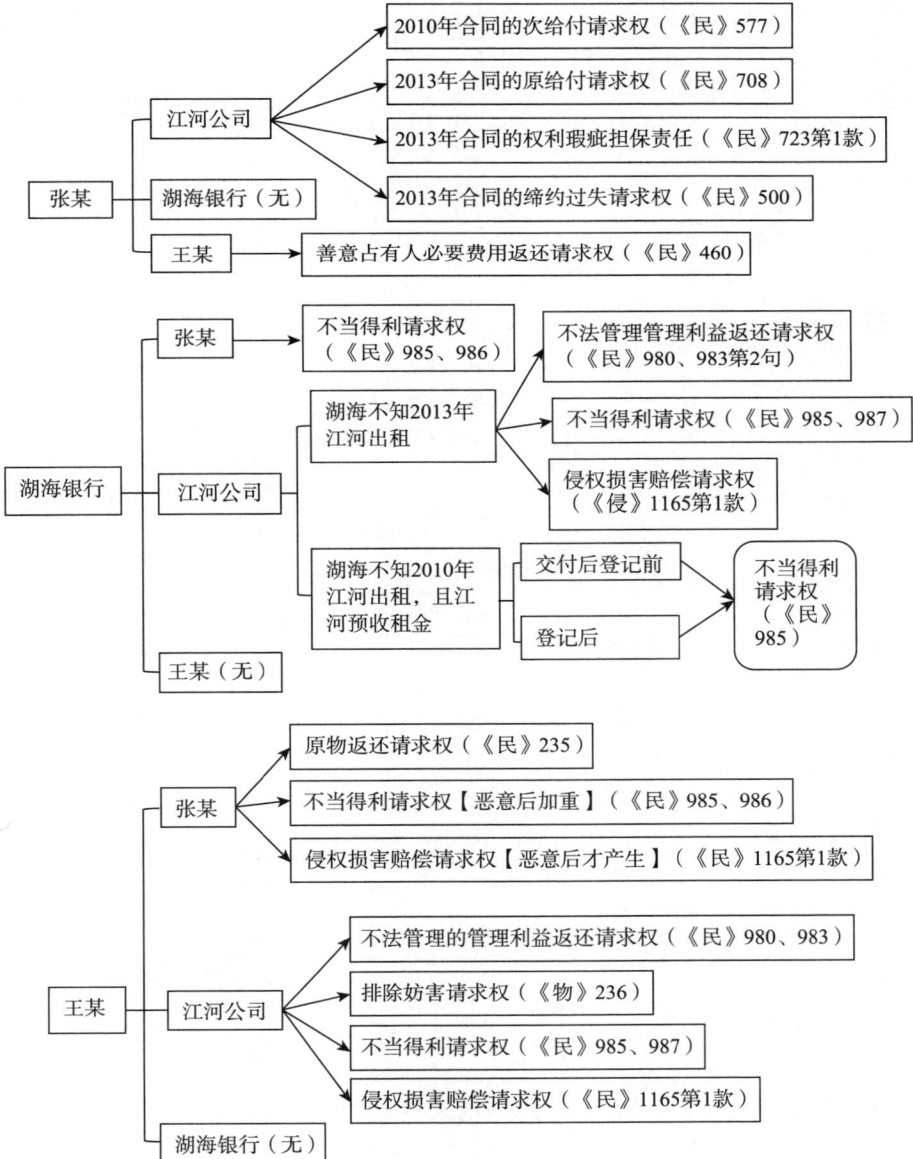

问题四：

张某
- 江河公司
  - 2010年合同的次给付请求权（《民》577）
  - 2013年合同的原给付请求权（《民》708）
  - 2013年合同的权利瑕疵担保责任（《民》723第1款）
  - 2013年合同的缔约过失请求权（《民》500）
- 湖海银行（无）
- 王某
  - 善意占有人必要费用返还请求权（《民》460）

湖海银行
- 张某
  - 不当得利请求权（《民》985、986）
- 江河公司
  - 湖海不知2013年江河出租
    - 不法管理管理利益返还请求权（《民》980、983第2句）
    - 不当得利请求权（《民》985、987）
    - 侵权损害赔偿请求权（《侵》1165第1款）
  - 湖海不知2010年江河出租，且江河预收租金
    - 交付后登记前
    - 登记后
    - 不当得利请求权（《民》985）
- 王某（无）

王某
- 张某
  - 原物返还请求权（《民》235）
  - 不当得利请求权【恶意后加重】（《民》985、986）
  - 侵权损害赔偿请求权【恶意后才产生】（《民》1165第1款）
- 江河公司
  - 不法管理的管理利益返还请求权（《民》980、983）
  - 排除妨害请求权（《物》236）
  - 不当得利请求权（《民》985、987）
  - 侵权损害赔偿请求权（《民》1165第1款）
- 湖海银行（无）

笔者认为，无因管理和不当得利的规定在《民法典》中进行了细化，从而使得请求权基础更为明晰，但是论证思路没有不同。

首届全国鉴定式案例研习大赛第九名作品

江美茹

（中国政法大学 2017 级本科生）

大纲

壹、张某享有的请求权

一、张某对江河公司的请求权

（一）请求权基础预选

1.《合同法》第 230 条的合理化解释——以优先购买权行使的法律效果为重点

2. 可能的效力构造方案

（1）无义务缔结买卖合同：优先磋商权

（2）有义务缔结买卖合同：真正的强制缔约

（3）单方意思表示直接形成买卖合同：形成性先买权

3. 评价

4. 优先购买权的行使效果

5. 请求权基础预选小结

（二）行使优先购买权后依"同等条件"成立的买卖合同项下的请求权

1.《合同法》第 135 条上的原合同请求权：交付房屋并移转所有权

（1）请求权已成立

1）买卖合同成立且生效

①承租人先买权的发生

a. 张某与出租人之间存在有效成立的租赁合同

b. 出租人"出卖租赁房屋"

c. 承租人以"同等条件"表示购买

②承租人先买权未消灭

a. 承租人未放弃先买权

b. 承租人的先买权未经过除斥期间

c.《城镇房屋租赁合同司法解释》第 24 条第 2 款第 3 项能否成为承租人先买权的排除事由？

③承租人先买权的行使

2）无权利未发生之抗辩

（2）请求权已消灭

（3）结论

2.《合同法》第 107 条上的次合同请求权：赔偿房屋的出售价格与 2019 年 4 月 25 日的市价之差以及其他损失

（1）违约损害赔偿请求权的成立

1）买卖合同成立且生效

2）存在给付障碍

3）江河公司应为给付障碍负责

4）不存在权利未发生之抗辩

5）中间结论

（2）契约损害赔偿请求权的范围

1）张某的损害

2）责任范围因果关系

3）规范目的与可预见性原则

4）减免事由

（3）请求权未消灭、可行使

（4）结论

（三）2010年12月~2012年底的租赁合同项下的请求权

1.《合同法》第107条上的请求权：赔偿张某因无法购买承租房屋而重新寻找房屋或者搬迁所支出的费用或停业损失，以及调查、诉讼等费用

（1）违约损害赔偿请求权的成立

1）租赁合同成立且生效

2）存在给付障碍

3）江河公司应为给付障碍负责

4）不存在权利未发生之抗辩

5）中间结论

（2）契约损害赔偿请求权的范围

1）张某的损害

2）责任范围因果关系

3）规范目的与可预见性原则

4）减免事由

（3）请求权未消灭、可行使

（4）结论

（四）2013年~2019年4月租赁合同项下的请求权

1.《合同法》第228条上的请求权：返还2019年4月8日~2019年4月30日的租金

（1）返还或减少租金请求权的成立

①租赁合同成立且生效

②因第三人主张权利致使承租人不能对租赁物使用、收益

③承租人于契约成立时不知有瑕疵之存在

④无权利未成立之抗辩

⑤中间结论

（2）返还或减少租金的范围

（3）请求权未消灭、可行使

（4）结论

（五）侵权请求权

二、张某对湖海银行的请求权

1. 请求权基础预选

（1）张某与江河公司之间存在有效的租赁契约

（2）租赁物之交付

（3）出租人将租赁物所有权让与第三人

（4）中间结论

2.《合同法》第107条上的请求权：违反通知义务的违约损害赔偿请求权

（1）违约损害赔偿请求权的成立

1）租赁合同成立且生效

2）存在给付障碍

3）湖海银行不应为给付障碍负责

（2）结论

三、张某对王某的请求权

贰、湖海公司享有的请求权

一、湖海公司对江河公司的请求权

（一）请求权基础预选

（二）《合同法》第107条上的请求权：赔偿2012年12月26日房屋市价与不存在租赁关系的同等房屋的市价之差

1. 契约损害赔偿请求权的成立

（1）合同有效成立

1）和解合同？

2）新债清偿？

3）代物清偿？

4）中间结论

（2）存在给付障碍

（3）江河公司需为给付障碍负责

（4）不存在权利未发生之抗辩

2. 契约损害赔偿请求权的范围

3. 请求权未消灭、可行使

4. 结论

（三）《合同法》第42条上的请求权

（四）类推适用《民法总则》第121条上的请求权

（五）《民法总则》第122条上的请求权：请求返还2012年12月26日～2018年5月江河公司对房屋收取的租金

1. 给付不当得利

2. 权益侵害型不当得利

（1）请求权是否成立

1）成立要件

2）权利未成立之抗辩

（2）请求权未消灭、可行使

3. 中间结论

（六）《侵权责任法》第6条第1款上的请求权：请求赔偿2012年12月26日～2018年5月对房屋收取的租金

1. 侵权责任的成立

（1）湖海银行的绝对性权益被侵

（2）江河公司的加害行为

（3）责任成立因果关系

（4）江河公司的行为具有不法性

（5）江河公司具有责任能力

（6）过错

2. 责任范围

（1）损害

（2）责任范围因果关系

3. 请求权未消灭、可行使

4. 中间结论

二、湖海银行对张某的请求权

（一）《民法总则》第 122 条上的不当得利请求权：请求返还 2013 年 1 月 ~ 2018 年 5 月对房屋的使用利益

1. 给付型不当得利

2. 权益侵害型不当得利

（1）请求权是否成立

1）成立要件

2）权利未成立之抗辩

（2）中间结论

（二）《侵权责任法》第 6 条第 1 款上的损害赔偿请求权：请求赔偿 2013 年 1 月 ~ 2018 年 5 月湖海银行无法使用房屋造成的损失

1. 侵权责任的成立

2. 中间结论

叁、王某享有的请求权

一、王某对湖海银行的请求权

（一）《合同法》第 107 条上的请求权

1. 违约损害赔偿请求权的成立

（1）买卖合同成立且生效

（2）存在给付障碍

（3）权利未发生之抗辩

2. 结论

（二）结论

二、王某对江河公司的请求权

（一）《民法总则》第 122 条上的请求权：请求返还 2018 年 5 月 ~ 2019 年 4 月江河公司对房屋收取的租金

1. 给付型不当得利

2. 权益侵害型不当得利

（1）请求权是否成立

1）成立要件

2）权利阻却抗辩

（2）请求权未消灭，可行使

3. 中间结论

（二）《侵权责任法》第 6 条第 1 款上的请求权：请求赔偿 2018 年 11 月 ~ 2019 年 4 月对房屋收取的租金

1. 侵权责任的成立

（1）王某的绝对性权益被侵害

（2）存在江河公司的加害行为

（3）责任成立因果关系

（4）江河公司的行为具有不法性

（5）江河公司具有责任能力

（6）过错

2. 责任范围

（1）损害

（2）责任范围因果关系

3. 请求权未消灭、可行使

4. 中间结论

（三）《侵权责任法》第 6 条第 1 款上的请求权：请求赔偿 2018 年 5 月 ~ 2018 年 11 月对房屋收取的租金

1. 侵权责任的成立

（1）违反善良风俗的行为

（2）权益侵害

（3）责任成立因果关系

（4）江河公司的行为为故意

2. 责任范围

（1）损害

（2）责任范围因果关系

3. 请求权未消灭、可行使

4. 中间结论

三、王某对张某的请求权

（一）《物权法》第 34 条上的请求权：返还房屋之占有

1. 请求权成立

（1）王某为房屋权利人

（2）张某享有对房屋的占有

（3）无权利未成立之抗辩

2. 请求权未消灭且无抗辩权

3. 中间结论

（二）《民法总则》第 122 条上的不当得利请求权：请求返还 2019 年 4 月 8 日后对房屋的使用利益

1. 给付型不当得利

2. 权益侵害型不当得利

（1）请求权是否成立

1）成立要件

2）权利未成立之抗辩

（2）权利消灭抗辩与权利阻止抗辩

3. 中间结论

（三）《侵权责任法》第 6 条第 1 款上的损害赔偿请求权：请求赔偿 2019 年 4 月 8 日后王某无法使用房屋造成的损失

1. 侵权责任的成立

2. 责任范围

（1）损害

（2）责任范围因果关系

3. 权利消灭抗辩与权利阻止抗辩（抗辩权）

4. 中间结论

肆、结论

一、张某享有的请求权

二、湖海银行享有的请求权

三、王某享有的请求权

四、若以《民法典》为解题的法律依据，前述请求权的论证思路与结果亦大体相同

壹、张某享有的请求权

一、张某对江河公司的请求权

（一）请求权基础预选

张某与江河公司之间存在租赁合同关系，张某可能基于《合同法》第 230 条行使优先购买权，但我国现行法对优先购买权行使效果的规定阙如。法律未经解释无法适用，《合同法》第 230 条的解释结果将直接影响本案的处理，故在讨论本案前，须对此法条作梳理。

1. 《合同法》第 230 条的合理化解释——以优先购买权行使的法律效果为重点

先买权行使后，"优先购买"体现为何种效果，结合《城镇房屋租赁合同司法解释》第 21~24 条，可被拆分为三个未决的子问题：

第一，承租人行使先买权是否直接产生买卖合同？

第二，承租人行使先买权是否影响出租人与第三人之间处分行为的效力？

第三，承租人先买权落空后，得否向出租人或第三人主张何种损害赔偿请求权？

本文拟先行探求先买权制度的规范目的，进而参酌比较法上有助于实现此种目的的各种制度，确定适当的效力构造，最终回答前述子问题。

承租人的优先购买权作为我国法定先买权的一种，其规范目的是为了保护与先买权指向的标的之间有特别结合关系的先买权人——承租人。[1]但这一规范目的很难根本且准确地给出保护边界的解释，更为根本的阐释来自经济分析。一方面，房屋承租人先买权的效益显著：首先，在同等交易条件下，原已利用者取得先买权，可确定降低因物易手所引发的"变更利用成本"；其次，承租人已使用过标的物，对租赁物较为了解，其愿意购买，事后再主张该标的物不符债之本旨的可能性较低，减少买受后纠纷发生的可能；最后，承认房屋承租人的先买权，可使房屋的所有权与使用权合一，简化法律关系。另一方面，若是将承租人先买权的效力拓展至第三人，会使第三人额外支出信息成本，而且可能使有意买受者踌躇不前，导致无法经由市场找到资源的最佳利用者造成"扭曲竞争机制"的情形。[2]

结合现有裁判、学说讨论及比较立法例，可以实现优先取得的权利，按效力从弱到强可分为三组，以下依次讨论。

2. 可能的效力构造方案

（1）无义务缔结买卖合同：优先磋商权

无义务缔结买卖合同的方案构造可参照德国法上的优先磋商权（Anbietungspflich），[3]亦即《合同法》第230条仅课与出租人信息说明和基于诚实信用原则与权利人磋商的附随义务，并无缔结买卖合同的义务。一旦违反，出租人仅需进行金钱赔偿，可能包括搬迁成本、登记支出、租金的差异性损失等。[4]我国不乏采取此观点的裁判。[5]

（2）有义务缔结买卖合同：真正的强制缔约

在我国最为常见的"有义务缔结买卖合同"之方案构造，当属真正的强制缔约。真正的强制缔约是指义务人负有法定的强制缔约义务，一旦违反，权利人即可诉请履行，以判决代替义务人之承诺，直接成立买卖合同。该方案得到不少

---

〔1〕 参见常鹏翱："论优先购买权的法律效力"，载《中外法学》2014年第2期。

〔2〕 参见苏永钦：《寻找新民法》，北京大学出版社2012年版，第195~227页；黄健彰：《不动产利用关系上的优先购买权》，元照出版有限公司2018年版，第187~197页。

〔3〕 Vgl. Ulmer – Eilfort/Obergfell, Verlagsrecht, 1. Aufl. 2013, Rn. 80.

〔4〕 Vgl. /Schach/Schultz/Schüller, BeckOK Mietrecht, 22. Aufl. 2020, BGB §463 Rn. 73f.

〔5〕 学者对此观点的支持参见崔建远：《合同法》，法律出版社2016年版，第347页。持该观点的裁判可参见"珠海市谊富有限公司和鸿吉投资有限公司合珠海宝芝林企业管理服务有限公司合同案"，深圳中级人民法院（2018）粤04民初91号。

学者与法院的支持。[1]

（3）单方意思表示直接形成买卖合同：形成性先买权

形成性先买权可被分为相对性先买权（schuldrechtliches Vorkaufsrech/vertragliches Vorkaufsrecht）和绝对性先买权（dingliches Vorkaufsrecht）。前者的行使虽然直接在出租人与承租人之间成立买卖合同，但是不影响出租人与第三人之间负担行为及处分行为之效力。后者之行使在出租人与承租人之间成立买卖合同的同时，还具有对第三人的对抗效力。在不同国家或地区，对抗第三人效力的实现方案也不同。在德国，绝对性先买权的规定构成对义务人处分权的法定限制——相对让与禁止。而在瑞士，绝对性先买权并不限制义务人的处分权，但在处分之后，第三人即成为先买权的新义务人，一旦权利人行使先买权，即与第三人成立买卖合同。[2]

至于绝对性先买权与相对性先买权的适用范围，德国、瑞士、我国台湾地区等国家或地区都趋于相同，即相对性先买权产生于合同约定，而绝对性先买权则须合意并登记，或者是经过特别法设立，此时则无需登记。[3]

3. 评价

在讨论子问题一时，无涉第三人，仅需考虑何种效力构造能最大程度发挥房屋承租人先买权的效益，即相较之下使承租人获得更多的保护，进而减少出租人效率违约的可能性。

"优先磋商权"不符合《城镇房屋租赁合同司法解释》第22条中"同等条件"对先买权人之保障，对承租人的保护与出租人的钳制亦均为最弱，应当首先予以排除。"真正的强制缔约"与"形成性先买权"在法律效果上似无不同，特别是基于诉讼经济原则，允许"真正强制缔约"的权利人合并缔约与履约请求。

---

〔1〕 参见"王海涛、穆棱市农村信用合作联社租赁合同案"，黑龙江省高级人民法院（2018）黑民再328号。

〔2〕 Vgl. Schulze/Grziwotz/Lauda, BGB: Kommentiertes Vertrags – und Prozessformularbuch, 4. Aufl. 2020, BGB §463 Rn. 2–3a; Vgl. MüKoBGB/Westermann, 8. Aufl. 2020, BGB §1094 Rn. 4–6. 还可参见朱晓喆："论房屋承租人先买权的对抗力与损害赔偿——基于德国民法的比较视角"，载《中德私法研究》第9卷。〔德〕迪特尔·梅迪库斯：《德国债法分论》，杜景林、卢谌译，法律出版社2007年版，第128页。常鹏翱："论优先购买权的法律效力"，载《中外法学》2014年第2期。姚明斌："先买权制度的瑞士法构造"，载《中德私法研究》第13卷。

〔3〕 Vgl. Schulze/Grziwotz/Lauda, BGB: Kommentiertes Vertrags – und Prozessformularbuch, 4. Aufl. 2020, BGB §463 Rn. 2–3a; Vgl. MüKoBGB/Westermann, 8. Aufl. 2020, BGB §1094 Rn. 4–6. 还可参见朱晓喆："论房屋承租人先买权的对抗力与损害赔偿——基于德国民法的比较视角"，载《中德私法研究》第9卷。〔德〕迪特尔·梅迪库斯：《德国债法分论》，杜景林、卢谌译，法律出版社2007年版，第128页。常鹏翱："论优先购买权的法律效力"，载《中外法学》2014年第2期。姚明斌："先买权制度的瑞士法构造"，载《中德私法研究》第13卷。

但前者仍是在用要约和承诺来说明双方的关系,[1]而且强制缔约说仅是成立负担行为，其效力无法干预至处分层面，相较于后者，其在处理子问题二时，解释空间狭窄。

因此，应该采"形成性先买权"的效力构造，认为承租人行使优先购买权后，直接依单方意思与出租人之间成立同等条件的买卖合同。

但是，采"形成性先买权"的构造方案与赋予承租人先买权对抗效力之间并无必然联系，仍需对子问题二展开讨论。对第三人的效力方案可以根据效力从低到强分为三种。

第一，不影响第三人与出卖人之间的处分行为。

第二，第三人与出卖人之间的处分行为相对于承租人无效。

第三，使第三人与出卖人的处分行为绝对无效。

绝对让与禁止服务于整体利益，若有违反，无效及于所有权，如《物权法》第41条。[2]承租人的优先购买权专为保护承租人而设，相应的处分行为仅需对特定人无效即为已足。因此，方案三可率先排除。

从方案一与方案二中进行选择，无异于两害相权取其轻：一害是，优先购买权无法对抗买受人，故买受人无须担心天外飞来租赁，毋庸支出额外信息成本。但承租人仅能请求出卖人进行损害赔偿；另一害是，只要承租人享有优先购买权，无论租赁合同是否登记，承租人是否"占有中/有现实支配力"，皆可使买受人与第三人的处分行为相对于自己无效，而买受人必须支出额外信息成本。[3]

从降低交易成本的观点出发，应该认为承租人的优先购买权不影响第三人与出卖人之间的处分行为。而且参酌各国或地区的立法例可以发现，赋予先买权一定对世效力的规范，要么基于登记的公示效力，如德国与瑞士，要么出于特别的规范目的，如我国台湾地区的基地承租人的优先购买权。我国房屋承租人的优先购买权，一是租赁合同的备案登记不具有公示效力，二是所谓"保护社会弱者"的规范目的不足以为其对世效力背书。

---

〔1〕 参见李永军："论优先购买权的性质和效力——对我国《合同法》第230条及最高法院关于租赁的司法解释的评述"，载《中国政法大学学报》2014年第6期。

〔2〕 参见朱庆育：《民法总论》，北京大学出版社2018年版，第312页。

〔3〕 参见张永健：《物权法之经济分析——所有权》，北京大学出版社2019年版，第102~103页。

4. 优先购买权的行使效果

承租人的优先购买权作为一种形成权，能以"同等条件"在出租人与承租人之间成立承租房屋的买卖合同，但不影响出租人与买受人之间房屋买卖负担行为及处分行为的效力。

5. 请求权基础预选小结

第一，张某与江河公司之间存在租赁合同关系，分别是2010年12月～2012年底的租赁合同与2012年9月～2019年4月的租赁合同。于前者，可能涉及的请求权基础有《合同法》第230条、第107条。于后者，可能涉及的请求权基础为《合同法》第228条，作为《合同法》第107条的特别法，在其适用范围内，应排除《合同法》第107条的适用。

第二，张某与江河公司之间可能存在因张某行使优先购买权而生的"同等条件"下房屋的买卖合同。可能的请求权基础有《合同法》第135条、第107条。

第三，就缔约上过失责任而言，张某与江河公司之间存在房屋买卖合同，其通知义务可能被解释为先合同义务，从而产生缔约过失责任。但缔约过失责任的规范目的在于保护当事人随着缔约接触的密切化而逐步增强的信赖，[1]基于先买权的行使而直接形成的买卖合同难说有此过程及值得保护的利益。此外，张某与江河公司之间的租赁合同，同样存在通知义务，具有违反之可能。但一旦违约责任构成，对当事人的保护已然周全，则无需再考虑缔约上过失请求权。

第四，先买权作为形成权，是侵权法的保护客体之一，可能涉及的请求权基础为《侵权责任法》第6条第1款。

（二）行使优先购买权后依"同等条件"成立的买卖合同项下的请求权

1. 《合同法》第135条上的原合同请求权：交付房屋并移转所有权

（1）请求权已成立

1）买卖合同成立且生效

①承租人先买权的发生

a. 张某与出租人之间存在有效成立的租赁合同

---

[1] 参见张家勇："论前合同损害赔偿中的期待利益——基于动态缔约过程观的分析"，载《中外法学》2016年第3期。

2010 年 12 月起，张某与江河公司之间存在有效成立的租赁合同。但 2013 年后江河公司系无权出租他人房屋，张某相较于所有权人为无权占有人，不得主张先买权。因此仅需审视 2010 年 12 月 ~ 2012 年底张某与江河公司的房屋租赁关系。

根据案情，2010 年 12 月 ~ 2012 年底张某与江河公司之间存在有效成立的房屋租赁合同。

b. 出租人"出卖租赁房屋"

本案中"以房抵债"的目的是通过房屋所有权的移转代替金钱的给付，从此角度说，与房屋买卖并无不同，可以通过目的性扩张解释，将"以房抵债"涵摄其中。[1]因此，该要件满足。

c. 承租人以"同等条件"表示购买

"同等条件"的内容包括价款等交易条件。本案的"以房抵债"协议，本质与房屋买卖并无不同，而且根据社会一般观念，商业大楼中的各房屋均为独立可分，[2]承租人就其中一间房屋主张优先购买权，不阻碍"同等条件"的成就。

因此，只要张某按照房屋在商业大楼整体售价中相应的比例价格表示购买，即可认为承租人以"同等条件"表示购买。

②承租人先买权未消灭

a. 承租人未放弃先买权

承租人张某在知晓房屋被出卖的事实后，立即主张行使优先购买权，并未明示或默示放弃。

b. 承租人的先买权未经过除斥期间

现行法并未规定承租人先买权的行使期间及最长期间，需要进行法律漏洞填补。

第一，能否类推适用按份共有人优先购买权的规定。其先买权客体为共有份额，买受人知道且应当知道先买权人之存在，无需支出额外的信息成本。而且按

---

[1] 参见戴孟勇："房屋承租人如何行使优先购买权——以《合同法》第 230 条为中心的解释论"，载《清华大学学报（哲学社会科学版）》2004 年第 4 期。

[2] 认为一栋大楼出租，其中若干部分独立可分，其部分的承租人可主张就该部分主张优先购买权，满足"同等条件"的裁判，参见"滕州瑞源置业发展有限公司、费耀租赁合同案"，枣庄市中级人民法院（2019）鲁 04 民终 4015 号。

份共有人先买权之存在，是为了"简化甚或消除共有关系"，有足够的规范目的。因此，应该认为按份共有人之先买权具有对抗第三人的效力，与承租人先买权的行使效果不同，二者利益状态不一，无法类推适用。[1]

第二，《城镇房屋租赁合同司法解释》第 24 条第 3 项规定了先买权的主观除斥期间为 15 日，起算点为承租人知道或应当知道《合同法》第 230 条中通知义务的通知内容，包括具体交易条件。[2]张某于 2019 年 4 月 8 日得知房屋被出卖的事实，但不知亦不应马上知道具体交易条件，根据一般社会观念，本案 17 天的了解及准备时间是合理的。

我国现行法缺乏承租人先买权客观除斥期间的一般规定。撤销权的客观除斥期间为 5 年（《民法总则》第 152 条），同为形成权的解除权却无客观除斥期间。由此可见，该期间的长短取决于利益的衡量，各不相同。承租人先买权属于相对性先买权，不具有对抗效力，不会影响交易之稳定。出租人在明知承租人有优先购买权的情况下，仍不履行通知义务，具有可归责性。而且承租人先买权的行使几乎完全维系于出租人通知义务的行使之上，极易侵害。衡量之下，承租人的先买权不设客观除斥期间更为合理。

因此，张某的先买权未逾除斥期间。

c. 《城镇房屋租赁合同司法解释》第 24 条第 2 款第 3 项能否成为承租人先买权的排除事由？

承租人先买权为相对性先买权，不具有对抗第三人效力，第三人亦无调查所购房屋的占有及租赁状况的义务。此外，第三人是否善意取得房屋所有权不影响承租人先买权之行使效果，即请求出租人承担违约责任。因此，该规定不具有排除承租人先买权的正当理由。

③承租人先买权的行使

类推适用《合同法》第 96 条第 1 款，"张某主张优先购买权"已然行使该权利。

---

〔1〕 参见戴孟勇："按份共有人优先购买权若干争议问题探析"，载《烟台大学学报（哲学社会科学版）》2011 年第 4 期；郑永宽："论按份共有人优先购买权的法律属性"，载《法律科学（西北政法学院学报）》2008 年第 2 期。

〔2〕 事前通知模式下的通知义务可能仅包括出卖意图，从而只构成要约邀请；也可能具体到包括出卖意图和出卖价格。考虑到承租人的优先购买权为相对性先买权，其行使直接在出租人与承租人之间成立"同等条件"下的买卖合同，通知义务的内容应具体。参见戴孟勇："论优先购买权中的通知义务"，载《云南社会科学》2019 年第 4 期。

2）无权利未发生之抗辩

（2）请求权已消灭

《合同法》第 110 条将履行不能规定为非金钱债务的消灭事由。

江河公司已经在 2012 年 12 月 26 日将房屋过户登记给湖海银行，陷入履行不能，原给付义务消灭。

（3）结论

张某无法根据《合同法》第 135 条请求江河公司交付房屋并移转所有权。

2. 《合同法》第 107 条上的次合同请求权：赔偿房屋的出售价格与 2019 年 4 月 25 日的市价之差以及其他损失

（1）违约损害赔偿请求权的成立

有争议的是，违约责任是否以过错为前提。虽然通说认为《合同法》第 107 条所确立的归责原则为严格责任，[1] 但是基于合同法第七章狭窄的免责事由[2] 以及损害赔偿范围的可预见性原则，[3] 笔者倾向于将我国《合同法》第 107 条的归责原则解释为过错推定。

1）买卖合同成立且生效

如前所述，买卖合同已经成立且生效。

2）存在给付障碍

《合同法》第 107 条规定了给付障碍的类型，其中的"不履行"包括履行不能、履行迟延以及拒绝履行，"履行合同义务不符合约定"则指不完全履行。[4]

根据《合同法》第 135 条的规定及合同内容，江河公司负有移转房屋所有权于张某的义务，江河公司并未履行该义务，而且陷入履行不能，存在给付障碍。

3）江河公司应为给付障碍负责

应为给付障碍负责，是指具有可归责性，如债务人具有过错，或其须为履行辅助人或者法定代理人承担责任，或因承诺担保而承担无过错责任。原则上推定

---

〔1〕 参见马骏驹、余延满：《民法原论》，法律出版社 2007 年版，第 618 页；戴孟勇："违约责任归责原则的解释论"，载《中德私法研究》第 8 卷；金晶："《合同法》第 111 条（质量不符合约定之违约责任）评注"，载《法学家》2018 年第 3 期。

〔2〕 参见易军："慎思我国合同法上违约损害赔偿责任的归责原则"，载《中德私法研究》第 8 卷。

〔3〕 参见吴香香："错误出生的损害赔偿"，载《中德私法研究》第 16 卷。

〔4〕 参见王洪亮："民法典中给付障碍类型的创新与评释"，载《西北师大学报（社会科学版）》2020 年第 6 期。

债务人具有过错，但债务人能够证明其不具有过错的除外。[1]

江河公司未尽到通知义务，亦无案情证明其不存在过错，应为给付障碍负责。

4）不存在权利未发生之抗辩

5）中间结论

张某对江河公司的契约损害赔偿请求权成立。进而应确定损害赔偿的具体范围。

（2）契约损害赔偿请求权的范围

1）张某的损害

如果房屋买卖合同被履行，张某将可以获得房屋所有权，由于案情未说明和解协议的履行期限，为便宜计，解释为履行期限于 2012 年 12 月 31 日届满。

因此，张某的损害包括房屋所有权现值与买卖合同中张某所应支付房屋价款之差，以及张某因为自 2012 年 12 月 31 日后不能以所有权人的身份利用房屋而发生的损失。

2）责任范围因果关系

若无江河公司交付及移转房屋这一主给付义务之履行不能，张某便不会丧失房屋升值利益等前述损害。从一般人的社会观念，二者之间亦有相当因果关系。

3）规范目的与可预见性原则

《合同法》第 113 条以可预见性规则限制损害赔偿，德国学理与判例则以契约目的加以限制。二者均起到类似的筛查效果。[2]

房屋买卖合同的目的，即在于保护交易的顺利进行。可归责于江河公司的给付不能，导致交易无法顺利完成，张某无法取得房屋的所有权，由此丧失的房屋升值利益等损失，属于江河公司可预见的损害。

4）减免事由

根据《买卖合同司法解释》第 31 条所规定的损益相抵规则，应该扣除张某因为未能成功购置房产节约的成本。[3]

---

〔1〕 参见王洪亮："债务人给付迟延案例分析"，载《中德私法研究》第 9 卷。

〔2〕 参见［德］马克西米利安·福克斯：《侵权行为法》，齐晓琨译，法律出版社 2006 年版，第 17 页。

〔3〕 参见程啸："损益相抵适用的类型化研究"，载《环球法律评论》2017 年第 5 期。

（3）请求权未消灭、可行使

不存在权利消灭抗辩与权利阻止抗辩（抗辩权）。

（4）结论

张某可以根据《合同法》第 107 条，请求江河公司赔偿房屋的出售价格与 2019 年 4 月 25 日的市价之差以及其他损失，但赔偿额的计算应扣除张某因未能成功购置房产而节省的成本。

（三）2010 年 12 月 ~ 2012 年底的租赁合同项下的请求权

1. 《合同法》第 107 条上的请求权：赔偿张某因无法购买承租房屋而重新寻找房屋或者搬迁所支出的费用或停业损失，以及调查、诉讼等费用

《合同法》第 230 条规定了出租人出卖租赁房屋之前对承租人的通知义务，但未规定违反的法律效果。买卖一节的通知义务与此处的通知义务性质完全不同，[1]亦无与违反附随义务之法律效果相关的法律规范，因此适用合同法总则有关债务不履行之规定。

（1）违约损害赔偿请求权的成立

1）租赁合同成立且生效

张某与江河公司之间存在自 2010 年 12 月 ~ 2012 年底的房屋租赁合同，合同自成立时生效，亦无致使合同出现效力瑕疵的事由。

2）存在给付障碍

《合同法》第 107 条中的"履行合同义务不符合约定"，包括瑕疵给付、从给付义务和附随义务的违反。[2]

《合同法》第 230 条规定了租赁合同中出卖人出卖租赁房屋之前的合理期限内，对承租人享有的通知义务。通说认为，该通知义务属于法定附随义务。[3]前已述及，本案之情形可被涵摄于"出卖租赁房屋"中，因而江河公司未在"出卖之前的合理期限"尽到通知义务，存在给付障碍。

3）江河公司应为给付障碍负责

如前所述，江河公司具有过错，应为给付障碍负责。

---

〔1〕 参见金晶："《合同法》第 111 条（质量不符合约定之违约责任）评注"，载《法学家》2018 年第 3 期。

〔2〕 参见叶榅平："论合同附随义务违反的归责原则与法律后果"，载《湖北警官学院学报》2006 年第 4 期。

〔3〕 参见戴孟勇："论优先购买权中的通知义务"，载《云南社会科学》2019 第 4 期。

4）不存在权利未发生之抗辩

5）中间结论

张某对江河公司的契约损害赔偿请求权成立。进而应确定损害赔偿的具体范围。

（2）契约损害赔偿请求权的范围

1）张某的损害

前已述及，张某的损害包括房屋所有权现值与买卖合同中张某所应支付房屋价款之差、张某因为自 2012 年 12 月 31 日后不能利用房屋而发生的损失（如支出的租金、因无法购买承租房屋而重新寻找房屋或者搬迁所支出的费用或停业损失，以及调查、诉讼等费用）。

2）责任范围因果关系

因江河公司的违反通知义务导致的损害，才能纳入损害赔偿范围。

江河公司未尽到通知义务的行为，与前述损害均有条件因果关系。但是，从一般人的社会观念，即使出租人尽到通知义务，承租人亦不必然能取得房屋所有权，因此房屋升值的差价、自 2012 年 12 月 31 日后不能利用房屋而支出的租金均与出租人未尽通知义务之间不具备相当因果关系。

然而，因出租人未履行通知义务，致承租人因无法购买承租房屋而重新寻找房屋或者搬迁所支出的费用或停业损失，以及调查、诉讼等费用则与出租人未尽通知义务之间存在相当因果关系。

3）规范目的与可预见性原则

通知义务的目的在于确保先买权的行使。

出租人未履行通知义务，致承租人因无法购买承租房屋而重新寻找房屋或者搬迁所支出的费用等，在通知义务的规范目的射程范围内。

4）减免事由

此处并无减免事由。

（3）请求权未消灭、可行使

不存在权利消灭抗辩与权利阻止抗辩（抗辩权）。

（4）结论

张某可以根据《合同法》第 107 条结合《合同法》第 230 条，请求江河公司赔偿因其违反优先购买权规则中的通知义务致使无法购买承租房屋而重新寻找房屋或者搬迁所支出的费用或停业损失等。

（四）2013 年～2019 年 4 月租赁合同项下的请求权

1. 《合同法》第 228 条上的请求权：返还 2019 年 4 月 8 日～2019 年 4 月 30 日的租金

《合同法》第 228 条作为权利瑕疵规范在"租赁合同"一章下的特别规定，优先于《合同法》第 150 条和《合同法》第 107 条的直接适用，成为请求权基础。

（1）返还或减少租金请求权的成立

分析《合同法》第 228 条的构成要件时，可借鉴出卖人权利瑕疵担保责任之成立要件予以补充：其一，租赁合同成立且生效；其二，因第三人主张权利致使承租人不能对租赁物使用、收益；其三，承租人于契约成立时不知有瑕疵之存在（类推适用《合同法》第 151 条）；[1] 其四，无权利未成立之抗辩：无免除瑕疵担保之特约，或即使有，但出租人故意或重大过失不告知标的物的瑕疵（类推适用《买卖合同司法解释》第 32 条）。

①租赁合同成立且生效

2013 年，江河公司与张某继续签订为期一年的租赁合同，并收取租金，不存在致使合同出现效力瑕疵的事由，因此合同自成立时生效。

2014 年，该租赁合同到期后，江河公司与张某虽未再续签租赁合同，但江河公司仍按原合同约定向张某收取租金直至 2019 年 4 月。此时虽然未采书面形式，但视为不定期租赁（《合同法》第 215 条）。

此外，张某基于江河公司的欺诈行为，陷于错误认识，进而基于这种错误认识作出租赁房屋的意思表示，同时江河公司具备实施欺诈与使相对人因欺诈陷于错误并基于错误作出意思表示的双重故意，所以张某享有撤销权（《民法总则》第 148 条），但该撤销权已经超过 5 年的客观除斥期间，归于消灭（《民法总则》第 152 条）。

因此，张某与江河公司之间存在自 2013 年至 2019 年 4 月有效的房屋租赁

---

[1] 参见林诚二：《民法债编各论》（上），中国人民大学出版社 2007 年版，第 255 页。

合同。

②因第三人主张权利致使承租人不能对租赁物使用、收益

第三人王某于 2019 年 4 月 8 日向承租人主张所有权，从此张某从善意占有人转化为恶意占有人，其使用利益需要根据权益侵害型不当得利返还给所有权人。在 2019 年 4 月 8 日之前，善意占有人张某对房屋的使用利益可保留。

所以，因第三人主张权利致使承租人自 2019 年 4 月 8 日起不能对租赁物使用、收益。

③承租人于契约成立时不知有瑕疵之存在

承租人直至 2019 年 4 月 8 日才得知权利瑕疵之存在，显然满足此要件。

④无权利未成立之抗辩

无案情提示出租人与承租人之间存在免除瑕疵担保责任之特约。

⑤中间结论

返还或减少租金责任的成立。

（2）返还或减少租金的范围

张某与江河公司之间存在自 2013 年至 2019 年 4 月有效的房屋租赁合同。据一般社会观念和交易习惯，应该理解为张某预付了 2019 年 4 月的租金，该租金与房屋的权利瑕疵之间具备条件性、相当因果关系，亦符合《合同法》第 228 条的规范目的。因此，张某仅得主张江河公司返还 2019 年 4 月 8 日 ~ 2019 年 4 月 30 日的租金。

（3）请求权未消灭、可行使

（4）结论

张某得根据《合同法》第 228 条请求江河公司返还 2019 年 4 月 8 日 ~ 2019 年 4 月 30 日的租金。

（五）侵权请求权

关于《侵权责任法》第 6 条第 1 款，国内的学说和司法实践在解释上存在分歧。本文认为，应当依法律目的而加以限缩，解释为包括三种独立的请求权基础：其一，因过错侵害他人绝对权而致人损害（"狭义侵权"），应承担侵权责任；其二，违反保护性法律而致人损害（"违法侵权"），应承担侵权责任；其

三，故意违反善良风俗致人损害（"背俗侵权"），应承担侵权责任。[1]

张某没有任何绝对权受到侵害，只可能考虑违法侵权和背俗侵权的构成。

依据学理，我国的保护性法律包括宪法、法律、行政法规、地方性法规等，其中包含民事主体交往中行为标准、风险分配、保护民事权益等内容的，方可称为保护性法律。[2]江河公司侵犯王某优先购买权的各种行为，均可被违约行为所包含，可能违反了《合同法》第230条、第107条及第228条，虽然这些规范都反映出立法者保护民事主体的立法目的，但是该目的无需通过侵权法上的损害赔偿救济实现，不可引证为保护他人之法律。

此外，在构成债务不履行责任时，应排除背俗侵权的适用。这是因为此时的债权人可以根据债务不履行责任获得充分的保护，该竞合不具有实际意义。

本案中可能被认为构成背俗侵权的行为，是江河公司未履行通知义务侵害张某优先购买权的行为，其可被评价为债务不履行的行为，应排除背俗侵权的适用。[3]

因此，张某对江河公司不享有侵权损害赔偿请求权。

二、张某对湖海银行的请求权

1. 请求权基础预选

张某对湖海银行可能依据《合同法》第229条买卖不破租赁的规则请求契约上的责任。通说认为买卖不破租赁是债权物权化的表现形式之一，租赁权具有物权之对抗力，但这一对抗效力应以公示的存在为产生基础，以兼顾交易之安全。[4]而且，租赁物现实交付于承租人前，承租人尚无特别保护之必要。因此，应该对《合同法》第229条进行目的性限缩解释，增加公示的要件，即租赁物已交付于承租人，这也是《民法典》修订后新增的要件。

（1）张某与江河公司之间存在有效的租赁契约

有效租赁契约之存在，以租赁物所有权让与为其准据时点。江河公司于2012年12月26日将房屋的所有权移转给湖海银行，自此张某与江河公司之间存在有

［1］ 参见葛云松："纯粹经济损失的赔偿与一般侵权行为条款"，载《中外法学》2009年第5期；葛云松："《侵权责任法》保护的民事权益"，载《中国法学》2010年第3期。
［2］ 参见朱岩："违反保护他人法律的过错责任"，载《法学研究》2011年第2期。
［3］ 参见王泽鉴：《侵权行为》，北京大学出版社2016年版，第278页，
［4］ 参见王泽鉴：《民法学说与判例研究》（重排合订本），北京大学出版社2015年版，第1078页。

效的租赁契约，租期至 2012 年底。

（2）租赁物之交付

租赁物之交付，系指出租人将占有移转于承租人，所谓占有，应严格解释以承租人现实占有为必要。2010 年 12 月江河公司便将房屋的占有移转于张某，张某一直持续占有至 2019 年 4 月，期间并无占有中止之事由。

（3）出租人将租赁物所有权让与第三人

第 229 条的适用，尚须以出租人将租赁物所有权有效移转于受让人为要件，江河公司与湖海银行已达成处分合意，并办理过户登记，该要件满足。

（4）中间结论

张某对湖海银行可以依据《合同法》第 229 条买卖不破租赁的规则请求契约上的责任。

具体是何种契约上的何种义务，尚需对买卖不破租赁的法律效果作进一步分析。该条规定的"不影响租赁合同的效力"，究竟指的是不影响出卖人与承租人的租赁合同效力，还是契约地位的概括移转？

根据《城镇房屋租赁合同司法解释》第 20 条、案例实践、立法部门的释义书以及学界的多数观点，笔者拟以"契约地位承受"为中心加以阐述：湖海银行自 2012 年 12 月 26 日成为房屋的所有权人起，便承继江河公司的地位，与张某之间存在租赁合同，租期至 2012 年 12 月底（此处将 12 月底理解为 12 月 31 日）。

因此，张某对湖海银行可能享有基于 2010 年～2012 年底租赁合同的请求权。该合同的给付义务均已履行完毕。但值得讨论的是，张某可否基于《合同法》第 107 条向湖海银行主张附随义务不履行之违约责任。

2.《合同法》第 107 条上的请求权：违反通知义务的违约损害赔偿请求权

（1）违约损害赔偿请求权的成立

1）租赁合同成立且生效

张某与湖海银行之间存在自 2010 年 12 月至 2012 年底有效的房屋租赁合同。

2）存在给付障碍

在契约地位承受之情形，承租人对于知晓合同当事人的变更存有利益，承租人的知情是其得以或应向受让人履行原租赁合同义务的前提之一。通过《中华人民共和国保险法》第 49 条和《中华人民共和国海商法》第 138 条的"通知义务"亦可推知，若无受让人通知义务之存在，在出卖人怠于通知时，"买卖不破租赁"所追求的维持租赁关系稳定进而保护承租人的立法目的将难以实现。[1]因此，可以《合同法》第 60 条第 2 款为解释基础，认为受让人也须负担通知义务。[2]该通知义务属于法定附随义务。

湖海银行未通知承租人，显然存在给付障碍。

3）湖海银行不应为给付障碍负责

在房屋所有权移转登记生效的公示要求之下，买受人不应负担调查房屋占有状况的义务，[3]即湖海银行不知也不应知租赁关系之存在，不具有可归责性。

（2）结论

张某不可以根据《合同法》第 107 条结合《合同法》第 60 条第 2 款，请求湖海银行损害赔偿。

三、张某对王某的请求权

此处唯一可能的是张某作为善意占有人对权利人享有必要费用与有益费用之返还请求权，本案并未提及张某存在因维护该不动产而支出必要费用或有益费用，不赘述。

贰、湖海公司享有的请求权

一、湖海公司对江河公司的请求权

（一）请求权基础预选

第一，湖海银行与江河公司之间存在以房抵债的和解协议，可能存在契约上的请求权。

第二，湖海银行可能基于《合同法》第 42 条第 2 款第 2 项主张江河公司承

---

〔1〕 参见董学立："论'不动产的善意取得与无权占有'——兼评'连成贤诉臧树林排除妨害纠纷案'"，载《法学论坛》2016 年第 6 期。

〔2〕 参见周江洪："买卖不破租赁规则的法律效果——以契约地位承受模式为前提"，载《法学研究》2014 年第 5 期。

〔3〕 参见吴香香："《民法典》第 598 条（出卖人主给付义务）评注"，载《法学家》2020 年第 4 期。

担缔约过失责任。值得讨论的是,缔约过失责任与违约责任之间的关系。虽然通说承认合同有效时的缔约过失责任,[1]但在违反的先合同义务仅属于与给付相关的附随义务时,[2]若相应的违约请求权成立,请求权人的利益已得到完全的保护,无须再检视缔约过失责任。

第三,江河公司的行为可能构成不法管理,湖海银行进而类推适用《民法总则》第 121 条请求因管理事务所得利益。

第四,湖海银行可能基于《民法总则》第 122 条向江河公司主张不当得利返还请求权,基于《侵权责任法》第 6 条第 1 款向江河公司主张侵权损害赔偿。

(二)《合同法》第 107 条上的请求权:赔偿 2012 年 12 月 26 日房屋市价与不存在租赁关系的同等房屋的市价之差

1. 契约损害赔偿请求权的成立

(1)合同有效成立

双方当事人合意一致,合同成立并推定生效。值得讨论的是,此处的合意内容为何?

1)和解合同?

当事人的合意虽有"和解"之名,但不属于和解合同。因为和解合同的构成要件为:[3]其一,以解决法律关系的争议或不确定性为目的;其二,互相让步;其三,江河公司与湖海银行已然进入法院执行过程。案情亦未提到和解双方当事人对债权的存在存有争议,亦无双方的让步。

2)新债清偿?

判断契约类型仍须回到"以房抵债"这一合意中。债务人履行异于原定给付的他种给付通常可分为三个类型:代物清偿、新债清偿、为担保而给付。[4]本案的"以房抵债"出于清偿目的,为担保而给付可被率先排除。

新债清偿是指债权人受领他种给付,经给付者与债权人合意,借由债权人取

---

[1] 参见韩世远:《合同法总论》,法律出版社 2018 年版,第 166 页。

[2] 附随义务的界分标准,参见迟颖:"我国合同法上附随义务之正本清源——以德国法上的保护义务为参照",载《政治与法律》2011 年第 7 期。

[3] 参见庄加园:"和解合同的实体法效力——基于德国法视角的考察",载《华东政法大学学报》2015 年第 5 期;肖俊:"和解合同的私法传统与规范适用",载《现代法学》2016 年第 5 期;谭振波:"和解合同的效力",载《河北法学》2012 年第 10 期。

[4] 参见[德]迪特尔·梅迪库斯:《德国债法总论》,杜景林、卢谌译,法律出版社 2004 年版,第 194 页。

得就该给付之变价而生的利益，进而发生债务清偿的效力。[1]此种解释的障碍在于：本案的债权人不负担变价义务。

本案的"以物抵债"协议也不属于债之更改，因为债之更改是自"和解协议"合意达成之时消灭旧债务，与《中华人民共和国民事诉讼法》第211条、《最高人民法院关于适用〈中华人民共和国民事诉讼法〉若干问题的意见》第266条之当事人真意不符。而且，按债权人承担的风险，从高到低排列，为债之更改、代物清偿、新债清偿，在双方当事人没有明确约定自合意达成消灭旧债时，不宜认定为债之更改。

3）代物清偿？

代物清偿，即债权人受领他种给付以代原定给付，从而使债之关系消灭的契约，[2]代物清偿合意与清偿效果应该被区分，因此不应将代物清偿视为要物合同或诺成化的要物合同，扭曲当事人的真意。当今的德国多数学说已不再将代物清偿合意定性为要物合同，认为履行之前的代物清偿合意并非成立债的变更合同，而是债务人获得以履行他种给付代替原定给付的替代权。[3]本文亦赞成该观点，代物清偿属于债务人有替代权的任意之债，债权人不享有主张新给付的权利。债权人一旦受领新给付，原给付便归于消灭，即使新给付有瑕疵，也只能在原给付的物之瑕疵的范围内，要求债务人对新给付承担瑕疵担保责任。

江河公司与湖海银行于履行期届满后，以"包括房屋在内的某商业大楼中属于江河公司的全部房产抵偿贷款"，双方并未约定清算义务，而是直接将所有权移转于湖海银行，由湖海银行保有该不动产，而且根据湖海银行后续的行为可以确定，湖海银行愿意完全承担新债权的变价风险，真意与代物清偿的概念相符，即债务人有替代权的任意之债。因此，当事人的合意应该被认定为代物清偿。

4）中间结论

双方当事人的合意为代物清偿，该合同成立且生效。

---

〔1〕 参见王千维："论为清偿之给付"，载《政大法学评论》2011年第121期。

〔2〕 参见史尚宽：《债法总论》，中国政法大学出版社2000年版，第814页。

〔3〕 Vgl. MüKoBGB/FetzerBGB, 2012, §364 Rn. 2; Staudinger/Olzen, 2011, §364 Rn. 7; Soergel/Schreiber, 2009, §364 RN. 1. 转引自庄加园："'买卖型担保'与流押条款的效力——《民间借贷规定》第24条的解读"，载《清华法学》2016年第3期。

（2）存在给付障碍

涉案房屋上存在租赁关系，由于买卖不破租赁规则之存在，租赁权具有一定的对抗性，显然构成权利瑕疵，存在给付障碍。此外，租赁关系的存在可能导致房屋贬值，从此角度看，亦构成物之瑕疵。

（3）江河公司需为给付障碍负责

江河公司明知房屋中有租赁关系仍不告知湖海银行，显然具有可归责性。

（4）不存在权利未发生之抗辩

前已述及，在房屋所有权移转登记生效的公示要求之下，买受人不应负担调查房屋占有状况的义务,[1]"以物抵债协议"的债权人亦同理。因此不存在《合同法》第151条所规定的权利未发生之抗辩。

2. 契约损害赔偿请求权的范围

以继续履行或采取其他补救措施承担瑕疵担保责任已为不可能，仅可考虑违约损害赔偿。

湖海银行的损害为2012年12月26日房屋市价与不存在租赁关系的同等房屋的市价之差。该损害与江河公司的违约行为之间具备条件性与相当性，符合《合同法》第107条的规范目的，亦无减免事由。

3. 请求权未消灭、可行使

4. 结论

湖海银行可请求江河公司赔偿2012年12月26日房屋市价与不存在租赁关系的同等房屋的市价之差。

（三）《合同法》第42条上的请求权

由于前述基于同一评价行为产生的契约上请求权已然成立，无需再检索缔约过失责任。

（四）类推适用《民法总则》第121条上的请求权

之所以类推适用无因管理，是为了使不法管理所生之利益仍归诸本人享有，以去除经济上之诱因而减少不法管理之发生。[2]本案未出现依侵权行为或不当得

---

〔1〕 参见吴香香："《民法典》第598条（出卖人主给付义务）评注"，载《法学家》2020年第4期。
〔2〕 参见王泽鉴：《债法原理》，北京大学出版社2013年版，第333页。

利之规定请求损害赔偿或返还利益时，请求范围不及管理人因管理行为所获之利益的不正义情形。因此，无须检索此请求权基础。

（五）《民法总则》第 122 条上的请求权：请求返还 2012 年 12 月 26 日～2018 年 5 月江河公司对房屋收取的租金

不当得利返还请求权有给付不当得利与非给付不当得利之分，只有在相对人的得利并非基于他方给付所得时，才考虑非给付不当得利。因而，应先检视给付不当得利。[1]

1. 给付不当得利

给付，是指有意识地，基于一定目的而增加他人财产。江河公司与湖海银行只有 2012 年 9 月"以房抵债"这一给付关系，与此处显然无关，因此无给付型不当得利的适用空间。

2. 权益侵害型不当得利

（1）请求权是否成立

1）成立要件

第一，相对人取得财产利益。其一，江河公司预先收取了从 2012 年 12 月 26 日到 2012 年 12 月 31 日的租金；其二，2013 年起，江河公司将房屋无权出租于张某并收取租金，受有财产利益。

第二，该财产利益应归属于请求权人。2012 年 12 月 26 日～2018 年 5 月，湖海银行作为房屋的所有权人，享有对房屋之使用收益。再者，2012 年 12 月 26 日～2012 年 12 月 31 日，湖海银行通过买卖不破租赁规则成为第一个租赁合同的当事人，这 5 天的租金应归属于湖海银行。

2018 年 5 月至 11 月，虽然湖海银行仍然是所有权人，但根据买卖合同中"约定房屋若有占有人员则由王某清理"，王某与湖海银行之间已然达成返还请求权让与以代交付的合意，房屋于合意达成时交付给王某。随着交付的完成，合同追求的经济效果在本质上得以实现，买受人得对标的物为使用收益，且可对抗出卖人，出卖人的所有权只剩空壳（《合同法》第 163 条）。[2]因此，即使王某

---

〔1〕 参见吴香香："多级转租房屋之占有返还"，载《中德私法研究》第 14 卷。
〔2〕 参见吴香香："《合同法》第 142 条（交付移转风险）评注"，载《法学家》2019 年第 3 期。

未实际取得占有，2018 年 5 月～11 月的财产利益亦应归属于王某。

第三，因权益侵害而得利。于此，"权益侵害"的表述易生误解，因其并非以得利人侵害请求权人的权利为要件，而是指相对人取得财产利益非因请求权人参与所致。江河公司出租房屋属于未经所有权人湖海银行同意的无权出租，非因湖海银行的参与所致。

2）权利未成立之抗辩

满足上述三项要件者，即可推定得利无法律上的原因，除非经法定许可或请求权人同意。本案不存在权利阻却抗辩，请求权成立。

（2）请求权未消灭、可行使

3. 中间结论

湖海银行可以根据《民法总则》第 122 条基于权益侵害不当得利请求江河公司返还 2012 年 12 月 26 日～2018 年 5 月对房屋收取的租金。

（六）《侵权责任法》第 6 条第 1 款上的请求权：请求赔偿 2012 年 12 月 26 日～2018 年 5 月对房屋收取的租金

1. 侵权责任的成立

（1）湖海银行的绝对性权益被侵

本案中涉及的是湖海银行对房屋的所有权，所有权中包括使用、收益等权能。江河公司在未经所有权人同意的情况下无权出租房屋，显然侵害湖海银行对房屋享有的所有权。

（2）江河公司的加害行为

江河公司的加害行为是无权出租湖海银行所有的房屋。

（3）责任成立因果关系

江河公司无权出租房屋的行为与湖海银行所有权被侵害之间显然存在责任成立因果关系。

（4）江河公司的行为具有不法性

推定江河公司的行为具有不法性，且无不法性阻却事由的适用。

（5）江河公司具有责任能力

江河公司作为法人，具有责任能力。

（6）过错

江河公司明知湖海银行为房屋所有权人，仍无权出租，具有过错。

2. 责任范围

（1）损害

所谓损害，兼指既存财产之积极减少及应得利益之丧失两种情形。而且财产总额不限于具有金钱价值的权利总和，还包含随时可以使用收益的潜在价值。[1]因此，不必斟酌湖海银行对房屋是否有使用收益之意思或计划。

虽然湖海银行从 2013 年 1 月到 2018 年 11 月一直享有房屋的所有权，但物之用益权能已随 2018 年 5 月的交付移转于王某，因此湖海银行的损害为从 2013 年 1 月到 2018 年 5 月无法利用房屋的损失，此一价额依通说应为使用该土地一般所必须支付之代价，即江河公司 2013 年 ~ 2018 年 5 月对房屋收取的租金。

（2）责任范围因果关系

该损害与湖海银行对房屋的所有权被侵害之间具备条件性、相当性、亦符合《侵权责任法》第 6 条第 1 款之规范目的，存在责任范围因果关系。

3. 请求权未消灭、可行使

4. 中间结论

湖海银行可以基于《侵权责任法》第 6 条第 1 款向江河公司请求赔偿 2012 年 12 月 26 日 ~ 2018 年 5 月对房屋收取的租金

二、湖海银行对张某的请求权

（一）《民法总则》第 122 条上的不当得利请求权：请求返还 2013 年 1 月 ~ 2018 年 5 月对房屋的使用利益

《民法总则》第 122 条可被解释为非统一说，且给付型不当得利相较于权益侵害型不当得利具有优先性，须率先检视。

1. 给付型不当得利

湖海银行与张某之间不存在给付关系，可排除给付型请求权的适用。

---

〔1〕 参见孙森焱：《民法债编总论》（上册），法律出版社 2006 年版，第 142 页。

2. 权益侵害型不当得利

（1）请求权是否成立

1）成立要件

2013 年起，张某占有并使用房屋，受有财产利益。2012 年 12 月 26 日～2018 年 5 月，对房屋使用收益应归属于湖海银行。而且张某使用房屋，非因湖海银行的参与所致。因此，成立要件满足。

2）权利未成立之抗辩

满足上述三项要件者，即可推定得利无法律上的原因，除非相对人可证明经法定许可或请求权人同意。

需要讨论的是，善意承租人是否具有保有对租赁物之使用利益的法律上原因。一般认为，善意占有人于其被推定适法所有之权利范围内，得为占有物之使用、收益。[1]根据我国《物权法》第 243 条第 1 句之文义解释，善意占有人不具有孳息收取权，能否认为此处存在法律漏洞并加以目的性限缩解释，需要明确其规范目的。

保护善意占有人旨在保护善意信赖（自己之）权利外观者，是善意信赖保护原则之体现。[2]循此原理，若仅保护善意占有人的费用偿还请求权（必要费用：《物权法》第 243 条第 2 句，有益费用：类推适用不当得利规则），使善意占有人不负担物之损害赔偿，却不承认善意占有人的孳息收取权，有违法价值评价的一致性，亦不正当地克减善意占有人的利益。因此，《物权法》第 243 条第 1 句应被目的性限缩解释为："……权利人可以请求恶意占有人返还孳息……"

有学者认为，前述推定只得用以对抗所有权人以外之人，而且承租人之所以得为租赁物之用益应系善意传自无权的出租人，将之与动产所有权之善意取得作类比，以善意取得所有权之规定为基础进行目的性扩张。[3]本文不赞成此观点，善意占有人的孳息收取权仅为"最小限度的善意取得"，[4]予因原则是否有必要在此适用，若有必要，需适用到何种程度，限于篇幅无法展开论述。但可以肯定

〔1〕 参见姚瑞光：《民法物权论》，中国政法大学出版社 2011 年版，第 268 页。
〔2〕 参见吴香香："论侵害占有的损害赔偿"，载《中外法学》2013 年第 3 期。
〔3〕 参见黄茂荣：《债法各论》，中国政法大学出版社 2004 年版，第 16 页。
〔4〕 参见吴香香："论侵害占有的损害赔偿"，载《中外法学》2013 年第 3 期。

的是，"只得对抗所有权人以外的人"将使善意占有人的孳息收取权沦为具文。"善意应传自无权出租人的限定"，实质是将无权出租人恶意时，无权出租人无资力之赔偿责任的风险，置于善意承租人处。但"善意"的判定本身即可完成风险分配或是利益平衡之重任，无需在"善意"概念的基础上，再加之"传自无权出租人的限定"。

因此，张某作为善意承租人具有保有对租赁物之使用利益的法律上原因。

（2）中间结论

湖海银行不可以根据《民法总则》第 122 条基于权益侵害不当得利请求张某返还所得利益

（二）《侵权责任法》第 6 条第 1 款上的损害赔偿请求权：请求赔偿 2013 年 1 月～2018 年 5 月湖海银行无法使用房屋造成的损失

1. 侵权责任的成立

张某相对于湖海银行的无权占有与湖海银行对房屋的所有权被侵害之间存在责任因果关系，但张某作为承租人不具有查询房屋登记簿之义务，在 2013 年～2018 年 5 月期间，不知也不应知自己相对于湖海银行为无权占有人，不具有过错。

2. 中间结论

湖海银行不得基于《侵权责任法》第 6 条第 1 款请求张某赔偿 2013 年 1 月～2018 年 5 月湖海银行无法适用房屋造成的损失。

叁、王某享有的请求权

一、王某对湖海银行的请求权

（一）《合同法》第 107 条上的请求权

1. 违约损害赔偿请求权的成立

（1）买卖合同成立且生效

根据案情，买卖合同已经成立且生效。

（2）存在给付障碍

房屋上存在租赁关系，构成权利瑕疵。

（3）权利未发生之抗辩

湖海银行与王某约定的"房屋若有占有人员则由王某清理"，存在解释为"特约排除瑕疵担保责任"的空间，而且出卖人并非故意或重大过失不告知，该特约有效（《买卖合同司法解释》第 32 条）。

再者，"2016 年 6 月，王某购买取得某商业大楼两间房屋所有权用于经营布庄，此两间房屋与张某经销自行车的房屋相邻"，由此应该认为买受人订立合同时应当知道第三人对买卖的标的物享有权利（《合同法》第 151 条）。

因此，存在权利未发生之抗辩。

2. 结论

请求权不成立。

（二）结论

王某不能基于《合同法》第 107 条向湖海银行主张违约损害赔偿责任。

二、王某对江河公司的请求权

（一）《民法总则》第 122 条上的请求权：请求返还 2018 年 5 月 ~ 2019 年 4 月江河公司对房屋收取的租金

1. 给付型不当得利

江河公司与王某之间不存在给付关系，并无给付型不当得利的适用空间。

2. 权益侵害型不当得利

（1）请求权是否成立

1）成立要件

2013 年起，江河公司将房屋无权出租于张某并收取租金，受有财产利益。2018 年 5 月后的财产利益亦应归属于王某。而且江河公司出租房屋属于未经所有权人王某同意的无权出租，非因王某的参与所致。因此，成立要件满足。

2）权利阻却抗辩

满足上述三项要件者，即可推定得利无法律上的原因，亦不存在权利阻却抗辩，请求权成立。

（2）请求权未消灭，可行使。

3. 中间结论

王某可以根据《民法总则》第 122 条基于权益侵害不当得利请求江河公司返还 2013 年 1 月 ~ 2018 年 5 月对房屋收取的租金。

（二）《侵权责任法》第 6 条第 1 款上的请求权：请求赔偿 2018 年 11 月 ~ 2019 年 4 月对房屋收取的租金

1. 侵权责任的成立

（1）王某的绝对性权益被侵害

王某自 2018 年 11 月起对房屋享有所有权，所有权中包括使用、收益等权能。江河公司在未经所有权人王某同意的情况下无权出租房屋，显然侵害王某对房屋享有的所有权。

此外，在 2018 年 5 月，房屋之用益权能随交付移转于王某，但仅具有债权效力。再加上王某一直没有取得过对房屋任何形式的占有，无法通过占有补强债权，进而满足侵权保护所要求的"可识别性"[1]或称"社会典型公开性"。[2]因此，王某自 2018 年 5 月到 2018 年 11 月对房屋的用益权能无法作为"狭义侵权"的保护客体。

（2）存在江河公司的加害行为

江河公司的加害行为是无权出租王某所有的房屋，该要件满足。

（3）责任成立因果关系

江河公司无权出租房屋的行为与王某所有权被侵害之间显然存在责任成立因果关系。

（4）江河公司的行为具有不法性

推定江河公司的行为具有不法性，且无不法性阻却事由的适用。

（5）江河公司具有责任能力

江河公司作为法人，具有责任能力。

（6）过错

江河公司明知自己非房屋所有权人，仍无权出租，显然具有过错。

---

[1] 参见吴香香："多级转租房屋之占有返还"，载《中德私法研究》第 14 卷。
[2] 参见于飞："侵权法中权利与利益的区分方法"，载《法学研究》2011 年第 4 期。

2. 责任范围

（1）损害

王某无法利用房屋的损失，其价额为使用该土地一般所必须支付之代价。

（2）责任范围因果关系

该损害与王某对房屋的所有权被侵害之间具备条件性、相当性，亦符合《侵权责任法》第 6 条第 1 款之规范目的，存在责任范围因果关系。

3. 请求权未消灭、可行使

4. 中间结论

王某可以基于《侵权责任法》第 6 条第 1 款向江河公司请求赔偿 2018 年 11 月～2019 年 4 月对房屋收取的租金。

（三）《侵权责任法》第 6 条第 1 款上的请求权：请求赔偿 2018 年 5 月～2018 年 11 月对房屋收取的租金

王某 2018 年 5 月～2018 年 11 月对房屋享有的用益权能不属于"狭义侵权"的调整对象，也不存在相关的保护性法律，仅需检索"背俗侵权"。

1. 侵权责任的成立

（1）违反善良风俗的行为

江河公司明知自己非所有权人，仍无权出租房屋予张某，显然违反善良风俗。

（2）权益侵害

王某受侵害的权益，是自 2018 年 5 月到 2018 年 11 月对房屋的用益权能。

（3）责任成立因果关系

江河公司无权出租房屋的行为与王某用益权能被侵害之间显然存在责任成立因果关系。

（4）江河公司的行为为故意

该要件显然满足。

2. 责任范围

（1）损害

王某自 2018 年 5 月到 2018 年 11 月无法利用房屋的损失，即江河公司 2018 年 5 月～2018 年 11 月对房屋收取的租金。

（2）责任范围因果关系

该损害与王某对房屋的所有权被侵害之间具备条件性、相当性，亦符合《侵权责任法》第 6 条第 1 款之规范目的，存在责任范围因果关系。

3. 请求权未消灭、可行使

本案不存在权利消灭抗辩与权利阻止抗辩。

4. 中间结论

王某可以基于《侵权责任法》第 6 条第 1 款向江河公司请求赔偿 2018 年 5 月~2018 年 11 月对房屋收取的租金。

三、王某对张某的请求权

（一）《物权法》第 34 条上的请求权：返还房屋之占有

原物返还请求权的规范目的在于排除侵占对物权权能的妨害。只要所有权或物权与占有相分离，即可主张原物返还请求权。是否为有权占有属于权利未成立之抗辩而非构成要件。

1. 请求权成立

（1）王某为房屋权利人

权利人应作目的性限缩解释，指所有权人以及以占有为权能内容的他物权人。王某于 2018 年 11 月成为房屋所有权人，该要件满足。

（2）张某享有对房屋的占有

张某自 2010 年 12 月至 2019 年 4 月对房屋享有直接占有。

（3）无权利未成立之抗辩

张某是基于与江河公司之间的租赁契约取得直接占有，但自 2012 年 12 月 26 日起，张某从无权出租他人房屋的江河公司处继受占有，属于无权直接占有。本案不存在权利未成立之抗辩。

2. 请求权未消灭且无抗辩权

前文已得出结论：张某不得根据《物权法》第 243 条向王某主张必要费用或有益费用的返还，因此不存在类推适用《合同法》第 66 条同时履行抗辩权规则的空间。

该请求权未消灭且无抗辩权。

3. 中间结论

王某可根据《物权法》第 243 条请求张某返还房屋之占有。

（二）《民法总则》第 122 条上的不当得利请求权：请求返还 2019 年 4 月 8 日后对房屋的使用利益

1. 给付型不当得利

王某与张某之间不存在给付关系，可排除给付型请求权的适用。

2. 权益侵害型不当得利

（1）请求权是否成立

1）成立要件

2013 年起，张某占有并使用房屋，受有财产利益。前已述及，2018 年 5 月其房屋的使用收益应归属于王某。张某使用房屋，亦非因王某的参与所致。成立要件满足。

2）权利未成立之抗辩

满足上述三项要件者，即可推定得利无法律上的原因，但此时张某在 2019 年 4 月 8 日前作为善意承租人，可以主张信赖保护，类推适用《物权法》第 106 条，进而对抗所有权人。

（2）权利消灭抗辩与权利阻止抗辩

本案不存在相关事由。

3. 中间结论

王某可以根据《民法总则》第 122 条基于权益侵害型不当得利请求张某返还 2019 年 4 月 8 日后对房屋的使用利益。

（三）《侵权责任法》第 6 条第 1 款上的损害赔偿请求权：请求赔偿 2019 年 4 月 8 日后王某无法使用房屋造成的损失

1. 侵权责任的成立

张某相对于湖海银行的无权占有与湖海银行对房屋的所有权被侵害之间存在责任因果关系，但张某在 2013 年～2018 年 5 月期间，不知也不应知自己相对于王某为无权占有人，因此不具有过错。直至 2019 年 4 月 8 日知道自己为无权占有人，自此开始存在过错。

2. 责任范围

（1）损害

王某无法利用房屋的损失，其价额为使用该土地一般所必须支付之代价。

（2）责任范围因果关系

该损害与王某对房屋的所有权被侵害之间具备条件性、相当性，亦符合《侵权责任法》第 6 条第 1 款之规范目的，存在责任范围因果关系。

3. 权利消灭抗辩与权利阻止抗辩（抗辩权）

本案不存在相关事由。

4. 中间结论

王某可以基于《侵权责任法》第 6 条第 1 款向张某请求赔偿 2019 年 4 月 8 日后王某无法使用房屋造成的损失。

肆、结论

一、张某享有的请求权

第一，张某可以根据《合同法》第 107 条结合第 230 条，请求江河公司赔偿房屋的出售价格与 2019 年 4 月 25 日的市价之差以及其他因为不能以所有权人身份利用房屋而发生的损失，但赔偿额的计算应扣除张某因未能成功购置房产而节省的成本，如本应缴纳的税收（《民法典》第 577 条结合第 726 条）。

第二，张某可以根据《合同法》第 107 条结合第 230 条，请求江河公司赔偿自己因无法购买承租房屋而重新寻找房屋或者搬迁所支出的费用等（《民法典》第 577 条结合第 726 条）。

第三，张某得根据《合同法》第 228 条，结合 2013 年~2019 年 4 月的租赁合同请求江河公司返还 2019 年 4 月 8 日~2019 年 4 月 30 日的租金（《民法典》第 723 条）。

张某得自由选择主张的请求权，但须受"不得重复受偿"原则限制。

二、湖海银行享有的请求权

第一，可根据《合同法》第 107 条及以房抵债协议请求江河公司赔偿 2012 年 12

月 26 日房屋市价与不存在租赁关系的同等房屋的市价之差（《民法典》第 577 条）。

第二，湖海银行可以根据《民法总则》第 122 条基于权益侵害不当得利请求江河公司返还 2012 年 12 月 26 日～2018 年 5 月对房屋收取的租金（《民法典》第 122 条）。

第三，可以基于《侵权责任法》第 6 条第 1 款向江河公司请求赔偿 2012 年 12 月 26 日～2018 年 5 月对房屋收取的租金（《民法典》第 1165 条第 1 款）。

后两个请求权中，一个得到满足，另一个则归于消灭。

三、王某享有的请求权

第一，王某既可以根据《民法总则》第 122 条基于权益侵害不当得利请求江河公司返还 2018 年 5 月至 2019 年 4 月对房屋收取的租金（《民法典》第 122 条）。也可以基于《侵权责任法》第 6 条第 1 款向江河公司请求赔偿 2018 年 5 月～2019 年 4 月对房屋收取的租金（《民法典》第 1165 条第 1 款）。其中一个请求权得到满足，另一个请求权则归于消灭。

第二，王某可根据《物权法》第 34 条请求张某返还房屋之占有（《民法典》460 条）。

第三，王某既可以根据《民法总则》第 122 条基于权益侵害不当得利请求张某返还 2019 年 4 月 8 日后对房屋的使用利益（《民法典》第 122 条），也可以基于《侵权责任法》第 6 条第 1 款向张某请求赔偿 2019 年 4 月 8 日后王某无法适用房屋造成的损失。其中一个请求权得到满足，另一个请求权则归于消灭（《民法典》第 1165 条第 1 款）。

四、若以《民法典》为解题的法律依据，前述请求权的论证思路与结果亦大体相同

首届全国鉴定式案例研习大赛第十名作品

吴若璇

（中国政法大学 2017 级本科生）

案例分析报告

题目一　张某得向何人主张何种权利？相应的规范基础是什么？

一、张某对江河公司的请求

张某请求对江河公司行使优先购买权，并要求江河公司返还 2012 年 2 月 26 日以后收取的租金。首先分析张某是否能主张行使优先购买权，进而基于买卖合同请求江河公司履行交付并移转门面房的所有权的义务；其次分析其能否请求江河公司返还 2012 年 12 月 26 日之后向其收取的租金。规范与规范之间的竞合关系在案例报告最后一部分予以说明。

（一）请求权基础预选

第一，就契约层面而言，张某和江河公司之间订立了房屋租赁合同，江河公司将房屋抵偿给湖海银行时，张某可能行使优先购买权，与江河公司订立门面房买卖合同，因而应考虑《合同法》第 135 条中出卖人的基本义务。由于江河公司已经将房屋过户给湖海银行，江河公司可能需要根据《合同法》第 112 条承担给付义务不能履行的违约责任。

由于江河公司转让房屋时未及时通知张某，违反其作为出租人的通知义务，张某可能基于《城镇房屋租赁合同司法解释》第 21 条的规定请求江河公司承担租赁合同违约损害赔偿责任。

江河公司在转让房屋后，已经丧失了对房屋的所有权，仍继续和张某订立租赁合同，张某可能主张解除或撤销租赁合同，进而请求返还租金。

第二，就不当得利而言，还应检视在房屋所有权人向张某请求使用利益不当得利返还时，张某履行该义务，向无权出租人请求履行债务清偿不当得利返还。由于该处涉及无权出租不当得利返还，将于分析房屋所有权人王某或湖海银行向张某主张使用利益不当得利返还时具体分析。

第三，就侵权层面而言，还应检视江河公司将门面房让与湖海银行时，未通知张某，是否构成对张某优先购买权的侵害。

（二）张某对江河公司的契约请求权

1. 请求履行买卖合同

假使张某得依据《合同法》第135条请求江河公司履行交付并移转门面房所有权的义务。

出卖人应当履行向买受人交付标的物或者交付提取标的物的单证，并移转标的物所有权的义务。

（1）请求权是否成立

该请求权为原契约请求权，成立要件为存在一个成立且生效的买卖合同，关键在于张某能否主张行使优先购买权。

在本案中，2019年4月25日，张某主张行使优先购买权。需要判断的是优先购买权性质为形成权抑或是请求权。

优先购买权的性质有三种学说，一是附双重停止条件买卖说，二是形成权说，三是附强制缔约效力的请求权说。

德国的旧说认为先买权性质为附双重停止条件买卖，出租人和承租人在订立租赁合同之后，双方即成立一个买卖合同，买卖合同的生效以出租人出卖租赁房屋，承租人以同等条件购买房屋为条件，此二条件满足，买卖合同即生效。新说认为先买权为形成权，如果出租人出卖租赁房屋，应及时通知承租人，承租人在合理期间内按照同等条件购买该房屋，买卖合同即成立，仅凭承租人单方的意思表示即在双方之间成立一个买卖合同。旧说和新说在法律效果上并无不同，但新说更符合当事人之间的真实意思。[1]

依据《城镇房屋租赁合同司法解释》第 21 条的规定，出租人出卖租赁房屋未在合理期限内通知承租人或者存在其他侵害承租人优先购买权情形，承租人请求出租人承担赔偿责任的，人民法院应予支持。依据最高人民法院对该解释的说明，优先购买权性质为附强制缔约效力的请求权。[2]由于形成权一经行使即可形成或改变法律关系，不具有被侵害的可能性；又因相对人不负义务，相对人仅仅处于一种受约束的状态，也就不存在违反义务的可能性，不存在侵害优先购买权的行为。因此，该说认为形成权说与司法解释的规定矛盾，优先购买权不可能是形成权[3]。

本文认为，应将优先购买权认定为形成权，且将优先购买权认定为形成权不与司法解释矛盾。

第一，最高人民法院的说明中认定优先购买权为请求权的逻辑错误。其论证大前提为所有被侵害、能被救济的权利都是请求权，但是形成权也存在被侵害的可能性，如果以强迫、欺诈等非法手段迫使权利人无法行使优先购买权，也可以构成对形成权的侵害，权利人能够请求损害赔偿。[4]其论证小前提为优先购买权能被侵害、救济，所以是请求权，则是通过定义优先购买权代替了优先购买权性质的论证。进一步而言，在附强制缔约义务的请求权说中，出租人有承诺的义务，可以推论承租人主张优先购买权为要约，但单独的要约并不能构成一个请求权，该说逻辑难以自洽。

其实，最高人民法院对形成权说并不否认，附强制缔约效力的请求权和形成权在法律效果上并无二致。形成权说与司法解释第 21 条规定也并不矛盾。出租人未在合理期限内通知承租人是对租赁合同附随义务即通知义务的违反，未能履行交付并转让房屋所有权的义务是对出卖人义务的违反，并非直接的对优先购买

---

〔1〕 朱晓喆："论房屋承租人先买权的对抗力与损害赔偿——基于德国民法的比较视角"，载《中德私法研究》第9卷。

〔2〕 最高人民法院民事审判第一庭编著：《最高人民法院关于审理城镇房屋租赁合同纠纷案件司法解释的理解与适用》，人民法院出版社 2009 年版，第285页。

〔3〕 最高人民法院民事审判第一庭编著：《最高人民法院关于审理城镇房屋租赁合同纠纷案件司法解释的理解与适用》，人民法院出版社 2009 年版，第285页。

〔4〕 朱晓喆："论房屋承租人先买权的对抗力与损害赔偿——基于德国民法的比较视角"，载《中德私法研究》第9卷。

权的侵害。因此，形成权说与司法解释第 21 条赔偿责任的规定并不冲突。

第二，将优先购买权认定为形成权更合理。

从能否独立转让而言，请求权原则上可以转让，形成权原则上无法独立地转让。形成权具有从属性并与特定的法律地位联系。优先购买权从属于租赁合同，并与作为承租人的法律地位具有密切联系，本身并不具有独立的利益，不能转让。

从行使的期间而言，形成权的行使适用的不是诉讼时效期间，而是除斥期间。权利人在接到通知的合理期间内未行使优先购买权，权利消灭。按份共有人的优先购买权和股权转让的优先购买权适用的是除斥期间，按照体系解释，承租人的优先购买权适用的是除斥期间，更符合形成权的性质。

从能否附条件、附期限而言，请求权可以附条件、期限，但形成权因为可以直接影响相对人的权利义务，原则上不得附条件、期限。租赁合同中，承租人行使优先购买权能以单方意思表示影响出租人的法律地位，直接在双方之间成立一个房屋买卖合同，对出租人影响甚巨：若出租人无法履行房屋买卖合同的义务，需要赔偿承租人的履行利益，负担甚重。因此，优先购买权不得附条件、期限，符合形成权的性质。

从诉讼请求而言，若优先购买权为附有强制缔约义务的请求权，承租人向法院请求的是出租人履行作出承诺的义务；若为形成权，承租人可以直接向法院请求出租人履行房屋买卖合同的义务，诉讼更具经济效益。

因此，优先购买权性质为形成权。接下来检视优先购买权是否成立、可行使。

1）优先购买权是否成立

依据《合同法》第 230 条的规定，出租人出卖租赁房屋的，应当在出卖之前的合理期限内通知承租人，承租人享有以同等条件优先购买的权利。

优先购买权的成立需要承租人主张时存在一个成立并有效的租赁合同。

2010 年 12 月，张某自江河公司租用某商业大楼一楼门面房一间用于经销自行车，租期至 2012 年底。在此期间，张某占有、使用门面房并进行收益，并向江河公司支付租金，张某是承租人，江河公司是出租人。

值得注意的是，依据《合同法》第 215 条规定，租赁期限 6 个月以上的，应当采取书面形式，未采取书面形式，视为不定期租赁合同。书面形式旨在确定期限，如果期限能确定，无论形式为何，应为定期租赁合同。在本案中，2 年期限的租赁合同是确定的。

因此，张某和江河公司之间存在有效的租赁合同，张某是承租人，优先购买权的成立条件满足。

值得注意的是，优先购买权的成立是否需以占有为第二个要件。本文认为，《合同法》在规定房屋买卖不破租赁以及抵押权租赁权关系时并未要求占有这一公示要件，因此优先购买权的成立不需要占有。但是《民法典》的规范有变化，具体讨论将在后文予以论述。

2）优先购买权是否可行使

其行使需要满足以下条件，一是出租人出卖租赁房屋，二是符合同等条件的要求。

①出租人出卖租赁房屋

依据《合同法》第 230 条的规定，出租人出卖租赁房屋时，承租人享有优先购买权。买卖合同的内容为出卖人交付并移转标的物所有权，买受人支付价金，体现了双务性和有偿性。[1]

问题在于，出租人和第三人之间在强制执行过程中缔结的和解协议是否能够类推适用买卖合同的规定。

第一，该和解协议属于经双方合意达成的合同，而非人民法院对让与人财产的强制执行。和解协议需要各方当事人共同向法院提交书面和解协议，以和解协议代替法院的强制执行，其后法院裁定中止执行。如果债务人拒不履行和解协议，权利人可以申请对原生效法律文书的执行，也可以就和解协议提起诉讼。和解协议性质为新债清偿。

第二，和解协议具有双务性和有偿性。双务性要求合同当事人双方互负对待给付义务，有偿性要求当事人一方取得标的物所有权需要向对方支付对价。和解协议为新债清偿，成立的新债务与旧债务并存，与旧债借款合同一样具有双务性和有偿性。

因此，和解协议是具有双务性和有偿性的新债清偿，依据《合同法》第 174 条规定可以类推适用买卖合同的规定。

---

〔1〕 常鹏翔："论优先购买权的行使要件"，载《当代法学》2013 年第 6 期。

出租人出卖租赁房屋这一条件可以具体化为出卖行为有效成立、出卖行为出于意思自治、对待给付可被替代、以终局移转财产权为目的等要件。[1]

第一，出卖行为有效成立要求出租人和第三人就租赁房屋屋成立买卖合同，而不能是单纯的交易意向，且买卖合同不存在效力瑕疵。[2] 在法院执行过程中，江河公司与湖海银行达成和解，以包括系争门面房在内的某商业大楼中属于江河公司的全部房产抵偿贷款，该和解协议内容确定，而非单纯的意向，且不存在欺诈、内容违法等瑕疵。

第二，根据意思自治原则，出卖行为需要基于当事人的自由真实的意思表示，不涉及当事人意思表示的政府征收、法院强制执行等不是基础事实。依据《城镇房屋租赁合同司法解释》第 22 条的规定，出租人与抵押权人协议折价、变卖租赁房屋偿还债务，应当在合理期限内通知承租人。承租人可以请求以同等条件优先购买房屋。因此，和解协议为双方当事人约定出将租赁房价抵债，属于意思自治，可以适用优先购买权。

第三，对待给付可被替代，要求有偿性，且该有偿性基于市场交易规律决定，在同等条件的限定下，作为有偿性标志的对待给付还应能被替代或复制。[3] 江河公司交付并移转门面房所有权以湖海银行提供金钱为对待给付，湖海银行的身份、地位对交易条件并不会对合同性质产生影响，和解协议并非具有人身性质的买卖，湖海银行的对待给付也不具有人身属性。

第四，出卖行为以转移财产为最终目的。[4] 和解协议旨在让湖海银行取得门面房的所有权。

因此，出租人出卖租赁房屋这一条件满足。

②同等条件

为了避免实质损害出卖人的法律地位和交易利益，优先购买权人只有提供和第三人同等的条件，即优先购买权人愿意承受与第三人对待给付义务相当的义务，才能行使先买权。[5]

---

〔1〕 常鹏翱："论优先购买权的行使要件"，载《当代法学》2013 年第 6 期。
〔2〕 常鹏翱："论优先购买权的行使要件"，载《当代法学》2013 年第 6 期。
〔3〕 常鹏翱："论优先购买权的行使要件"，载《当代法学》2013 年第 6 期。
〔4〕 常鹏翱："论优先购买权的行使要件"，载《当代法学》2013 年第 6 期。
〔5〕 常鹏翱："论优先购买权的行使要件"，载《当代法学》2013 年第 6 期。

第一，优先购买权人需要支付相同的价款。在本案中，关键在于该门面房与其他抵偿标的物是否可分，也即优先购买权人仅购买其租赁范围内的门面房是否会对出卖人不利。在本案中，门面房作为独立一物，单独出卖的价款并不会低于打包出卖时的价格。湖海银行目的在于收回借款，优先购买权人行使权利也不会给其收回借款的行为造成障碍，不会损害其利益。因此，本案可以依据和解协议中门面房抵偿的借款数额，确定价款。

第二，相同的付款期限。由于和解属于新债清偿，相对人履行对待给付义务的付款期限和方式与旧债一致，优先购买权人付款期限和方式可以依照旧债中的约定确定。

上述两个条件的成立由张某负担举证责任，江河公司可能会提出优先购买权权利消灭的抗辩，即张某滥用权利。

《城镇房屋租赁合同司法解释》第24条第3项规定，承租人收到通知后15天后不行使优先购买权，权利消灭，但未规定出租人未履行通知义务时，承租人优先购买权权利消灭的时点。需要结合诚实信用原则，判断承租人不行使权利是否构成滥用权利。

从优先购买权人知情与否的角度看，在江河公司与湖海银行订立抵偿协议，协助其完成门面房权属转让登记时，张某不能预料到江河公司上述行为。2019年4月8日，王某以张某侵占房屋为由要求后者搬离并赔偿损失时，虽然张某是在得知系争房屋已经两次易主的17天后提出购买房屋，但王某所提出的搬离要求并不构成有效通知，因此也不适用司法解释所规定的15天的时间限制。参照股权转让、共有份额转让的规定，有效的通知需包括房屋出卖以及具体条件，由让与人按照使承租人能知悉的方式通知，才能保证承租人充分合理地行使优先购买权。

从交易价格波动和对既有秩序的冲击来看，门面房价格是否有巨大波动案例并未提及，故以和解协议抵偿的价格交易属合理。

因此，该项抗辩不成立。

《城镇房屋租赁合同司法解释》第24条第4句规定第三人善意购买租赁房屋并已经办理登记手续的，承租人不能行使优先购买权。对该项规定需进行目的解释，而不能进行简单的文义解释。该项目的为了保护善意第三人的利益，保证其取得房屋所有权。只要承租人行使优先购买权不妨碍第三人取得所有权，无限制其行使的必要。承租人优先购买权系债权性优先购买权，一旦行使，仅仅在承租人和出租人之间形成一个租赁合同。依据《最高人民法院关于适用〈中华人民共和国合同法〉若干问题的解释（二）》第3条以及《民法典》第610条，我国实证法采物权行为和债权行为二分理论，出卖人是否具有所有权并非买卖合同成立的必需要件，可以推出买卖合同的成立和生效并不直接导致房屋所有权的移转。因此，承租人行使优先购买权，与出租人订立买卖合同并不会损害第三人利益。进一步而言，限制其行使优先购买权，对承租人损害甚巨，其无法依据买卖合同请求出租人承担违约损害赔偿责任。该项实质上规定承租人优先购买权不具有物权效力，若承租人行使优先购买权旨在使出让人和受让人的所有权移转的效力消灭，则该项请求不被支持。

因此，该项抗辩不成立。

因此，张某主张行使优先购买权，不构成对权利的滥用，权利消灭抗辩不成立。张某行使优先购买权后，张某和江河公司之间即形成了一个成立并有效的、以同等条件为内容的门面房买卖合同，达成形成性效果。

（2）请求权是否尚未消灭

原契约请求权消灭的抗辩包括清偿、提存、给付不能等事由。依据《合同法》第110条的规定，当事人一方不履行非金钱债务或者履行非金钱债务不符合约定，若债务履行事实上或法律上不可能，债务人无需继续履行原给付。

江河公司与湖海银行于2012年12月26日办理了过户登记，门面房的所有权已经移转给湖海银行，江河公司无法履行其转让门面房所有权的义务，属于法律上不能、自始主观不能，请求权消灭。

值得探讨的是，承租人优先购买权的性质为物权性还是债权性，也即是否具有对抗力。物权性先买权能够对抗第三人，先买权人行使权利时，受让人和转让人之间的所有权转让登记对承租人不生效力，承租人可以请求注销登记，进而依据和出租人之间的买卖合同请求移转标的物所有权，给付仍有可能。债权性先买权则不能对抗第三人，给付不能，无法产生上述效果。

承租人优先购买权性质为债权性，不具有对抗力。

第一，依据《民法典》第728条的规定，承租人请求出租人承担妨害优先购买权行使的赔偿责任时，出租人与第三人订立的房屋买卖合同的效力不受影响，可见承租人的优先购买权不具有对抗效力。尽管《民通意见》第118条规定承租人可以宣告第三人买卖合同无效，优先购买权具有物权效力，但该条规定与《物权法》第9条抵触，新法优先于旧法，上位法优先于下位法，该条已经被废止。

第二，租赁合同为债权合同，具有相对性，仅能约束合同双方的当事人，与股权、共有份额具有公示效力和绝对效力不同。若承租人的优先购买权具有对抗力，第三人无法具有心理预期，将会对交易安全产生不利影响。

第三，尽管在实践中出现了通过房屋租赁合同登记备案，承租人的优先购买权取得对抗效力的情形，譬如在天津、上海关于城镇房屋租赁的地方性法规及规章中有所规定。但是，备案是否能使优先购买权具有物权效力存疑，因为租赁合同登记备案只是为了管理之需，而非为了公示和交易安全所需，且并非必须，不登记也不影响租赁合同的效力。况且，本案中也没有证据证明张某就其与江河公司的房屋租赁合同进行了登记备案。

因此，承租人的优先购买权为债权性，不具有对抗第三人的效力。张某行使优先购买权并不能使江河公司和湖海银行的物权转让对其不生效力，江河公司无法履行转让门面房所有权的义务。

（3）请求权已经消灭，无需检视请求权是否可行使

（4）中间结论

张某不得依据《合同法》第135条请求江河公司履行交付并移转门面房所有权的义务。

2. 请求房屋买卖合同违约损害赔偿

假使张某得依据《合同法》第112条请求江河公司承担不履行房屋买卖合同的损害赔偿责任。

当事人一方不履行合同义务或者履行合同义务不符合约定的，在履行义务或者采取补救措施后，对方还有其他损失的，应当赔偿损失。

本文认为《合同法》第107条并非独立的请求权基础，因此并未依据该条检视。

（1）请求权是否成立

1）存在一个成立且生效的合同

江河公司与湖海银行订立买卖合同后，张某通过行使优先购买权成立与江河

公司的买卖合同，合同自成立时便生效。值得探讨的是，江河公司在买卖合同成立前，已经将门面房所有权移转给湖海银行，构成法律上的不能，主观上的不能，是否会影响买卖合同的效力。自始主观不能并不影响合同效力，买卖合同仍有效。[1]

2）当事人一方有违约行为

根据《合同法》第107条的规定，违约行为包括不履行合同义务和履行合同义务不符合约定。江河公司未履行交付并移转门面房所有权的义务，存在违约行为。

3）守约方存在损失

依据《合同法》第113条的规定，当事人一方不履行合同义务或者履行合同义务不符合约定，给对方造成损失的，损失赔偿额应当相当于因违约所造成的损失，包括合同履行后可以获得的利益，但不得超过违反合同一方订立合同时预见到或者应当预见到的因违反合同可能造成的损失。

由于江河公司给付不能，其损失赔偿额为代替给付的金钱赔偿。[2]损失赔偿额包括履行利益，使守约方恢复到合同依约完全履行的状态。[3]计算的方法为差额计算法，即计算守约方于违约方给付不能时和给付完成时的差额，综合考虑房屋差价、租金数额、租赁期限是否不定期、是否欠付租金，酌情确定。

4）违约行为和损失之间存在因果关系

损失和行为之间具有条件关系和相当因果关系。江河公司在与湖海银行订立和解协议后，未通知张某即移转门面房所有权于湖海银行。如果江河公司未移转门面房所有权于湖海银行，张某即不会遭受因给付不能造成的损失；江河公司给付不能通常会导致张某丧失门面房合同履行的利益，即抵偿价格和取得房屋所有权后房屋价格之间的差价损失。[4]

因此，请求权成立。

（2）请求权未消灭

---

〔1〕 王泽鉴：《民法学说与判例研究》（重排合订本），北京大学出版社2015年版，第257页。

〔2〕 韩世远：《合同法总论》，法律出版社2011年版，第616页。

〔3〕 韩世远：《合同法总论》，法律出版社2011年版，第621页。

〔4〕 朱晓喆："论房屋承租人先买权的对抗力与损害赔偿——基于德国民法的比较视角"，载《中德私法研究》第9卷。

（3）请求权可以行使

（4）中间结论

张某得依据《合同法》第113条请求江河公司承担不履行房屋买卖合同的损害赔偿责任。

3. 请求租赁合同违约损害赔偿

假使张某得依据《城镇房屋租赁合同司法解释》第21条请求江河公司承担未履行通知义务的违约责任。

出租人出卖租赁房屋未在合理期限内通知承租人或者存在其他侵害承租人优先购买权情形，承租人请求出租人承担赔偿责任的，人民法院应予支持。

值得探讨的是，最高人民法院的司法解释能否作为请求权基础。依据《最高人民法院关于裁判文书引用法律、法规等规范性法律文件的规定》第1条的规定，人民法院的裁判文书应当依法引用相关法律、法规等规范性法律文件作为裁判依据，规范性法律文件可以涵盖司法解释，在实践中也有法院引用司法解释作为裁判依据，支持原告的诉讼请求。因此，最高人民法院司法解释在未超出法律、未侵犯立法权的范围内可以作为裁判依据。

（1）请求权是否成立

1）存在一个成立且生效的租赁合同

该构成要件已经被检视，成立。

2）出租人未履行通知义务

依据《合同法》第230条，出租人出卖租赁房屋的，应当在出卖之前的合理期限内通知承租人。该通知义务被明确规定于《合同法》中，为法定义务。该通知义务为了保护承租人的固有利益，属于租赁合同中的附随义务。江河公司在签订抵偿协议、移转门面房所有权后皆未通知张某，违反了通知义务。

江河公司可能以租赁合同中未明确约定张某享有优先购买权，主张其不负有通知义务，该抗辩是不成立的。虽然《合同法》中承租人优先购买权的规范属于任意性规范，当事人对于任意规范可以排除适用，但在当事人未明示排除时，任意规范所确立的权利义务模型代表社会交往的典型样式，拘束力隐藏于当事人的意志之下，属于隐性行为规范，江河公司需遵守。[1]

3）承租人遭受损失

因出租人未履行通知义务，出租人的固有利益遭受损害，包括积极财产的减少和消极财产的增加，如出租人未及时通知导致承租人所负担的，因无法购买承租房屋而重新寻找房屋或搬迁所支出的费用、行使先买权所生之调查、诉讼等的费用。[2]需要注意的是，损失不包括因买卖合同给付不能造成的损失，承租人仍能行使优先购买权，成立一个有效的买卖合同。门面房买卖合同给付不能的损失与违反租赁合同中通知义务的损失相互独立。

4）未通知与损失之间存在因果关系

损失和通知之间存在条件关系和相当因果关系。

（2）请求权未消灭

（3）请求权可以行使

（4）中间结论

张某得依据《城镇房屋租赁合同司法解释》第21条请求江河公司承担未履行通知义务的违约责任。

4. 请求返还2012年12月26日以后支付的租金

在分析前，需确定该日期之后江河公司与张某签订的租赁合同效力为何。2010年张某与江河公司签订租赁合同，租期至2012年底。2012年12月26日之后，江河公司已经将门面房所有权转让给湖海银行，湖海银行法定继受江河公司出租人的法律地位，张某有义务向湖海银行支付剩余5天的租金，由于江河公司未通知张某，因此张某向江河公司清偿构成有效清偿，该债权债务关系消灭。

2013年江河公司和张某订立为期1年的租赁合同，此时属于无权出租，值得探讨的是无权出租的租赁合同的效力。江河公司无权出租与张某订立的合同有效。租赁合同为负担行为，只发生给付义务，并不直接引起权利的变动，因此不以江河公司有处分权为必要。进一步而言，如果出租他人之物不发生契约上之效

---

[1] 朱庆育：《民法总论》，北京大学出版社2016年版，第61页。
[2] 朱晓喆："论房屋承租人先买权的对抗力与损害赔偿——基于德国民法的比较视角"，载《中德私法研究》第9卷。

力，则与债务契约本质有违，不合交易之需要。[1]因此，江河公司2013年签订的租赁合同不因无权出租有效力瑕疵。依据《合同法》第236条的规定，租赁期间届满，承租人继续使用租赁物，出租人没有提出异议的，原租赁合同继续有效，但租赁期限为不定期。2014年，于2013年签订的定期租赁合同到期后，江河公司仍按原合同约定向张某收取租金，张某继续使用租赁物，江河公司没有提出异议，2013年签订的租赁合同继续有效，但转化为不定期的租赁合同。

值得讨论的是，张某能否通过解除或撤销租赁合同请求返还2013年之后的租金。需要注意的是，如果张某通过解除不定期租赁合同，由于优先购买权在之前已经存在并可以行使，其解除不影响优先购买权的行使。但如果张某撤销不定期租赁合同，不存在优先购买权，需要谨慎行使。

假使张某得依据《合同法》第97条第2句请求江河公司返还2013年之后收取的租金。

合同解除后，已经履行的，根据履行情况和合同性质，当事人可以要求恢复原状、采取其他补救措施，并有权要求赔偿损失。

（1）解除合同后返还租金请求是否成立

1）存在一个成立并生效的合同

2）存在合同可以解除的情形

在本案中，存在《合同法》第94条第4项中当事人一方迟延履行债务或者有其他违约行为致使不能实现合同目的的情形。

①江河公司存在违约行为

依据《合同法》第228条，出租人负有保证第三人不得向租赁物主张权利妨碍承租人对租赁物使用和收益的义务。由于门面房所有权人王某向张某主张权利，张某无法继续使用门面房，江河公司违反了权利瑕疵担保义务。

王某为房屋的所有权人，江河公司将房屋转让给湖海银行，湖海银行将房屋转让给王某并完成移转登记。值得探讨的是，此时是否存在租赁权物权化的可能性，也即是否存在买卖不破租赁。买卖不破租赁需要出租人为让与人，也即房屋所有权人。湖海银行在转让房屋所有权时，并非2013年之后不定期租赁合同的

---

[1] 王泽鉴：《民法学说与判例研究》（重排合订本），北京大学出版社2015年版，第358页。

出租人。

②合同目的不能实现

由于门面房所有权归王某所有，王某以所有权人主张张某返还门面房，张某与江河公司的租赁合同不能对抗王某。张某无法继续使用和收益房屋，租赁合同的目的不能实现。

③因果关系

江河公司未履行权利瑕疵担保义务与合同目的不能实现之间存在因果关系。

3）守约方行使解除权

张某在知道合同解除事由一年内通知江河公司，合同解除。

需要注意的是，根据租赁合同履行的情况和性质，由于2013年之后的租赁合同系不定期租赁合同，其解除的法律效果向未来发生效力，而不能溯及既往地发生恢复原状的法律后果。[1]综合而言，2012年1年定期租赁合同已经履行完毕，债权债务关系消灭。2013年签订的1年期租赁合同转化为不定期租赁合同，虽能被解除，但不生溯及既往的效果。

张某不可以基于该条规定请求返还租金。

（2）请求权未成立，无需检视是否消灭

（3）请求权可行使

（4）中间结论

张某不得依据《合同法》第97条第2句请求江河公司返还2013年之后收取的租金。

假使张某得依据《合同法》第58条第1句请求江河公司返还2013年之后收取的租金。

合同无效或者被撤销后，因该合同取得的财产，应当予以返还。

5. 请求江河公司返还2013年之后收取的租金

（1）撤销合同后返还租金请求是否成立？

1）租赁合同成立

本案中存在一个定期租赁合同和一个不定期的租赁合同，前已论述。

---

[1] 韩世远：《合同法总论》，法律出版社2011年版，第524页。

2）存在租赁合同可以撤销的情形

需要检视租赁是否存在可撤销或无效的事由。该合同未违反强制性规定，不存在无效事由。应检视租赁合同是否存在可以撤销的情形。

《合同法》第54条规定，下列合同，当事人一方有权请求人民法院或者仲裁机构变更或者撤销：因重大误解订立的；在订立合同时显失公平的；一方以欺诈、胁迫的手段或者乘人之危，使对方在违背真实意思的情况下订立的合同的。

本案可能的情形为欺诈或重大误解，接下来依次检视本案是否存在《合同法》第54条第1句、第2句可撤销的情形。

《合同法》第54条第1句规定合同可撤销的情形为，因重大误解订立的。重大误解的构成要件规定于《民通意见》第71条，行为人因对行为的性质、对方当事人、标的物的品种、质量、规格和数量等的错误认识，使行为的后果与自己的意思相悖并造成较大损失的，可以认定为重大误解。本案中，张某对租赁物进行了使用和收益，并无损害。因此，该构成要件不成立。

《合同法》第54条第2句规定合同可撤销的情形为，一方以欺诈、胁迫的手段或者乘人之危，使对方在违背真实意思的情况下订立合同的。欺诈行为的具体构成要件规定于《民通意见》第68条中，一方当事人故意告知对方虚假情况，或者故意隐瞒真实情况，诱使对方当事人作出错误意思表示的，可以认定为欺诈行为。构成要件包括欺骗行为、错误认识、处分财物因果关系和欺诈故意。在本案中，江河公司和张某订立租赁合同时，关于租赁标的物的性质等租赁合同必要之点，江河公司并没有欺骗或隐瞒。在2012年12月26日，江河公司并未通知张某所有权属的变更，就租赁物使用而言，出租人是否享有所有权对承租人影响甚巨，江河公司负有通知权属变更的义务，其未通知构成故意隐瞒真实情况，欺骗行为满足。张某存在所有权人为江河公司的错误认识。如果张某知道江河公司非所有权人，不会继续签订合同、支付租金，其处分财物和欺骗行为存在因果关系。江河公司明知隐瞒所有权变更会影响张某认知与其是否签订租赁合同，仍未告知，存在故意。因此，本案中就租赁合同订立存在欺诈的情形。张某可以依据《合同法》第54第2句主张本案合同存在因欺诈而可撤销的情形。

但由于继续性合同被撤销后，无恢复原状的可能性，撤销后向将来发生效力，过去合同关系不受影响。

（2）请求权未成立，无需检视是否消灭

（3）无需检视请求权是否可行使

（4）中间结论

张某不得依据《合同法》第 54 条第 1 句请求江河公司返还 2013 年之后收取的租金。

（三）张某对江河公司的侵权损害赔偿请求权

值得讨论的是，优先购买权是否具有可侵害性。

优先购买权与债权具有类似性，仅对租赁合同的相对人有意义，不具有绝对性，原则上不受侵权保护。优先购买权只需要权利人单方行使即可订立买卖合同关系，与无权利的第三人并无直接关系。权利人只需将形成的意思送达到相对人，即按其意思产生法律效果

我国《侵权责任法》第 2 条采取概括加列举的模式规定侵权法保护的对象，其列举的权利都是绝对权，形成权是否为"其他人身、财产权益"所包容，《侵权责任法》并未确定。[1]

但是，如果故意以悖于善良风俗的手段侵害承租人优先购买权，破坏此权利的行使和实现，致使承租人因未能及时行使优先购买权而无法取得房屋所有权，丧失买卖合同的履行利益，则该行为构成侵权行为。[2]

假设张某得依据《侵权责任法》第 6 条第 1 句并结合第 15 条第 4 句请求损害赔偿。

行为人因过错侵害他人民事权益，应当承担侵权责任。

承担侵权责任的方式主要有：……返还财产……

1. 请求权是否已成立

（1）侵权责任是否成立

1）加害行为

江河公司明知订立买卖合同后，未通知张某会影响其优先购买权的行使和实

---

〔1〕 朱晓喆："论房屋承租人先买权的对抗力与损害赔偿——基于德国民法的比较视角"，载《中德私法研究》第 9 卷。

〔2〕 朱晓喆："论房屋承租人先买权的对抗力与损害赔偿——基于德国民法的比较视角"，载《中德私法研究》第 9 卷。

现，仍未尽该义务，属于故意以悖于善良风俗的手段侵害承租人优先购买权。

2）损害

侵权行为法之基本目的，在于填补损害。所谓损害，系指因某种原因事实之发生，法律所保护权益遭受侵害所生之不利益。[1]在本案中，张某未能及时行使优先购买权，其优先购买权被侵害。

3）责任成立的因果关系

江河公司未履行通知义务与张某未能行使优先购买权有条件关系和相当因果关系。

4）加害行为具有违法性

江河公司违反通知义务侵害优先购买权，具有违法性。

5）构成要件之六：故意

江河公司对于不履行通知义务具有故意。

因此，侵权责任成立。

（2）侵权责任范围

1）请求权人遭受损害

本案中，张某遭受的损害为丧失买卖合同的履行利益，也即门面房的价格和买卖合同价格之间的差价。

2）具体损害与受侵权责任法保护的权益受侵之间有因果关系

本案中，优先购买权受侵害、未能及时行使与履行利益损害具有因果关系。出租人恶意地不通知承租人，将房屋出卖给第三人，在通常情况下会导致其与承租人之间的买卖合同履行利益的丧失。

2. 不存在权利消灭的抗辩，请求权未消灭

3. 不存在权利阻止的抗辩，请求权可行使

4. 中间结论

江河公司得依据《侵权责任法》第6条第1句结合第15条第4句请求张某履行损害赔偿义务。

---

[1] 王泽鉴：《民法学说与判例研究》（重排合订本），北京大学出版社2015年版，第257页。

二、张某对王某的请求

就契约上的请求权，值得讨论的是，江河公司无权出租王某的房屋于张某，张某能否主张对王某租赁权这一债权的善意取得，进而主张其与王某之间存在租赁合同，请求王某履行出租义务。

善意取得的前提是该权利是否有公示机制。权利对于第三人的对抗效力和权利的公示作用应相伴而生。权利的对世性越强，公示的机制也越充分完备。同时也需要考虑为达公示作用必须付出的社会成本。如果公示作用不足，交易的不安全也会引发其他社会成本。

无权出租他人之物时，租赁权不能善意取得。

第一，租赁合同具有债权性。尽管存在买卖不破租赁，也即租赁权物权化的现象，租赁合同的本质仍然是债之关系，具有相对性，仅能约束特定之人。则当事人就租赁合同上的权利，原则只能向相对人主张。因此出租他人之物时，承租人不因与出租人成立租赁合同，向所有权人主张使用收益的权利。如果出租人没有对所有权人的物占有、使用和收益的权利，承租人的占有、使用和收益也没有基础，皮之不存，毛将焉附。

第二，租赁权不具有足够的公示机制，使无权出租中承租人能据以对抗所有权人。

无权出租与买卖不破租赁情形不同。买卖不破租赁是使承租人的权利能够得到保护，且承租人的占有起到一定的公示作用，能够让受让人知晓，且最关键的是，此时出租人为所有权人，因此公示作用充足，交易安全不受影响，承租人租赁权可以对抗受让人。但无权出租中，出租人非所有权人，且其与承租人的租赁合同具有相对性，无对抗所有权人的正当理由。

无权出租与物权善意取得不同。物包括动产和不动产，都有公示的方法，但租赁权这一债权不具有公示手段。在公示作用不足的情况下，交易的不安全会引发其他成本。如果允许无权出租中承租人善意取得租赁合同的权利，所有权人将会处于非常不利的境地中，随时陷入无妄之债中，人身自由和合法权益将受到不当的严重限制。

因此张某不能主张租赁权的善意取得。张某与王某之间不存在契约关系。

张某并非门面房的所有权人，也无法行使物权权利。张某与王某之间也不存在无因管理、不当得利或侵权关系。因此，该部分无需检视。

三、张某对湖海银行的请求

首先，就契约上请求权，张某与湖海银行可能存在因买卖不破租赁法定原因产生的租赁合同关系，具体租赁期限为 2012 年 12 月 26 日～31 日，该部分将于分析湖海银行对张某的请求权部分予以详细分析。就无权出租而言，张某也不能主张善意取得租赁权，因为债权不能被善意取得。

值得探讨的是，在江河公司无权出租湖海银行的门面房的情形下，在湖海银行将门面房转让给王某时，张某能否向湖海银行主张优先购买权。本文认为此时优先购买权并不成立。尽管江河公司与张某之间的租赁合同成立并生效，但该租赁合同具有相对性，并不拘束所有权人，因此所有权人出卖房屋时，承租人无优先购买权。但出租人出卖房屋时，承租人可以享有优先购买权。在本案中，湖海银行作为所有权人出卖房屋，张某无优先购买权。

张某与湖海银行可能存在因占有门面房使用收益产生的不当得利关系、侵权关系，将于分析湖海银行对张某的请求权部分予以详细分析。

张某可能主张湖海银行侵害其优先购买权，但在本案中，并没有证据证明湖海银行与江河公司签订抵偿协议时，故意以悖于善良风俗的手段侵害承租人优先购买权，破坏此权利的行使和实现。[1]因此，该部分无需检视。

题目二　王某得向何人主张何种权利？相应的规范基础是什么？

一、王某对张某的请求

（一）请求权基础预选

第一，王某是门面房的所有权人，有必要检视王某能否基于《物权法》第34 条请求张某返还门面房的占有。由于王某并未取得门面房的占有，因此并不能依据《物权法》第 245 条请求张某返还占有。值得注意的是，王某能否基于

---

〔1〕　朱晓喆："论房屋承租人先买权的对抗力与损害赔偿——基于德国民法的比较视角"，载《中德私法研究》第9 卷。

《物权法》第 243 条请求张某返还使用利益。与《德国民法典》第 987 条第 1 句规定的"占有人必须向所有人返还在诉讼系属发生后所收取的用益"不同，《物权法》第 243 条仅仅提及了原物及其孳息，并不包括孳息之外的用益性利益。因此，对于张某占有并使用该房屋的收益，王某不能基于该条请求返还。

第二，王某自 2018 年 11 月成为门面房所有权人，张某相对于王某作为无权占有人，值得探讨的是，张某自 2018 年 11 月占有房屋，是否构成不当得利。王某可能依据《民法总则》第 122 条请求张某返还不当得利。

第三，还应检视张某对于王某的房屋的占有是否构成侵权，王某能否依据《侵权责任法》第 6 条第 1 句结合第 15 条第 4 句请求损害赔偿。

（二）王某对张某的物权请求权

假使王某得依据《物权法》第 34 条请求张某返还门面房的占有。

无权占有不动产或者动产的，权利人可以请求返还原物。

1. 请求权是否成立

（1）王某为所有权人

本文采历史检验的方法，依据《物权法》第 9 条的规定，不动产物权的转让经登记生效。江河公司与湖海银行达成让与门面房所有权合意，于 2012 年 12 月 26 日办理了过户登记，湖海银行取得门面房所有权。2018 年 11 月份，湖海银行与王某达成让与门面房所有权合意，并办理过户登记，王某取得门面房所有权。

（2）张某为占有人

占有人指对标的物有事实的管理和控制，张某为门面房直接占有人。

2. 请求权未消灭

3. 请求权可以行使

张某不得以其与江河公司之间的租赁合同进行抗辩。租赁合同具有相对性，依据《民法典》第 465 条第 2 句的规定，依法成立的合同仅对当事人具有法律上的约束力。

4. 中间结论

王某得依据《物权法》第 34 条请求张某返还门面房的占有。

（三）王某对张某的不当得利返还请求权

假使王某得依据《民法总则》第 122 条请求张某返还不当得利。

因他人没有法律根据，取得不当利益，受损失的人有权请求其返还不当利益。

在分析不当得利时，先分析是否存在给付型不当得利，再分析是否存在权益侵害型不当得利。本案中，张某的财产利益增加并非基于王某积极的、有意识的增益，因此不存在给付型不当得利。本文就是否存在权益侵害型不当得利进行分析。

1. 请求权是否成立

（1）相对人取得财产利益

财产利益包括对物之使用本身，张某自 2018 年 11 月后占有并使用属于王某的房屋。若仅仅占有门面房而未对其进行使用，不能构成财产利益，因为占有仅指事实上的支配和控制状态，还需要使用，使用利益方构成财产利益。对所有权人王某而言，张某不能依据其与江河公司之间的租赁合同主张其未受有不当得利，因为租赁合同具有相对性，仅对张某和江河公司具有法律上的约束力。

张某在此期间对房屋的占有和使用构成其取得的财产利益，由于使用基于其性质无法返还，仅能折抵租金，张某除返还占有外，还需返还数额相当于租金的价金。需要注意的是，张某不能以其已经履行支付租金的义务，主张其未受有相当于租金数额的利益。张某取得的财产利益是对门面房使用本身，并不是租金的金钱利益。数额相当于租金的金钱利益实际上指的是对门面房的使用依照其性质不能返还时应偿还的价额。

需要注意的是，衡量承租人所取得的利益，应采租赁合同所定租金价值，而非市场一般交易价格。不当得利旨在解决利益的正当归属问题，而非救济本身。

值得讨论的是，张某能否以已为租金的支付为由，主张所受利益不存在。本文认为是不能的，张某是否已经支付租金与其所受利益没有因果关系，也并不是基于信赖产生的。

有学者认为，在返还使用利益方面，虽然张某受有利益，但是如果所有人都能向承租人请求不当得利返还，将会使善意承租人造成不测的损害，以及造成复杂的求偿关系。如果承租人为善意，所有人不能向其主张不当得利返还，仅能向物权出租人主张不当得利返还；如果承租人为恶意，所有人可以依不当得利规定，请求承租人或返还物权占有使用其物所受利益。但本文认为，不应区分对待善意和恶意的承租人。

第一，无论善意、恶意承租人，对于所有人都是无权占有人，都不当得受有使用利益，因此所有人都有权请求其返还不当得利。进一步而言，比较成本和能力，承租人在租赁合同关系尽一定的谨慎和注意义务，比受让人所花费的预防他人无权出租其房屋的成本更低，能力更强。

第二，求偿关系虽然复杂，但仍然能够厘清，不能以其复杂而对问题一刀切。本文将就三人关系进行分析。

在承租人已经支付了租金的情况下，承租人与出租人皆已履行租赁合同的义务，租赁合同的债权债务关系消灭，持续性合同关系即使被解除也不能溯及既往。此时，所有人有权向出租人请求租金的不当得利或者孳息返还，或者向承租人请求使用利益不当得利返还，出租人和承租人负担不真正连带债务，最终义务人为无权出租人。

不真正连带债务具有如下特征。

第一，属个人基于不同行为造成一个损失。无权出租中，承租人的占有和使用行为造成占有利益的损失，同时该损失又是出租人的无权租赁行为造成的，两个行为都是损失发生的原因，但是只有一个损失结果，并不是两个损失结果，即只有使用利益的损失。

第二，数个行为人产生不同的义务。这个义务就救济受害人损失而言，具有同一目的，即承租人返还占有利益和出租人的租金的目的都是为了救济所有权人的损失，二者返还不当得利的义务的目的都是为了救济所有权人占有利益的损失，而不是救济各个不同的损失。

第三，受损失人享有不同的赔偿请求权，可以择一行使。所有权人可以请求承租人返还占有使用房屋的不当得利，可以向出租人请求无权出租房屋获得租金的不当得利，而不是分别行使各个请求权。所有权人选择一个不当得利请求权实现之后，其他请求权消灭，体现了就近规则，即产生的义务是中间义务，而不是最终义务。

第四，损害赔偿义务最终归属于损害发生的最终义务人。无权出租中最终义务人是无权出租人。

如果所有权人选择的是无权出租人，则出租人最终承担租金不当得利返还义务。如果选择的不是无权出租人，则承担了返还义务的承租人可以向出租人请求不当得利返还，向最终义务人追偿。

关于此处张某对江河公司的不当得利返还请求权，性质为给付型不当得利，江河公司债务清偿基于张某的给付。江河公司债务被清偿，消极财产减少，受有财产利益；张某为江河公司清偿债务，积极财产减少，利益受损；江河公司获益没有法律上的原因，江河公司不得以已经履行了交付房屋占有使用为由抗辩，因为该债权债务关系已经因为履行而消灭。因此，该给付型不当得利成立。该请求权与前述的违约损害赔偿请求权或侵权损害赔偿请求权并存，因为损失并存。

在承租人未支付租金的情况下，出租人此时享有的是租金债权，所有人可以请求其返还租金债权，也可以向承租人请求返还使用房屋利益的不当得利。若所有人向出租人请求不当得利返还，经通知，承租人向所有人支付租金；若所有人向承租人主张给付型不当得利返还，此时承租人对出租人的租金债务与出租人对承租人负有的不当得利返还债务发生抵销。

本案中，承租人张某已经支付了租金，仅就第一种情况进行分析。

（2）该财产利益归属于请求权人

对门面房的占有和使用利益应归属于门面房的所有权人。依据《物权法》第 39 条的规定，所有权人有权对物进行占有、使用、收益和处分。

（3）因权益侵害而得利

权益侵害型不当得利是指相对人取得财产利益并非被请求权人参与所致，无论得利是因为得利人自身的行为、第三人行为或者事件。在本案中，张某占有并对租赁物进行使用，并非王某的参与所致。

（4）得利无法律上的原因

在权益侵害型不当得利中，得利无法律上的原因是被推定的。尽管张某基于与江河公司订立的租赁合同，得利对于江河公司具有法律上的原因，但是债权合同具有相对性，对于王某、张某不能主张得利具有法律上的原因。

2. 请求权未消灭

3. 请求权可以行使

4. 中间结论

王某得依据《民法总则》第 122 条请求张某返还数额相当于租赁合同中租金的金钱。

（四）王某对张某的侵权损害赔偿请求权

假使王某得依据《侵权责任法》第 6 条第 1 句结合第 15 条第 4 句请求损害赔偿。

行为人因过错侵害他人民事权益，应当承担侵权责任。

承担侵权责任的方式主要有：……返还财产……

1. 请求权是否成立

（1）侵权责任是否成立

1）加害行为

张某对门面房的无权占有和使用侵害了所有权人的所有权，也即侵害了所有权人对门面房的占有、使用和收益。

2）损害

所谓损害，系指因某种原因事实之发生，法律所保护权益遭受侵害所生之不利益。在本案中，因为张某的使用，王某无法对房屋进行占有和使用，侵害其所有权，此为不利益。

3）责任成立的因果关系

张某的占有使用与王某丧失使用利益有条件关系和相当因果关系。

4）加害行为具有违法性

张某无权占有的行为，具有违法性。

5）行为人有责任能力

6）过错

张某对无权占有并不明知，其在王某通知之后才知道江河公司不具有所有权，才知道其为无权占有和使用王某的门面房。

（2）结论

请求权不成立。

2. 请求权未成立，无需检视是否消灭

3. 请求权未成立，无需检视能否行使

4. 中间结论

王某不得依据《侵权责任法》第 6 条第 1 句结合第 15 条第 4 句请求损害赔偿。

二、王某对江河公司的请求权

（一）请求权基础预选

第一，王某是门面房的所有权人，有必要检视王某能否基于《物权法》第 34 条请求江河公司返还门面房的占有以及无权占有产生的孳息。由于王某并未取得门面房的占有，因此并不能依据《物权法》第 245 条请求张某返还占有。但王某可能可以基于《物权法》第 243 条请求江河公司返还孳息，尽管位于《物权法》，该条规范属于债权性规范。

第二，王某自 2018 年 11 月成为门面房所有权人，值得探讨的是，江河公司擅自出租王某的房屋是否构成不当得利。王某可能可以依据《民法总则》第 122 条请求张某返还不当得利。

第三，还应检视江河公司对于王某的房屋的擅自出租是否构成侵权，王某能否依据《侵权责任法》第 6 条第 1 句结合第 15 条第 4 句请求损害赔偿。

（二）王某对江河公司的物权请求权

假使王某得依据《物权法》第 34 条请求江河公司返还门面房的占有。

无权占有不动产或者动产的，权利人可以请求返还原物。

存在的疑问是，除了间接占有，王某能否请求江河公司返还对门面房的直接占有，即让王某享有对门面房没有阻碍的直接占有的地位。本文认为不能，因为江河公司并非处于对门面房直接控制的地位。王某和江河公司之间也不存在租赁合同，江河公司不负有返还租赁物直接占有的义务。

1. 请求权是否成立

（1）王某为所有权人

王某为门面房所有权人，前文已经分析。

（2）江河公司为占有人

占有人指对标的物有事实上管领力。占有包括直接占有和间接占有。张某为房屋的直接占有人，江河公司通过其与张某之间的房屋租赁合同这一占有媒介实现对房屋的间接占有。

2. 请求权未消灭

3. 请求权可以行使

4. 中间结论

王某得依据《物权法》第34条请求张某返还门面房的占有。

假使王某得依据《物权法》第243条请求江河公司返还占有门面房期间产生的孳息。

不动产或者动产被占有人占有的，权利人可以请求返还原物及其孳息。

（三）王某对张某的请求权

1. 请求权是否成立

（1）王某为所有权人

王某为门面房所有权人，前文已经分析。

（2）江河公司为占有人

江河公司为该房屋的间接占有人，前已经分析。

（3）江河公司获得孳息

孳息包括自然孳息和法定孳息。法定孳息是指依据一定法律关系产生的利益。在本案中，江河公司将门面房出租给张某获得租金收益，为法定孳息。值得注意的是，与《德国民法典》不同，《物权法》第243条并未区分善意与恶意无权占有人，无论无权占有人善意与否，都负有返还孳息的义务。依据《德国民法典》第955条，善意占有人取得标的物的孳息。因此，《德国民法典》因所有权发生的请求权形成一组独立的规范群，为平衡善意无权占有人和所有权人的利益，在孳息和用益返还义务上排除不当得利规范的适用。但《物权法》第243条或者其他规范并未对善意占有人予以特殊对待，因此，《物权法》第243条并不排除不当得利规范的适用，二者可以形成请求权竞合。

本案中，江河公司与王某并不存在租赁合同等关系，江河公司无法以债权或用益物权等抗辩自己属于有权占有。

2. 请求权未消灭

3. 请求权可以行使

4. 中间结论

王某得依据《物权法》第 243 条请求张某返还租金。

（四）王某对江河公司的不当得利返还请求权

假使王某得依据《民法总则》第 122 条请求江河公司返还不当得利，也即房屋租金。

因他人没有法律根据，取得不当利益，受损失的人有权请求其返还不当利益。

1. 请求权是否成立

（1）相对人取得财产利益

江河公司擅自出租门面房，取得租金，受有利益。

（2）该财产利益归属于被请求权人

对门面房的出租产生的利益应归属于门面房的所有权人。

值得探讨的是，江河公司能否以王某怠于占有和使用其房屋主张该利益并不归属被请求权人。本文认为，该房屋属于江河公司所有，租金为法定孳息，依据《物权法》第 116 条的规定，若无特别约定，存在用益物权或租赁权等他人权利，房屋的孳息归房屋所有权人享有。

（3）因权益侵害而得利

权益侵害型不当得利是指相对人取得财产利益并非被请求权人参与所致。在本案中，江河公司获得租金利益，系其无权出租他人房屋的权益侵害行为所致，并非王某的参与所致。

（4）得利无法律上的原因

在权益侵害型不当得利中，得利无法律上的原因是被推定的。江河公司没有任何可以受取此项租金的权利或法律依据。

2. 请求权未消灭

3. 请求权可以行使

4. 中间结论

王某得依据《民法总则》第 122 条请求江河公司返还不当得利。

（五）王某对江河公司的侵权损害赔偿请求权

假使王某得依据《侵权责任法》第 6 条第 1 句结合第 15 条第 4 句请求损害赔偿。

行为人因过错侵害他人民事权益，应当承担侵权责任。

承担侵权责任的方式主要有：……返还财产……

1. 请求权是否成立

（1）侵权责任是否成立

1）加害行为

江河公司对门面房的无权出租行为侵害了所有权人的所有权，也即侵害了所有权人对门面房的占有、使用和收益。

2）损害

所谓损害，系指因某种原因事实之发生，法律所保护权益遭受侵害所生之不利益。在本案中，因为江河公司的无权出租行为，王某无法对房屋进行占有和使用，侵害其所有权。

3）责任成立的因果关系

江河公司的无权出租行为与王某的所有权被侵害有条件关系和相当因果关系。

4）加害行为具有违法性

江河公司无权出租的行为，具有违法性。

5）过错

江河公司明知其所有权已经被转让，仍出租他人的房屋，虽然对具体的他人不明知，但不影响其具有无权出租的故意。

因此，侵权责任成立。

（2）侵权责任范围

1）请求权人遭受损害

本案中，张某遭受的损害为丧失占有使用的利益，可以相同时期同类门面房的市场上租金价格来计算占有使用的利益，属于客观价值，不同于租赁合同所定租金。与不当得利区分，侵权重在救济，填平损失。

2）具体损害与受侵权责任法保护的权益受侵之间有因果关系

本案中，王某未能占有使用门面房遭受的损害与江河公司无权出租具有因果关系。

2. 请求权未消灭

3. 请求权能行使

4. 中间结论

王某可以依据《侵权责任法》第 6 条第 1 句结合第 15 条第 4 句请求返还依照市场价格对应期限租金的金钱。

三、王某对湖海银行的请求权

在本案中，湖海银行与王某之间存在契约上的关系，湖海银行与王某之间订立了买卖合同，王某有权请求其依据《合同法》第 135 条履行交付门面房并移转标的物所有权的义务。湖海银行与王某已经达成了让与的合意，并完成了移转登记，已经履行了移转门面房所有权的义务。值得探讨的是，王某是否履行了交付门面房的义务。交付，指移转标的物的占有和控制，分为现实交付和观念上的交付。在本案中，王某和湖海银行约定了交付的方式，约定门面房若被占有人员则由王某清理，属于指示交付，王某通过转让请求第三人返还原物的请求权完成了交付。因此，王某已经履行了买卖合同的义务，该请求权消灭。

湖海银行与王某之间不存在物权关系、不当得利、无因管理或侵权关系，无需检视。

题目三　湖海银行得向何人主张何种权利？相应的规范基础是什么？

一、湖海银行对张某的请求权

（一）请求权基础检视

第一，关于契约上请求权，本案中可能存在买卖不破租赁的情形，湖海银行可能可以基于租赁合同向张某请求支付租金。

第二，关于物上请求权，由于湖海银行已经将门面房转让给王某，不再是房屋的所有权人。湖海银行也从未取得对门面房的占有，因此也不存在占有返还请求权。值得注意的是，与《德国民法典》第 987 条不同，《物权法》第 234 条仅仅规定了返还孳息，并不包括其他用益，因此对房屋使用利益的返还不能基于《物权法》第 234 条请求返还。

第三，关于不当得利请求权，在湖海银行为门面房所有权人期间，本案中存在江河公司无权出租其房屋给张某的情况，张某无权占有并使用门面房，湖海银行可能可以基于不当得利请求张某返还占有使用的利益。

第四，关于侵权请求权，在湖海银行为门面房所有权人期间，张某无权占有其门面房，但其无权占有并非其故意侵害湖海银行所有权，其对无权出租并不知情，对于门面房转让的事项，江河公司和湖海银行皆未通知张某，张某也没有义务去查询租赁物真实权属，湖海银行不能基于侵权请求张某赔偿损害。

（二）湖海银行对张某的契约请求权

假使湖海银行得依据《合同法》第 226 条第 1 句请求张某支付 2012 年 12 月 26 日～2012 年 12 月 31 日的租金。

承租人应当按照约定的期限支付租金。

1. 请求权是否成立

存在一个成立的租赁合同。

依据《合同法》第 229 条的规定，租赁物在租赁期间发生所有权变动的，不影响租赁合同的效力。该条属于买卖不破租赁的规定，使租赁权具有特殊性，使债权物权化，具有对抗第三人的效力，第三人法定继受出租人的地位，受让人与承租人之间租赁关系继续存在，无需另行订立租赁契约，在受让之时，受让人与承租人之间当然存在租赁关系。租赁关系的继续存在，是基于法律规定，受让人或承租人是否知悉并不必要。[1]

下面检视本案中是否存在买卖不破租赁的情形。

（1）租赁关系存在

租赁物所有权让与之时为判断是否有租赁关系存在的准据时点。本案中，张某于 2012 年 9 月 26 日让与门面房所有权给湖海银行，即进行过户登记，该时点为准据时点。

需要检视在这个时点江河公司和张某之间是否存在一个成立并生效的租赁合同。2010 年 12 月，张某自江河公司处租用某商业大楼一楼门面房一间用于经销自行车，租期至 2012 年底。依据《合同法》第 212 条的规定，租赁合同是出租人将租赁物交付承租人使用、收益，承租人支付租金的合同。该合同关系符合租

---

〔1〕 王泽鉴：《民法学说与判例研究》（重排合订本），北京大学出版社 2015 年版，第 1088 页。

赁合同的定义。合同自成立后即生效，本案中不存在可撤销、无效、附条件或期限的情形。因此，在准据时点江河公司与张某之间存在一个成立并生效的租赁合同。

值得注意的是，《合同法》第 229 条并未要求承租人在租赁关系期间占有房屋，租赁物占有这一要件属于《民法典》新增内容。

（2）出租人将租赁物所有权让与给第三人

买卖不破租赁，实质上是所有权让与不破租赁。在本案中，系争门面房为不动产，依据《物权法》第 9 条的规定，不动产物权的设立、变更、转让和消灭，经依法登记，发生效力。在本案中，江河公司与湖海银行达成让与合意，且在 2012 年 9 月 26 日已经完成过户登记。出租人江河公司的所有权让与给湖海银行，且物权行为不存在无效或可撤销的事由。

因此，本案中存在买卖不破租赁的情形，受让人湖海银行与承租人张某之间在受让之时当然存在一个租赁合同。

租金是法定孳息，依据《物权法》第 116 条的规定，当事人有约定的，按照约定取得；没有约定或者约定不明确的，按照交易习惯取得，也即用益物权人或所有权人按照其权利存续期间内取得其孳息。在门面房所有权转让给湖海银行之后，法定孳息归湖海银行所有，湖海银行有权收取。

2. 请求权是否消灭

需注意的是，在承租人不知道租赁物所有权让与给第三人，预付或者继续向原出租人支付租金的情形下，为了保护承租人的利益，如果原出租人或受让人未将租赁物让与事由通知承租人，承租人对原出租人支付租金，对受让人发生履行效力。在本案中，由于湖海银行或江河公司都未通知张某，张某向江河公司支付租金，构成对与湖海银行之间租赁合同支付租金义务的有效履行，该请求权消灭。

3. 请求权已经消灭，无需检视能否行使

4. 中间结论

湖海银行不得依据《合同法》第 226 条第 1 句请求张某支付租金。

（三）湖海银行对张某的不当得利请求权

假使湖海银行得依据《民法总则》第 122 条请求张某返还不当得利。

因他人没有法律根据，取得不当利益，受损失的人有权请求其返还不当利益。

1. 请求权是否成立

（1）相对人取得财产利益

财产利益包括对物之使用本身，张某自 2013 年至 2018 年 11 月湖海银行让与门面房时一直占有并使用属于湖海银行的房屋。张某取得占有和使用的利益，以自 2013 年至 2018 年 11 月租赁合同约定的租金价额计算，原因上文在分析王某对张某的不当得利请求权时已经论述。

（2）该财产利益归属于被请求权人

对门面房的使用利益应归属于门面房的所有权人，也即湖海银行。原因上文在分析王某对张某的不当得利请求权时已论述。

（3）因权益侵害而得利

权益侵害型不当得利是指相对人取得财产利益并非被请求权人参与所致。在本案中，张某继续占有并对租赁物进行使用，并非湖海银行的参与所致。

（4）得利无法律上的原因

在权益侵害型不当得利中，得利无法律上的原因是被推定的。尽管湖海银行法定继受江河公司于 2012 年与张某订立的租赁合同，但该合同为一年定期合同，2012 年底即因履行完毕消灭。张某与江河公司订立的租赁合同仅具有相对性，也不能基于此对抗湖海银行。因此，张某得利无法律上原因。

2. 请求权未消灭

3. 请求权可以行使

4. 中间结论

湖海银行得依据《民法总则》第 122 条请求张某返还与租赁合同中约定的租金相当的金钱。

二、湖海银行对江河公司的请求权

（一）请求权基础预选

第一，就契约上的请求权，江河公司与湖海银行签订和解协议，存在契约上的关系，江河公司虽然将门面房所有权移转给湖海银行，但未交付门面房占有，可能构成违约，造成守约方损害，湖海银行可能基于《合同法》第 112 条请求江河公司损害赔偿。

第二，湖海银行作为房屋的所有权人，江河公司作为门面房的无权间接占有人，无权出租房屋获得孳息，湖海银行可能基于《物权法》第 243 条请求其返还孳息，该条为《物权法》中的债权性规范。

第三，湖海银行自 2012 年 12 月 26 日至 2018 年 11 月为门面房所有权人，值得探讨的是，江河公司擅自出租湖海银行的房屋是否构成不当得利，湖海银行可能依据《民法总则》第 122 条请求江河公司返还不当得利。

第四，还应检视江河公司对湖海银行的房屋的擅自出租是否构成侵权，湖海银行能否依据《侵权责任法》第 6 条第 1 句结合第 15 条第 4 句请求损害赔偿。

（二）湖海银行对江河公司契约上的请求权

假使湖海银行得依据《合同法》第 112 条请求江河公司赔偿违约损害。

当事人一方不履行合同义务或者履行合同义务不符合约定的，在履行义务或者采取补救措施后，对方还有其他损失的，应当赔偿损失。

1. 请求权是否成立

（1）存在一个成立并生效的合同

在法院执行过程中，江河公司与湖海银行达成和解，以包括系争门面房在内的某商业大楼中属于江河公司的全部房产抵偿贷款，是新债清偿，和解协议未履行完毕，旧债不消灭。

（2）当事人一方存在违约行为

依据《合同法》第 174 条的规定，法律对其他有偿合同有规定的，依照其规定；没有规定的，参照买卖合同的有关规定。和解协议属于有偿合同，可以类推适用买卖合同的规定。《合同法》第 135 条规定，出卖人有交付并移转标的物所有权的义务。和解协议可以类推适用该条规定。在本案中，江河公司并未移转标的物的占有与控制于湖海银行，未履行交付义务。

（3）守约方存在损害

依据《合同法》第 113 条的规定，当事人一方不履行合同义务或者履行合同义务不符合约定，给对方造成损失的，损失赔偿额应当相当于因违约所造成的损失，包括合同履行后可以获得的利益。在本案中，合同履行后可获得的利益为对门面房的占有和使用利益，因违约造成湖海银行无法使用门面房的价值，可以用租金衡量。

（4）违约行为和损害之间存在因果关系

江河公司未履行交付义务与湖海银行的损害不存在相当因果关系。相当因果关系要求违约行为通常会导致该损害，不存在异常因素介入中断因果关系，本案中江河公司无权出租行为中断了未履行交付义务与损害之间的因果关系。

2. 请求权未消灭

3. 请求权可以行使

4. 中间结论

湖海银行得依据《合同法》第112条请求江河公司赔偿违约损害。

（三）湖海银行对江河公司的孳息返还请求权

假使湖海银行得依据《物权法》第243条请求江河公司返还占有门面房期间产生的孳息。

不动产或者动产被占有人占有的，权利人可以请求返还原物及其孳息。

1. 请求权是否成立

（1）湖海银行为所有权人

湖海银行为门面房所有权人，前文已经分析。

（2）江河公司为占有人

江河公司为该房屋的间接占有人，前已经分析。

（3）江河公司获得孳息

孳息包括自然孳息和法定孳息。法定孳息是指依据一定法律关系产生的利益。在本案中，江河公司将门面房出租给张某获得租金收益，为法定孳息。

本案中，江河公司与湖海银行并不存在租赁合同等关系，江河公司无法以债权或用益物权等抗辩自己属于有权占有。

2. 请求权未消灭

3. 请求权可以行使

4. 中间结论

湖海银行得依据《物权法》第243条请求张某返还租金。

（四）湖海银行对江河公司的不当得利返还请求权

假使湖海银行得依据《民法总则》第122条请求江河公司返还不当得利，也即房屋租金。

因他人没有法律根据，取得不当利益，受损失的人有权请求其返还不当利益。

1. 请求权是否成立

（1）相对人取得财产利益

江河公司自2013年至2018年11月擅自出租湖海银行所有的门面房，取得租金，受有利益。

值得探讨的是，2012年12月26日～2012年12月31日这一段时间的租金。由于湖海银行因买卖不破租赁法定继受江河公司和张某之间的租赁合同，张某应向湖海银行支付租金，但由于湖海银行和江河公司皆未通知张某，为保护善意承租人，其向江河公司支付12月26日之后的租金仍属有效清偿，湖海银行只能向江河公司请求不当得利返还。

（2）该财产利益归属于被请求权人

2012年12月26日～2012年12月31日、2013年～2018年11月，江河公司获取的租金应归属于湖海银行。

（3）因权益侵害而得利

权益侵害型不当得利是指相对人取得财产利益并非被请求权人参与所致。在本案中，江河公司获得租金利益，并非湖海银行的参与所致。

（4）得利无法律上的原因

在权益侵害型不当得利中，得利无法律上的原因是被推定的，江河公司没有任何可以受取此项租金的权利或法律依据。

2. 请求权未消灭

3. 请求权可以行使

4. 中间结论

湖海银行得依据《民法总则》第122条请求江河公司返还不当得利。

（五）湖海银行对江河公司的侵权请求权

假使王某得依据《侵权责任法》第6条第1句结合第15条第4句请求损害赔偿。

行为人因过错侵害他人民事权益，应当承担侵权责任。

承担侵权责任的方式主要有：……返还财产……

1. 请求权是否成立

（1）侵权责任是否成立

1）加害行为

江河公司加害行为包括了两个行为。

第一个行为，江河公司无权收取已经由湖海银行法定继受的租赁合同自2012年12月26日至2012年12月31日的租金，侵害了湖海银行对张某的债权。

第二个行为，江河公司2013年之后无权出租湖海银行门面房的行为侵害了所有权人的所有权，也即侵害了所有权人对门面房的占有、使用和收益。

2）损害

所谓损害，系指因某种原因事实之发生，法律所保护权益遭受侵害所生之不利益。

江河公司的无权收取租金行为，导致湖海公司未能收取这一部分的租金，债权受损。债权是否为《侵权责任法》中"其他人身、财产权益"所包容，并未确定。但故意以违背善良风俗的方式侵害他人债权，构成侵权。江河公司明知门面房所有权已经转让，仍收取租金，以故意违背善良风俗的方式侵害了该债权。

江河公司无权出租行为，侵害湖海银行对门面房的所有权，湖海银行无法对房屋进行占有和使用，侵害其所有权。

3）责任成立的因果关系

江河公司的无权收取租金、无权出租行为与湖海银行的债权、所有权被侵害有条件关系和相当因果关系。

4）加害行为具有违法性

江河公司无权仍收取租金、无权出租的行为，具有违法性。

5）过错

江河公司明知无收取租金权利，仍然收取租金；明知其所有权已经被转让，仍出租他人的房屋。因此，侵权责任成立。

（2）侵权责任范围

1）请求权人遭受损害

本案中，湖海银行遭受的损害为未能收取本应该收取的12月26日~31日的租金以及 2013 年后对房屋的占有和使用利益，后者可以相同时期同类门面房的市场上租金价格来计算占有使用的利益。

2）具体损害与受侵权责任法保护的权益受侵之间有因果关系

本案中，湖海银行未能收取租金、占有使用门面房遭受的损害与其债权、所有权被侵害具有因果关系。

2. 请求权成立，无需检视是否消灭

3. 请求权成立，无需检视能否行使

4. 中间结论

湖海银行得依据《侵权责任法》第 6 条第 1 句结合第 15 条第 4 句请求损害赔偿。

三、湖海银行对王某的请求权

就契约上关系而言，湖海银行与王某之间存在买卖合同，王某负有支付价金的义务，且已经履行完毕，请求权消灭。湖海银行与王某之间不存在物权、无因管理、不当得利、侵权等关系，无需检视。

第二部分

2020 年首届全国鉴定式案例
研习论坛会议实录

2020 年首届全国鉴定式案例研习论坛会议实录

2020 年 11 月 29 日

会议议程

【开幕式暨颁奖仪式（8:30~9:00）】

主持：

    于　飞　中国政法大学民商经济法学院院长，教授

致辞：

    常保国　中国政法大学党委副书记、副校长，教授

    徐涤宇　中南财经政法大学校长助理、法学院院长，教授

    金可可　华东政法大学法律学院院长，教授

    张家勇　中国案例法学研究会副会长，教授

介绍评审流程并宣布获奖名单：

    杨秀清　中国政法大学民商经济法学院副院长，教授

颁奖仪式

【合影（9:00~9:20）】

【第一单元（9:20~10:40）】

获奖作品展示

主持：

    刘继峰　中国政法大学民商经济法学院教授

主报告（15 分钟）：

首届全国鉴定式案例研习大赛第 1 名获得者

协同报告（每人 5 分钟）：

首届全国鉴定式案例研习大赛第 2～10 名获得者

点评（每人 5 分钟）：

朱庆育　南京大学法学院教授

王　蒙　华东政法大学法律学院特聘副研究员

李金镂　中南财经政法大学法学院讲师

吴香香　中国政法大学民商经济法学院副教授

【茶歇（10:40～10:50）】

【第二单元（10:50～12:10）】

鉴定式案例教学的本土经验

主持：

王洪亮　清华大学法学院教授

报告（每人 10 分钟）：

1. 鉴定式案例教学课堂内外的体系协作

　　于　飞　中国政法大学民商经济法学院教授

2. 鉴定式案例研习课程建设中的几个问题

　　金可可 华东政法大学法律学院教授

3. 案例教学体系的探索

　　张家勇　中南财经政法大学法学院教授

4. 民法案例研习中的请求权竞合问题

　　朱晓喆　上海财经大学法学院教授

5. 民法案例研习在北大

　　贺　剑　北京大学法学院助理教授

与谈（每人 7 分钟）：

黄　卉　北京大学国际法学院教授

李　昊　北京航空航天大学法学院副教授

纪海龙　华东师范大学法学院教授

袁治杰　北京师范大学法学院教授

【午餐（12：10～13：30）】

【第三单元（13：30～15：30）】

鉴定式案例教学的课程设计

主持：

葛云松　北京大学法学院教授

引导报告（每人 10 分钟）：

1. 专业政法大学请求权基础案例实训课课程设计与教学组织

　　黄家镇　西南政法大学法学院教授

2. 综合类大学鉴定式案例教学的困难与应对

　　方斯远　暨南大学法学院副教授

3. 请求权基础案例研习双阶课程：探索与问题

　　姚明斌　华东政法大学法律学院副教授

4. 民法鉴定式案例教学的课程设计

　　缪　宇　中国政法大学民商经济法学院讲师

5. 商法鉴定式案例教学的课程设计

　　葛平亮　中国政法大学民商经济法学院副教授

6. 民诉案例研习在中南

　　袁中华　中南财经政法大学法学院副教授

7. 民事诉讼法鉴定式案例教学的课程设计

　　金　印　中国人民大学法学院助理教授

8. 刑法鉴定式案例教学的课程设计

　　李世阳　浙江大学法学院副教授

9. 行政法鉴定式案例教学的课程设计

　　张冬阳　中国政法大学法学院讲师

自由与谈（共 30 分钟，每人发言不超过 5 分钟）

【茶歇（15：30～15：40）】

【第四单元（15：40～17：40）】

鉴定式案例教学的未来发展

主持人：

田士永　中国政法大学教授

引导报告（每人10分钟）：

1. 要件事实论与鉴定式案例分析

　　许　可　国际关系学院副教授

2. 鉴定式案例教学在中国的未来：如何打破"木桶效应"？

　　陈传法　北京化工大学法学院副教授

3. 鉴定式案例教学的观察与思考

　　汪　洋　清华大学法学院副教授

4. 案例研习的方法与可能

　　茅少伟　北京大学国际法学院助理教授

5. 民诉案例研习在北大

　　曹志勋　北京大学法学院助理教授

6. 法庭报告技术（Relationstechnik）：案例教学的下一个试验？

　　陈大创　中南财经政法大学法学院讲师

7. 鉴定式案例教学：困境与出路

　　严　城　浙江财经大学法学院讲师

8. 从工作方法到思维方法：鉴定式案例分析方法的未来

　　于程远　中国政法大学民商经济法学院讲师

自由与谈（共40分钟，每人发言不超过5分钟）

【第三、四单元自由与谈人（姓氏拼音为序）】

安晋城　中国政法大学民商经济法学院讲师

陈丽婧　华东政法大学法律学院师资博士后

陈晓敏　中南财经政法大学法学院副教授

冯洁语　南京大学法学院副教授

胡川宁　西南政法大学法学院副教授

李建星　华东师范大学法学院副教授

李运杨　华东政法大学法律学院特聘副研究员

刘　骏　华东政法大学法律学院特聘副研究员

刘亚东　首都经济贸易大学法学院讲师

孙政伟　西北政法大学民商法学院讲师

王丽美　西北政法大学民商法学院副教授

王立栋　吉林大学法学院讲师

谢远扬　中国政法大学民商经济法学院讲师

徐建刚　中央财经大学法学院讲师

徐同远　华东政法大学法律学院讲师

俞彦韬　华东政法大学法律学院师资博士后

赵文杰　华东政法大学法律学院讲师

张　静　中南财经政法大学法学院助理研究员

张　静　华北科技学院文法学院讲师

【闭幕式】

(17:40~18:00)

主持:

翟远见　中国政法大学教务处副处长,副教授

总结:

于　飞　中国政法大学民商经济法学院院长,教授

开幕式暨颁奖仪式

【议程】

主　持：

　　于　飞　中国政法大学民商经济法学院院长，教授

致　辞：

　　常保国　中国政法大学党委副书记、副校长，教授

　　徐涤宇　中南财经政法大学校长助理、法学院院长，教授

　　金可可　华东政法大学法律学院院长，教授

　　张家勇　中国案例法学研究会副会长，教授

介绍评审流程并宣布获奖名单：

　　杨秀清　中国政法大学民商经济法学院副院长，教授

颁奖仪式

【实录】

于　飞：各位老师、各位同学，现在进行开幕式。

尊敬的常保国副校长、尊敬的徐涤宇院长、金可可院长、张家勇副会长、各位专家教授、各位来宾、各位同学，大家早上好！由中国政法大学民商经济法学院、中南财经政法大学法学院、华东政法大学法律学院主办，中国法学会案例法学研究会联合主办，《法律适用》编辑部、《中德私法研究》编辑部协办的 2020 年首届全国鉴定式案例研习论坛现在开幕。

下面有请中国政法大学副校长常保国教授进行致辞。常校长是中国政法大学

主管本科教学与研究生培养的校领导，也是民商经济法学院的联席校领导。

常保国：徐涤宇院长、金可可院长、张家勇教授、各位专家学者、各位同学，首先我代表学校欢迎各位来参加首届鉴定式案例研讨会！这三所大学也是立格联盟核心成员，共同举行首届鉴定式案例研讨会意义非凡，这也是政法院校法学共同体在法学教育中携手努力的标志。

今天的主题是鉴定式案例教学，它是德国法学教育的精髓，也是德国司法考试的形式，极具教学与实务意义。法学的学科特点以及学生未来的职业取向都具有强烈的实践性，法科生必须经过严格的法律训练。现在中国司法改革的特点之一是公开性。裁判文书要在网络上公布，而且需要完整呈现事实与法律逻辑。以上发展趋势都对希望进入司法系统的学生提出了更高的要求。为了达到训练效果，鉴定式案例研习非常必要。

在法学教育中，有些讲授课程涉及很多非逻辑性，甚至是跳跃性思维的部分，这些内容很吸引眼球，也很受学生欢迎，尤其对大一的学生具有吸引力，但这不是通过冷静的逻辑说服力吸引学生。中国政法大学一直坚持开设法律逻辑课程，强调法律逻辑的鉴定式案例教学的功能也在于完善教学、培养学生的法律逻辑思维。

目前鉴定式案例研习主要由民法学科推动，同时商法、民诉、刑诉、行政法、刑法也共同参与。这个项目首先要在校内进行推广，同时在政法类院校与综合大学法学院系共同推动，这对于整个法学教育的发展都具有重要意义，学校一定大力支持。在多年的教育改革中，落在实处、富有成效、回应法学教育挑战的项目并不多，但是我认为鉴定式案例研习能产生很强的实效，希望能够得到大家的支持。

民商经济法学院在中国政法大学的很多方面都起到了引领作用，也特别感谢中南财经政法大学、华东政法大学两所兄弟院校的合作主办！

于飞：感谢常校长对本次论坛活动意义的充分肯定，也非常感谢常校长对鉴定式案例教学的意义与价值给予了充分肯定与大力支持，民商经济法学院一定与各兄弟院校一起，将这项有意义的工作做得更好，提高法学人才培养质量。下面有请中南财经政法大学校长助理、法学院校长徐涤宇教授致辞。

徐涤宇：尊敬的常校长，尊敬的各位兄弟院校的专家们，还有参赛的同学们，大家上午好！我也代表中南财经政法大学对各位同学在活动中取得佳绩表示热烈的祝贺！也衷心感谢组织者、参与者，尤其是评审专家，为会议的成功举办所做的贡献！

近年来，鉴定式案例教学成为法学教育改革的热词。到会的很多专家都是身体力行者，如北京大学的葛云松教授、中国政法大学的田士永教授、华东政法大学的金可可教授、中南财经政法大学的张家勇教授、西南政法大学的黄家镇教授、上海财大的朱晓喆教授，以及在全国范围内推广鉴定式案例教学的李昊教授、黄卉教授。当然这些教授身后都是有团队的，我列举的仅仅是团队核心或主持人。全方位推动使鉴定式案例研习成为这几年法学教育改革的趋势。

中南财经政法大学从2015年开始创办卓越法律人才实验班，探索法律教育改革模式，其中包括但不限于案例教学方面的探索，最大的特色是借鉴德国为几乎所有的法学核心专业课程配套设置案例研习课程，率先在国内制度性地推行鉴定式案例教学，不仅在民法采用鉴定式案例教学，在行政法、刑法也全面推行。同时贯彻鉴定式案例教学的本土化思路，也取得了一定成效。

我们对这种教学模式在全国法学院校的推广也有所担当。从2017年开始，连续3年在暑假举办全国鉴定式案例研习公益培训班，在全国法学院校中遴选学员，希望将经验向全国推广。据说本次大赛获得佳绩的选手中，有很多都参加过我们的全国鉴定式案例研习班，这也是推广效果的体现。同时，我们得知中南财经政法大学的教学团队不仅在中南财经政法大学办暑期班，也在其他高校开花结果，比如华东师范大学、浙江理工大学、广东财经大学也邀请我们的团队开设课程，据说部分获奖者也是参与了这些课程。所以也要对中南财经政法大学张家勇团队这几年艰辛的付出表示感谢！

这次三个兄弟院校联合发起创办大赛与论坛，意在团结志同道合者、凝聚共识，推动鉴定式案例教学在中国的发展。中国政法大学这次具体承办，已经建立了论坛的范式，论坛从第一届开始就是高水准，之后我们具体承办一定努力维持水准。

王泽鉴老师对全国鉴定式案例教学研习大赛与论坛非常肯定，认为这一份努力非常值得。他发了两条微信给我，第一条是"法律教育、法律思维、法律实务、法律能力，革命性的改变发展"；第二条更具体，"请求权基础的鉴定型案例研习，若努努力普遍推动，假以时日，必将提升大陆法律人能力，提升司法及法律品质，乐观期待"。我以王老师对鉴定式案例研习论坛的乐观期待与初步鉴定结束我的致辞，同时也预祝会议圆满成功！

于飞：感谢徐院长。下面有请华东政法大学法律学院院长金可可教授致辞。

金可可：尊敬的常校长、各位尊敬的领导、老师，大家上午好！作为主办方的代表之一，我谈几点想法。

首先，鉴定式案例研习是法学教育的抓手与推动力，能给法学教育带来真正有实效的根本性变化，这已成为学界共识。正因为如此，十年以来鉴定式案例研习在全国已成燎原之势。去年在北京大学开的全国首届法学师资培训会，案例研习课程就是"主打产品"。

最早做尝试的有三家，第一家是北京大学葛云松教授，第二家是中国政法大学田士永教授，第三家是华东政法大学。我 2012 年开始尝试在民法总论课上贯彻鉴定式方法，试了一学期之后，同学们主动要求后面课程也适度结合此方法，我就意识到此方法能真正使学生受益。所以，2013 年鉴定式案例研习独立为正式的选修课。我教了 4 年之后慢慢地交给明斌等青年教师。2018 年学院全面改革培养方案，将一系列案例研习课作为全院学生的限选课，包括民法案例研习 I 和 II、行政法案例研习、商法案例研习、诉讼法案例研习等，都非常受欢迎。

首先，就培养规模较大的单位而言，中南财经政法大学、中国政法大学、华东政法大学三家各有特色。中南财经政法大学的特色在于：其一，只针对小班，但小班中各科都开设鉴定式案例研习课程；其二，连续几年举办暑期班，使全国学生受惠。华东政法大学的特点是以民法为主，但针对是全院 500 多位学生，覆盖面广。行政法刚起步，在黄卉教授的帮助下有一定起色。中国政法大学各科都开设了，而且涉及面相对较广。

其次，书籍层面，国家法官学院很早就推出一套高质量作品；同时，李昊教授、朱晓喆教授也各自组织翻译了一套非常有影响的译丛。

最后，在案例研习课程中，有一大批青年教师构成中坚力量，是案例研习的后劲所在，如朱虎、金印在人大的尝试。

三家主办这一活动，旨在为全国各地努力尝试案例研习课程的同仁建立对话与促进改革的平台，希望通过这个平台，零星分散的尝试走向全面推广与各家合作；从粗浅的开端将工作推到深入与精细的层面；从对国外学习的借鉴形成广为接受的本土形态。这是此次活动的初衷，在座各位为此付出很多，向各位老师致敬。

于飞：非常感谢金可可教授。本次论坛中国案例法学研究会是联合主办方，张家勇教授是中国案例法学研究会副会长，有请张家勇教授代表学会致辞。

张家勇：昨天在南京开案例法学年会专门问了会长的看法，他主要是鼓励：其一，祝贺本次全国鉴定式案例研习论坛成功举办；其二，希望将案例教学与案例研究真正落实到教育教学工作之中；其三，从规范法治走向案例法治，将法治思维贯彻到个案中，一个案例胜过一沓文件，应从案例中挖掘法理、落实法治。

于飞：谢谢张家勇教授，这次选取的案例就是最高院的真实案例。接下来有请中国政法大学民商经济法学院副院长杨秀清教授介绍这次大赛的评选流程，并宣布获奖结果。

杨秀清：尊敬的常校长、尊敬的各位领导、各位老师、亲爱的同学们，评审说明涉及三方面：一是大赛的组织，二是奖项设置，三是整个评审的详细过程。

第一，大赛组织。本届"全国鉴定式案例研习大赛"由中国政法大学民商经济法学院、中南财经政法大学法学院、华东政法大学法律学院共同发起并主办，中国政法大学民商经济法学院承办。三所主办学院各邀请本院开设民法鉴定式案例研习课程的三位教师共九人组成命题及评审委员会，这九位教师是：吴香香、缪宇、于程远、夏昊晗、陈大创、李金镂、姚明斌、赵文杰、王蒙。

第二，奖项设置。本次大赛共收到投稿744篇，按照事先公布的"全国鉴定式案例研习大赛"评审规则，评出获奖稿件10篇。其中，一等奖2篇、二等奖3篇、三等奖5篇。

第三，评审详细过程。案例报告评审分为书面评审与口头答辩两个阶段。

第一阶段书面评审采双向匿名评审制，分为两轮：第一轮，所有稿件经匿名处理后，随机分成9组，每组82~83份。每位评审委员认领1组，各自独立评审，选出本组最优秀的5份稿件，9组共选出45份优秀稿件进入第二轮评阅。

第二轮，9位评审委员各自独立为全部45份优秀稿件打分，以百分制计算，去掉一个最高分与一个最低分，加总后的平均分为最终书面评审成绩。得分从高到低排序，前15名进入口头答辩。

书面评审的时间为 2020 年 11 月 11 日~17 日。

2020 年 11 月 18 日，中国政法大学民商经济法学院微信公众号 "CUPL 民商经济法" 公告答辩名单、答辩时间、答辩方式与修改稿提交日期。考虑到疫情因素，答辩采腾讯会议线上方式。答辩成绩根据重新提交的书面修改稿与答辩现场表现共同评定，以百分制计算。所有入围作者均在规定日期前提交了书面修改稿，符合答辩要求。

口头答辩依照计划于 2020 年 11 月 21 日 18：30 时~24：00 时举行，答辩组由吴香香、缪宇、于程远、夏昊晗、陈大创、李金镂、赵文杰 7 位评审委员组成。存在可能的利害关系答辩者时，相应答辩委员回避（静音、关闭视频并且不参与该答辩者的评分）。

答辩结束后，7 位答辩委员各自独立现场评分。去掉一个最高分与一个最低分，加总后的平均分为答辩成绩。

第一阶段的书面评审成绩与第二阶段的答辩成绩以 7∶3 的比例计算总成绩，按照成绩高低，取前 10 名为本次大赛获奖作者，并评出一、二、三等奖。

本届大赛系全国首创，得到广泛关注与支持，参赛者包括大学教师、在校研究生与本科生以及法律实务人士，主办方对此表示衷心的感谢。

收到的有效投稿超出预期，达到744 篇，平均每篇字数超过 1 万字、2 万字以上的稿件更是有 94 篇，这充分显示了参赛者的认真态度与扎实功底。对此，主办方感到欣喜与鼓舞。

现宣布获奖结果如下：

第十名三等奖中国政法大学 2017 级本科生吴若璇

第九名三等奖中国政法大学 2017 级本科生江美茹

第八名三等奖中国政法大学 2018 级本科生孔祥鑫

第七名三等奖中南财经政法大学 2020 级硕士研究生杨征午

第六名三等奖华东师范大学 2020 级硕士研究生杨兴龙

第五名二等奖北京大学 2018 级硕博连读研究生刘凝

第四名二等奖对外经济贸易大学 2017 级本科生沈新航

第三名二等奖华东师范大学 2020 级硕士研究生高济民

第二名一等奖南京大学 2019 级硕士研究生高西雅

第一名一等奖华东政法大学2019级硕士研究生朱李圣

让我们以热烈的掌声，对以上获奖者表示祝贺！

以上是对2020年首届"全国鉴定式案例研习大赛"评审活动的说明。谢谢大家，预祝本次鉴定式案例研习论坛圆满成功！

于飞：热烈祝贺各位获奖同学！开幕式到此结束。

第一单元　获奖作品展示

【议程】

主　持：

　　刘继峰　中国政法大学民商经济法学院教授

主报告（15分钟）：

　　首届全国鉴定式案例研习大赛第1名获得者

协同报告（每人5分钟）：

　　首届全国鉴定式案例研习大赛第2～10名获得者

点评（每人5分钟）：

　　朱庆育　南京大学法学院教授

　　王　蒙　华东政法大学法律学院特聘副研究员

　　李金镂　中南财经政法大学法学院讲师

　　吴香香　中国政法大学民商经济法学院副教授

【实录】

　　刘继峰：各位老师、各位同学，第一单元由获奖同学依次做作品展示。祝贺获奖的十位同学，也期待明年有更多同学参与其中，并且能够获得佳绩。

　　本次大赛的案例与问题是：

　　2010年12月，张某自江河公司租用某商业大楼一楼门面房一间用于经销自行车，租期至2012年底。

　　2012年9月，江河公司因无法按期偿还湖海银行的贷款，被湖海银行诉至法院。在法院执行过程中，江河公司与湖海银行达成和解，以包括系争门面房在内的某商业大楼中属于江河公司的全部房产抵偿贷款。江河公司与湖海银行于2012年12月26日办理了过户登记，但均未告知张某。

2013年，江河公司与张某继续签订为期1年的租赁合同，并收取租金。2014年，该租赁合同到期后，江河公司与张某虽未再续签租赁合同，但江河公司仍按原合同约定向张某收取租金直至2019年4月。

2016年6月，王某购买某商业大楼两间门面房所有权用于经营布庄，此两间门面房与张某经销自行车的门面房相邻。

2018年5月，湖海银行与王某签订买卖合同，将系争门面房出卖于王某，并约定系争门面房若有占有人员则由王某清理。同年11月，湖海银行与王某办理了过户登记。

2019年4月8日，王某以张某侵占房屋为由要求后者搬离并赔偿损失。此时，张某方才得知系争房屋已经两次易主，当即表示拒绝搬离。2019年4月25日，张某主张行使优先购买权，并要求江河公司返还2012年12月26日以后收取的租金。

请问：

1. 张某得向何人基于何种请求权基础为何种请求？

2. 王某得向何人基于何种请求权基础为何种请求？

3. 湖海银行得向何人基于何种请求权基础为何种请求？

下面有请第一名获得者，来自华东政法大学的2019硕士研究生朱李圣同学。

朱李圣：各位老师和同学大家好，我是来自华东政法大学的朱李圣。我将按以下六个模块对本案进行部分展开。模块一是对本案的请求权基础进行预选，模块二和模块三是对王某的不当得利请求权进行分析，模块四~模块六是就张某对江河公司享有的合同请求权进行部分展开。之所以按该顺序，是因不当得利请求权的行使与否会影响合同请求权。

在进行请求权基础预选时，需就张某、王某和湖海银行分别进行讨论。就张某而言，他和江河公司之间存在租赁合同，其亦可能因先买权的行使而与江河公司产生买卖合同关系，故先需检视合同请求权。就王某而言，其在取得房屋所有权之后，可能对张某或江河公司享有原物返还请求权。此外，因嗣后江河公司仍将房屋出租于张某并未履行，故王某对江河公司或张某尚可能享有无因管理、侵权或不当得利请求权。就湖海银行而言，其取得房屋所有权后的法律状况类似于王某。

江河公司在 2012 年 12 月 26 日将房屋所有权移转于湖海银行后，因张某和江河公司的第 1 期租赁合同将于 2012 年底到期，故基于买卖不破租赁规则，湖海银行也只能概括继受租赁合同至 2012 年底。换言之，自 2013 年起，张某与湖海银行之间将不存在继有的租赁合同。在 2013 年，江河公司还以自己的名义与张某重新订立了第 2 期租赁合同。因张某此时仍未意识到湖海银河已成为房屋所有权人，故难谓其向湖海银行发出要约或承诺。因而，自 2013 年起，张某和湖海银行之间也不存在自有的租赁合同。综上，自 2013 年起，张某和湖海银行之间不存在租赁合同。鉴于张某之后也未意识到王某是房屋所有权人，故王某与张某之间亦不存在租赁合同。

就王某对张某的请求权而言，自王某取得房屋所有权后，张某作为现时的无权占有人，根据《物权法》第 34 条（《民法典》第 235 条），王某对张某享有原物返还请求权。在 2019 年 4 月 8 日之前，张某虽然使用王某的房屋，但主观上并无过错。因此，在该时点之前，王某对张某不享有侵权请求权。在该时点之后，根据《侵权责任法》第 6 条第 1 款（《民法典》第 1165 条第 1 款），王某对张某享有侵权请求权。

就不当得利请求权而言，因两者之间并无租赁合同，故张某就房屋使用利益的取得无法对王某主张具有法律上的原因，从而无法保有该项利益。但由于张某使用利益的取得是基于江河公司的给付行为，而王某对张某即使享有不当得利请求权，也只能是非给付型不当得利，故此处尚需讨论是否有非给付型不当得利辅助性原则之适用。我认为此处不应适用该原则，理由有二。理由一，王某在取得房屋所有权之后，本就可随时请求张某返还房屋从而获得后续完整的使用利益。理由二，该原则在德国法上要受制于善意取得制度的价值判断，而租赁权因欠缺法定的公示方式，故没有被善意取得的可能。然而，张某作为善意得利人，若其得利丧失，则仍可主张得利丧失抗辩。若认为张某向江河公司支付租金的行为会导致其得利丧失，则张某作为承租人的债务消灭就是得利的继续存在形式，故可能的得利丧失只能是张某对江河公司负有租金债务。但该理由仍不成立。原因是，得利丧失抗辩的逻辑是得利人先取得得利，后丧失该得利，而张某负担租金债务先于取得使用利益。张某也无法主张类推适用《物权法》第107条（《民法典》第312条），因租赁权欠缺被善意取得的资格。根据《民法总则》第122条（《民法典》第985条），王某可请求张某返还相应期间内的租金市价。

就王某对江河公司的请求权而言，王某和江河公司之间并无合同关系，故欠缺合同上的请求权。但江河公司明知是他人房屋仍出租并履行，故王某可主张不法管理，从而请求江河公司返还全部租金。此外，王某在取得房屋所有权后，江河公司作为现时的无权间接占有人，王某对江河公司享有原物返还请求权。最后，江河公司容忍张某使用房屋的行为，也构成对王某房屋所有权的侵害，且江河公司主观上具有过错，责任能力亦具备，故王某对江河公司享有侵权请求权。

就不当得利请求权而言，需要讨论的是，江河公司的得利是受有租金还是债务消灭。受有租金是基于租赁合同的履行行为，而订立租赁合同本身并未侵害房屋所有权，张某支付租金的履行行为亦不构成对房屋所有权的侵害。江河公司侵害王某房屋所有权的行为是对租赁合同的履行，而履行行为直接导致的是江河公司作为出租人的债务消灭。因此，江河公司的得利是因履行而导致的债务消灭，在数额上等于含有转租权限的市价租金。正因江河公司的得利是因履行而导致的债务消灭，故若王某向张某主张不当得利请求权，则江河公司对张某的债务就未因履行而消灭，江河公司的得利也就不复存在。质言之，王某对张某行使不当得利请求权之后，就不能再对江河公司主张不当得利。同理，王某若对江河公司行使了不当得利请求权，则无法再对张某行使不当得利请求权。概言之，不当得利请求权在行使上具有择一性。由此亦知，张某向江河公司主张返还2012年12月26日后多支付的租金，在规范上不能解释为是在行使终止权之后的返还清算请求。理由是，只有在王某或湖海银行向张某行使不当得利请求权之后，江河公司对张某的债务才确定地构成给付不能，亦即江河公司不能先入为主地假定自己已陷入给付不能。张某的该项主张也不能解释为行使撤销权，因已罹于除斥期间。

就张某对江河公司的合同请求权而言，第一个合同请求权是基于张某行使先买权之后，两者之间所成立的买卖合同。因承租人先买权本身不具有对抗效力，而江河公司已将房屋移转于湖海银河，故其已陷入主观不能。根据《合同法》第107条（《民法典》第577条），张某对江河公司享有损害赔偿请求权。因所赔偿的主要是履行利益，为计算差额，故需界定房屋市场价和房屋约定价。就房屋市场价而言，应以 2012 年 12 月 26 日的房价作为计算标准。原因是，计算标准应取决于江河公司的可预见性，而承租人先买权作为单方即得主张的形成权无法使出租人产生买卖合同项下的风险承接意愿。因此，不能以张某行使优先购买权时，即 2019 年 4 月 25 日左右的房价作为计算标准。就房屋约定价而言，若湖海银行或王某向张某主张了不当得利请求权，则根据《合同法》第 228 条第 1 款（《民法典》第 723 条第 1 款），张某即可向江河公司主张减价权。问题是，减价权作用的对象是张某在 2012 年 12 月 26 日后所多支出的租金抑或房屋约定价。江河公司对张某负有替代给付的损害赔偿责任，而所赔偿的是 2012 年 12 月 26 日的房屋市场价。房屋市场价包括了房屋后续使用利益的市场性对价，亦即若张某在 2012 年 12 月 26 日后多支出的租金与市价租金相近，则其多支出租金的损害已被替代给付的损害赔偿所弥平。但张某仍对江河公司负有支付房屋约定价的义务，而房屋约定价包括了房屋后续使用利益的约定性对价。因此，减价权作用的对象应为房屋约定价。

就第二个合同请求权而言，有两个问题需要阐明。问题一，承租人是否可以直接基于通知义务的违反，请求出租人赔偿买卖合同项下的履行利益。这在德国法上存有分歧，但应采否定说，因履行利益惟有在买卖合同项下才能产生。易言之，与履行利益损害有因果关系的是买卖合同项下的义务违反，而非通知义务的违反。问题二，是迟延利息。若江河公司及时履行了通知义务，则张某就可行使先买权，从而至少可获得履行利益的损害赔偿。而现在张某虽然也可行使先买权，但因买卖合同项下可预见性的限制，故只能获得损害赔偿。但由于货币具有时间价值，张某本可获得基于履行利益而增加的利息。张某主张该利息需满足两个前提。前提一，承租人在此时行使先买权。原因是，张某对取得该利息的合理期待以支出约定价为前提。若其不行使先买权，则将使江河公司无法寻得主张约定价的请求权基础。前提二，若出租人及时履行了通知义务，则承租人在彼时会行使优先购买权。若张某在江河公司及时履行通知义务后无法行权，则等价于不能取得履行利益，从而亦无法获得基于履行利益而产生的利息。

就第三个合同请求权而言，根据《物权法》第 34 条（《民法典》第 235 条），王某可驱逐张某，驱逐之后张某可能会产生搬离、寻租费用以及停业损失，问题是这些损失是否均可转嫁于江河公司。在 2019 年，江河公司与张某之间是不定期的租赁合同关系，所以江河公司本就可随时行使任意终止权。在行使终止权之后，张某仍会产生的损失就与江河公司在租赁合同项下的违约行为欠缺因果关系，即江河公司可主张合法替代行为的抗辩。在本案中，搬离费用不应纳入损害赔偿的范围，因为即使在江河公司行使终止权之后，张某还是会支出该费用，而且在合理期限内该费用通常也不会有大幅增长。寻租费用（该寻租指的是寻找租赁商铺，而非经济学意义上的寻租）可被部分纳入损害赔偿的范围。被纳入的部分等于当下张某所需的寻租费用与在合理期限内所需的寻租费用之差，因为寻租时间越长，寻租压力就越低，从而寻租费用通常也就因周转余地的扩张而降低。停业损失可被纳入损害赔偿的范围。因为张某在合理期限内本可寻得店铺从而实现持续经营，除非江河公司有相反证据证明，即使在合理期限内张某也无法寻得店铺。需注意的是，若湖海银行或王某向张某主张了不当得利请求权，则张某也可基于此向江河公司主张违约损害赔偿，所赔偿的数额等于所返还的得利。但若此时张某已行使减价权，则应从损害赔偿的数额中去除已扣减的金额。原因在于，若湖海银行或王某是向江河公司主张不当得利请求权，则张某无法主张减价权，因为江河公司不再存在租赁合同项下的义务违反。若湖海银行或王某是向张某主张不当得利请求权，则张某基于违约损害赔偿仍可将该部分损害转嫁于江河公司，即实际上江河公司仍为不当得利请求权的相对人。为达致如同张某未行使减价权的效果，就应从损害赔偿的数额中去除已扣减的金额。以上就是我的报告，谢谢大家！

刘继峰：下面有请第二名获得者，来自南京大学的 2019 级硕士研究生高西雅同学。

高西雅：各位老师、各位同学大家好，我是来自南京大学法学院民商法专业 2019 级的硕士研究生高西雅，接下来由我为大家展示我的案例研习报告。我的行文思路为围绕张某、王某和湖海银行诉请对可能存在的请求权进行检索。以张某为例，张某的诉请主要有三，第一主张优先购买权，第二请求江河公司赔偿损失，第三请求江河公司返还 2012 年 12 月 26 日～2019 年 4 月份的租金损失。以下将针对张某的诉请一，即可否主张承租人的优先购买权展开。

针对诉请一，张某能否行使优先购买权。通说认为优先购买权的法律效果是成立买卖合同，对优先购买权性质的不同认定可能会影响买卖合同成立的具体路径。具体而言，优先购买权理论上有形成权、附条件的形成权说、附强制缔约义务的请求权说，个人认为形成权的观点更为可取，承租人作出了一个行使优先购买权的意思表示，到达出租人之后便成立了一个买卖合同，无需出租人对此作出承诺。在此前提下，行使优先购买权还有一个另外的法律效果，即能否根据《城镇房屋租赁合同司法解释》第 24 条第 4 项进行反面解释，主张在买受人非善意的情形下，所有权的移转相对于承租人无效。个人认为不能够通过第 4 项的反面解释得出来这样一个结论。原因在于，如果使先买权具有一个对抗效力，则需要考虑先买权对抗效力的来源，或源于物权公示，或基于特别的法政策考量。但由于形成权是相对权，以租赁合同的备案登记来论证先买权有公示性效力的观点说服力较弱，第三人无法通过备案登记知晓承租人和出租人是否放弃先买权。此外，本案中的租赁情形为商业租赁，在商业租赁中承租人的地位不一定弱于出租人，所以法政策的考量也有待商榷。因此，个人认为先买权不具有对抗效力，不能够对抗已经进行登记的买受人。

在明确承租人先买权的法律效果之后，需要讨论本案中张某对于江河公司是否享有优先购买权，此取决于张某是否满足以下三个要件：其一，是否存在有效的租赁关系，本案中显然满足，无需多加检视。其二，承租人是否于租赁合同期间内出卖了租赁物。针对《合同法》的"出卖"有广义和狭义的解释。个人认为应当采用广义的解释，凡是双务、有偿、而且是以转移所有权为目的的合同关系都可以认为是出卖的行为，这在本案中也是满足的。因此，张某享有承租人先买权。因为时间关系，就报告到这里，谢谢！

刘继峰：下面有请第三名获得者，来自于华东师范大学的 2020 级硕士研究生高济民同学。

高济民：各位老师好，我是来自华东师范大学的研究生高济民，我想先汇报一下我的参会感受。第一个感受是出题难，难题意味着案例中存在许多需要讨论的请求权基础，如果没有这么多请求权基础去引发学生对民法知识的思考，案例研习的效果就会大打折扣。第二个是作题难，学生来要对知识体系有很全面的了解，不然无法理解请求权基础本身的构成要件、请求权基础之间的关系。

下面我想分享我思考的一个问题，即湖海银行对张某主张侵害型不当得利请求权，张某能否基于《合同法》第 80 条第 1 款提出抗辩？首先，江河公司把所有权转移给了湖海银行，于是出现买卖不破租赁的问题。由于通说采取法定契约承担说，所以按法定契约承担说展开。

第一，2012 年～2013 年张某一直向江河公司支付租金，但他没有向真正的出租人支付租金，此时银行能不能主张让张某支付租金？我认为不能。法定契约承担中存在债权让与，需要适用《合同法》第 80 条，张某没有收到通知，向原债权人给付就发生清偿效果，拒绝新债权人的租金请求权。另外，需要强调的是通知义务。就契约概括转让而言，《合同法》第 89 条豁免了通知义务，因为要求债务人同意。但是在法定契约承担中，因为债务人参与会出现信息不对称问题，此时反而需要适用第 80 条的通知义务。

第二，2013 年之后张某与湖海银行没有任何联系，他们之间是否存在租赁合同？我认为不存在。这里可能有第 236 条的适用，第 236 条是意思表示规则，即张某继续使用是默示的意思表示，银行不作为是规范化的承诺。进而产生的问题是：张某的默示意思表示向谁发出，他并不知晓银行的存在，能否向银行做出默示的意思表示？对此应予否定回答，所以他们之间不存在租赁合同。张某对湖海银行而言是无权占有人，在 2013 年之后没有法律上的原因而继续占有使用房屋，构成侵害型不当得利。

现在的利益状况是，湖海银行可以向张某主张侵害型不当得利请求权，同时张某又面临江河公司的租金请求权。由此产生的问题是，张某能否适用或类推适用《合同法》第 80 条第 1 款的抗辩？我认为可以类推适用。但《合同法》第 80 条第 1 款之抗辩的延续原因是只有一个债权。债权转让后，如果新旧债权人都向张某主张权利，对于张某而言就存在一个假债权和一个真债权。因为两个债权本质上同一，所以才有真假之分。而在本案中，侵害型不当得利请求权和租金请求权基于真实而又不同的法律事实发生，不具有法律上的同一性，但是在经济利益上具有同一性。房屋所有权的变动和其附随发生的法定契约承担，实质上也转移了使用利益对价的受领权限，而张某对此并不知情。这种利益状况与未通知债务人的债权让与类似。此外，江河公司未通知还制造了一个假象，张某对此假象有信赖利益。类推适用《合同法》第 80 条第 1 款，张某对江河公司所作的清偿有效，可以对抗湖海银行的侵害型不当得利请求权，湖海银行只能向江河公司主张不当得利。由于时间原因，我的汇报就到这里，谢谢各位老师！

刘继峰：下面有请第四名获得者，来自对外经贸大学的 2017 级本科生沈新航同学。

沈新航：各位老师、各位同学、各位嘉宾，上午好！下面我将把参赛体会和内容要点结合起来与大家分享。

第一个要点是阶层化思考的益处。请求权基础的分析方法分为三个阶段：请求权的发生、请求权的消灭和被请求人的抗辩权。其中，前两个阶段的结论会影响请求权的实体存在，第三个阶段则仅检视被请求人是否享有抗辩权而对于请求权的实体存在没有影响。这种区分审查阶段展开思考的益处，在本人案例分析报告中的一个细节可以体现：2018 年 5 月，湖海银行与王某订立以系争门面房为标的的买卖合同，并约定门面房的占有人由王某来清理。我认为，这一约定系双方对于以返还请求权让与替代实际交付的合意。约定作成时，湖海银行对张某享有两项以返还门面房为内容的请求权：一项为所有物返还请求权，一项为不当得利返还请求权。对于返还请求权让与制度中可让与的对象，学理上存在争议。个人更倾向于认为，所有物返还请求权逻辑上不能跟物权分离，故而只有债权性质的返还请求权可以单独让与，在本案中即为不当得利返还请求权。然而，本案尚存在另一特殊情况，即该不当得利返还请求权已经罹于诉讼时效，张某已经取得时效抗辩权。此时湖海银行和王某之间返还请求权让与的约定能否实现清偿的效果存在争议。但是争议的结论并不重要，重要的是该争议可以存在的逻辑前提，亦即只有返还请求权实体存在才能进一步讨论将其让与能否实现替代交付的效果。本案中可以很清楚地看到：该项不当得利返还请求权可发生且未消灭，只是在第三个阶段的检视中发现张某享有诉讼时效抗辩权，故而请求权的实体存在不受影响，可以展开进一步讨论。如果不区分阶段笼统思考，可能会误以为请求权在其诉讼时效届满后即消灭。若请求权若不存在，亦无从讨论让与后能否发生清偿效果的问题。可见，使我们更精准地识别焦点问题或者界定法律状态，是阶层化思考的魅力所在。

第二个要点是区分时段讨论张某对江河公司的不当得利返还请求权。在案例报告中，我区分了"2012 年 12 月 26 日～2019 年 3 月"和"2019 年 4 月"这两个阶段来分别检视张某对江河公司的租金不当得利返还请求权是否发生。这种区分是基于下述考虑：2019 年 4 月，门面房的真实所有权人王某向张某主张了所有权。由于王某和张某是相邻店铺的经营者，根据日常生活经验不难推测，王某主张权利难免会对张某的经营造成影响。经营恰是系争门面房使用的一种典型形式，故而可以认定租赁物的使用受到影响。根据《合同法》第 228 条，此时张某取得减租权，因此 2019 年 4 月必有一部分租金给付义务因为减租权的行使而嗣后消灭。相应地，江河公司在减租权效力所及范围内受领并保有的租金欠缺法律上原因，构成不当得利。因此，张某的不当得利返还请求权也仅在该范围内发生。该要点比较隐蔽，解题时容易忽略。

第三个要点是日常语言的规范理解。法律人应当基于规范视角对于当事人以日常用语作出的任何表示作出识别和转化。案情显示王某对张某提出的是"赔偿损失"的诉求，但我认为该"赔偿损失"不能简单地理解为损害赔偿。王某的这种"损失"表现为：2018 年 11 月以后，王某成为门面房所有权人，却无法使用房屋，也未收到任何使用权能的转化利益。欲实现使王某的利益状态恢复的目标，当然可以借助损害赔偿，但亦可以考虑租金支付或者不当得利返还这两种途径。如果把王某的这一诉求理解为简单的损害赔偿请求，而在后面的检视中只审查侵权行为损害赔偿请求权，就会使王某丧失另外两重可能的救济。我们不能要求王某像法律人一样用法律专业术语准确提出诉求。当事人一般只需用日常语言表达即可，而将这种日常语言转换为法律语言，恰恰是我们法律人的工作。回到本案的情景，我认为针对王某的这一诉求至少应该检视不当得利请求权和侵权行为损害赔偿请求权。至于租金支付请求权，因二者之间不存在租赁合同，故而明显不需要检视。我的报告到此结束，谢谢大家！

刘继峰：下面有请第五名获得者，来自北京大学的研究生刘凝同学。

刘凝：各位老师、各位同学大家上午好。本案有两个难点，一是优先购买权，一是不当得利。

江河公司的优先购买权可能涉及《城镇房屋租赁合同司法解释》第 24 条第 4 项中"善意"的认定。但个人以为，善意与否不重要，该项的关键其实是已经变更登记。在座的一位老师在《中德私法研究》上发表过的一篇文章中也表达过类似的观点，善意与否不重要，主要是所有权已经变更，优先购买权因而消灭，此时赋予承租人优先购买权缺乏实质意义。就湖海银行的优先购买权，我同意前面一位同学的结论，但论据不同，《合同法》第 236 条关于续租的规则有适用前提，如果承租人对于出租人缺乏正确的认识，则不在该条的适用范围之内。

我更感兴趣的是不当得利问题。无权出租他人之物，通常认为所有权人对无权出租人有侵权请求权和不当得利请求权，但对承租人可以主张何种权利则缺乏讨论。就所有权人可否向承租人主张不当得利，我背后核心的价值判断是出租人潜在的支付不能风险应由承租人承担还是由房屋的所有权人承担。

2017 年我参加了中南财经政法大学的案例分析暑期班，受益良多。参加这次比赛也收获了很多，非常感谢各位老师。这次比赛对于我而言是一个阶段的终点，也希望是下一个阶段的起点，谢谢大家！

刘继峰：下面请第六名获得者，来自于华东师范大学的 2020 级硕士研究生杨兴龙同学。

杨兴龙：各位老师、同学大家好，我是华东师范大学法学院的杨兴龙，我这篇稿子的思路跟很多同学都不太一样，但我依然认为这个思路有一种特别的美感，想要与大家分享，也请各位老师批评指正。

我认为本案中存在两个租赁关系：张某与江河公司的租赁关系在案件事实中表述得非常清楚，但本案中还隐藏着另外一份租赁合同，即 2012 年 12 月 26 日江河公司与湖海银行因为之前的以房抵债协议而转移房屋所有权之后，基于买卖不破租赁规则，张某与江河公司的租赁合同权利义务关系概括转移于湖海银行。在 12 月 26 日~2012 年底这短短的 4 天之内，张某与湖海银行之间存在租赁合同。关键的问题在于，2012 年底原租赁合同到期之后，租赁合同关系是否继续存在。我一开始只看到《合同法》第 236 条的续租条款，就简单地认为，因为张某继续使用租赁房屋，湖海银行作为所有权人也未提出异议，合同关系继续存在，转变为不定期合同。2018 年 11 月之后，湖海银行又将房屋转移于王某，同样因为买卖不破租赁，租赁合同继续存在于张某与王某之间，直到 2019 年 4 月 8 日所有权人王某向张某主张返还。该思路争议很大，但因为双线租赁合同会使得案件处理在逻辑上更为明晰，所以我最终依然采取了这一思路。接下来我就谈几个本案中的关键点。

第一，优先购买权的性质为形成权。我认为，优先购买权在未经通知之下除斥期间是 6 个月，张某因为对江河公司的请求超过除斥期间而不能主张。

第二，侵害优先购买权的损害应区分两种情形：其一，因未受通知，即出租人违反租赁合同的附随义务所导致的承租人固有利益损失；其二，行使优先购买权形成买卖合同后的承租人履行利益损失。

第三，诉讼时效的起算时点。2012 年 12 月 26 日转移登记完成时，公示即已完成，知道或应当知道的时点亦应由此开始计算。然而张某与江河公司 2010 年就签订了一份租赁合同，可能他签订合同之初已经确认江河公司确实房屋的所有权人，续租时不应课与承租人查看房屋登记义务，否则将交易成本的急剧增加。所以，张某在之后与江河公司续签合同时，自后来的所有权人通知他时才起算诉讼时效，即 2019 年 4 月 8 日王某通知他之时。

第四，《合同法》第 236 条的续租条款适用意思表示规则。对于张某来说，他一直不知道湖海银行的存在，我认为张某的真实意思表示是与房屋所有权人签订租赁合同，至于房屋所有权人是江河公司、湖海银行还是王某，并不重要。而湖海银行未做表示即拟制为同意缔约。因为时间关系我就讲到这里，希望各位老师批评指正！

刘继峰：下面有请第七名获得者，来自中南财经政法大学的 2020 级硕士研究生杨征午同学。

杨征午：我报告的主要内容是优先购买权制度。结合本案的事实与理论上的争议，我认为现有的优先购买权制度存在两个方面的问题。

第一个问题是，我国的法律规定对承租人先买权行使合理期限语焉不详，存在法律漏洞。《城镇房屋租赁合同司法解释》中仅规定权利人应在得到通知后 15 日内行使优先购买权，但本案情况恰是出租人自始至终没有通知承租人房屋出售的事实。有疑问的是，张某行使先买权的期限是否因为没有得到通知而无限延长。以尊重现有交易秩序为标准，法律应对此种情形的先买权行使期限予以限制。所以，我认为本案张某行使先买权的合理期限已经经过。

第二个问题是，承租人先买权的行使是否具有对抗效力。我认为本案中肯定对抗效力。原因在于：首先，如果受让人已经善意取得房屋所有权并登记，先买权人不能再行使先买权。理论上学者之所以反对先买权具有对抗效力，一是为了保护交易安全，防止第三人受到不测权利的威胁，在这种条件下对善意的受让人已有充分保护。二是在第三人恶意时，先买权行使有对抗效力。其次，王某长期在张某租用的门面房周围经营，他对张某的权利外观有明确认知。综合权利对第三人公示的程度、对交易的意义与查明成本三者，我认为王某没有尽到合理的注意义务，存在重大过失，不构成善意。

鉴定式可以严密地适用法律弥补书写者思维上的漏洞。寻找请求权基础，进而寻求规范前提，不断归入法律事实，不断地寻找充分的事实与理论依据证明符合请求权的成立前提，以及不存在请求权消灭或不能行使的事由。这一系列的分析框架能够有力的锻炼我们的思维能力，弥补思考过程中的思维漏洞，也可以让我们在结论的获取上通过严密的论证程序。

刘继峰：下面有请第八名获得者，来自于中国政法大学的 2018 级本科生孔祥鑫同学。

孔祥鑫：各位老师好，以下是我的解题思路。

根据题目，首先应分析的是张某的请求权。依据请求权检索顺序，应先检视张某的合同请求权。针对 2010 年的合同，张某可能享有原给付请求权。因为，优先购买权除斥期间经过，所以张某不能行使基于 2010 年合同产生的优先购买权，即不能通过主张优先购买权与江河公司成立买卖合同，并且请求江河公司办理过户登记。其次，考虑次给付请求权，通过分析可知，张某可以在自己"有力且有意"购买房屋的情况下，向江河公司主张违约损害赔偿。接下来对张某与江河公司在 2013 年签订的合同展开分析。该合同不是无权处分合同，因为租赁合同是负担行为，移转租赁物的占有是事实行为，不需要处分权，但是这并不意味着该合同有效，因为张某受到江河公司的欺诈，并且因为欺诈产生了动机错误，所以基于以上两点张某都享有撤销权，又因为撤销权的除斥期限经过，撤销权消灭，该合同才终局地有效，张某可以请求江河公司继续履行合同，如请求江河公司买回房屋，从而使江河公司具备履行租赁合同的能力。当然，江河公司可以依据《合同法》第 110 条主张费用过高，拒绝履行。由此，张某可以请求江河公司承担权利瑕疵担保责任。最后，因为优先购买权是形成权，且本案中的优先购买权是债权性质的优先购买权，不受侵权法的保护，所以张某不享有侵权损害赔偿请求权。

再分析张某对湖海银行的请求权。尽管 2012 年 12 月 26 日之后，张某和湖海银行之间有租赁合同，但是也不能认定 2012 年底以后该租赁合同构成续租，理由是张某会因此承担双重债务，由此张某对湖海银行没有合同请求权。最后，为了维持法律关系的稳定性，提高交易效率，原给付请求权应当优先；其次是权利瑕疵担保责任，因为权利瑕疵担保责任中减少或不支付租金的救济手段更有针对性；最后再选择缔约过失，余下的两个请求权可以一并主张。

第二，湖海银行的请求权。该部分可考虑的只有不当得利返还请求权。根据权益归属理论，占有是法秩序归属于所有权人的权利内容，张某占有了房屋就是侵犯了湖海银行的所有权，并且张某也因为占有而获得占有使用上的利益，所以湖海银行享有权益侵害型不当得利请求权。

第三，江河公司的请求权。该部分可以分为两种情况：其一，在湖海银行不知房屋于2013年被出租的情况下，出租房屋是所有权人的事务范围，而江河公司为了自己的利益而管理他人的事务，成立不法管理，同时也构成不当得利。如果依据差额说湖海银行没有损害，这时可以转向规范说来肯定损害的存在，并且用获利返还的规定来确定损害的具体数额，即租金。其二，湖海银行不知2012年12月26日以后到年底房屋被出租，分情况讨论不当得利。在江河公司预收租金的情况下，湖海银行除了对过户登记之后的租金可以向湖海银行主张返还以外，过户登记之前交付之后的租金也可以根据《合同法》第163条主张返还。湖海银行对王某没有请求权。为了避免湖海银行得利，其应在张某和江河公司之间择一主张权利。若选择江河公司，对其基于不法管理、不当得利和侵权而产生的请求权择一行使，达到目的后，其他请求权消灭，当然对于预收租金的不当得利返还请求权可以一并主张。

第四，分析王某的请求权。"王某对张某的请求权"和"湖海银行对张某的请求权"很相似，因为他们都"是"或者"曾是"房屋的所有权人。又因为王某是现在的所有权人，所以王某享有原物返还请求权。对张某而言，其得知真相之后拒不搬离，由原先的善意转变为恶意，所以张某的不当得利返还责任加重。此外，张某还可能因为此过错承担侵权责任。

同理，"湖海银行对江河公司的请求权"与"王某对江河公司的请求权"相近。王某对江河公司享有物上请求权，即请求江河公司排除防害，而对湖海银行不享有请求权。为了避免王某获利，其应在对张某的请求权和对江河公司的请求权中择一主张，对江河公司的基于不法管理、不当得利和侵权而产生的请求权同样择一主张，达到目的后，其余请求权消灭。我的报告结束，谢谢老师！

刘继峰：下面是第九名获得者，来自于中国政法大学的 2018 级本科生江美茹同学。

江美茹：各位老师、各位同学大家上午好，我将就案例报告中承租人先买权的行使效果作简要汇报。

《合同法》第 230 条和《城镇房屋租赁合同司法解释》第 24 条留下了两个未决的问题，即承租人行使先买权是否会直接产生买卖合同以及能否影响出租人和第三人之间处分行为的效力。为了填补这一法律漏洞，需要探寻承租人先买权的规范目的，承租人是值得保护的弱者之论断无法提供根本且确定的保护边界，因此转向经济分析的角度。一方面，承租人先买权有显著的效益，其中最重要的是能够降低变更利用的成本；另一方面，若将承租人的先买权效力拓展到第三人，会让第三人额外支出信息成本。综合现有的裁判和学者的观点，我总结出我国语境下可能的三个效力构造方案：优先磋商权、真正的强制缔约、形成性的先买权。

在考虑"承租人行使先买权是否会直接产生买卖合同"时，并不涉及第三人，因此只需判断何种效力构造能够最大程度发挥承租人先买权的效益，即最能够保护承租人，并减少出租人效率违约的可能性。此时首先排除优先磋商权，在比较形成性先买权和真正的强制缔约时，由于真正缔约可以基于诉讼经济的原则，让债权人合并诉请债务人履行订约以及履行本约的义务，二者的法律效果并无不同。然而，真正的强制缔约的效力不能干预到处分层面，在处理问题二时，解释空间狭窄，因此同样被排除，采形成性先买权方案。

此后，我们尚需考虑是否赋予承租人的先买权对抗第三人的效力。一是不赋予任何对抗第三人的效力，二是赋予对抗特定第三人的效力，三是赋予对抗所有人的绝对效力。由于先买权只是为了保护承租人，若采绝对的让与无效将违反比例原则，绝对的让与禁止被首先排除。从方案一与方案二中进行选择，无异于两害相权取其轻：一害是，优先购买权无法对抗买受人，故买受人无须担心天外飞来租赁，毋庸支出额外信息成本。但承租人仅能请求出卖人进行损害赔偿；另一害是，只要承租人享有优先购买权，无论租赁合同是否登记，承租人是否"占有中/有现实支配力"，皆可使买受人与第三人的处分行为相对于自己无效，而买受人必须支出额外信息成本。从降低交易成本的观点，应该认为承租人的优先购买权不影响第三人与出卖人之间的处分行为。

而且参酌各国或地区的立法例可以发现，赋予先买权一定对世效力的规范，要么基于登记的公示效力，如德国与瑞士，要么出于特别的规范目的，如我国台湾地区的基地承租人的优先购买权。我国房屋承租人的优先购买权，一是租赁合同的备案登记不具有公示效力，二是所谓"保护社会弱者"的规范目的不足以为其对世效力背书。

因此，我认为承租人的优先购买权是相对性的形成性先买权，一旦行使即在承租人和出租人之间直接形成买卖合同，但是不对出租人和第三人之间的负担行为与处分行为造成任何影响。我的汇报到此结束，谢谢！

刘继峰：下面有请最后一位发言人，第十名获得者，来自于中国政法大学的2017级本科生吴若璇同学。

吴若璇：我的报告主要是集中在2013年之后，湖海银行、江河公司、张某三者之间的不当得利关系。报告主要讨论的是湖海银行对于张某这样一个无权承租人，他的不当得利的请求权能否行使。

我国台湾地区的学者对此提出了反对意见：其一，为了保护善意的承租人，湖海银行不能向善意的承租人请求不当得利返还；其二，如果湖海银行能够请求张某返还不当得利，这三者的法律关系将会非常复杂。

但上述反对意见值得商榷：其一，即使张某是善意承租人，对湖海银行而言也是无权承租人。张某和江河公司之间的租赁合同不能对抗湖海银行；其二，法律关系的复杂并不能成为阻碍分析法律关系的原因，这三者的关系可以适用不真正连带债务，具体理由如下：

首先，不真正连带债务要求两个债务人分别对债权人基于不同行为造成同一损失。本案中江河公司的无权出租行为，也即张某的无权占有行为造成湖海银行房屋使用利益的损失，不同行为造成同一损失。其次，本案中江河公司对湖海银行有不当得利返还义务，应返还无权出租的租金；而张某需要向湖海银行返还房屋的使用利益，两项不当得利请求权不同。再次，湖海银行可以分别对江河公司或张某行使上述的不当得利请求权，并且任何一个请求权的行使都能够使湖海银行得到弥补。最后，江河公司是最终义务的承担者。因此，本案三者关系可用不真正连带债务。

刘继峰：谢谢十位同学的精彩报告，下面进入到点评环节，本环节有四位嘉宾。首先有请南京大学法学院教授朱庆育。

朱庆育：我点评不了这些写得很好的报告，因为事先没读过。况且香香老师也经常跟我讲，请求权基础分析比你想像得复杂得多。所以，我就不点评作品了，点评一下评阅者吧。听杨老师介绍情况，我感到很震撼，744 篇投稿平均每篇 1 万字以上，总字数超过 1000 万，三四天时间内 9 位评委各评阅 82 篇或 83 篇，之后再一起评阅初步入选的 45 份，45 份的平均字数肯定在 2 万字以上，每位评委在 7 天的时间内要评阅 200 多万字，并且从中选出 15 篇最优秀的作品进入面试。面试阶段，答辩又持续到晚上 12 点半，着实辛苦。

刘继峰：谢谢！揭示了幕后工作者们的辛苦！下面有请华东政法大学法律学院特聘副研究员王蒙。

王蒙：谢谢刘老师，也谢谢各位领导以及朱庆育老师对评阅者的体恤。

我结合朱李圣同学的报告，以及几位报告同学的体验，谈谈这次的评阅工作。

第一，关于案例事实部分的梳理。案件虽然采用请求权基础的分析方法设问，但设问并没有特别明确的法律效果的引导，而采取的是谁得向谁主张的开放式设问，增加了梳理案件事实的难度。

案件事实梳理也是请求权基础预选的过程，事实梳理的程度有多仔细，请求权规范的构成就有多精细。对于承租人优先购买权，只有朱李圣同学注意到，案件中的标的物是商铺，作为商业性的房屋能否适用优先购买权值得探讨。他对此问题虽然没有展开长篇大论，但是用文义解释、规范目的解释的手段对这一很细节的（甚至出题人都没有事先预想到）问题做了回应，是整篇报告的亮点之一。

第二，处理案件时如果法规范提供了比较明确的答案，法律适用比较清晰，但如果法律规范不够清晰，就要学会处理学说争议。

关于承租人优先购买权的性质，有强制缔约说、绝对形成权说、相对形成权说等不同观点。大部分的普通答卷都是堆砌争议以及学者观点，要么不敢做出决断，要么武断地给出结论，没有详细论证。但是，最终进入复选的四十几篇案例报告，对此问题都从规范目的、文义，结合相关判例作出回应，值得肯定。

相比之下，关于房屋抵债协议，很多同学提到代物清偿说、债的更改说、间接给付说等学说。这三种学说虽然在以物抵债问题上比较重要，法律效果或者建构截然不同，但对本案的解决几乎没有影响，对这类争议问题的处理，就不需要花过多的笔墨。

最后是即兴想到的，根据杨兴龙同学的报告，他一直在纠结 2013 年以后租赁合同当事人的问题。2013 年以后江河公司已不是所有权人，他与不知情的张某续签合同，就产生一个争议点：租赁权能不能善意取得或者类推善意取得规定？此处需要更规范的答案。

刘继峰：谢谢王老师，澄清了解题思路。下面有请中南财经政法大学法学院李金镂老师。

李金镂：作为组委会成员，我想透露的是，出题的 9 位老师对于本案的解析也有争议，没有达成完全一致的意见。同学们解答过程中也有同样的问题，比如杨兴龙刚刚提到，对湖海银行与张某之间是否成立租赁关系，他与别的同学观点不同。但是，他在做这道题时纠结的问题肯定也是别的同学同样纠结的问题。此时一定要先说服自己，如果没有先将自己说服，就可能在答辩过程中被问到迷失方向。比如有同学在答辩过程中先认为张某有权占有，被答辩老师问"如果是有权占有，为什么张某还负有不当得利返还义务"后，又改变观点认为是无权占有。我作为新老师，在碰到同样问题时也会陷入自我矛盾、自我清晰、又自我矛盾的无限循环。这次比赛还使我认识到，好学生可以逼迫老师进步。当老师之后才明白怎样做一名好学生，比如认真的态度、对鉴定式案例的熟练，准备过程中查阅大量资料等。

刘继峰：出题人相互之间也有争议，也没有标准答案，这就是鉴定式案例的魅力，过程比结果更重要！下面有请中国政法大学民商经济法学院副教授吴香香。

吴香香：谢谢刘老师，非常感谢大家对比赛与论坛的关注与支持。请求权基础在民法领域发展了十多年，经历了从模仿到本土化的过程。我开始上案例课时使用的是德国案例书，只不过请同学们用中国法解析。后来的课程中慢慢地将案例替换为本土案例。这学期已经全部替换为本土案例，希望借助鉴定式方法，用中国法解决本土问题，这也是本次案例大赛命题的初衷。

这次的比赛题目是高阶案例，有三个方面是设计案例时有意考查的内容。

第一，如果认为承租人先买权在性质上是形成权，就与典型的请求权基础分析不同，因为请求权基础方法通常检索的是请求权。由此产生的问题是，形成权的检视在请求权基础分析之中如何排布。

第二，多人关系请求权基础分析。请求权基础案例的问题有三种不同的问法。第一种是最简单的问法：谁得向谁根据何种规范为何种请求？第二种是就特定的一对当事人，问甲对乙有何请求权？需要检视多个请求权基础。第三种问法最复杂，问多方当事人之间的法律关系如何？学生们一遇到法律关系问题，可能会天然地按照时间顺序提炼争点解决问题。但鉴定式方法是裁判视角，预想有原告与被告，有请求与抗辩，有攻防结构，所以即使问题是当事人之间的法律关系如何，也需要将多方当事人两两组对，逐一检视可能的请求权基础。

第三，检验鉴定式的本土化效果。请求权基础与鉴定式刚刚开始推行时有一种质疑的声音，认为它在德国具备推行的条件，因为德国的法典很完备，但中国法不具备同样的条件。但我认为，中国可能更需要鉴定式方法，借助鉴定式分析可以更精准的定位规范解释的需要，确认规范漏洞的存在。

另外，本次比赛的评审一方面关注参赛者如何展示鉴定式的架构，另一方面侧重考量参赛者的民法体系素养与法教义学能力。评委们没有预设唯一正确的答案，重点考查参赛者的论证能力，即稿件是否可以自圆其说，以及在多大程度上可以自圆其说。如果以此为标准，获奖作品都各有精彩之处，但也并不都是完美的作品，也各有可以再改进之处。

最后，我想谈一些总体的感受。第一个体会是，通过这次比赛能感受到鉴定式与请求权基础非常受关注，希望将来可以继续向前推进。第二个体会是，经过近十年的发展请求权基础与鉴定式案例教学已经初见成效，同学们交出的作业都在进步。第三个体会是，这项事业值得继续为之付出努力，我们也期待在将来的大赛中能涌现出更多的优秀作品。

刘继峰：谢谢香香，进一步揭示了评阅的过程。在本科阶段就开始论证能力的培养，也是这门课程的魅力。本环节到此结束。

第二单元 鉴定式案例教学的本土经验

【议程】

主　持：
　　　　王洪亮　清华大学法学院教授

报告（每人 10 分钟）：

1. 鉴定式案例教学课堂内外的体系协作
　　　　于　飞　中国政法大学民商经济法学院教授

2. 鉴定式案例研习课程建设中的几个问题
　　　　金可可　华东政法大学法律学院教授

3. 案例教学体系的探索
　　　　张家勇　中南财经政法大学法学院教授

4. 民法案例研习中的请求权竞合问题
　　　　朱晓喆　上海财经大学法学院教授

5. 民法案例研习在北大
　　　　贺　剑　北京大学法学院助理教授

与谈（每人 7 分钟）：
　　　　黄　卉　北京大学国际法学院教授
　　　　李　昊　北京航空航天大学法学院副教授
　　　　纪海龙　华东师范大学法学院教授
　　　　袁治杰　北京师范大学法学院教授

【实录】

王洪亮：案例教学已经初见成效，每位老师都有自己的方法与自己的实践，这一单元就是诸位老师表达其教学方法与思路的单元。首先，有请于飞老师来谈"鉴定式案例教学课堂内外的体系协作"。

于飞：鉴定式案例研习课的教学方法、课堂内容的组织安排等问题，由我们学校非常优秀的青年教师来谈。我没有在第一线上课，是为授课老师们做组织与保障的。因此，我主要谈中国政法大学民商经济法学院在课程组织保障、课堂内外协调协作以及未来发展方面的一些想法与期望。

民商经济法学院推出本课程时下了很大的决心。首先，先借鉴前人的经验。我和杨秀清院长、刘继峰院长，以及承担课程的主要青年教师，先后到中南财经政法大学法学院、华东政法大学法律学院、北京大学法学院学习交流。我们到课堂上听过葛云松老师、金可可老师、姚明斌老师、贺剑老师等案例教学名师的课。同时，我们与德国合作机构（GIZ）合作，开展鉴定式案例教学三部曲推广活动。

第一部曲，由三位德国教授在昌平为本科生做了三次初阶讲座，由青年教师翻译并协助与谈，让本科生了解课程，使他们对课程感兴趣，点燃他们的激情。

第二部曲，组织鉴定式案例教学系列示范课，由德国国际合作机构德方专家主讲，一共八讲，面向全校教师进行师资培训，全校各院大概有 70 名教师参与了示范课程。

第三部曲，做完准备工作，民商经济法学院成立鉴定式案例教学团队，团队中的主讲教师有吴香香、葛平亮、金晶、缪宇、于程远、柯勇敏等有深厚德国教育背景的青年教师。目前主要面向本科生开设鉴定式案例研习，设有民法鉴定式案例研习与商法鉴定式案例研习两门课程。这两门课程在中国政法大学非常受欢迎，学生每次都要求加课头、扩容量，我们尽力满足同学们的需求。

但学生们真正下功夫是在课堂外，课堂只是展示课堂外工作成果的平台。每次上课都像是一次随堂考试，课前学生们都需要投入很多精力"备考"。每次课堂有具体的报告组与评议组，要求非常严格，按照规定动作进行记录，并且平时成绩占 70%。其中助教发挥关键作用，助教批改作业、归纳同学们的问题向教师反馈，有时还要做示范性演示案例，主持分组讨论并点评等。鉴定式案例教学课面临的一个非常重要的问题，就是如何培养出好的助教，并且把他们留住。

鉴定式案例教学以后应向多学科发展，应将诉讼法、行政法、刑法这些学科纳入进来，将鉴定式案例教学向更多学科推广。以后大赛也可以设置这些学科的题目，或者出一个充分展现综合性、多学科交叉的题目，使同学们通过比赛得到更大的锻炼与提高。

另一个问题是，政法类院校的法学一级学科下设很多学院，法学资源分散。比如，民商经济法学院可以开设民法、商法、民事诉讼法的鉴定式案例研习，但行政法、刑法在其他学院。所以如果在中国政法大学希望多学科参与，就需要学校出面，由学校教务部门出面组织。而综合性大学的法学院可以有效调动所有的法学二级学科。但综合性大学的问题是，师资数量有限，从事这种高消耗的课程难以支撑，而中国政法大学有将近 500 名法学师资。所以不同的学校面临不同的问题。

未来本科生与研究生应设置不同的鉴定式案例课程，而形成合理的区分度是值得思考的问题。比较理想的状态是分为初阶与高阶。以民法为例，初阶可以就民总、物权、债权等课程分别配套鉴定式案例教学课；高阶课则需要综合民法各个部分设置案例，更符合法学人才培养的规律。

此外，应统一讲授课与鉴定式案例教学课的教师，如果讲授课教师也开设鉴定式案例课，就能使鉴定式案例课的设计完全配合讲授的关键点。而且，通过鉴定式案例研习，可以帮助教师将自己所教部门法中的请求权基础及规范性质进行细致的梳理与区分，更好地搭配这两门课，也能有效地提升师资水平。如果资深教师只开讲授课，鉴定式（案例课）主要由青年老师来开，就没有相互配合的效果。

将来还应发展校际之间的合作，应发展校际之间鉴定式案例教学的师资交流，共同培养学生。一学期的鉴定式案例课即使只请外校优秀教师来上一周，也能给本校师生带来很大启发。鉴定式案例教学还应对教学方法、教学模式进行一定的统一与标准化，需要有教材与参考书，这对提高课程的质量、统一教学的标准非常重要。

最后谈谈感想：鉴定式案例研习课是"奢侈品"，对师资消耗巨大。鉴定式案例课只能是 30 人左右的小班。如果每位同学每周写一个案例，即使只写一二万字，每周的作业批改量就是 30~60 万字。而且这门课消耗的都是顶尖师资，都是有深厚德国法背景的老师。同时学生投入也是巨大的，每周一二万字的写作任务已经榨空了学生的课余时间与精力。试想，如果各学科普遍推广鉴定式案例课，学生是否能承受？我们对华东政法大学非常钦佩，他们覆盖实现了法律学院全覆盖。

但是，这种高投入、高消耗的确能换来巨大回报。各位老师，我们就扪心自问，自己上本科、上硕士时能不能写出这样的案例研究报告？再横向比较，没有上过鉴定式案例课的学生能不能写出这样的报告？经过鉴定式案例课的训练之后，作为法律人的核心能力才能有质的飞跃。我认为这项事业是有价值、有意义的工作，值得全国各高校对此事有钟爱、有追求的老师们的共同努力。培养人才、与惠学生，是我们的终极目标。

王洪亮：于飞老师的报告既有体系又有情怀，下面有请金可可教授。

金可可：各位老师、各位同学，大家上午好！我报告的题目是"鉴定式案例研习课程建设中的几个问题"。

第一，方法与技术的问题。毋庸置疑的是，鉴定式案例研习是非常好的训练方法。法律人的核心技能在于法条解释与适用，要求以法条为中心进行训练，进而要求背后有完备的理论体系支撑，需要用案例研习贯彻知识点与理论。

案例研习方法有很多要求：除了请求权基础的系统检索、三步法，还有构成要件的提取、规范涵摄方法的使用。尤其需注意的是，初学者经常脱离要件说理，但受过严格的案例研习训练后，任何说理都必须在要件下进行。在要件下说是最重要的要求之一。而且，还有严密的论证要求，必须以法条为基本论据，严格贯彻法学方法，等等。

但也不宜将其过于神化，并非掌握鉴定式方法就能无往而不利、解决一切问题。案例研习无非是一种方法，两小时就可以讲完。如果课上不断重复鉴定式方法，用简单的案例训练学生，基本三个案例之后，学生对第四个案例就失去兴趣了。真正吸引学生使学生受益的是方法所展现出来的知识点与深厚的理论体系，这才是"招式"背后魅力无穷的"内功"。所以，案例研习方法不宜过于神化，更重要的是教义学理论功底。

第二，可以继续推广的工作有以下几个方面。

一是请求权基础体系整理。通常强调的是财产法上的六大请求权基础。《民法典》出台后，有些此前的或新的请求权基础，可以整合进这六大请求权基础中，如所有人与占有人关系在物权请求权，获利返还或者获利剥夺请求权在无因管理。

另有新的请求权基础需要重新设置检索顺序。其一，《民法典》新规定了一些法定代位，如代位清偿、连带债务人、保证人，代位所生的请求权如何安排检视顺序需要斟酌。其二，关于债权让与的增加费用补偿请求权的检视顺序，也需要考虑能否有单独的检索序列。其三，财产法之外在我国恐怕尚未体系化整理过请求权基础，如离婚经济补偿、赔偿请求权等建立检索体系也很重要。

二是请求权基础要件的提取或建构。举个粗浅的例子，《民法典》第137条规定意思表示的生效，其中就对话意思表示规定"相对人知道其内容时"生效，就非对话意思表示规定"到达"生效。但不论在学者论著与授课中，都有这样的观点：就有相对人的意思表示，我国并未一律采取"到达生效"规则，在对话意思表示采"知道生效"的规则。如此理解不仅改变了传统的理论体系，也没有考虑到《民法典》的其他规定。法条明确规定解除、抵销到达生效，按照上述理解，解除、抵销就只能采取非对话意思表示，不能采取对话意思表示。如此理解显然有探讨余地。所以，此类不符合原理的条文，在提取要件或整合要件时，不能只顺着条文讲，需要用原理修正，这是学者的任务。再举个例子，就不当得利的诸多规定，在提取要件时，如何将背后的理论体系展现出来。就此有不同的理解，统一说、非统一说观点不同。如果采非统一说，给付不当得利与非给付不当得利中的费用型、求偿型不当得利争议不大，但侵害权益型不当得利较多争议。类似的条文很多，所以需要努力思考如何用原理修正这些条文。

三是比赛题目虽然最好是综合性题目，但就课程与学生训练而言，学生训练的规律要求区分初阶与高阶。案例研习的基本功能是配合讲授课，以透彻理解并运用知识点。虽然是初阶案例研习，但案例涉及难度很大，尤其是通过案情的局部变换进行知识点的精密训练，授课教师需要为此付出巨大的心力。而这种初阶课程的设计恰恰是最急需的。在此基础上再建立高阶课程就更为有效。

第三，是师资供给与教材建设问题。在案例研习课程建设中，每个学校都有师资供给不足的问题。尤其是年轻老师需要评职称，而这门课需要投入大量精力，这在一定程度上取决于老师的自我牺牲精神。也许可以考虑建立合作机制，开发共享的线上课程。此外，教材建设非常重要，尤其是针对初阶的教材。如就民法总则而言，应争取每个重要知识点都有若干案例，附简要的参考答案使学生自学，之后，可以设计简单的变形。债法、物法等都可按照此模式一步一步建设。如果集合全国的力量，估计5年时间或许可以初见成效。

王洪亮：感谢金可可老师。鉴定式案例研习课还有知识点类型化分析的功能。通过鉴定式案例研习课，不仅可以学得扎实，也是理论与实践的配套。理工类的学生除了理论学习还需要做实验，法律人则需要做练习。按照此思路，大家齐心协力，将每个部门法每一编中的所有案例类型都整理出来，就可以推动练习课与教材的推广。下面有请第三位发言人张家勇老师，题目是"案例教学体系的探索"。

张家勇：我的发言是指定作业，即兴谈几个问题。

第一，"鉴定式案例研习"的命名。去年在人民大学开会时也讨论过这个问题，有观点认为"鉴定式"不易被理解，应称为"归入式"。我的意见是，作为一种具有特殊内涵且成型的案例研习方法，如果没有特别充分的理由，还是不改名为好。这次大赛开始有老师建议题目限定在民法的范围内，我主张尽可能扩大范围，辐射至其他学科。明年中南财经政法大学承办论坛时，可以尝试在试题中增加刑法或者行政法的内容，使竞赛题目更具综合性。

第二，"鉴定式案例研习"的定位。尽管我做案例研究的尝试大约开始于2012年前后，但做鉴定式教学则是2017年到中南财经政法大学任教之后。通过这几年的教学，我不断在反思这种教学方法的优势与劣势。鉴定式案例研习的目的在于培养一种法律思考框架，是帮助进行法律决定的思维工具。所以，不能把它看得过于神秘，我比较反对过于神话这种方法的态度或立场，似乎学了鉴定式就如同掌握了某种武功秘诀。很多人从来没有学过鉴定式，但同样可以高水平地完成案例分析，比如茅少伟教授对案例教学研究就颇有心得。此外，也应区分案例研究与案例研习。案例研究的目的不在于法律规范的适用，而是期望从案例研究中达成某种学术目标或提炼相关案件的裁判规则；但案例研习的基本目的则是法律适用技术的掌握，帮助形成法律思维。就此而言，葛云松教授在北京大学开展的案例教学更多的是一种案例研究的训练，更接近于高阶案例研习训练。

第三，鉴定式案例研习的教学体系。我主张将案例研习区分为初阶与高阶两个层次。初阶的训练适合于低年级学生，培养学生的思维习惯与思维框架，具有专科性与基础性，主要训练法律规范的检索，请求权基础的识别，请求权基础分析框架的架构等。通过反复练习，使"依有效规范得出结论"的思维深入骨髓，以后遇到法律问题可以条件反射似的知道从哪个角度入手并展开分析。高阶的训练目的则在于提升学生综合运用专业知识的能力，具有跨专业的综合性特点，如民、商、刑、行等的交叉，实体与程序的结合等。此外，法律论证或说理的难度、法律争点与疑难性都增加了，关注的重心在于如何"依有效规范得出妥当结论"。以前我提出这个思路时，有人反对，认为鉴定式没有高阶与初阶之分。这种反对意见并未关注鉴定案例研习教学的分阶。低阶与高阶训练是从教学训练的目的出发，而不是将其作为一种思维或学习活动。因此，我主张在初阶重点训练鉴定式案例研习方法，但在高阶则应侧重案例研习能力的培养。我在中南财经政法大学曾提出，应考虑在高阶阶段将现有的其他案例教学方式，如法律诊所、模拟法庭等加以整合，构建案例教学体系。初阶的训练方法推广难度也并不大。中南财经政法大学团队的经验显示，用心的学生通过三次左右的作业训练就基本可以掌握请求权基础的分析框架。所以，真正重要的是如何将这种思维方式融贯到学生全过程的法律学习中，高阶的案例研习训练如何形成行之有效的像初阶训练般的"标准化作业"。

第四，如何实现鉴定式的推广。尽管鉴定式案例教学并不神秘，也容易掌握，但就国内的情况而言，运用这套有效的案例教学方法进行教学的院校非常有限，未采纳这套方法的院校多数也没有成体系的案例教学方案。因此，鉴定式案例作为一种相对成熟、便于传授的法律学习与教学方法，值得被推广。但首先面临的是师资问题。主办的三所院校也准备在明年尝试开展鉴定式案例研习教学法的师资培训，从华东政法大学开始。此外，中南财经政法大学自 2017 年开始每年举办鉴定式案例研习暑期班，今年因为疫情原因暂停。之所以举办这项非常有意义但付出巨大的活动，是希望向全国其他高校推广这套方法，希望参加培训的学生将这套思维带回去影响其他同学，甚至对所在院校的法律教师形成压力因素，促其反思既有的教学模式。只有全国的法学专业院校在这方面都作出努力，将有效的教学经验进行推广，才能真正地改变中国的法治现状，形成所谓的法律人职业共同体。而如何形成中国自己的话语体系，必须踏踏实实地做实事。

王洪亮：谢谢张家勇教授的批判式反思。的确，案例分析课中最主要的是有效的规范与妥当的结论。除了比较有效率之外，鉴定式案例分析方法的优势还在于，它是一个讨论平台，在每一步骤都可以进行深入的讨论，并且有纠错功能，可以发现思维的盲点与争点。下面有请上海财经大学法学院朱晓喆教授谈一谈"民法案例研习中的请求权竞合问题"。

朱晓喆：方法论问题前面已经讨论得很充分了，我想交流一个具体问题，即案例研习中请求权竞合的问题。

举一个真实案例。买受人乙仅为了办理孩子的入学手续购买学区房，并无实际居住或取得所有权的意愿，约定出卖人甲不必交付，双方签订合同并办理虚假登记。该合同无效，无从发生所有权移转效果，出卖人可以请求返还登记。但是，需要明确返还登记的依据。双方还约定到孩子入学以后就应当返还登记于出卖人甲，但双方一直未办理返还登记。3年后乙与妻子丙准备离婚，丙要求分割乙名下的这套房屋。甲听闻消息后，向法院起诉主张买卖合同无效，要求乙返还或者变更房屋登记。但乙认为诉讼时效已经届满。问题是，甲对乙可以基于怎样的法律规范请求何种权利，为了简化，这里暂不处理乙丙之间夫妻共同财产的问题。

案例解答的路径比较清晰。首先，分析是否存在合同关系。我认为这是情谊行为，出借登记用来办理入学，未产生委托或者法律意义上合同关系。既然买卖合同无效，甲可能根据《民法典》第157条第1句请求登记返还。买卖合同无效的要件成立。登记的名义虽然不能使用，也无法直接带来某种经济上的利益，但是登记在不当得利法中属于广义财产，可认为乙据此取得财产。但关于无效合同的返还请求权是否适用时效争议较大，可类推适用《诉讼时效司法解释》中合同被撤销以后的返还请求权自合同被法院撤销后起算诉讼时效的规则。所以第一项请求权的分析结论是，登记返还请求权成立且可行使。

第二项请求权是《民法典》第236条的排除妨害请求权。首先，妨害是对于物权圆满支配状态的干扰影响，本案中所有权人的权利被他人登记在其名下，构成妨害。其次，妨害具有不法性。本案最初是情谊行为，可排除违法性，但甲主张诉讼届满时妨碍就具有违法性。最后，妨害人是登记名义人。而且，依《民法典》第196条排除妨害请求权不适用诉讼时效。

第三项请求权是《民法典》第220条的更正登记请求权。有争议的是，更正登记的相对人是登记错误的名义人还是登记机关。错误登记所生的更正登记请求权是排除妨害请求权的下位情形，由此可适用《民法典》第196条，不适用诉讼时效。

第四项请求权是不当得利请求权。本案符合不当得利要件：基于无效法律行为产生利益上的转移，得利人造成受损人损失，有直接因果关系，取得利益没有合法根据。不当得利请求权作为债权请求权应适用诉讼时效，诉讼时效自权利人知道或应当知道权利受损害起算，即知道或应知不当得利的发生以及义务人之日起算。

综上，甲享有上述四项请求权，有的不适用诉讼时效，有的未罹于诉讼时效，还有的罹于诉讼时效，发生请求权竞合。按照《民法典》第186条的规定，就违约与侵权的竞合，可以由当事人择一行使。本案并非违约与侵权的竞合，而是各种物权请求权、债权请求权相互竞合，应类推适用《民法典》第186条。

如果按照民事诉讼法旧说，有几项请求权就产生几个诉讼标的，从而带来几个诉讼，如果甲主张不当得利请求权罹于时效，诉讼一旦失败，还可以主张前述其他的请求权。按照诉讼标的新说，诉讼标的是一项请求权，支撑请求权的相应规范基础可能是数个，从而在实体法上仅有一项请求权，只有一个诉讼标的，只不过有数项规范基础。而自法官角度而言，法官是否需要统合考虑诉讼标的，以及提出的请求权所依赖的规范基础，需要结合民事诉讼中诉讼标的的理论探讨。

案例研习课给出了案例结论的方向，但还需要再进一步判断请求权相互竞合时如何选择。从实战角度分析，就是为学生提供最终的问题解决方案，因而需要考虑各项请求权的利弊，如有的罹于时效，有的不适用时效；有的构成要件比较简单，有的比较复杂；举证责任也有轻有重。请求权案例研习课再往后发展应考虑结合民事诉讼法。北京大学就整合了实体法与程序法。这个问题也抛给在座各位从事案例研习课教学的老师以及同学，即如何结合诉讼程序将请求权最后贯彻到诉讼实战中。

王洪亮：感谢朱晓喆教授考虑到程序问题的处理，下面有请北京大学法学院助理教授贺剑。

贺剑：我报告的题目是"民法案例研习在北大"。北京大学这门课程的负责人是葛老师，葛老师 2012 年春天开设，许德峰老师联合主讲，后来还有几位老师参与，包括我，刘哲玮老师还曾是北京大学深圳国际法学院早期非常得力的助教。最早是一两个班，后来三五个班，2016 年之后稳定上升，今年是 12 个小班，每小班 20 人，助教每班 2 位。课程受众有本科生、法学硕士、法律硕士。

课程理念目标是法律技能的养成，即法律适用与解释，或者法律适用与研究的技能培养，训练请求权基础的同时兼顾法律研究能力。鉴定式案例研习一定要在要件之下说理，也就是以规范形成裁判结论，以法律为准绳。鉴定式就是以法律为大前提，解决法律适用。核心的课程主轴围绕民法中的请求权方法，以法律为准绳进行法律解释与适用。关键是找寻推理中的大前提，并表述其要件。

课程流程大概是：每周四、周五处理一个案例，提前 2～3 天做作业，每篇作业大概 1 万多字。周一交作业，助教读作业，周三开助教预备会，老师与助教讨论大概的思路。周四原则上是小班课，两位助教带着学生讨论作业，注意只是讨论作业，助教原则上不讲，让同学讨论案例中的问题。大班有时讲案例，有时讲请求权方法、请求权基础等配套内容，一周一轮回。

自教学组织角度而言，案例研习有几个相较于传统教学的优势：首先是必须写作业，不论老师教什么，只要学生每周写 1 万多字，这学期就有收获，这是书面表达的训练；另外是小班讨论，小班讨论每位同学都有机会发言，也可以同时提高学生的口头表达能力。

在师资容量有限、助教能力较强的情况下，大小班配合是可能的选择，每次都有 200 多人，分成 10 个班，两三位老师参与。学生写作业，助教改作业，还有预备会，老师会告诉助教如何改作业，小班会上如何讨论。

最后谈谈多年来参与课程比较纠结的问题，鉴定式案例研习不应被神化，在课上讲的只是三四节课就能习得的套路，而如何训练法律解释能力、文献检索甚至文献评价能力，才是永恒的、有限时间约束下的根本问题。

各位老师都提到鉴定式教学是奢侈品，对同学是奢侈品，对老师是非常需要公心的事业，借此向各位老师表示敬意，尤其是年轻的老师。

王洪亮：下面是评议阶段，首先有请北京大学国际法学院黄卉教授。

黄卉：今天是民法鉴定式案例分析的主场，我试着从公法学者的角度谈一谈。

第一，当今普遍认为鉴定式案例分析法源自德国，所以只有德国法律背景的同仁才能做，或者说才做得好。但实际上并不一定如此，对于民法案例分析而言更是未必如此。张家勇教授讲得比较激烈，他认为自己不懂鉴定式分析，但不认同懂的同行就一定比他更有分析能力。这当然是事实，因为张教授显然是指特别疑难的案件。但是也应澄清鉴定式案例不是用来处理疑难案件的，而是一种可以迅速将法律新手（或还停留在初、中阶水平的法律人）带入门的法学教育手段或工具。接受过训练的人，遇到复杂案件不会惊慌失措，了解如何切入，也能很快意识到自己的专业局限。而对于高端甚至超高端的法律问题，鉴定式案例分析帮不上大忙。另外，我不认为张教授不懂鉴定式分析法，因为只要读过王泽鉴老师的书，接触过"请求权基础"的教条，承认请求权发生、消灭、履行抗辩的三步分析法有道理，那基本上就是鉴定式案例分析思路。懂不懂德语、是否在德国受过教育，确实不重要。

第二，应区分鉴定式案例分析法与法教义学。鉴定式案例分析有相对固定的格式（当然不止一个），经过操练就可以掌握，难点在民法理论或者民法教义学，这方面是学无止境的。张家勇老师肯定是民法教义学的高手。引入鉴定式案例分析法，不是为了训练高手，而是训练低手，使其在有限的时间内有条不紊地进行案件分析。

第三，公法鉴定式案例分析法目前还在起步阶段，原因是从德国回来的公法学者人数过少，公法的教材建设方面也没有"天龙八部"这样的系列，整体法教义水平还比较低，还没有走过"全盘抄"的阶段，所以更谈不上超越。但因为有民法学发展的经验，所以公法学者如果有好的意识，可以加速进步，可以先学习德国的框架，然后立足我国的法律现实与司法实践发挥想象力与理解力，摸索自己的分析套路。

第四，作为年龄比较长的"德国派"，希望与其他"德国派"，尤其是年轻一辈交流，德国法学教育模式与教义体系已经深度进入我国法学基础科目（民法、刑法、宪法行政法），似乎不可阻挡。但按照原先的"先进—后进""赶超—本土化"的思维模式，恐怕会遇到不可逾越的瓶颈。张家勇教授的发言是如此激烈，这也不是我第一次听我欣赏的学者有如此强烈的敌视德国法的发言，这一方面说明德国法确实有影响力，另一方面也可能说明已经到了某种拐点。能否克服这个困难，取决于能否有更高的站位，能否对法学教育与研究有更开阔、更实际的思维与行动。

王洪亮：黄卉教授心态特别好。下面有请李昊教授。

李昊：我想先说明为什么鉴定式概念更准确，归入法只是鉴定式中的方法而已。鉴定式最大的特点是大胆假设、小心求证，所以形式表现为鉴定，就像做司法鉴定，需要先假设问题，就此而言别的概念无法替代鉴定式。之所以用鉴定式不用请求权基础，是因为一方面在民法案例分析领域，请求权基础是实，鉴定式是形；另一方面，鉴定式可以将公法、刑法、民法都囊括进来。

第一，推广鉴定式案例研习最需要注意的是格式与形式。鉴定式的结构与形式上基本固定，如民法请求权基础分析方法分为成立、变更或消灭与可实行三步骤，刑法采用三阶层理论，而公法审查合法性与比例性。但无论哪个学科，鉴定式都需要假设问题。前面学生展示的作业中，在解题框架中很少列出法条与设问，在形式上还不够准确。设问中之所以要列出法条，是因为如果民法案例分析中请求权基础的选择出错，后面的分析都会出错，必须首先说明依据哪项规范请求什么。

另外，应避免动辄给鉴定式扣德国特色的帽子，鉴定式只是提供分析的框架，所有具体内容的展开都建立在实体法的分析框架基础上。德国的案例训练就每种请求权的分析框架都有共识，成为德国统一国家考试的基础。而中国面临最大的问题是对法条的解释尚未形成通说，未形成有效的共识。将来推广鉴定式必须要本土化与形成共识。

第二，鉴定式需要有外在推力。鉴定式案例研习需要以判例研究为基础。没有判例研究、没有形成通说，鉴定式案例研习难有成效。案例研习的推广还需要有功利性的思考，应将其纳入法律职业资格考试。李世阳教授参与了今年法律职业资格考试主观题部分教材的撰写，而且纳入了鉴定式的内容，这是可取的方向。希望各政法院校都可以一起呼吁与推定在将来的法律职业资格考试中纳入鉴定式的案例分析。

第三，鉴定式案例研习可以分为不同阶段，需要不同学科的助力。鉴定式案例研习可分初阶与高阶，初阶是实体法训练，高阶是实战训练，应纳入程序法内容。在现在的分析框架中，我特别强调抗辩，目前学生对抗辩并不敏感，但这是将来应努力的方向。

第四，推广鉴定式也可以考虑市场化的助力，可以借助外在资源，凝聚不同学科。我去年与今年做了两项尝试：一是参与创办观得民商法案例训练营，将民商法、民诉、商法都纳入进来；二是参与创办元照阅读馆，将刑法、公法都纳入进来，下一步希望可以继续整合刑诉、劳动合同法、知识产权法，在线上更好地展示鉴定式案例的分析方法。

王洪亮：李昊教授能力强、思路宽。接下来有请纪海龙教授。

纪海龙：这次比赛能调动全国700多位同学参加，是在全国范围内第一次大面积播下鉴定式的种子，感谢主办方的辛劳组织。

所谓鉴定式案例分析，我在德国留学时也写过，但先不谈个人经历，讲个小故事。在德国上学时，我有一位特别要好的德国朋友，有一天我问他在忙什么，他说在找博士生导师。我说："你怎么找呀？"他说："我把德国所有大学按照字母排序从A排到Z，相关专业的教授挨个看，碰到喜欢的教授就记下来，再找下一个大学的教授。"今天谈的鉴定式案例分析让我联想起这个小故事。我那位朋友的思维就类似鉴定式，即全面排查各种可能性。我当时曾嘲笑他笨，认为直接找中意的教授的网页就好，我当时的想法虽然一步到位，但容易遗漏。

鉴定式案例分析就像全面扫雷。一百多年前德国教授受法院委托写案例鉴定式，很可能就是这样写的，逐一检索可能的请求权，不会有所遗漏。所谓法学思维，是构成要件结合法律后果的规范性思维，但确定应予检视的规范，需要发散性思维。在个案中只有意识到那项规范，才有可能审查其构成要件。鉴定式相当于告诉我们一个全面排雷的套路，对法律人的养成与法治都非常重要。法治或者现代法律系统的核心特征就是围绕规范进行论证，而鉴定式案例分析方式有助于在个案中定位所有需要审查的规范，并逐一检视其构成要件与法律后果。

最后的问题是，像华东师范大学这样中小规模的法学院应如何开设鉴定式课程。2018年调入华东师范大学法学院时，我就希望开设这门课程，但是思来想去没有实际推动。鉴定式案例课会大幅占用精力，且需要建立团队，需要多位老师与助教团队配合，也需要领导重视。在座很多成功开设这门课的学校，负责领导可能就充分了解课程的价值与意义。领导充分认识到这门课的重要性，才会协调与调动资源，为这门课配置人力物力。另外，也希望有成熟开课经验的大法学院多分享资源，比如将设计成熟的案例结集出版、开设在线课程、公开课程等。

王洪亮：纪海龙教授提的方法类似于防疫期间做流调的方法。下面有请袁治杰教授。

袁治杰：各位老师、同学，大家中午好。

鉴定式方法本质是一种训练，需要以牢固掌握基础知识为基础。相信在座有很多老师经常出具各种复杂的法律意见，通过鉴定式的排雷方式，不仅更加严谨，而且结论也更加准确。尽管如此，绝大多数案件的核心仍然可以直接提炼。只要知识储备足够多，通过直观方式就能达到，但排雷方式所得结论更准确。

另外，实体与程序的结合，并不简单体现在诉讼程序中，比如出具专家意见是对实体问题的理解，会直接决定要求委托人提供哪些事实，是实体内容决定事实的发现，而不是相反。归根结底实体是基础，鉴定式只是方法，不宜过分神化。

《德国民法典》出台之前，德国已经开始应用同样的方法。我在《萨维尼的法典化立场》中曾提及，萨维尼对法典化的立场，强调的是法学界对基本问题达成共识的重要性。只有这些问题达成共识，方法才有用武之地。我有时也与德国律师、专家一起出专家意见，发现他们的意见总体上是接近的，对法律问题的理解大同小异。而我国出具的专家意见，则少有共识，很难保证法律适用的统一性。

《德国民法典》制定之后，鉴定式方法在德国的运用更有成效。相较而言，我国民法典虽然已出台，但还远远不足以确保法律适用的高度统一性。因为对基本条文的理解仍有很多争议。法院的两审终审与最高院的各种法庭、各地的巡回法庭，使法律适用更难统一，这是我们面临的更大挑战。

当然鉴定式方法正在全面推开，对学生的训练一定非常有帮助，包括我们学院也从中受益。北京大学葛云松老师通过这种方法培养了很多优秀的助教，这些优秀的助教已成为学界最有才华的年轻人，这也是意外的收获。

王洪亮：谢谢袁治杰教授。上午的会议到此结束。

第三单元　鉴定式案例教学的课程设计

【议程】

主　持：

　　葛云松　北京大学法学院教授

引导报告（每人 10 分钟）：

1. 专业政法大学请求权基础案例实训课课程设计与教学组织

　　黄家镇　西南政法大学法学院教授

2. 综合类大学鉴定式案例教学的困难与应对

　　方斯远　暨南大学法学院副教授

3. 请求权基础案例研习双阶课程：探索与问题

　　姚明斌　华东政法大学法律学院副教授

4. 民法鉴定式案例教学的课程设计

　　缪　宇　中国政法大学民商经济法学院讲师

5. 商法鉴定式案例教学的课程设计

　　葛平亮　中国政法大学民商经济法学院副教授

6. 民诉案例研习在中南

　　袁中华　中南财经政法大学法学院副教授

7. 民事诉讼法鉴定式案例教学的课程设计

　　金　印　中国人民大学法学院助理教授

8. 刑法鉴定式案例教学的课程设计

　　李世阳　浙江大学法学院副教授

9. 行政法鉴定式案例教学的课程设计

张冬阳　中国政法大学法学院讲师

自由与谈（共30分钟，每人发言不超过5分钟）

【实录】

葛云松：本单元是鉴定式案例教学的课程设计。无论怎样的教学思想、目标，最重要的都是要反映在设计之中并且具有可执行性。课程设计是基本框架，课程应有整体目标与规划，还应有一定的灵活性调整，而且需要持续改进。首先有请西南政法大学法学院教授黄家镇老师。

黄家镇：我报告的题目是"专业政法大学请求权基础案例实训课课程设计与教学组织"。

今天上午收获很多，北京大学贺剑老师给鉴定式案例研习教学抹上了一层玫瑰色，但一些基本条件决定了我们对北京大学模式只能心向往之。我们在本校条件下做了一些自己的探索。我们的本科生规模是每年级2400人，6个法学院，这构成课程开设的基本条件。这门课去年开始落实为法学专业的公共选修课，选课人数设定上限200人，所以始终面临师生比的突出矛盾。今年上半年因为疫情影响只能在网上授课，在腾讯会议与腾讯课堂中授课时在线人数常在300多人，这反映出同学们对案例实训有强烈的需求，这也是支持我们的动力。

这门课的定位是民法基础课程的系统配套课。我们的长远构想是希望建成讲授课、案例实训课、研讨课三位一体的民法学教学体系。现在进行到第二步，第三步是努力的方向。在课程落实之前我们做了另外一些尝试。2016年西南政法大学举办了请求权基础案例实训暑期研习班，立足于方法的本土化，一半是德国案例，一半是中国案例。第一期暑期班后，2016年9月份开始在本校的讲授课中嫁接鉴定式案例研习方法，主要是侵权责任法。由于2017年、2018年的意外事件暑期班暂停，2019年经过努力又重新恢复。2019年暑期班的沈新航同学还获得本次比赛第四名二等奖。

经过暑期班与骨干课的嫁接运行3年之后，2019年课程正式落实为全校法科学生的公共选修课，一共32学时，每学期开设两个班，主要是由我与胡川宁老师负责，下学期开始会有新鲜血液注入，即民商法学院的李海老师。我们也深受师资力量薄弱的困扰，希望可以团结起来借力。金可可老师办师资班时，我们大力参与，希望能培养更多的师资力量。

教学组织方面，由于学生数量庞大，我们想了一些办法，以学院为单位，3 ~ 5 人编为一组，无法实现院内编组的跨院编组。编组之后的教学设置是分为基础理论与基本分析方法两部分。前三周讲请求权基础案例分析框架与方法，并由老师示范案例。第四周开始提前布置案例，让学生撰写独立的案例分析报告，小组讨论后推选出小组代表报告，其他同学为补充发言人。完成小组报告与个人报告之后，将书面作业提交给老师，由老师与助教批阅。老师经批阅对作业有总体了解后，选出 4 个左右的候选对抗小组，在第二次课上进行两轮模拟庭审对抗演练。因为学生写案例，大多只会从请求权角度分析问题，对抗练习可以使学生自然注意到抗辩问题，这也锻炼了学生的口头表达能力与团队协作能力。

考核主要是随堂考核，3 小时做一份案例分析试卷。评分标准是案例报告的完整性、请求权基础选择的准确性、分析框架的逻辑性，这些标准与本次案例大赛标准基本一致。同时，我认为请求权基础的选择与证立是二阶构造，前者更强调法的获得过程。

这就是我们根据本校的情况所做的一些探索，希望大家批评指正，提供更多的指导与帮助。

葛云松：西南政法大学的课程组织很有特色，特别是大规模班级情况下如何有效参与并考核，给了我们很多启发。下面请暨南大学法学院副教授方斯远老师发言，题目是"综合类大学鉴定式案例教学的困难与应对"。

方斯远：我启程参会之前对本学期民法总论的上课情况做了一个调查，调查中有同学问到能否引进五院四系的课；还有同学问到如何避免被五院四系的同学抛得过远。听到这些我有些难过，鉴定式的专业训练目前主要在部分专业类政法院校开设，但考虑到我国大多法学院设在综合类大学中，有必要实现鉴定式方法向综合类院校法学院的推广。但在综合类院校推广这类课程有相当的难度。除了青年教师的科研压力制约之外，还存在很多客观的制约因素：一方面老师之间对鉴定式案例分析有不同立场，部分老师持否定态度；另一方面，不少学校也缺少受过鉴定式训练的师资资源。另外，实体法或程序法的任课老师在诸如构成要件等问题上采取的立场未必一致，这也进一步制约了鉴定式训练的开展。

尽管诸如中南财经政法大学、西南政法大学等学校以及严城老师等人秉承有教无类的精神，通过暑期班或公开课的形式为外校的学生开课，而且成效卓越，但毕竟受众较少，且受过训练的学生在课程结束后若未能延续相应的训练，也可能逐渐生疏甚至遗忘。需要思考的是，如何开展鉴定式的训练，才能在这类局限条件下达到"不至于与受过训练的五院四系同学相差太远"的效果，为此我做了一些探索。

第一，我在大一讲授民法总论时会直接结合王泽鉴老师新版的《民法思维与案例研习》，讲到具体问题时用王老师书中的相关内容与课程相互印证，尤其是前几章法条理论、法律思维、请求权基础等内容，建议学生按照王老师所教的方式审查《民法典》法条，并尝试用《民法典》解题。自学生们的反馈而言，效果不错。一方面，部分学生能根据朱庆育老师与李昊老师所推荐的法条评注模板分析法条；另一方面，也有部分学生在解题过程中意识到有些法条很难依传统方式归类。对此，我推荐了贺剑老师《民法的法条病理学》一文，并且借此机会告知学生，前期对现行法的系统学习是学好鉴定式的基础。

第二，我从几年前开始开展文献综述训练，以民法法源作为选题范围，但限定上一届学生写过的法源不宜在下一届沿用，因此每一届学生的选题都比上一届细致，现在已经进行到"最高院《九民纪要》（《全国法院民商事审判工作会议纪要》）到底发挥怎样的法源作用"这一层次。通过这种训练学生至少掌握了不同文献的对比方法，并且能用文献精读方式或者思维导图呈现文章脉络，如余蔚林同学对汪洋老师《私法多元法源的观念、历史与中国实践》一文的精读笔记就受到多方认可。

另外，鉴定式在实体法领域较为成熟，但在程序法领域还刚起步。我刚在重庆参加过"程序法的实体之维"研讨会，任重老师提交的论文就是探讨诉讼一次性解决纠纷的问题，其中关于诉讼标的、审判对象限定的问题都相当具有启发性。如果只有实体法的鉴定式得以推广，程序法层面未能同步推进，学生未来的鉴定式操作很难取得良好效果。

葛云松：谢谢方斯远老师。下面有请华东政法大学法律学院副教授姚明斌，报告题目是"请求权基础案例研习双阶课程：探索与问题"。

姚明斌：关于华东政法大学的开课情况，金可可老师已经作了比较全面的介绍，我主要就目前初阶与高阶双阶课程的探索与问题简单做报告，有三方面的内容：第一，双阶课程的设计基点；第二，目前课程进行的情况；第三，有待解决的问题。

第一，关于课程的设计基点。我们的请求权基础案例研习课服务于基础课程。华东政法大学主要的民法基础课安排在第2~4学期，分别是必修的民法总论、债法、物权法，第5学期则是婚姻家庭继承法，除此以外有小型的选修课。本科生学习过程中面临的问题是，一年级第2学期开设民法总论，但是基础理论课程比较讲求体系教学，缺少充分的案例分析元素；二年级债法与物权法两门课对专业思维与专业分析的纵深要求越来越高，同样缺乏案例研习课作为检验与完善的平台；三年级形成初步感觉，但是民法课只有家事法。

因此，我们尝试在必修基础课框架中分两阶段置入案例研习课，第一阶段是第3学期，大二学生第3学期学习债法，同时开设初阶案例课。第二阶段是在第6学期，在全部民法基础课都上完后开设高阶课程。所以，案例研习课整体的设计基点是在既有基础课的条件下，发挥初阶与高阶课程服务、辅助与支撑基础课的功能。

第二，目前初步开课的情况。我们团队目前有11位老师，教练兼球员是金可可老师，领队是孙维飞老师，有部分案例经过孙老师把关才能投入到教学过程。常规开课的成员有贺栩栩、王浩、王蒙、张传奇、赵文杰和我，李运杨老师下学期也将上场，此外俞彦韬、陈丽婧两位老师也在准备。

初阶案例课安排在第3学期，内容是第2学期民法总论基础课中的法律行为理论。授课形式是6~7位老师在同一时段平行开课，隔周一次课，单周做作业，双周上课，每次4课时，每学期处理5~7个案例，每位同学一学期要完成5~7份解题报告。我们认为有必要设置经过老师反馈后的二次修改环节，所以采用精修报告的方式作为期末考核，期末考核只占总分的10%，由同学从自己5~7份报告中选一份作精修。授课规模方面，第3学期的初阶课覆盖450名以上学生。

高阶案例课安排在三年级下学期，内容是给付障碍、法定之债、物权变动。因为这一阶段学生已经修完债法与物权法基础课，因此高阶课程处理的是综合性的疑难案例，更会凸显其中争议性问题的论证与研究，采用教师合作与接力方式，考核方式不变，但高阶课的规模小，控制在200人以内。

最近两三年我们的课程也培养出了一批优秀学生，有的被遴选到中南财经政法大学暑期班。在此要向张家勇老师、夏昊晗老师的团队表示感谢，他们的暑期班将这种教学模式推广到全国范围，功莫大焉。但是鉴定式或者请求权基础教学的最大产出不是尖子生，而是普通的中才之人。受过训练的学生遇到案件不会惊慌，明白第一步应先整理当事人，再配对写假设句、列分析层次。这是非常重要的法律人的心理建设，我们的技能是从个案中切入的，这是我们的专业尊严之所系。

另外，我还想倾诉一些未尽问题。首先是助教积累，以前请研究生担任助教，但由于积累有难度，现在也开始培养高年级本科生担任助教。其次是学生其他课程的压力过大。再次是师资建设，开设初阶与高阶课程，意味着春季学期与秋季学期都有案例研习课，老师们的压力也很大，目前的初步探讨是未来分成一队与二队，一队老师主攻初阶课程，二队老师主攻高阶课程，但是具体的可行性还需要研究。

第三，课程内容方面的疑惑。其一，虽然有初阶与高阶课程，但是在二年级学习债法、物权法的两个学期，仍然欠缺与基础课程内容紧密对接的案例课。其二，正如张家勇老师所提出的，使用本土实际案例还需要做二次设计，而在教学案型与实际案例之间如何结合设计，目前还没有形成可复制、可推广的方式。其三，《民法典》请求权基础需要全面整理，如上午金可可老师提到的债权让与，其第一层"请求权已发生"的内部结构如何处理需要继续研究。最后是程序法问题，高阶课程中如何结合实体法与程序法还有待探索。

葛云松：谢谢，报告内容非常丰富。下面有请中国政法大学民商经济法学院讲师缪宇发言，题目是"民法鉴定式案例教学的课程设计"。

缪宇：我虽然在中国政法大学开设请求权基础案例课，但是只上了两个学期，所以只能简单地介绍在课程设计与授课中的困惑。

第一，课程的容量与教学安排。在中国政法大学只有修完民法总论、债法与物权的同学才能选修请求权基础案例分析课，这意味着都是大三的同学选修请求权基础分析课。请求权基础案例课的需求比较大，这就要求课程的容量不能过小。但这学期我与吴香香老师各开两门民法请求权案例分析课，吴香香老师每个班50人，我每个班30人。与华东政法大学相比课程容量很小，但是我认为理想的课容应更少，每个班 20 人或 15 人左右最好。

我比较重视书面作业，每学期每位同学至少要交 3 次作业。课前我尽可能把每位同学的作业都评阅一遍，以便了解同学们之间的分歧以及作业存在的问题。因此，如果课容超过 30 人，每周评阅作业的压力就很难承受，尤其是有些作业的篇幅可能超过 3 万字。

教学安排方面设置学生报告与评议，我主导整个报告过程。学生做报告过程中，我当场点名要求持与报告人不同意见的同学展示自己的观点与理由，与报告人展开攻防辩论。案例课隔周一次，每次 4 课时，一般 3 课时用于学生展示，最后 1 课时由我讲授解题思路，但是不提供答案。

第二，案例设计。对于教学案例应使用真实案例还是设计案例，我一直存在疑惑。如果使用真实案例，最大的问题是判决书给定的事实并不充分，无法形成统一的标准答案。但如果自己设计案例，就需要先找知识点再围绕知识点设计案情，案情设计的过程很痛苦，我现在是自己设计案情。寻找知识点面临的问题是哪些知识点可用来设计案例。知识点导入的梯度推进也需要注意。所有案例都可能涉及的知识点需要在教学中的第一个案例与第二个案例就导入。因此，每个案例设计都需要融入知识点，将知识点在案情中体现出来。设计案例之后，我会自己尝试解答，并与前辈老师讨论思路，避免出现问题或盲点。

第三，教学重心与教学目标。请求权基础案例分析的教学重心是我一直以来最大的困惑。这门课的内容不仅是请求权方法的传授，也是知识点的反复回顾。每次我讲授的最后 1 课时，有 60% 的时间并非讲框架与方法，而是讲具体知识点。这意味着，学生不会运用主干课已经传授的知识点。为了提升鉴定式的授课效果，妥当的办法是主干课与鉴定课的老师能统一，鉴定式授课老师在讲授主干课时，围绕知识点融入小案例，并且尝试运用请求权基础分析方法提供简要的解决思路。

请求权基础案例分析课有两项教学目标：一是查漏补缺，二是促使学生自觉运用方法。第二项目标很难实现，但是第一项目标比较容易实现。对尖子生而言，请求权基础案例分析课确实只是方法的传授。但是对于基础一般的同学而言，请求权基础案例分析课可以使他们意识到自己的不足，进而督促他们通过回顾知识点提升水平，避免面对案例时直接凭借朴素的法感情得出结论。

第四，教师的准备与提高。讲授请求权基础案例分析课，对教师最大的提高是促进授课教师的体系化思考能力。体系化思考倒逼授课教师在中国民法体系的框架内经由解释论解决问题，使授课老师的论文更像是教义学论文或者解释论论文。

第五，教学风格的异化与统一。我在备课过程曾学习过北京大学葛云松老师、华东政法大学金可可老师教学团队、中南财经政法大学教学团队的教学材料。三个学校的授课风格迥异，对鉴定式教学的共识可能只是方法的框架与多项请求权基础的固定检视顺序。然而，在是否需要写预选、总起句如何写以及特定请求权基础的构成要件方面都存在分歧。因此，未来还需要凝聚更多共识。

葛云松：谢谢！下面有请中国政法大学民商经济法学院副教授葛平亮分享"商法鉴定式案例教学的课程设计"。

葛平亮：相较于前面两位老师，商法更有资格倾诉，也希望作为母法的民法不要忘记关怀商法。我的倾诉主要从三个角度展开：第一，简单分享这门课的课程设计；第二，谈一谈商法应用鉴定式方法的特殊性；第三，在鉴定式商法教学中的困难与疑惑。

第一，课程设计。首先，首要的课程目的是传授方法，此外体系建构也很重要。民法的请求权基础审查分为外部审查与内部审查，外部审查就是体系建构。商法特别是公司法的权利体系建构相对容易。其次，通过体系建构查漏补缺。正如缪宇老师所言，可通过案例分析检查学生的知识性欠缺，并通过讲解予以弥补。再次，更重要的是（这只是个人观点，在此供各位老师批评、指正）法律解释与法律论证的能力。鉴定式方法的核心是司法三段论的应用，是大前提、小前提的建构与最后的涵摄。大前提的建构是法律规范的寻找以及对法律规范构成要件的建构、构成要件核心概念的解释。法律论证则是将大前提适用于小前提中的说理。

其次，关于课程设计中的课程准备。首先做好案例筛选。关于案例筛选，与民法不同的是，商法没有现成资料。我的个人经验是从指导案例、公报案例等中寻找。简单案例准备两个即可。如果简单案例过多，学生掌握方法后就会感到无聊。鉴定式方法不难，但是应用这种方法分析复杂案例却存在难度与挑战，而本课程的目的就是训练学生们在遇到疑难案件时也按照鉴定式方法分析案例，并最终形成应用鉴定式方法的自觉。所以，本门课的教学案例以疑难案件为主。以这学期商法鉴定式案例研习课的教学案例为例，涉及公司发起人责任、股东出资违反出资义务、股东出资义务加速到期、对赌协议、有限责任公司股权转让与股权转让限制，以及股东大会决议瑕疵等方面。虽然比较难，但能激发学生们的热情与主动性。挑选完案例后，我自己对案例进行初步解析，助教从上一届鉴定式案例学生中遴选。

民商经济法学院在于飞院长带领下，有一个内部的教学小组，交流课程设计与教学开展等方面的经验。就商法鉴定式案例课而言，前 2～3 周由我讲授，之后进行学生分组。学生们自愿分成主报告组与辅助报告组，主报告组就选定案例进行报告与分析，每位组员均上台报告，辅助报告组则对主报告组进行评议与提问。助教负责回答主报告组在写作业过程中遇到的问题并批改作业，直到主报告组在做报告前可以形成一份符合鉴定式要求的案例分析报告。课程结课需要提交两份案例报告：一份是在课堂上讨论过的案例报告，主报告组在课堂报告后，按照辅助报告组与其他同学的提问与课堂讨论结果继续修改报告，直至期末提交；另一份则由每位同学自选案例进行分析。这是本学期的课程设计，下学期打算请每位同学就指定案例写报告作为结课作业。

第二，商法鉴定式案例分析的特殊性。在不同的私法部门中，鉴定式结构均相同。但与民法相比，公司法的特殊性很明显。民法是公司法的一般法，公司法是民法的特别法。公司法是组织法，因而不能完全适用合同法，应区分内外关系。另外，公司法的权利体系不能以请求权为中心进行建构，而民法可以请求权为中心建构体系。每学期我都让学生们提炼公司法中的权利规范并分析其构成要件。公司法的权利审查并非按照合同、准合同、物权请求权、侵权请求权、不当得利请求权等次序展开，而是按照身份寻找可能的权利基础。在公司法中很少出现不同请求权的次序问题，目前仅发现一个，即债权人对股东请求清偿债务的请求权之间存在次序。

第三，简单谈谈困难与疑惑。其一，如何把握案例的难易度，使学生既不会因为过于简单而丧失兴趣，也不会因为过难而望而却步。其二，如何提高非报告组同学的充分参与，学生很难每个都点到。其三，如何使这种方法普惠大众。目前中国政法大学的鉴定式案例课都是小班教学，每班 30～50 人，但是在校每届法学本科生超过 1800 人。

民法的鉴定式案例分析教学在我国已经蔚然大观，但商法鉴定式案例教学还是形单影只。因此，希望作为母法的民法多关心商法。

葛云松：商法领域案例研习课程确实有很多困难，商法规则体系性比民法略弱。下面有请袁中华老师。

袁中华：我报告的题目是"民诉案例研习在中南"。中南财经政法大学自 2018 年开始民诉法案例教学，针对 2016 级本科卓越班的 30 名学生，时间安排在大二下学期，与民诉讲授课同时开设。案例课是 32 课时/16 周，前 3 周讲理论，之后是连续 6 周的案例练习，接着是 1 周的理论讲授（一般涉及证据方面）与连续 5 个案例研习，第 17 周开卷考试。

课程流程大致是，每次课将下次课的案例发给学生，学生自行讨论并完成初稿交给助教。助教根据我提供的答案提纲评阅案例作业，并用 Excel 表格统计学生们的不同观点与理由。我收到 Excel 表格后，先看作业总体情况，再重点看部分作业，提炼出上课需要讨论的问题，上课时逐次提问让学生回答后再讲解，经常会有学生与我当堂辩论。课后学生根据老师的讲解提交优化稿。

课程内容包括：诉的性质判断，如简单的离婚案件；诉讼标的的判断，如诉的合法性、诉的利益、法院管辖权；复杂诉讼形态，如第三人、共同诉讼；证据与事实的层次、证明责任；第三人撤销之诉或执行；等等。

目前面临的困惑是程序法能否直接用鉴定式分析案例。张家勇老师认为不能，我也认同。德国民事诉讼法的案例课程套路较少，原因是德国司法考试分两次，民诉在第二次考，考生往往已经具备了较好的基本功。

关于课程总体思路，我借鉴了德国法理论与德国司法考试的思路，对民诉案件从诉的成立、诉的合法、诉的有理由三阶层逐步展开设计。课程与民法的核心思想相同，重在法规的适用与相关法教义的引入。但就法条而言，民诉法的解释空间明显小于民法法条。课程使用可以找到裁判文书的案例，设问中采法官思维，而非律师思维。

民诉案例课常常不可避免地陷入民法泥潭不可自拔。当然，实体与程序融合是大势所趋。另外，学界对同一请求权的构成要件尚未完全达成共识，鉴定式案例教学可能需要与要件事实相融合。关于民法请求权的构成要件、抗辩、再抗辩，需要有宏观的体系认识。现在的法律职业资格考试，尽管在案例中结合民法与民诉，但是比较生硬。很期待民诉与民法未来可以继续融合、共同进步。

葛云松：谢谢，下面有请中国人民大学法学院助理教授金印老师谈"民事诉讼法鉴定式案例教学的课程设计"。

金印：我这学期开设民事诉讼法案例研习课，共26名学生，22位法律硕士，4位本科生（其中有3名是外校交换生），说明人民大学的本科生只有1个人选这门案例课。人民大学的教学方案，本科只有3学分的民事诉讼法，双学位学生只有2学分的民事诉讼法。此外只有一个案例研习，本科生与硕士生合上。

本门课程共9周，每周4课时，第1周是导论，之后几周处理6个案例，倒数第二次课考试，最后一周批改试卷并向学生反馈。这学期我只选择了争议较大的第三人撤销之诉这一个主题，围绕这个主题从最高院公布的案例中选出6个，并将下级法院的相关裁判文书一并发给学生。每个案例列出三个实体法问题与三个程序法问题，由同学们作答，要求言简意赅。本学期共三次作业，选择一次提交即可，三次全交的取其中最高分的一次计入成绩，并有额外的分数奖励。我会评阅所有的作业后上课讲解。课堂上以提问为主，一开始学生很麻木，但通过六七次课就调动起学生的兴趣。通过讲解，学生们明白原来可以如此一步一步地分析复杂案例，当他们自己运用案例方法得出最终比较确信的答案时，信心也得以建立。

最后，我想谈谈未来。目前这门课是高阶课，以后可能需要配备低阶课。低阶课程的目的在于让学生尽可能地掌握现有的成熟知识，高阶课程的作用是使同学们建立独立的思维。低阶与高阶的最终目的都是法学方法论的训练，训练学生像法律人一样思考。

葛云松：谢谢，下面有请浙江大学法学院副教授李世阳谈谈"刑法鉴定式案例教学的课程设计"。

李世阳：我想谈两部分内容。第一部分是，鉴定式案例分析方法非常严格践行了笛卡尔在《方法论》这本书中提出的方法论原则。

第一，凡是未能明确认识到的，绝不可当作真理加以接受。在三段论的鉴定式分析框架中，确保大前提为真异常重要。初学刑法时学生最头痛的问题是，基本上所有问题都有多种学说，这些学说经常作为大前提的一部分，此时应当如何处理。鉴定式分析方法就提供了一套可以包容问题之下所有学说的分析方法，学生可以自由选择反证法或者伪证法，将学说怀疑都纳入鉴定式框架中，也可以在鉴定式分析过程中提出新的观点作为大前提。大前提就像擂擂台，随时接受其他观点的挑战。

第二，将审查的难题按可能与必要的程度分为一个个小问题逐一处理。如在确定某项行为是否构成故意杀人罪时，就需要拆分故意杀人罪的过程要件要素、违法要素、责任要素，过程要件要素中又分为客观过程要件要素与主观要件要素，客观要件要素又由实现行为、结果、因果关系这些因素组成。每一阶段都有诸多要素，这些要素也形成具体的鉴定问题点，同时具备所有要素，才能得出成立故意杀人罪的结论，这是刑法上特别强调的同时存在原则。

第三，按秩序思考，遵循从简单到复杂、从易到难的顺序逐步认识对象，即便对象没有秩序也要设定秩序。刑法总论教学特别强调体系性思考，这首先体现在体系的构建方面。刑法中有三阶层与四要件的争论。因为三阶层体系遵循从客观到主观、从形式到实质、从一般到个别、从原则到例外、从不法到追责的顺序，自方法论角度而言，应当支持三阶层体系。更何况三阶层体系是与当事人诉讼模式相吻合的出罪化体系，如果是入罪化体系，由于已经预定有罪的结论，就没有必要鉴定。

第四，任何情况下都尽可能普遍性进行复查，确信毫无遗漏，在地毯式搜索鉴定式案例分析方法中，得到最为严格的贯彻。如全面评价原则与禁止重复评价原则的双重约束中，全面评价原则是禁止重复评价的基础。

第二部分我想谈谈自己关于刑法课程设计的有限经验。

上学期我为硕士生开设刑事案例分析课程，第一次采用鉴定式分析方法。第一次课系统介绍鉴定式分析方法三段论的基本构造。作为反面教材，也介绍了之前几乎所有学生都采用的判决方法，简单摘抄案情后仅有几句分析或没有分析即得出结论。这是当前法学院学生毕业后还不具备法律人思维的重要原因，也是裁判文书严重缺乏裁判理由的根本原因。裁判理由的缺乏又反过来阻碍学者对案例的深入研究，从而限制理论与实务相互循环，这是法学理论界与实务界相互不买账的源头。

为了使同学们对鉴定式案例研习形成观点，我撰写了一个非常详细的鉴定式案例分析题，全文刊载在国家法律资格考试案例分析指导用书中。此外，我也向学生重点推荐三卷本的《德国大学刑法案例辅导》。

第二次课我布置了一道看似非常简单的案例，使同学们体验鉴定式案例分析方法，要求 30 分钟之内完成并当场提交。案情是：甲朝乙开了一枪，子弹穿过乙的身体后击中了丙，乙死亡、丙受重伤，问题是甲应承担何种刑事责任。批改作业的过程中体会到大部分学生对鉴定方法很不适应，仅有少部分学生初步掌握了三段论的演绎推理方法，可见走出判决体分析的舒适区非常困难。但更根本的原因在于，即便学过三阶层体系的学生，也没达到熟练掌握的程度，何况还有很多学生没接受过三阶层体系的教学。

意识到这个问题之后，我不得不重新系统介绍三阶层体系的结构，以及为什么采用这种体系结构、为什么在鉴定式中只能依赖三阶层体系而不是四要件体系。刑法有一句格言"无行为则无犯罪"，但是在浩如烟海的案件事实中，如何选出值得刑法评价的行为，这是基础性的工作，直接决定这个行为符合哪项犯罪的构成要件，以及在罪数方面是一罪还是数罪，甚至涉及刑事诉讼法中的证明对象、数因等问题。第二次课同样布置了一道作业，但这次作业比前一次明显有提升，这时学生们基本上掌握了套路，普遍反映写不完。

自第三次课开始就沿着三阶层体系展开，从每阶层要素中选一个代表性案例向学生展示应如何分析，我讲解例题后布置习题，学生完成后我进行批改，下一次课中滚动讲解作业，具体指出作业问题与改进建议，因为没有助教，过程非常艰苦。我也尝试将这套鉴定式分析方法转化为论文写作模式。

刑法鉴定式分析方法严重依赖于三阶层体系，在尚未对三阶层体系取得共识的情况下较难推进。鉴定式分析方法只是一种方法，方法具有普适性，方法学习并不复杂，而如何结合中国本土实践寻找真正问题进行鉴定更为重要。此外，鉴定式分析方法的教学也需要循序渐进，不能操之过急，如果基础知识不扎实，学会这套理论也鉴定不出可靠的结论。

葛云松：刑法案例研习课比较成熟，李世阳算是代表。下面请中国政法大学张冬阳老师介绍"行政法鉴定式案例教学的课程设计"。

张冬阳：行政法鉴定式案例教学还在申请开课阶段，我谈谈行政法利用鉴定式分析的困难。

中国政法大学鉴定式案例课程很丰富，吴香香老师、缪宇老师、于程远老师、葛平亮老师都开设案例课，而且选课人数很多。但行政法全校只有两门案例课程，不到40人选，如何设置课程是我们面临的问题。我的课程设计中前三次课集中介绍鉴定技术，第四次课进行行政诉讼的适法性分析，第五次课进行行政诉讼类型分析（在我国行政诉讼类型化尚处于争议问题，有必要介绍），第六次课讲授如何写论文，之后的课程按照诉讼类型进行划分，最后一次课批阅作业，这是初步设想。

前面列举的几位老师开设的案例课程名称中都有"请求权基础"字样，时髦且令人动心，但是行政法中请求权的构造只是例外。行政法的核心问题集中于行政行为的合法性审查，借助请求权模式可能无法得出满意的结论，这是目前的尴尬处境。另一方面，行政法的基础理论仍有较多争议，与在座各位所研究的领域相比，行政法教义学可能基础最薄，而充实行政法案例研习课的基础是行政法教义学。

葛云松：谢谢，行政法确实需要慢慢探索，下面是自由与谈时间。

朱晓喆：无论刑法、行政法、民法，都可以用鉴定式拆解构成要件。只是诉的成立、诉的合法性、诉的理由，在不同法律中设问不同。民商法自身的设问也有不同，设问不一定总是体现为请求权，也可能体现为形成权，如某某对某某是否有解除权、有撤销权。所以，鉴定式可以涵盖民商法、行政法，只是设问不同。

黄卉：自法官视角而言，各领域都需要分析诉讼法层面的可诉性与实体法层面的可证立性。民法比较特殊，因为内容非常庞杂，诉讼法与实体法分开，而目前国内引入的多为实体法方法，但浙大的周翠教授在专心做民事案件的可诉性分析。宪法与行政法的高阶案例鉴定式分析也包括可诉性与可证立性两部分，只是分析框架与民法不同。

李昊：刑法的鉴定式分析也是法官视角，只是判断的是犯罪是否成立，而非民法的请求权基础检视。民诉也可以采用鉴定式分析，只是设问不同。如法院是否有管辖权应要考察管辖要件，符合所有要件结论即为肯定，有一项要件不符合结论即为否定。所以，鉴定式只是形式，民法、民诉、刑法、公法等都可以适用。先设问再解析，可根据自己的学科展开分析。

贺剑：我临时搜索了鉴定式的英文，译过来是"专家意见"。我不了解它的英语背景含义以及在法学背景中是否有特殊含义，汉语中是否有更妥当的对应词。另外，在德国的司法实务中，除了专家意见都不用这种格式。原因在于，它是专家意见的方式，是以回答科学问题的态度回答法律问题，科学的、地毯式的、扫雷式的全面分析是它的特色。对于它所对应的语词，是否需要有统一的口径表达，我想听听各位老师的意见。

黄卉：关于翻译专有词汇的问题，我倾向于对比较特殊的词汇，用非口语化词汇，以免得望文生义。最失败的术语翻译是"法教义学"，虽然很有专业术语范，尽管是非口语化词语，却依然能望文生义，所以迄今这个词仍在不同层面被界定与使用。关于今天讨论的方法，目前我认为称为"鉴定式案例分析方法"或"鉴定报告"可以。

葛云松：本环节到此结束，谢谢大家！

第四单元 鉴定式案例教学的未来发展

【议程】

主持人：

田士永　中国政法大学教授

引导报告（每人 10 分钟）：

1. 要件事实论与鉴定式案例分析

　　许　可　国际关系学院副教授

2. 鉴定式案例教学在中国的未来：如何打破"木桶效应"？

　　陈传法　北京化工大学法学院副教授

3. 鉴定式案例教学的观察与思考

　　汪　洋　清华大学法学院副教授

4. 案例研习的方法与可能

　　茅少伟　北京大学国际法学院助理教授

5. 民诉案例研习在北大

　　曹志勋　北京大学法学院助理教授

6. 法庭报告技术（Relationstechnik）：案例教学的下一个试验？

　　陈大创　中南财经政法大学法学院讲师

7. 鉴定式案例教学：困境与出路

　　严　城　浙江财经大学法学院讲师

8. 从工作方法到思维方法：鉴定式案例分析方法的未来

　　于程远　中国政法大学民商经济法学院讲师

自由与谈（共 40 分钟，每人发言不超过 5 分钟）

【实录】

田士永：本环节第一位报告人是国际关系学院副教授许可老师，题目是"要件事实论与鉴定式案例分析"。

许可：要件事实理论的基本框架分为三部分，即基本概念、理论基础与实际应用。

第一，基本概念。基本概念中最关键的是要件事实，该概念已经被最高人民法院采纳，但未使用"要件事实"的名称，而是用"基本事实"。2015 年《民诉法解释》（《最高人民法院关于适用〈中华人民共和国民事诉讼法〉的解释》）中已经明确，基本事实就是要件事实。要件事实是发生某一法律效果（包括权利或法律关系的发生、妨碍、消灭、阻止）所必须的法律要件构成要素相对应的案件具体事实。所以要件事实完全是从诉讼角度出发，对应案件具体事实，体现为攻击防御方法。要件事实的基本特征可从实体法与程序法两方面概括，实体法方面的特征是可评价性、单一性，程序法方面的特征是具体性、特定性、并存性与利己性。

要件事实理论，是在明确要件事实法律性质的基础上，对民法内容、结构以及民事诉讼审理与判断结构进行思考的理论。其中要件事实的法律性质即定义中所指的，导致权利发生或妨碍权利发生，或使已经产生的权利消灭，或者阻止权利的行使。该理论以证明责任理论与主张责任理论作为基础。实质是以公正高效的实体判决为目标，对民法与民事诉讼法进行再解释的理论。

第二，理论基础。要件事实理论有两大理论基础，即证明责任理论与主张责任理论。就证明责任理论而言，现在中国的民事诉讼立法基本以德国罗森贝克的规范说或者法律要件分类说作为证明责任分配的基本规则，具体体现为《民诉法解释》第91条。要件事实理论第二项重要的理论支撑是主张责任，是当事人主义诉讼模式采取的辩论主义的第一个命题的反向推论。第一个命题的内容是，直接决定法律效果发生或消灭的要件事实，只有在当事人的辩论中出现才能作为裁判基础，法院不得以当事人未主张的事实作为判决基础。它的反向推论就是主张责任，如果当事人未就于己有利的要件事实予以主张，法院就不适用相应的法律规范，当事人会因此受到不利裁判，即败诉风险。

主张责任的适用范围是采用辩论原则的民事诉讼，主要是私益诉讼中的财产权益诉讼。主张责任与证明责任的关系是：其一，指向一致，都指向要件事实，分配证明责任常被称为分配主张证明责任，将主张责任与证明责任相联系。其二，责任的负担方式一致，即败诉风险一致。其三，责任分配方法一致，采用规范说或者法律要件分类说。

主张责任与证明责任的不同在于，责任负担的法理基础不同。主张责任的法理基础是当事人主义与辩论原则，证明责任最主要的法理基础则是法官不得拒绝裁判。主张责任在诉讼中体现为攻击防御方法，所谓攻击防御方法是对诉讼资料的一种形象性说法，诉讼资料主要包括事实主张与证据，攻击防御方法的实质是主张责任在民事诉讼中的具体呈现方式。不同法律性质的要件事实在攻击防御体系中构成不同性质的攻击防御方法，分为请求原因、抗辩、再抗辩、复再抗辩等。

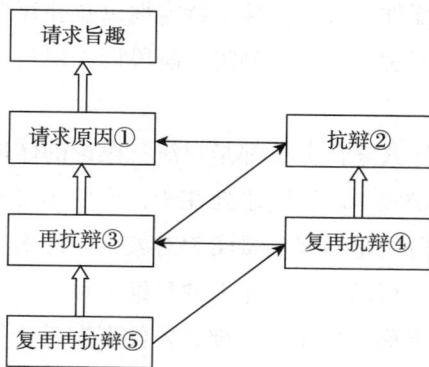

这有一张攻击防御方法体系图，图中的请求旨趣就是诉讼请求，左右分两列，左边这列是支撑原告诉讼请求的要件事实，也是攻击方法，右边这列是被告否定原告诉讼请求的防御方法。横向箭头表示不同攻击防御方法之间在法律效果方面的对抗关系。抗辩排斥请求原因，如果抗辩成立，则诉讼请求不成立。再抗辩成立排斥抗辩所产生的法律效果。复再抗辩成立排斥再抗辩所产生的法律效果。

纵向的空心箭头表示对当事人诉请的支撑关系。请求原因支撑诉讼请求的成立，如果请求原因成立，无抗辩或抗辩不成立，诉讼请求就应得到支持。如果请求原因成立，但抗辩也成立，则诉讼请求不成立。如果请求原因成立，抗辩也成立，再抗辩也成立，诉求请求仍然成立，依此类推。

第三，实际应用。要件事实理论的实际应用，就是围绕案件诉讼标的，以实体法为依据，科学分析法律要件的不同性质，在此基础上结合案件具体情况，将之转化为攻击防御方法的过程。应用过程大概分两阶段。

第一阶段的工作对象是原告的起诉状、被告的答辩状，以及案件所涉及相关实体法条文。工作内容包括确定案件审判对象（诉讼标的），检索实体法条文并分析法律要件，与鉴定式案例分析或请求权基础方法非常相似，只是重点不同。采用的工具包括规范说以及要件事实的特征，尤其是并存性、单一性特征。工作性质是诉讼视角下的民法解释学。

第二阶段的工作对象包括原告起诉状、答辩状，以及当事人的口头辩论内容，尤其是审前准备环节所形成的一系列口头辩论内容。工作内容是识别攻击防御方法，采用的工具是要件事实具体性、特定性以及并存性等特征。工作性质是解释结论的个案具体化的过程，也就是第一阶段诉讼视角下的民法解释学对结论的个案具体化过程。

要件事实理论与鉴定式案例分析都是司法三段论的体现，都采用请求权基础思维方式，且都关注诉讼实践。不同之处在于，要件事实理论以当事人辩论内容为对象，而鉴定式案例分析是以案例事实为对象，要件事实理论以实施有效的诉讼指挥为目的，鉴定式分析以训练法律人的思维为目的。所以，要件事实理论可称为裁判思维，鉴定式可称为法律人思维。要件事实理论仅根据当事人辩论框定法律边界，因而可能呈现局部特征。鉴定式案例分析根据设计案例尽可能扩大法律适用可能性，更有利于培养系统全面的法律思维。鉴定式案例分析可以作为法学教育的重要方法，也可以为法官尽快掌握裁判思维提供扎实的基础。换言之，鉴定式案例成熟之后，可以向要件事实理论方面发展。

以本次大赛的案例为例，无论实体法教学采用何种案例分析方法，针对的都是完整的案例事实，但案例事实在诉讼中的呈现有其过程，要件事实理论强调的就是原告诉称与被告辩称，并在此基础上结合原告的诉讼请求先确定诉讼标的，再寻找相关的法律基础，包括原告的请求权基础以及被告的抗辩基础，再对条文进行要件分析。要件分析的内容是分析哪些是权利成立要件，哪些是妨碍要件、消灭要件、阻止要件，再结合案件中的具体事实，识别当事人的攻击防御方法：哪些是应由原告主张与证明的请求原因事实，哪些是应由被告主张与证明的抗辩事实，哪些是原告应主张与证明的再抗辩事实，等等。请求原因、抗辩、再抗辩，在诉讼审理中有顺序安排。

同学们的案例分析做得都非常好，检索不同请求权基础，并讨论其构成要件。但是有一个问题，鉴定式将不存在权利阻却事由作为原告请求权成立的内容对待，而自要件事实理论角度而言，这部分内容恰是被告的抗辩，而不是原告的请求原因，不应由原告负担主张证明责任，作为权利的妨碍要件应由被告承担主张与证明责任。

田士永：第二位报告人是北京化工大学法学院副教授陈传法，报告题目是"鉴定式案例教学在中国的未来：如何打破'木桶效应'？"。

陈传法：在正式演讲之前，请允许我向鉴定式案例教学的先行者致敬！王泽鉴先生可能是汉语法学界最早介绍鉴定式（请求权基础）案例分析方法的先驱，今天在座的诸位先生/女士，都是鉴定式案例教学的先行者，筚路蓝缕，以启山林，令人敬佩！诸位老师的观点，我完全赞同。接下来，只是展示自己的思路而已。

本单元的主题是"鉴定式案例教学在中国的未来"。第一个问题，什么是"未来"？所谓未来，就是"将要到来、尚未到来"。第二个问题，谁的未来？其一，受教育者的未来。受教育者可以更好地形成法律思维，其终身受益，可以预期。其二，先行者的未来。先行者可以成为法学教育家，亦可预期。其三，鉴定式方法的未来。因为这一方法是成熟的（趁手的），其本身就是现实的，属于"已来者"，故无需预测其未来。其四，鉴定式案例教学的未来。从受教育者与先行者的未来，能不能推定鉴定式案例教学同样有光辉的未来？我的回答是，不能。换言之，鉴定式案例教学能不能遍地开花？这不是一个预言，而是一个愿景。

我是北京化工大学的一名普通教师，北京化工大学是一所以理工科为主、法学师资力量有限的多科性大学，我又是一名鉴定式案例分析的后学者，为什么可以奢谈鉴定式案例教学的未来？或许答案是：一名普通教师的"奢谈"，恰恰预示着鉴定式方法在中国的未来（只有当一名普通高校的普通教师都在重视或试行鉴定式案例教学时，才能表明鉴定式方法在中国确实有其光明的未来——下面的演示，也可算是一种鉴定体吧？）。

我今天演讲的副标题是"如何打破'木桶效应'"，所以，首先要交待"木桶"指代什么？然后说明木桶之上木板的长短。

"木桶"指什么？鉴定式方法不是木桶，这种方法本身没有问题。鉴定式案例分析方法的运用是第一只木桶；鉴定式案例方法运用的教学，这是第二只木桶；此种案例教学法的推广，这是第三只木桶。或许，前一木桶都可算作后面木桶上的木板。

再看看这些木桶的现状。

第一只木桶（运用），它的木板就是作为案例分析工具的零部件，包括：其一，不友好的立法，比如要件不齐备、效果不明晰、法条竞合；其二，没有完成的教义学与不成熟的理论，或者没有学术或者实务赞成的通说；其三，刚刚开始的法条评注；等等。

第二只木桶（教学），它的木板除了第一只木桶外，主要就是教学的要素，包括：其一，培养方案的调整，包括教学课程体系设计与教学时间安排，这涉及学生与老师时间的投入；其二，师资力量的配备；其三，教学资源的重新配置。在一切资源中，最重要的资源是时间资源，包括教师的时间投入与学生的时间投入。

第三只木桶（推广），它的木板主要包含推广的条件。诸如：其一，各高校资源不均衡；其二，关于意义的共识，鉴定式教学到底是否有用，还没有完全达成；其三，共享的案例库、视频公开课现在还比较少；等等。当然，前两只木桶的短板也是这最后一只木桶的短板。

木桶效应也就是短板效应。那么，存在所谓的短板效应吗？

第一只木桶，每一根木板（分析工具的零部件）都很短。

第二只木桶，不光每一根木板都很短，有一些高校连木板都没有。如果每一根木板都很短，那就谈不上短板效应，因为这已经不是"木桶"，大概只能算作"木盆"吧。

第三只木桶，最大的短板是，很多高校没有第二只木桶，或者很多学校没有一块可资打造第二只木桶的木板。所以存在真正的短板效应。换言之，影响鉴定式案例教学未来的最大短板，是教育资源的不平衡。

用"木桶"作喻并不完全准确，因为这些"木桶"都是"活"的。每一只木桶都可以变化，可以不断生长。对于前两只木桶而言，既然没有木板或者木板齐短，就需要准备木板，促其生长。第三只木桶的木板长短不一，当然就要打破短板效应！那么，如何打破"短板效应"？

打破"死木桶"短板效应的方式，有截长补短、改变用途或者改变使用方法等。每一种方法都有约束条件，也都有利弊。打破"活木桶"的短板效应，就是找到关键的短板，促进生长。

活木桶的特点是：其一，每一只木桶都在生长；其二，每一个木板都有成长的空间；其三，木板之间存在相互作用的可能性。但是不同的木板在成长过程中又有明显的区别：其一，存在不同的天花板，天花板有移动的可能性，这是约束条件。其二，具有不同的变动速率，速率就是难易程度，这取决于事物的性质、动力与阻力。其三，带动其他木板生长的能力不同，也就是间接效用有差别。

前已述及，第三只木桶才是最重要的木桶。对于活的木桶而言，不是接续短板，而是促进生长，直观而言就是克服阻力加强动力。克服阻力加强动力的途径既有自上而下的，也有自下而上的。但关键的要害一定是资源配置与目标导向。最大的资源配置者就是领导——教育部、教指委、学校以及学院的领导，最重要的目标就是法律职业资格考试。

先谈目标导向。在管理学方面，对于复杂事物，最简单的管理模式是目标管理而不是过程管理。只要抓住目标，自然就可以吸引资源并重组资源，从而起到"纲举目张"的效果。中小学素质教育改革之所以难以成功，就是因为指挥棒是高考。围绕高考这个指挥棒，一切素质教育都会退居二线。在中国，自上而下的压力很快就会转换成最大的动力。如果鉴定式案例分析方法成为法律职业资格考试的内容，所有的教学资源自然就会向鉴定式案例教学倾斜，即使最差的法律院校也会竭尽全力推动鉴定式案例教学。

无论是教育资源分配，还是推动法律职业资格考试内容改革，都需要说服高层领导。而要说服高层领导，首先需要在座诸位老师就鉴定式案例教学达成共识，共同讲好这个故事。如果今天在座的诸公对此都还有争议，特别是否定鉴定式案例教学的必要性，或者所有人都认为鉴定式案例教学过难，那么，它的未来就可以预料——它将没有未来！

鉴定式案例分析方法是逐步或者逐层推演的套路。或许可以用数学演算与命题证明来类比鉴定体与判决体：前者是解题思考的过程，后者则是先写出结论，再围绕命题（论点）展开论证，这是方向相反的两个过程。鉴定体展示思维的所有过程，包括试错的过程，而判决体只做必要论证，提供充分理由就足矣。因为鉴定体最大限度地展现了解题人的思维过程，这就使教师审查学生的思维正误、考查学生对理论知识的掌握程度变得清晰而简单，也可以使师生更容易聚焦于案例分析中的疑难问题。传统的案例分析方法往往取决于解题人朴素的公平正义感，或者解题人的直觉，其思维往往是跳跃式的、直奔直觉中的关键核心问题；与之相反，鉴定式案例分析方法提供了一种更为严谨的思维习惯，使初学者宁慢毋快，一步一步推演，不轻易漏过任何可能的知识点。鉴定式案例分析方法作为一种套路，最大的作用或许是减少案例分析中的低级错漏，将伪"疑难案件"从疑难案件中排除。

目前似乎有一种倾向性的意见，认为鉴定式案例分析法很难，鉴定式案例教学很难。这样的叙事方式恐怕难以打动高层领导。这其中可能存在误会。案例分析方法不可能替代理论学术探讨。鉴定式案例分析方法并不能保证解决所有的疑难案件，因为对于真正的疑难案件而言，疑难往往出自于学术论争或理论缺位，因此无论在哪一种案例分析方法之下都是疑难的。切切不可将鉴定式分析方法的难题与法学理论探讨中的难题混为一谈。在疑难案件中，问题一直存在，鉴定式分析方法本身并不会制造问题，只是有助于发现问题，而发现问题总是解决问题的第一步。不能使人误以为鉴定式方法神乎其神。

有一个负面例子应当引以为戒，即物权行为（处分行为）理论。我读完朱庆育教授的《民法总论》之后，觉得物权行为理论不仅没有那么难，而且确实起到了显微镜的作用（将实质合理性向前推进了一大步）。可以说，朱庆育老师终结了这项争论。可能最开始引介"物权行为"理论的学者将这个故事讲得太难了，导致今天还有一种流行的观点认为，中国的法官水平整体比较低，理解不了物权行为理论，所以不能接受。这真是天大的误解！

如果对鉴定式案例分析方法存在类似的误读，就仍然会重蹈覆辙。难易总是相对而言的。从克服低级错漏而言最容易，从结合学术研究、实务见解而言最难，但是鉴定式方法只不过是难题的发现者而非制造者！

总之，鉴定式方法最能体现理论与实务的结合，最能体现实体法与程序法的结合，最能体现法律人的思维方式（民法案例的鉴定式分析体现了一种律师的思维方式，而凡是以律师思维为中心的法学教育几乎都是成功的法学教育），最有利于揭示解题人的分析思路，同时还可以通过反馈推动立法、法学研究与法学教育的进步。

关于鉴定式案例教学在中国的未来，我们不是预言家，我们只能做推动者！

田士永：谢谢！第三位报告人是清华大学法学院副教授汪洋老师。

汪洋：感谢母校为我提供宝贵的学习机会，我报告的题目是"鉴定式案例教学的观察与思考"。在我求学阶段，中国政法大学尚未具备今天这样大规模开设民法案例研习课的条件。后来我去意大利学习罗马法，罗马法中有原始文献分析方法，与今天谈的案例研习也有区别。刚到清华大学法学院工作那两年，崔建远老师开设有民法案例课程，但这两三年课程安排中暂时没有开设，当然每位民法老师在课程讲授时都会结合案例进行知识点的讲解。民诉的陈杭平与任重两位老师也坚持开设民诉案例研习课。所以，今天我主要从鉴定式案例学习者的角度，结合平时教学过程中的困惑，向各位老师汇报。

培养学生从合格法律人到优秀法律人的转变，相当于于飞老师、可可老师所谈的从初阶到高阶，张家勇老师所谈的从研习到研究的转变，作为老师在此过程中起到怎样的作用？合格法律人的主要目标是养成规范思考的方法，案例研习配合讲授课程的重要功能是，迫使学生初学即在头脑中建立起体系树概念，明确民法典体系中有哪些请求权基础。否则就如同我在大学读书时，虽然看到很多经典，但并不清楚作者在学术史上的地位，读书是盲目的。优秀法律人的养成，是法律系统内部的锻炼。主流法学院的学生已经具备了较强的自学能力，课堂上老师们可以更多地讲授比较法、多学科、疑难法律问题的思考方法、外部价值如何在内部进行证成等高阶内容。当然优秀法律人的养成阶段与鉴定式、请求权基础也不可分，涉及外部价值的内部证成问题。只是在现实中，无论阅读时间还是授课时间的分配，都存在问题。

具体到鉴定式研习方法，其核心就是案例。我的困扰是，我自己设计的教学案例可能与真实社会脱节。另外一种思路是选取或改编真实案例，但应选取内容复杂的案例还是疑难案例也值得探讨。这两种案例对学生的训练不同，内容复杂的案例可以训练学生确定小前提的内容，疑难案例则是回到某个教学知识点的锻炼，应将这两方面结合。比如讲恶意串通时，我就引用了茅少伟老师在《当代法学》发表的《恶意串通、债权人撤销权及合同无效的法律后果——最高人民法院指导案例33号的实体法评释》。该案例不仅涉及恶意串通与无权处分，还涉及债权人撤销权与违法无效的后果。但问题在于，如何在每个知识点都找到这样的案例？未来葛老师也许可以将案例研习课的题目结集出版，或者像浙大的周江洪老师，选出涉及每个知识点的典型案例，组织学者评析然后出版，供法学教育的工作者选用。

选用法律适用疑难的案例，更多的是辅助知识点教学，是为了从案例中抽取规则填补漏洞，而这并非鉴定式案例研习的功能。鉴定式是为了学生养成系统分析的自觉性与能力。希望通过今天的学习，有机会使鉴定式案例研习课程在清华大学开花结果。

田士永：下一位发言人是北京大学深圳国际法学院助理教授茅少伟，报告题目是"案例研习的方法与可能"。

茅少伟：我主要谈三个方面：第一，回顾过去，这是今天讨论案例研习与鉴定式可能忽略的视角；第二，鉴定式未来发展的框架；第三，未来可能有突破的两个方向。

我们上学时就经常听老师说"民法博大精深"，这可能是法学界比较早也比较流行的"凡尔赛体"了，但大部分学生感受到的可能是一团乱麻。我们一直想找一种方式，可以有效地把握整个体系，而不是在汪洋大海上找几片木板依靠，或者偶然碰到一两个荒岛、看到一点风景。

第一，今天的鉴定式与我们当年相比缺了一个自然的、因为感到不足而去探索的过程。我们当时的鉴定式教学，不是为了单纯地学习德国，而是因为需要借助鉴定式帮助学生把握体系，是自然的推动。现在的学生们接触鉴定式，可能并不是在特别困惑、特别需要指导、特别需要方法、特别需要新的突破时，没有久旱逢甘霖的感觉。因此，在教学中应将它的有效性与美感传达给学生，而不是过早沉溺于枝节、细节之中，不能使学生感受到的只是很僵硬的框架、海量的作业与负担，似乎鉴定式教学只是老师的一厢情愿。

第二，鉴定式的发展很适合在两个大框架下展开。首先应当在教义学发展的大框架下看待鉴定式的发展，这与中国法学尤其是民法教义学的发展有巨大的联系。尽管我们的教义学还远没有到德国那种程度，但是已经足以支撑鉴定式训练。反思这种方法，也需要在教义学持续不断发展的语境下反思。老师们可能都有如下体会，在短期的快速成长后，学生们的写作很容易陷入形式化、空洞化，这当然与教义学的发展阶段也有关。目前的教义学还比较概念化，实质推理与实质论证仍然不足。因此，不能将鉴定式仅仅当作应用教义学的训练，这种训练同时也是教义学的反思性训练。对青年教师而言，如果不能在此过程中收获养分，热情可能很快会枯竭。其次，需要在法学院整体的课程结构、法学教育整体的目标设定与方法选择视角下看待鉴定式案例研习类课程。之前有老师提到，很难有足够师资针对每一门基础课程都开设鉴定式的配套案例课程。对大部分学校而言，即便有这样的师资，适不适合如此配置，可能也需要打一个问号。以本科生为例，学生的学习目标、职业目标是多元的，专业学习时间非常有限，这是我们面临的硬约束。法学院的课程大致可分为基础课、理论课、高阶专题课、方法课与实务课，案例研习是方法课，建立在基础课与理论课的基础上。从可行性的角度而言，鉴定式案例研习课程应以基础课的训练为前提。基础课的训练也是训练学生依据有效规范得出妥当结论，核心与鉴定式相同。基础课先做好教义学的基础训练，高阶的案例研习课再通过更技术化的、更体系化的方法集中训练，这样可行性更强、更具可推广性。简单概括，即不能只做加法，而是应将这种方法真正的精华理解得更透彻，在更短时间内进行更有效的训练，实践经验表明这完全可以做到。

这些年法学的发展有共通的一面，即更重视案例在教学与教义学发展中的作用。案例天然连接规范与事实，因此可以将案例方法分为两类，即倾向训练规范适用的案例方法与倾向训练事实理解的方法。法学院的案例方法侧重前者。有一个误导性的观念，认为法学院不适合训练对事实的处理。事实的处理涉及三个层面：一是在法律适用层面，二是在证据层面，三是在一般社会生活层面。法学教育可能对第三层面有所忽略，可能在比丰富的社会生活"贫瘠"的规范世界中沉浸过多过久。

第三，鉴定式未来的发展方向大致有二：一是需要更"实务"，结合程序法与其他实体法的内容；二是需要更"实质"，法学院的训练使学生过早在规范世界中打转，而对真实世界的交易类型、真实世界商人的思考逻辑一无所知。未来的发展应在实质性思考与实质性论证方面，在论证资料的选取与论证方法方面都有所突破，不应只是应用式的训练。

田士永：下面有请北京大学法学院助理教授曹志勋老师谈"民诉案例研习在北大"。

曹志勋：北京大学的"民诉案例研习"课程脱胎于"民法案例研习"课程。葛云松老师也一直支持我们的课程建设。

首先想接着前面几位老师讨论的问题谈谈自己的想法。民诉鉴定式案例研习，更多的是对德国教学方法的学习。回想 2011 年、2012 年我在德国雷根斯堡大学听民诉讲授课时，Herbert Roth 教授通过案例的解答讲解几乎所有的民诉知识点。他的讲授课就是传授如何应对闭卷考试（Klausur），穿插鉴定式（Gutachten）与判决式（Urteil）两种模式。而就我的导师 Peter Gottwald 教授而言，他不仅开设民法与民诉课程，也开设国际私法课程，也经常就鉴定式与判决式来回讲，他认为最重要的就是要件化的思路。

"民诉案例研习"因为源自"民法案例研习"，所以二者结构十分相似，在此不过多赘述。目前的做法是分 3 ~ 4 个班，每班 20 人左右。除老师以外，更重要的是发挥助教作用。张家勇老师谈到的集体备课时老师与助教"排雷"的过程，也是案例研习在方法上的特征。

授课对象方面，先修过民法与民诉讲授课的学生都可以选修民诉案例课。案例课之外也平行开设其他课程，如专题课、纠纷解决、执行法等，希望学生也能通过其他课程上认识民诉。课程历史方面，最初是刘哲玮老师在"民法案例研习"中加入民诉元素，2016 年起正式开设"民诉案例研习"课程，当时是许德峰老师与刘哲玮老师一起开，之后是刘哲玮老师与我一起开设。我们会借助"民法案例研习"中的案例或改编真实案例。但改编舍弃大量事实细节，而自民诉法视角而言，在事实发现方面对学生的训练就有所欠缺。

整体而言，我们是"民法案例研习"的小兄弟，但是也自认为是"民法案例研习"的高阶课。在"民诉案例研习"中无法回避民法问题的讨论，但是，我们还是聚焦民诉方法的拓展，特别是因为民诉法的发展程度不如民法，还在摸索如何结合中国法提出体系化的案例分析框架。这门课程更多的还是专题理论课，而不是紧跟实务的课程。我们试图传授给学生的案例研习思路，在诉讼要件与多数当事人两部分已经形成了比较成熟的方案，但民事诉讼法学的其他部分尚未形成明显的思维框架，希望可以通过课程逐步推进。此外，明年的课程应改进的是加强课程的阶段性，姚明斌提到华东政法大学初阶与高阶双阶式的安排，我们希望在课程中能渐进地实现这种双阶结合。

田士永：下一位报告的是中南财经政法大学法学院讲师陈大创，题目是"法庭报告技术（Relationstechnik）：案例教学的下一个试验？"。

陈大创：我的报告也许紧接着许可老师更好，因为对应日本司法研修所要件事实训练的是德国的法庭报告技术，德国大学阶段的鉴定式案例教学是为第二阶段的法庭报告技术训练打基础。在介绍具体内容之前，我先讲两个背景知识。

第一，关于 Relationstechnik 的翻译。现在国内对 Relationstechnik 有两种译法，一种是法庭报告技术，一种是关联/关系技术。词源方面，relatio 引申自 referre，意为报告、报道。如罗马法上的报告程序，当裁判官听取当事人陈述之后认为无法作出裁判，可以作出一份书面报告向元老院报告，报告在元老院面前宣读，由元老院做决议。15 世纪威尼斯、佛罗伦萨等地对外交使节发回的报道称为 Relatione，也与报告有关。16 世纪德国报纸、手抄报道的名称也是 Relation。1690 年莱比锡大学世界上第一本新闻学博士论文《论新闻报道》，题目就是《De Relationibus Novellis》。所以首先从词源学上而言应翻译为法庭报告技术。

法庭报告制度起源于 1495 年设立的神圣罗马帝国枢密法院，该法院在审判中实行卷宗报告制度。原因在于：其一，实行书面审理。其二，实行集体审理。其三，档案不是按照案件而是按照接收案件材料的日期管理。同一案件的材料因为进入法院日期不同而分散在各个角落，不可能所有的法官全部读一遍再进行裁判，因而先由两名法官将所有的卷宗材料读一遍制作报告，这两名法官在全体法官面前慢慢宣读报告，供法官做笔记与形成裁判。因此，就形成历史而言，翻译成法庭报告技术也更准确。

第二，关于这套训练方法在德国的制度化过程。帝国枢密法院采取卷宗报告制度后，1570 年《帝国决议》第 55 条规定，凡欲取得帝国枢密法院法官资格的人，都必须通过试写法庭报告的考试。这项制度很快被邦国接受，规定在法院组织法中。但因为当时大学的教学内容是国法大全，不涉及邦法与习惯法，也不讲授法庭报告技术，就导致了大学教育与实务的脱节。对此有两种解决模式：一种是南德意志解决模式，即在大学增设邦国法、习惯法与法院实务课程（报告技术与裁判技术）的训练；一种是北德意志模式，以普鲁士为代表，即在大学之外设立实务培训阶段，学生在完成大学阶段学习之后，到法院接受法庭报告技术训练。普鲁士统一德国后，这一模式也彻底在德国铺开并延续至今，形成双阶段的法学教育模式。

介绍背景知识之后，再谈谈德国法学教育第二阶段练习的法庭报告的结构。法庭报告由案件事实、法律鉴定与裁判建议三部分组成，这种结构自中世纪已经形成，最晚到 1852 年发布撰写指南时就已定型。

首先是案件事实报告阶段。报告撰写人自当事人陈述中提取重要的案件事实，但这是没有经过法院认定的事实。按时间罗列双方没有争议的陈述后，接着依次罗列有争议的原告陈述、最后一次口头事实辩论时原告的声明与被告的声明，以及有争议的被告陈述。如果当事人有抗辩、再抗辩，则继续罗列。最后罗列诉讼经过。

接下来是诉之允许性或合法性阶段。其一，检验诉讼要件与诉讼障碍，诉讼要件包括法院诉讼要件，如管辖权问题。其二，检讨当事人诉讼要件，包括当事人能力、诉讼能力，诉讼代理权等。其三，检讨诉讼标的要件，如同一事件是否有其他的诉讼系属，是否有重复诉讼等。检讨诉讼要件后，还应检讨是否有诉讼障碍，如是否有仲裁条款排除法院管辖。

如果确定诉可允许，则进入即诉的有理性阶段，又可再分为原告阶段与被告阶段。原告阶段审查原告主张的一贯性，原告对支撑请求权发生的事实承担主张责任。该阶段对应大学阶段的鉴定式案例分析训练，在假定原告陈述全部为真的前提下，对所有可能的请求权一一检索，对每项请求权下面的构成要件一一拆分，如果原告主张满足相应请求权基础构成要件就进入被告阶段，如果不满足就驳回原告诉请。该阶段是纯粹的法律审查，不涉及事实认定，其优势是有效率，如果即使原告陈述全部为真都无法满足请求权的构成要件，就不必再进入耗时的举证阶段。如果原告阶段通过即进入被告阶段，由被告就请求权不发生、消灭与不可行使的事实承担主张责任，否则即承担败诉的不利后果，若通过此阶段的检视，即进入证明阶段。

证明阶段主要有两大任务：其一，确认待证事实，即双方有争议且对裁判有重要价值的事实，确定待证事实是为了围绕待证事实进行举证。其二，如果法官不能就事实真伪形成心证，就应根据法律规范确定证明责任，根据证明责任确定承担不利后果的一方。

上述阶段中最重要的是诉之有理性阶段，对应大学的鉴定式案例分析训练。法庭报告技术的优势在于其高效与完整。其一，效率方面，因为层层递进只要有一步不满足要求即可停止。特别是未通过法律审查即不必进入举证质证程序，而民事诉讼拖延与发散的重要原因之一就是举证耗费过多时间，无法围绕真正的争点进行举证。其二，完整性方面，因为步步递进，不允许发散，也不允许遗漏任何可能的要件。

这套技术契合辩论主义，符合辩论主义的三大命题，有利于在集中审理模式的争点整理程序中迅速形成争点。问题在于我们是否需要引入这套训练方法。如果引进有障碍，可能首先是认识方面的障碍，即这套方法能否作为共通的方法。我个人认为可以，根据许可老师的介绍，日本也采用类似的方法。

田士永：下面一位发言人是浙江财经大学法学院讲师严城，题目是"鉴定式案例教学：困境与出路"。

严城：我2014年底回国，2015年即开始引进鉴定式方法，我在财经大学从民法总论到公司法的课程都开设，所有课程中都贯彻了请求权基础方法。

我认为鉴定式的困境首先在于立法层面。民法典编纂并非以请求权基础为中心，这就导致请求权基础使用过程中的查法或者用法的成本过高。

第一种乱象是"复读机"现象。如物权保护中有损害赔偿条款，占有保护中也有损害赔偿条款，但这些损害赔偿条款均不具备独立性，只是第1165条第1款过错侵权的重述而已。辅助性规范更是如此，如撤回、撤销合同的规则既出现在合同编，也出现在总则编。

第二种乱象是"躲猫猫"现象。法典的部分条文不够细致，如第459条的无权占有人损害赔偿，法条未明确是否包括善意他主占有人的损害赔偿，必须进行规范解释；再如法条也未规定排除妨害请求权或容忍义务的构成要件。

第三种乱象是"和稀泥"现象。以《民法典》第 646 条为例，法律对其他有偿合同有规定的依照其规定；没有规定的，参照适用买卖合同的有关规定。虽然我国台湾地区学理认为，性质不符合的合同不能参照买卖规则。但因为法条使用了"参照"二字，大陆很多法官不经思索就直接参照适用买卖规则。举例而言，将一辆汽车以 10 万元友情价出卖给朋友，如果汽车出现质量瑕疵，就再履行请求权与瑕疵补正的问题而言，如果适用赠与规则就要求具备主观要件，如果适用买卖合同规则就不需要主观要件。再如依《公司法》第 28 条的规定，股东违反出资义务应对其他股东承担违约责任，即是一个误区。德国学理中公司设立协议是预约，与章程是预约与本约关系。但是国内公司法或者商事法因为在立法过程中严重缺乏教义而常陷入误区。因而，此类条文反而可能误导法官。

第四种乱象是"望断天涯路"。条文中对很多请求权基础都没有规定，就需要类推、需要法律续造，这就加剧了争议成本与法律适用成本。

立法层面之外，鉴定式的官方接受度虽然有提高，但仍然不够。私法理论尚未形成通说体系，也妨碍了鉴定式教学的发展。鉴定式发展的障碍因素还在于法律人共同体文化氛围不足。目前我国仍然欠缺中大型条文评注。商法教义学比民法更为欠缺，最典型的例子是设立中公司。德国民法将法人的设立分为三个阶段，第一阶段称为设立合伙，第二阶段称为设立中法人，第三阶段称为法人，第二、三阶段是同一体，但第一阶段与二、三阶段并非同一体，这就涉及债务移转是通过债务加入、债务承担还是法定债务移转规则解决等问题，需要商法教义学的支撑。

最后，展望未来，司法政策已初见曙光，如最高人民法院出版《案由适用要点与请求权规范指引》，再如《九民纪要》开篇即要求"树立请求权基础思维"。但还需要形成法律人共同体，师资培训需要人力、物力、财力与学术刊物的支持。案例课程应区分初阶与高阶，也需要资料支持，资料有外译与内生，希望涌现出更多内生资料。

田士永：第八位发言人是中国政法大学民商经济法学院讲师于程远老师，题目是"从工作方法到思维方法：鉴定式案例分析方法的未来"。

于程远：鉴定式的未来是比较大的题目，我没有各位老师的高瞻远瞩，只能结合自己的理解与经验，谈谈我的认识。

　　鉴定式是一种案例分析方法，是案例分析的学术规范，但是成本非常高昂。鉴定式方法受青睐的原因是，律师的客户不懂法学，鉴定式的长篇报告能使客户认为物有所值，这是市场的自然选择，使受咨询者实现一种自我约束，使自己更谨慎。

　　德国的鉴定式方法在学生身上实现得比较充分。我见过最完备的或者最标准的鉴定式报告就是每学期期末考试的标准答案。我在德国的民法总论期末考试，一个案例的标准答案长达 14 页，这在德国是正常的鉴定式答案，但在目前国内仍然难以想象。

　　鉴定式案例报告篇幅很长，但原因并不在于各个知识点的复杂度，而是如何将不同的知识点整合到鉴定式的框架中。尽管鉴定式的学术规范成本非常高昂，但在学生层面仍然非常受欢迎，其中一个重要原因就是解题思路与逻辑线索的可控性。沿着鉴定式分析方法，所有问题都必须毫无遗漏得到检验。

　　借助法学教育，鉴定式可能逐渐发展为一种思维方式。首先它是法律适用方法，鉴定式从当事人的诉请出发，与争点分析相比，是根本视角的转变。就法条梳理而言，鉴定式又是一种体系整合方法。如本次大赛的案例，就需要思考优先购买权与原给付请求权之间的关系。当直接基于优先购买权的形成权请求对方过户房产时，应为检索的是原给付请求权的请求权基础，而不是直接简单地讨论优先购买权问题。该案中最难的是优先购买权问题，但如果仅讨论优先购买权，就可能会忽略各个法条之间的关系与联系。鉴定式方法在教学中的优势在于，强迫学生进入微观层面进行法律问题的分析，而不是仅仅抓取核心争议点。同时，鉴定式也是逻辑推理法。考试之前学生经常背诵名词解释，但并不理解背诵名词解释有何意义，而逻辑推理中下定义是非常重要的步骤，名词解释就有其用武之地。三段论也是鉴定式中必然蕴含的，鉴定式方法在外观上即符合三段论推理要求，且有三段论的层层嵌套。

　　鉴定式的生命力不在于表面形式上倡导的请求权产生、消灭、可执行的框架，也不在于契约、准契约、无因管理、物权、侵权与不当得利的检视顺序。当资源与精力不足时，这种成本过于高昂的形式检验无法坚持。但是它带来的微观体系化与逻辑性的思维方式，在未来可以借助于法学教育的推广而长存。

　　田士永：谢谢，下面进入自由与谈阶段。

安晋城：在请求权基础与历史方法的划分中，商法问题更多需要从历史方法切入。商法中重要的股权归属问题与物权法中的物权归属非常类似。权利归属问题对请求权基础思维的依赖并不显著。商法中更为常用的是按照当事人身份构建法律关系与分析模式。但无论如何，鉴定式思维方式在商法中仍大有可为。

冯洁语：我最感兴趣的是陈大创师兄与许可老师的报告，尤其是日本要件事实理论与德国关联分析法之间的关联与区别。二者最大的区别在于举证责任分配。日本的要件事实理论是自法官裁判实务中产生的举证责任分配，而德国更多的是依据实体法。举例而言，就原物返还请求权应由谁证明无权占有，《德国民法典》第986条即直接规定占有人应证明自己有权，从而有权占有构成原物返还请求权的抗辩事由。在引进日本要件事实论与德国关联分析法时，需要整合实体法规范。

许可：确实如此。具体到证明责任，与要件事实理论、法庭报告技术的关联均有限，而应更多的将证明责任视为结果责任，即在要件事实真伪不明时由谁负担败诉风险。自由心证的尽头就是证明责任的开始。因此在程序上是庭审结束之后判决之前，如果存在要件事实真伪不明的情况，就涉及证明责任。当然证明责任不仅适用于这种情况，它贯穿整个案件审理过程，它也是主观的举证责任与证明责任的开始。

胡川宁：我想先谈谈上课的感想。其一，教学效果往往取决于学生理论课的基础如何，我们也一直将鉴定式教学作为讲授课的有益补充。其二，这次案例竞赛非常有价值，是我们整十年来在鉴定式案例各方面探索的结晶。但是我还是想提两个小问题。第一个问题是，公告中的请求权基础将司法解释也计入其中。请求权基础范围的确定是教义学问题，但不是民法问题，而是公法问题。《中华人民共和国宪法》第131条所规定的审判权独立原则，以及第2条第1款第1句所规定的人民主权原则都要求，原则上只能以全国人大所颁布的规范文件作为规范基础，原则上只能以狭义的法律为请求权基础。第二个问题是，如何在鉴定式分析中处理不同理论或观点。建议最好从客观的角度论述，不用甲说、乙说与丙说，而是直接从个别条文的规范目的出发。当然，本次竞赛还是功莫大焉，希望下一届鉴定式案例大赛仍然可以继续开展，也很期待下一届的成果。

李建星：非常荣幸今天能有机会参加鉴定式案例研习论坛，现在研习的案例较几年前难度大增。华东师范大学有两位同学得奖，是中南财经政法大学团队来华东师范大学开课播出的种子发出的芽，感谢为他们颁奖。在华东师范大学这样的综合性院校开设这门课程可能需要三步工作：第一步是植入，在讲授课中加入鉴定式案例分析元素，将鉴定式案例的模板安排到大课中，使学生有获得感；第二步是开设鉴定式案例课程；第三步是进行回顾总结。

在三校层面，在既有合作的基础上可以有进一步的统一：一是统一请求权基础，二是统一请求权基础中的构成要件。如果这两个关键点无法达成一致，必然导致具体争议的焦点反而被模糊，如不当得利请求权基础在准合同编还是总则编即是问题之一。希望明年华东政法大学举办师资培训班，可以在前述两个问题上达成一致意见。

刘亚东：非常感谢母校。我是刘亚东，任教于首都经济贸易大学法学院，今年刚入职。今天的会议使我很有收获，但同时我也很困惑，因为鉴定式案例教学我还没有掌握。我读本科时尚未听说过这个概念，研究生与博士阶段略听过，但也没有投入精力关注。希望老师们也到我们首都经贸大学推广鉴定式方法。

王丽美：西北政法大学是鉴定式的学习者，为了推进鉴定式教学，我们采取走出去与请进来的策略。西北政法大学先后邀请刘哲玮老师、茅少伟老师、黄家镇老师、李昊老师传经送宝，将过去的以教师为中心转化为学生为中心，使学生真正在学习中发挥主导作用。我们学院只有一位拥有国外研修经历的老师在婚姻家庭法开设鉴定式案例研习课，非常受学生欢迎。我与孙老师在读书会上展开鉴定式案例教学培训，学生们也非常认可。我给法官、检察官等做培训时，也特别推荐鉴定式方法。其中有一位鉴定式方法的先行法官曾形象地描述，鉴定式可以使律师为法官准备一个请求权基础的资源超市，提前检索所有的请求权基础供法官选择，有利于法官与律师之间的有效配合。

徐建刚：今天作为主办方的华东政法大学与中国政法大学都是我的母校，再次有机会回到母校学习，非常荣幸，也非常激动。今天的报告中有许多前辈分享经验并总结问题。中央财经大学法学院也非常重视案例教学，我们的案例研习课程目前主要针对研究生，每位民法老师都开设案例研习课程，但因为不同老师的知识结构不同，所以没有统一模式。我在华东政法大学与中国政法大学也学习过鉴定式案例方法，这学期第一次开设案例研习课程。

　　我也向葛云松老师、朱晓喆老师请教过我的困惑，即具体知识点与鉴定式方法的协调。鉴定式是思维方法，但具体的课程讲授中经常有大量的时间都用于知识点的讲解。仅仅讲解方法难免机械僵硬，不结合具体的知识点展开，也很难使学生真正掌握应对真实复杂案例的技能。但这两方面如何协调，仍然非常希望各位前辈以后可以指点迷津。

　　田士永：谢谢各位发言人，第四单元到此结束。

闭幕式

【议程】

主　持：

　　翟远见　中国政法大学教务处副处长，副教授

总　结：

　　于　飞　中国政法大学民商经济法学院院长，教授

【实录】

翟远见：今天的会议使我受益匪浅，下面有请本次论坛主办方民商经济法学院院长于飞老师做总结。

于飞：非常感谢大家！通过今天的研讨，我们有一些共同感受，也达成了一些共识。

首先，鉴定式案例教学值得推进。记得我在中国政法大学教的前几届学生，毕业后给我打电话说"于老师你课讲得很好，但是你讲的内容在实务工作中用到的不到5%"。这使我有强烈的挫折感。我不从事法律实务，到现在也未取得律师资格证，但我自认为在课堂上讲授的内容头头是道、逻辑严密。那么，为什么得到了这样的评价？这说明我的教学存在缺漏，这也是我推动鉴定式案例教学的原因之一。

鉴定式案例教学的优势首先就在于提升法律人的核心职业能力，即从本土制定法上的一个规则出发，妥当解决一个本土实践问题。妥当解决就是在个案中取得一个上有合体系性、下有个案妥当性的结果，中间这条路应当有一定的规则、

有一定的统一性。这可以使我们的思维方式趋于一致，使我们在能达成共识时尽量形成共识，达不成共识时也能确定分歧发生在哪个阶段，从而形成对话平台，形成真正的辩驳。这是鉴定式案例教学的根本生命力，通过它可以提升学生的核心竞争力，使他们可以在日后激烈的市场竞争中生存并顺利发展。

今天的研讨中，我们在很多方面都达成了共识：比如应继续将鉴定式案例教学向多学科推广，提高法学教育水平；比如应开展师资培训，法学教育实力强、师资队伍壮大的单位应当多承担责任，从而将这一有意义的事业推到更广阔的境地；比如应当建立师资交流机制，因为各校各有特色，可以通过师资交流尽快建设课程，使学生受益，远程教学为校际交流提供了便利；再比如建设教材与参考书是鉴定式案例教学取得一定程度的标准化的重要基础，也是进一步提升鉴定式案例教学质量的基础。

要讲好鉴定式的故事，就不能将它神化，不能夸大它的难度，不用刻意强调它的德国背景。有德国教育背景的老师当然更容易接受，没有德国背景的老师同样可以掌握并传授。而如果可以利用撬动机制的契机，将鉴定式方法纳入国家法律考试中，一定会指数级地扩大市场需求。鉴定式案例教学还应当向更多学科拓展，任何实践中的问题都并非孤立问题，应调动各个学科资源解决真实生活中可能出现的问题。

鉴定式案例教学还有一个根本生命力的问题，即从事这项工作的人能从中获得什么？尤其是青年老师能从中获得什么？青年老师为此倾注的时间与精力无法纳入评价体系之中，这是根本性的问题。当然，从事这项工作是有意义的，如果坚持下去，有可能改变中国法学教育的生态。而教师的根本使命就是要培养学生，把学生教好，把未来的法律人培养好，使法律人的素质越来越高、队伍越来越壮大。

在肯定这项工作的意义的同时，我们也应一起努力，使如此有价值但是高投入的事业在评价体系中得到应有的对待。如果将它纳入国家考试中，应当是使它在评价体系中得到更优对待的重要方式。还应当对从事这一事业的教师在职称、评奖方面给予优待，单独为这种有创造性、有实效性的教学活动设立奖项。这些都是以后可以一起努力的方向。使从事这项艰苦的而有价值的事业的人得到充分尊重，是长久发展的根本保障！

　　最后是感谢！首先感谢所有参会的老师们，一项有意义的事业需要大家共同努力才能做好。也感谢各位参赛与参与会议的同学，无论是否得奖，只要参与就非常感谢，我们做这一切都是为了你们，你们在此过程中如果能有收获、有进步，老师们的辛苦就值得。还要感谢组织会务的老师们付出的心血。同时，也非常感谢刘仁武主任所代表的广东铭派律师事务所的支持！

　　感谢在座各位老师、各位同学！期待你们经常到中国政法大学民商经济法学院，希望以后我们就鉴定式案例教学这项有意义的事业多沟通多交流，将这项有价值的事业做得更好，谢谢大家！

　　翟远见：感谢于飞老师的精彩总结与对未来充满信心的展望，今天的论坛圆满结束。

图书在版编目（ＣＩＰ）数据

鉴定式案例研习：首届全国大赛优秀作品暨会议实录/于飞主编. —北京：中国政法大学出版社，2021.7

ISBN 978-7-5764-0018-2

Ⅰ.①鉴…　Ⅱ.①于…　Ⅲ.①民法－中国－文集　Ⅳ.①D923.04-53

中国版本图书馆CIP数据核字(2021)第169358号

出　版　者　　中国政法大学出版社

地　　　址　　北京市海淀区西土城路 25 号

邮　　　箱　　fadapress@163.com

网　　　址　　http://www.cuplpress.com (网络实名：中国政法大学出版社)

电　　　话　　010-58908435(第一编辑部) 58908334(邮购部)

承　　　印　　保定市中画美凯印刷有限公司

开　　　本　　720mm×960mm　1/16

印　　　张　　31

字　　　数　　503 千字

版　　　次　　2021 年 7 月第 1 版

印　　　次　　2021 年 7 月第 1 次印刷

印　　　数　　1～2000 册

定　　　价　　96.00 元